ANTU YEARBOOK 2020

安图年鉴

（2020）

安图县地方志编纂委员会　编

方志出版社
Publishing House of Local Records

图书在版编目（CIP）数据

安图年鉴. 2020 / 安图县地方志编纂委员会编. --北京：方志出版社，2021.11

ISBN 978-7-5144-4681-4

Ⅰ. ①安… Ⅱ. ①安… Ⅲ. ①安图县—2020—年鉴 Ⅳ. ① Z523.44

中国版本图书馆 CIP 数据核字（2021）第 245237 号

安图年鉴（2020）

编　　者： 安图县地方志编纂委员会
责任编辑： 张　颢

出 版 者： 方志出版社
地址　北京市朝阳区潘家园东里 9 号（国家方志馆 4 层）
邮编　100021
网址　http://www.zgfzcb.cn

发　　行： 方志出版社图书经销中心
电话　（010）67110500

经　　销： 各地新华书店
排　　版： 北京纺印图文设计制作有限公司
印　　刷： 北京中科印刷有限公司

开　　本： 889mm × 1194mm　1/16
印　　张： 21
字　　数： 565 千字
版　　次： 2021 年 11 月第 1 版　2021 年 11 月第 1 次印刷

ISBN 978-7-5144-4681-4　**定价：** 210.00 元

序

贫困问题一直是困扰人类社会发展的重大问题。中国作为世界上最大的发展中国家，为解决贫困问题进行了长期不懈的努力。改革开放以来，特别是党的十八大以来，以习近平同志为核心的党中央把脱贫攻坚作为全面建成小康社会的底线任务和标志性指标，纳入“五位一体”总体布局和“四个全面”战略布局，以前所未有的力度推进精准扶贫、精准脱贫，扶贫开发成就举世瞩目，显著改善了贫困地区和贫困群众生产生活条件，具有重大的现实意义和深远的历史意义。身处中华民族几千年发展历史上将首次整体消除绝对贫困现象的伟大时代，如何更好地发挥地方志的存史、育人、资政的作用，是新时代全国地方志系统必须深入研究和着力解决的重大课题。

党的十八大以来，在党中央国务院的正确领导下，全国地方志系统深入学习贯彻习近平新时代中国特色社会主义思想，紧紧围绕党和国家事业发展需要，深入推进地方志改革创新发展，凝心聚力，稳扎稳打，勇于担当，主动作为，全国地方志形势和地方志工作者的精神面貌发生了深刻变化，取得了优异成绩。其中，为贯彻落实《全国地方志事业发展规划纲要（2015—2020 年）》，经中国地方志指导小组领导批准，中国地方志指导小组办公室于 2015 年、2017 年先后启动民族地区与贫困地区志书、年鉴出版资助工程（以下简称“志鉴出版资助工程”），对国家级贫困县（区、旗、县级市），中西部地区、少数民族边疆地区面临出版经费困难的志书和综合年鉴给予出版资助。实施志鉴出版资助工程是紧扣时代脉搏、坚持创新发展、传承弘扬中华优秀传统文化的一项创举，不仅有力推动了“两全目标”的实现，而且数十部资助出版的志书、年鉴及时记述了民族地区与贫困地区在全面建成小康社会伟大征程中取得的新成绩和新经验、出现的新情况和新问题、涌现的优秀人物和典型事迹，留住地方文化的“根”和“魂”，为这些地区的经济社会发展、地域文化传播、爱国主义教育、精神文明建设等提供了历史借鉴和智力支持，对全面提升民族地区与贫困地区文化建设水平、确保民族地区与贫困地区和全国其他地区同步全面建成小康社会具有重要意义。

尤为可喜的是，志鉴出版资助工程促成了一批扶贫志书的编纂出版，在文化脱贫攻坚中发挥了独特的作用。例如，《贵州省减贫志》全面系统客观记述了从 1978

年至2015年贵州省扶贫、减贫工作的历程及取得的经验，为贵州省实施大扶贫战略提供了有力的资政辅治参考，集中体现了地方志工作因时而动、顺势而为的新作为。前不久，由福建省地方志编委会和人民网共同编纂的《闽宁扶贫协作图志》，是全国首部扶贫协作图志，图文并茂、直观立体、全方位地展现闽宁扶贫协作波澜壮阔的历程，弘扬“闽宁一家亲”“携手奔小康”的深厚情谊和滴水穿石、久久为功的精神，是贯彻落实习近平总书记扶贫工作重要论述精神，服务国家精准扶贫、精准脱贫战略的有力举措。希望各地以此为鉴，编纂出版更多、更好的扶贫志书、年鉴，助力国家精准扶贫、精准脱贫战略的实施，充分展现地方志的独特价值和作用。

当前，我国脱贫攻坚已进入全面决战决胜的关键时期，尚未脱贫的贫困地区集中分布在中西部深山区、极端干旱山区、高寒阴湿地区等，文化建设还比较薄弱，文化产品还不够丰富，文化精品更是少之甚少。同时，这些地区往往是民族文化、历史文化、红色文化、生态文化富集区，具有发展文化旅游、推进文化扶贫的巨大潜在优势，也是繁荣发展地方志事业的巨大文化宝库。要发挥好文化扶贫凝聚人心的优势，善于利用方志文化优势为贫困地区“赋能”，在脱贫攻坚中做出方志人应有的贡献。要发挥好中国名镇志文化工程、中国名村志文化工程的引领作用，大力加强乡镇村志编纂，让百姓记得起乡情、记得住乡愁，凝聚贫困乡镇村庄的强大民心，补齐贫困乡镇村庄的文化短板，以“扶智”的方式“扶志”，践行习近平总书记强调的“扶贫先扶志，扶贫必扶智”的重要理念。

求木之长者，必固其根本；欲流之远者，必浚其泉源。扶贫扶起的是志气骨气，传承的是家国情怀，守护的是绿水青山。扶贫既要富口袋，也要富脑袋。必须坚持文化脱贫和物质脱贫两手抓，筑牢贫困地区文化之基，补足信仰精神之钙，引领脱贫发展之舵。全国地方志系统要围绕中心、服务大局，坚决投入脱贫攻坚这场必须打赢的硬仗，积极参与脱贫攻坚战，发挥优势和特长，深入挖掘文化资源，着力补齐文化短板，努力帮助民族地区与贫困地区的文化建设实现较大的发展提升，在全面建成小康社会、实现中华民族伟大复兴中国梦的征程中贡献方志人的力量。

是为序。

中国社会科学院院长
中国地方志指导小组组长　谢伏瞻

民族地区与贫困地区年鉴出版资助工程领导小组

组　　　长：高　翔

常务副组长：冀祥德

副　组　长：高京斋　邱新立

民族地区与贫困地区年鉴出版资助工程领导小组办公室

主　　　任：冀祥德

副　主　任：邱新立

成　　　员：于伟平　刘永强　冷晓玲　李　静

安图县地方志编纂委员会

主　　任：马云骥

副 主 任：李　云　段洪斌

委　　员：顾佰利　李　刚　李传华　李学国　金哲勇　王洪明
　　　　　金美花　隋吉林

《安图年鉴（2020）》编纂人员

编　　审：李　云

主　　编：段洪斌

副 主 编：隋吉林　韩瑞武　黄训玲

编　　辑：李丽群　曹海亮　魏　新　徐冬梅　张　丽　李树忠
　　　　　朴　胜　康美善

摄　　影：孙明胜

编 辑 说 明

一、《安图年鉴（2020）》坚持以马克思列宁主义、毛泽东思想、邓小平理论、“三个代表”重要思想、科学发展观、习近平新时代中国特色社会主义思想为指导，坚持辩证唯物主义和历史唯物主义的立场、观点和方法，力争全面、客观、系统记载安图县政治、经济、文化、社会、生态文明建设等方面的基本情况，旨在为读者了解和研究安图提供参考。

二、《安图年鉴（2020）》记述时限为2019年1月1日至12月31日，记述空间范围为安图县域内。

三、《安图年鉴（2020）》采用分类编辑法。设特载、专文、大事记、县情概览、中国共产党安图县委员会、安图县人民代表大会、安图县人民政府、中国人民政治协商会议安图县委员会、纪检监察、群众团体、法治、军事、经济管理、经济开发、财政 税务、金融、生态环境建设、农业、水利 电力、工业、商贸、城乡建设、交通运输、邮政 通信、科技、教育、文化、卫生、社会生活、乡（镇、社区）、附录31个类目，类目下设分目、条目。

四、《安图年鉴（2020）》框架结构保持相对稳定。2020卷综合性条目“概况”反映各项事业大致情况，其他条目以单一性条目为主，主要反映各行业亮点工作。框架设计符合地方经济社会发展实际，突出地方特色与时代特色。

五、《安图年鉴（2020）》所载信息由安图县机关、企事业单位提供；所用统计资料由安图县统计局提供。因供稿单位统计口径不同，个别数据与统计资料的数据不尽一致，引用时应以统计资料为准。

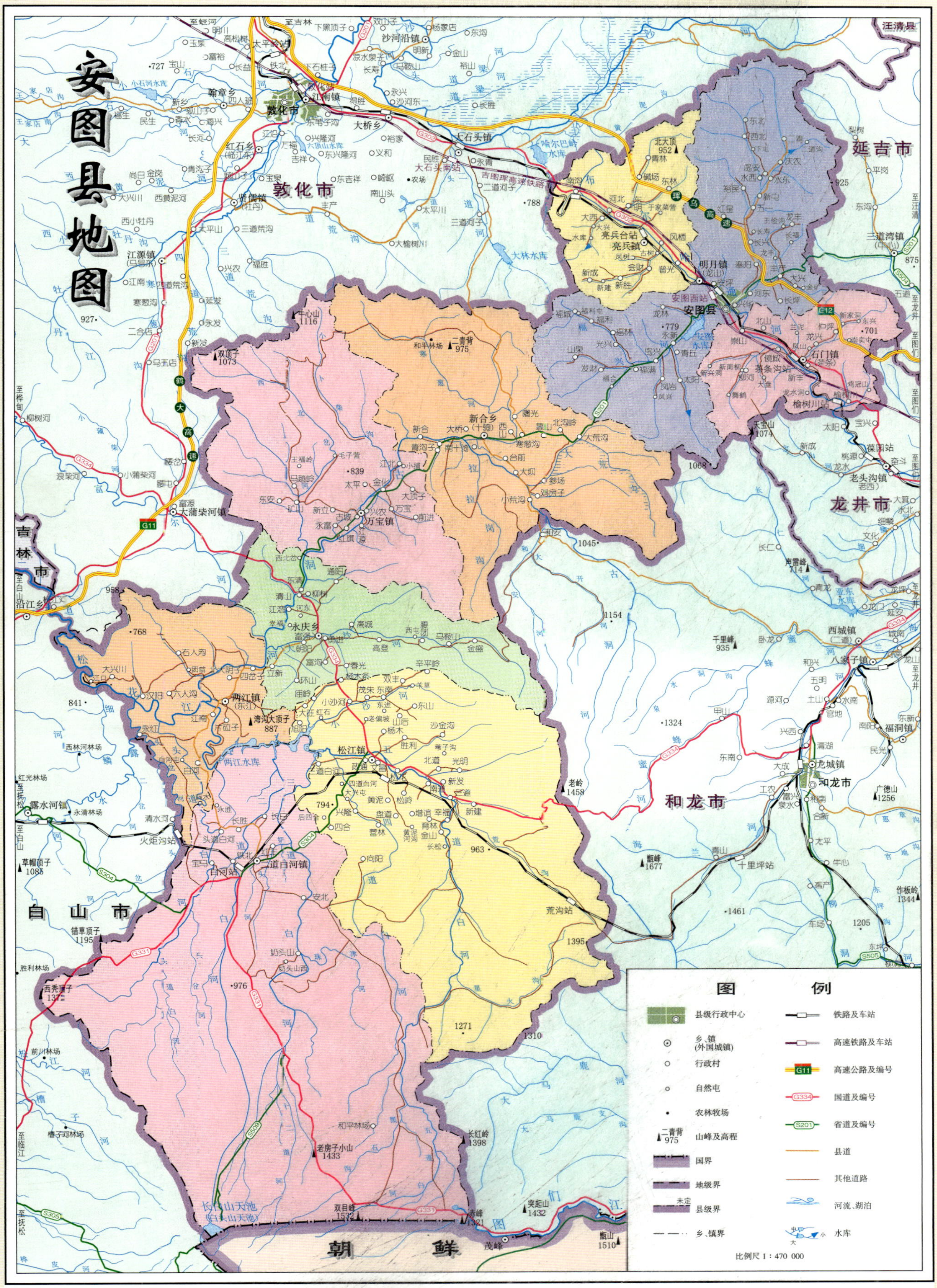

附注：1）本图上中国国界线系按照中国地图出版社 1989 年出版的 1:400 万《中华人民共和国地形图》绘制；
2）图内各级行政区划界线系权宜画法，不作划界依据；
3）行政区划资料截止到 2019 年 12 月。

吉 S(2020) 089 号 吉林省航测遥感院编制

安图县概况

安图县地处吉林省东部、延边州西南部，与朝鲜三池渊郡接壤，国境线长36.7千米。全县县域面积7444平方千米，辖7镇2乡，180个行政村，总人口21万，其中朝鲜族人口占19.5%，农业人口占40.7%。

安图素有“长白山第一县”之称，境内生态环境完好，森林覆盖率87%，自然资源丰富，其中有四类最具代表性。一是矿泉水资源。境内已发现矿泉106处，日流量5.68亿立方米，先后被命名为“长白山大型天然矿泉水基地”和“中国矿泉水之乡”。二是矿产资源。已发现矿产52种，金属矿以钼、铁、金等为代表，非金属矿以伊利石、松花石等为代表，其中伊利石储量巨大，潜在价值万亿元。三是旅游资源。安图是“中国旅游强县”，长白山天池、瀑布等主要景观都在安图县境内，双目峰口岸是中朝边界唯一的陆路通道，发展旅游具有极大的潜力。四是医药和生态食品资源。县内共有2400多种动植物。其中，以人参为主的中药材年产量2000吨以上；自清朝起即为御用贡品的“东山白蜜”，年产量2800吨以上；以松茸、黑木耳为代表的食用菌年产量9000吨以上；被赞为“东北新三宝”之一的林蛙，年放养量6亿只；被世界粮食组织列为五大健康水果之一的蓝莓，年产量400吨以上；蕨菜、广东菜等各类山野菜年采集量2000吨以上；还有着亚麻酸含量超过64%的紫苏，年产量在7000吨以上。

经过历届班子和全县干部群众的共同努力，安图经济社会发展取得长足进步。2019年，全县地区生产总值比上年增长3%；全口径财政收入达到5.5亿元；城乡居民人均可支配收入分别达到2.43万元和1.16万元，分别增长8%和16%。

不忘初心

2019年7月14日，中央政策研究室副主任张季（右四）参观县脱贫攻坚纪实展馆

县直机关党工委　提供

2019年9月5日，安图历史展览馆开馆　　王传江　摄

2019年11月28日，中央改革办副主任穆虹（左）参观县脱贫攻坚纪念展馆

县直机关党工委　提供

2019年12月27日，州委副书记康芳（左二）参观县脱贫攻坚纪实展馆　　县直机关党工委　提供

省委常委、州委书记姜治莹（左一）到安图调研　　县直机关党工委　提供

省委书记巴音朝鲁（右二）到安图调研

安图青年人才学院

组织部　提供

全县"不忘初心、牢记使命"主题教育工作会议　　　　　　　　　　　组织部　提供

脱贫攻坚工作先进集体和个人合影
县直机关党工委　提供

县委主题教育小组工作调度会
组织部　提供

预备党员集体宣誓
县直机关党工委　提供

召开全县老干部座谈会
老干部服务中心　提供

2019 年 5 月 7 日，宁波市委副书记、市长裘东耀（前右二）到万宝镇红旗村考察调研

县直机关党工委　提供

2019 年 8 月 17 日，中央统战部原副部长、中央民委原主任李德洙（右二）到安图调研

2019 年 10 月 17 日，中央政研室驻明月镇龙泉村第一书记王平堂参加全国脱贫攻坚奖表彰大会

2019 年 10 月 17 日，中央政研室驻明月镇龙泉村第一书记王平堂获得全国脱贫攻坚奖贡献奖

2019 年安图县脱贫攻坚驻村干部体能拓展训练
县直机关党工委　提供

安图—奉化扶贫协作捐赠及签约仪式　　县直机关党工委　提供

二道白河镇奶头村
孙明胜　摄

明月镇龙山村小营子屯易地搬迁建设项目
县直机关党工委　提供

明月镇农村环境卫生整治
县直机关党工委　提供

食用菌菌袋生产项目基地
县直机关党工委　提供

县委书记韩长发（中）、县长马云骥（左）调研大田人参种植产业
县直机关党工委　提供

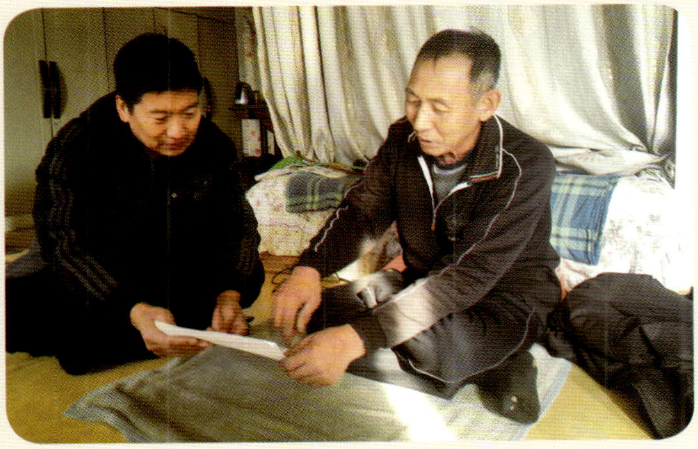

县委宣传部帮扶责任人闫兆堂（左一）入户走访贫困户　县直机关党工委　提供

新合乡十骑村第一书记王永鑫（左三）为农特产品代言　　　县直机关党工委　提供

延边远航时代骁运、挂桶垃圾车安图县环保局交车仪式　　　郭学成　摄

中央政研室、中央改革办向明月镇龙泉村捐赠财物　　　县直机关党工委　提供

州长金寿浩查看贫困户饮用水水质
县直机关党工委　提供

州长金寿浩（左三）到安图调研
县直机关党工委　提供

安图县乡村旅游天津推介会
文广旅局　提供

安图县长兴水利枢纽工程开工仪式
开发区　提供

安图县职教中心服务类专业实训基地建设项目签约仪式　宣传部　提供

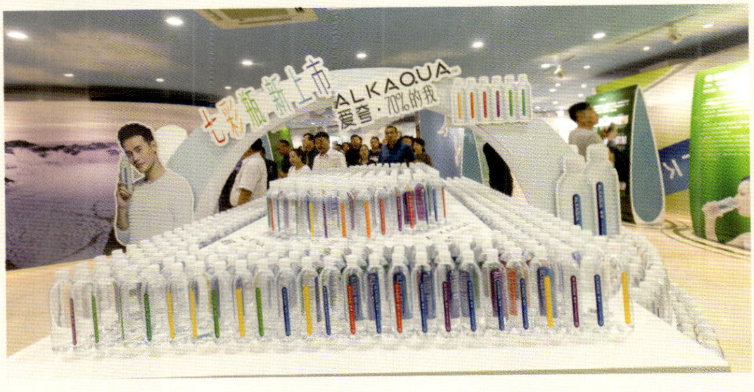

矿泉水产品　孙明胜　摄

矿泉水企业生产车间　　　　　　　　矿泉水局　提供

农心矿泉水生产基地　　　　　　　　　　　　　　矿泉水局　提供

统一矿泉水生产基地　　　　　　　　　　矿泉水局　提供

安图县与宁波顺源农业科技有限公司、吉林益隆长白山实业有限公司举行签约仪式　　　　　　宣传部　提供

县领导到海沟金矿调研　　　　　　海沟金矿　提供

伊利集团投资 7.4 亿元矿泉饮品项目签约仪式　　　　　　矿泉水局　提供

2019 年 4 月 24 日，全县植树活动　　孙明胜　摄

安图县生态文明建设示范县建设规划（2017—2022）评审会

赵静兰　摄

安图主题雕塑

王志英　摄

二龙山一角　　　　　　　　孙明胜　摄

安图县2019年国家重点生态功能区县域生态环境质量考核工作部署会

赵静兰　摄

河道清淤工程　　　　　　　段洪斌　摄

美人松　　　　　　　　孙明胜　摄

明长旅游公路　　孙明胜　摄

明月广场　　宣传部　提供

石柱画屏　　宣传部　提供

雪山湖　　宣传部　提供

长白山野生花卉　　孙明胜　摄

共创和谐

“金色阳光普照县域”公益活动
县广播电视台　提供

“全国民族团结进步模范个人”金万春讲述红色历史
宣传部　提供

2019 年长白林海暨安图“四山一湖”国际越野赛
宣传部　提供

春蕾女童助学金发放仪式　　妇联　提供

第二届矿泉水文化旅游节活动现场　　孙明胜　摄

中国·安图第二届长白山矿泉水文化旅游节开幕式　　宣传部　提供

第二届矿泉水文化旅游节文艺表演
孙明胜　摄

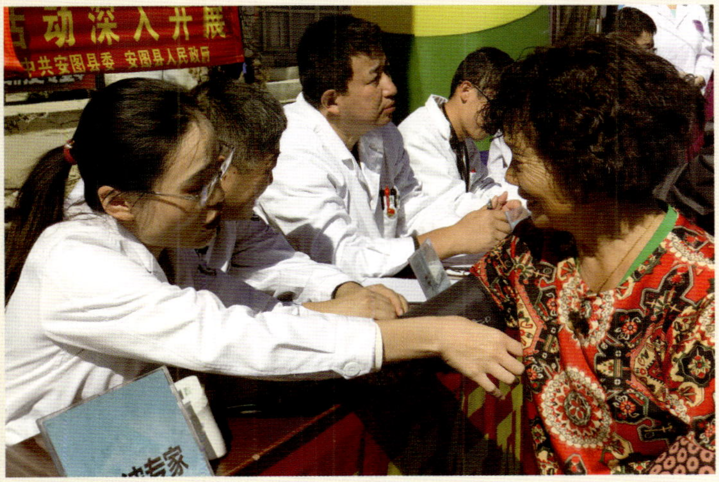

服务百姓健康
县直机关党工委　提供

副省长安立佳（中）到安图调研
宣传部　提供

欢庆丰收　　宣传部　提供

欢庆新春佳节　　　　　　　　孙明胜　摄

九龙社区老年人日间照料中心揭牌仪式
九龙社区　提供

吐月山升旗仪式　　　　　　　孙明胜　摄

为庆祝中华人民共和国成立 70 周年拍摄 MV《我和我的祖国》　　　孙明胜　摄

目 录

特 载

专 文

大事记

安图概览

地理环境

自然资源

地方物产

人口民族

行政区划

中国共产党安图县委员会

重要会议

县委办公室

组　织

机构编制

绩效管理督导

宣　传

统一战线

县直机关党建

老干部工作

外　事

机关事务

民　政

人　事

民族事务

朝鲜语言文字工作

宗教事务

信　访

军 事

安图县人民武装部

武警安图县中队

安图县人防办

经济管理

国民经济与社会发展

审 计

统 计

物 价

市场监督管理

畜牧业

渔 业

水利 电力

水 利

水电管理

供 电

水力发电

亮兵镇

石门镇

新合乡

万宝镇

永庆乡

松江镇

两江镇

二道白河镇

九龙社区

瓮声社区

兴华社区

明安社区

附 录

特　载

不忘初心　牢记使命
奋力夺取安图全面建成小康社会的伟大胜利

——在中共安图县委十五届六次全会上的报告

（2019 年 12 月 12 日）

县委书记　韩长发

一、高举旗帜、兑现承诺，推动经济社会发展向更高质量迈进

今年以来，县委团结带领全县各级党员干部和各族各界群众，高举习近平新时代中国特色社会主义思想伟大旗帜，深入贯彻党的十九大和十九届二中、三中、四中全会精神，全面落实中央和省州委各项决策部署，全力在政治引领、方向把控、推动全局上下功夫，经过全县上下团结一心、勠力攻坚，干成了长期努力而难以突破的一系列急事要事，完成了长期攻坚而难以破题的一系列目标任务，奋力开启了振兴发展的新局面。一年来，县委将抓实五项工作贯穿全年始终：一是强化理论武装引领实践。扎实开展“不忘初心、牢记使命”主题教育，引领全县党员干部坚定信仰、回归本源、振奋精神、攻坚克难；突出理论武装，将《习近平新时代中国特色社会主义思想学习纲要》《习近平扶贫论述摘编》作为常委会第一议题，在学深悟透中找准方向、在知行合一中解决问题。二是决战决胜脱贫摘帽。树牢“脱贫攻坚是最大政治承诺必须坚决兑现、是最大政治责任必须坚决扛起、是最大政治任务必须坚决完成”的坚定决心，坚持一切工作围绕脱贫攻坚、一切工作服务脱贫攻坚、一切工作服从脱贫攻坚，以压倒一切、分秒必争的攻势开展三个“百日攻坚”，坚决兑现彻底消除绝对贫困的庄严承诺。三是抓实项目激活潜力。突出“两区”先导，做实动能转换的文章，长兴水利枢纽、伊利矿泉水、百花谷朝鲜族百年部落、紫玉森林度假区等一大批“重量级”项目取得实质性突破，红丰矿泉水小镇被列入省级特色产业小镇，经验在全国推广，连续两年入选全国最美县域。四是团结凝聚党心民心。以庆祝中华人民共和国成立 70 周年为主题，以建县 110 周年为契机，成功举办第二届长白山矿泉水文化旅游节、第二届国际摄影大赛等系列文化节庆活动，社会主义核心价值观引领社会新风尚，人心思进、人心向上向善成为社会的主流底色，实现了党心民心的高度凝聚和高度统一。五是营造争先进位浓厚氛围。坚持鼓励干事、典型示范的鲜明导向，涌现以王平堂、余磊、侯志国等同志为代表的 30 名先进典型和以教育局为代表的一批先进单位，获得了2019年全国脱贫攻坚贡献奖等省州级以上荣誉100余个，引领释放了“解放思想、实事求是，苦干实干、争先进位”的巨大能量。

一年来，县委突出“实”字为先、“干”字为要、“优”字为标、“质”字为效、“严”字为基，引领经济社会向更高质量全面发展。

（一）“三大攻坚战”取得突破性进展

将打好打赢“三大攻坚战”作为全面建成小康社会的“先手棋”，始终把这一总书记牵挂、党中央部署的重大政治任务挺在前面，凝心聚力、步步为营求突破。

脱贫攻坚战夺得决定性胜利。始终坚持把脱贫攻坚作为最大政治任务和第一民生工程，严格按照“三落实”“三精准”“三保障”要求，抓实各类整改工作，全力解决“两不愁、三保障”突出问题。扶贫产业项目有效发挥造血功能，实现收益可持续全覆盖；贫困人口住房安全有效保障，安全饮水实现全覆盖全达标，基础设施不断完善，环境卫生整治基本实现“五净三齐”；“四变”行动有效激发内生动力，自主脱贫“双九条”模式引领励志强智；防范化解返贫风险“十四条措施”筑牢防线；中央定点帮扶、东西部协作取得扎实成效；驻村干部党委纪实展馆建成并投入使用。经过勠力攻坚，奋力夺取了贫困村全部退出，综合贫困发生率降至0.03%的决定性胜利。

污染防治攻坚战夺得关键性胜利。以践行习近平生态文明思想和“两山”理论为引领，深入实施“蓝天、碧水、净土”工程，中央环保督察反馈问题整改完成67%。划牢水源地保护红线，严格落实河长制，山水林田湖草项目务实显效，水生态文明建设、城乡水系连通和小流域治理工程扎实推进。完善城乡垃圾转运处理体系，压实秸秆禁烧责任，连续41年未发生重大森林火灾，破坏环境行为得到有效遏制。

防范化解重大风险攻坚战夺得阶段性胜利。聚焦政治、经济、社会、文化、网络、边境等安全领域，严格落实总体国家安全观。实施净网、清卫、固边、护苗专项行动，严防严控境外宗教势力渗透，抓牢意识形态阵地领导权主动权话语权；聚焦“本级隐性债务基数”削减存量遏制增量，严防严控民间借贷风险，有效保障财政安全运行；坚决扛起稳边固边戍边责任，边境物理性管控工程顺利实施；坚守卫生防疫阵地，有效防控“非洲猪瘟”等疫情，切实维护了和谐稳定大局。

（二）经济发展更显质量成色

坚持稳中求进、稳中求变、稳中求质的发展基调，在结构调整中孕育新动能，在动能转换中培育新支撑。

经济运行企稳提质。预计（下同），全县地区生产总值与去年同期持平；全口径财政收入实现5.67亿元，其中税收收入达到4.3亿元，增长1.82%；固定资产投资达到33亿元，增长19%；外贸进出口总额达到4亿元，增长5%；规模以上工业企业产值同比增长7%，规模以上工业增加值增长5%；纳税超百万元企业新增4家，达到63家；全社会用电量达到4.02亿千瓦时，增长7%；社会消费品零售总额增长3%，经济运行呈现重质提效良好态势。

绿色产业提速转型。突出“两区驱动”，积极引导产业向集约化、联动化、链条化方向加快转型。矿泉水园区实现产效发展双丰收，签约入驻企业突破11家，产能达到300万吨，税金突破5500万元；经济开发区创新创业平台日益健全，孵化效能加速释放，“一区四园”发展格局、包保联审服务机制发挥实效，落地企业达到21家，成达玻璃、欣龙川大米等6家企业正式投产。全域旅游呈现点位突破、区域集聚良好态势，新签约5个项目全部转化落地，成功创建AAAAA级乡村旅游经营单位2家，红色游、康养游、冰雪游等业态不断丰富。

项目建设务实重效。深入落实“项目建设年”及“三抓”“三早”部署要求，32个重点项目顺利入统、扎实推进，成达玻璃、百花谷民宿项目建成投产。坚持“不看局部看全局、不看静态看动态、不看眼前看长远”的思路，“十三五”规划中期评估以来，共新谋划项目110个，总投资450亿元，期内转化率可达25%以上。全力推动双目峰口岸升级，认真谋划建设中朝跨境旅游合作区，推动长白山海关挂牌成立。东西部协作成果丰硕，共实施项目38个，已完成34个。互联互通网络健全完善，完成永庆、二道白河高铁站前期工作，延蒲高速即将通车，敦白高铁顺利推进，物流集配仓储中心建成运营，电子商务蓬勃发展。

（三）民生事业实现全面进步

深入践行以人民为中心的发展思想，以“群众事事必解决”的责任和担当不断提升全县群众的获得感、幸福感和满意度。

城乡建设凸显靓度。加快城乡一体化建设步伐，坚持规划先行，以棚户区、老旧小区、城中村改造为抓手优化城市布局，改造棚户区5.4万平方米，改造道路13条，铺设地下管网10.1千米，客铁联运系统不断完善；实施“亮绿净美”工程、“四山三河”项目扮靓城市形象；城市综合管理规范有效，“红色物业”等创新举措提升管理水平。不断夯固农业农村设施基础，农用地确权全面完成，成功入列省级现代农业产业园创建单位。

社会事业凸显浓度。坚持新增财力主要投入民生领域，扎实兑现民生承诺。完成新增就业2100人，登记失业率处于较低水平，“无欠薪”行动扎实有效。社会保障发挥“稳定器”作用，城乡困难群众低保实现应保尽保。朝鲜族教育、各阶段教育持续推进，“深耕计划”实现双向提升，高考进线率再创新高。医药卫生体制改革扎实推进，安奉医疗协作、“医共体”平台造福全县百姓。“魁健北茶”和“恒源蒲公英”项目完成国家级星创天地备案，生物活性肽省级科技创新中心建成使用。《我和我的祖国》音乐MV唱响主旋律，县历史展览馆建成并投入使用，县融媒体中心落成挂牌，节庆活动、体育赛事丰富多彩，非物质文化遗产有效传承，村规民约引领农村新风尚。革命老区建设工作不断加强，“王德泰红军小学”落户我县。妇幼、残疾人、老龄事业健康发展，外事、侨务、科协、关心下一代工作务实有力，安全生产、食药安全、退役军人服务等工作卓有成效。

服务群众凸显温度。坚持“实心、用心、走心”的服务理念，借助主题教育契机切实解决了“无籍房”和安全饮水突出问题。深入践行“4+1”工作法，严格执行信访坐班、领导包案、社区夜谈、代表建议、委员提案等制度机制，加快推进诉求中心职能转变，累计办复群众诉求问题326件，圆满完成信访化解“双攻坚”任务。人大、政协心系民生、发声出力；各部门、乡镇、社区求真务实、创新实践，融入群众、服务群众的一线阵地效能得到充分释放。

（四）环境建设增添发展动力

坚持环境就是发展、环境就是民生的理念，始终坚持问题导向，不解决不松手，全力将问题清单转变为成效清单。

创业环境更显活力。依托优惠政策，创新实践“引、育、留、用、领”一系列举措，累计吸引1625名创业者、298名优质人才助力发展，各领域涌现出1168名成功代表。营商环境更显亲清。强化服务本领，严格执行县级领导包企业、包项目责任制和部门跟踪服务机制，助力12个新签约项目落地。全力破解企业融资难、融资贵问题，借助优惠政策提升实体经济发展活力。社会环境更显和谐。深化自治、法治、德治培树社会新风，综合治理“十户一组”模式、“1+3”工作法、“三必走，两回访”机制等举措提升治理水平。扫黑除恶专项斗争净化社会风气，“打财断血”“打伞断网”形成强大震慑。法治环境更显公平。依法治县工作全面推进，法治政府建设卓有成效，执法、司法工作彰显法律权威，“七五”普法树牢法治意识。打击犯罪彰显亮剑精神，有力侦破19年积案等案件55件，获得国家和省级禁毒成绩突出集体荣誉，公平正义成为鲜明主流。政务环境更显效率。按照中央省州要求，科学稳妥有序完成机构改革任务。深化“放管服”“最多跑一次”改革，精简权责清单232项，调整政务服务事项至1096项。减税降费措施有力改善实体经济发展环境。

（五）党的建设彰显初心使命

始终把政治建设摆在首位，通过持续深化“两学一做”学习教育，扎实开展“不忘初心、牢记使命”主题教育，引领全县党员干部不断强化“四个意识”、坚定“四个自信”，坚决践行“两个维护”。扎实履行主体责任，完成软弱涣散基层党组织全面转化，实施“双培养、双增强”工程有效提升村级组织组织力、凝聚力、战斗力和带富力；推动“五类人才”进村、组建8个“中心村”党委建强基层力量，“支部连支部”“星级评定”焕发活力。牢固树立“凡提必练”鲜明导向，落实容错纠错机制激励干事创业，坚持严管厚爱切实减轻基层负担。从严执行党内制度规则，保持党内政治生活规范严肃，营造了浓厚的民主氛围。严格落实中央八项规定精神，“破除五个顽疾、解决五个问题”行动有效引领作风转变。深入践行“一线工作法”，开展“九个一起”活动密切党群干群关系。坚持惩治腐败“零容忍”态势，巡察督查效能有效发挥；深入开展警示教育，积极培树了良好的廉洁自律形象。县委总揽全局，人大、政府、政协工作卓有成效；党管武装坚强有力，民兵组织调整改革顺利推进，民族团结进步领域涌现国家级先进典范，统一战线“一心双联N组团”经验全省推广，宗教“一二三”工程成效显著，彰显宗教和顺新气象；工会、共青团、妇联等群团组织作用充分发挥；老干部积极献策出力，全县上下形成了团结一心、共谋发展的良好局面。

过去的一年里，我们坚决扛起了从严治党的政治责任，勇敢顶住了经济下行的巨大压力，积极争取了绿色转型的有利条件，果断消除了制约民生的不利因素，全力夯固了打赢“三大攻坚战”的坚实基础。这些成果的取得，充分凝聚着全县各级党组织、广大党员干部、全体驻县官兵、公安干警、消防指战员和各族群众、各界人士的使命和担当，充分凝聚着心系安图、支持安图的各级领导、老干部、老同志的关怀和厚爱，更凝聚着在座各位同志的辛苦付出和无私奉献。在此，我代表县委，向为安图振兴发展苦干实干、挥洒汗水的各战线同志们表示衷心的感谢，并致以崇高的敬意。

同时，必须清醒地看到，我们的工作还存在许多不足，也面临着不少困难和挑战。主要是：学习力、思考力上有差距，在用新思想、新要求、新方略武装头脑指导实践上有明显不足；对照五区发展定位，在工作标准上、执行力上有差距，特别是在创造性抓谋划、抓落实上有明显不足；在产业能量积蓄上、产业结构优化上有差距，特别是在资源优势、生态优势转化上还有明显不足；在营商环境上、法治环境上有差距，特别是在安商、暖商、服商上有明显不足；在民生福祉上有差距，特别是在解决百姓急忧盼等问题上有明显不足；在党的基层组织建设上有差距，特别是在引导基层组织提升领导力、组织力、战斗力方面有明显不足；在纪律意识和规矩意识上有差距，特别是在源头治理和防范廉政风险点的举措上有明显不足。对此，县委将进一步加强研究，切实加以改进和解决，努力把工作做得更好。

二、坚守初心、勇担使命，奋力夺取全面建成小康社会的伟大胜利

2020年，是全面建成小康社会，实现第一个百年奋斗目标的决胜之年，也是“十三五”收官、推动全面振兴发展的开局之年，做好明年的工作具有里程碑式的重大意义。全县上下务必厘清明年工作的三条主体脉络，将其贯穿于攻坚决战的全过程。

从主线看，务必以深入学习贯彻习近平新时代中国特色社会主义思想和党的十九大及十九届二中、三中、四中全会精神武装头脑、指导实践、推动工作。巩固深化“不忘初心、牢记使命”主题教育成果，坚持“四个注重”“四个到位”，在真学真懂真信真用上下功夫，做到学思践悟、知行合一。深入贯彻党中央决策部署精神，牢牢掌握四中全会提出的“十三个显著优势”“十三项重大部署”的深刻内涵，大力推动“四个意识”持续增强、“四个自信”持续强化、践行“两个维护”坚决有力，坚决打好“三大攻坚战”，始终保持正确的前进方向。

从纵向看，务必以精准把握大势、深刻认清形势、积极把握态势推动解放思想、抢抓机遇、争先进位。准确把握“百年未有之大变局”和“总体平稳、稳中有进”的国内外形势，精准研判、着力化解经济下行带来的影响和压力，增强忧患意识，抓住主要矛盾，善于化危为机，将“十四五”规划摆上重要日程，科学谨慎制定各项目标任务，将发展壮大实体经济作为对冲风险、激发内力的关键抓手，保持不变思路重落实、不换频道增内容的定力，实事求是、创造性地办好自己的事。

从横向看，务必以强化党的领导、加快绿色转型发展、持续改善民生彰显悟初心、守初心、践初心的使命担当。以全面释放“解放思想、实事求是，苦干实干、争先进位”最大能量为引领，持之以恒地把全面加强和改善党的领导、全面从严治党，打造习近平生态文明思想和“两山”理论实践阵地，切实增强人民群众的获得感幸福感安全感贯穿于明年工作的全过程，以全面建成小康社会的实绩成效，向党和人民交上一份满意的答卷。

基于以上分析研判，明年工作的总体要求是：高举习近平新时代中国特色社会主义思想伟大旗帜，深入贯彻党的十九大及十九届二中、三中、四中全会精神，牢牢把握稳中求进的总基调和高质量发展要求，全面落实省委“三区建设”“一主六双”“数字吉林”和州委“旅游兴州”战略，按照建设长白山绿色转型示范县的发展目标，凝心聚力打“五张牌”做“五篇文章”打造“五区”，坚决打好“三大攻坚战”，奋力夺取全面建成小康社会的伟大胜利。主要预期目标是：全县地区生产总值增长3%以上，全口径财政收入增长4.5%以上，固定资产投资增长15%以上，城乡居民人均可支配收入增速高于经济增速，主要生态指标高于全州平均水平。全年可以按季度安排四个攻坚战役，一季度为前期工作攻坚战、二季度为项目开工攻坚战、三季度为提效提速攻坚战、四季度为保质提升攻坚战，要通过打赢这四场战役，坚决夺取打赢脱贫攻坚战、决胜全面小康的最终胜利，奋力迈出全面振兴、全方位振兴的坚实步伐。

实现上述目标，务必在五个方面解放思想、真抓实干。

（一）打牢振兴发展的坚实基础

举全县之力，聚万众之心，以不获全胜决不收兵的顽强意志，坚决打好打赢脱贫攻坚战，决胜全面小康。

巩固提升脱贫质量。坚持把质量摆在首位，全力提升造血能力，保持县级统筹项目收益稳定全覆盖，重点提升因乡因村因户因人施策项目的成熟度、成活率、收益率和带动率。大力解决贫困村与非贫困村、贫困户与非贫困户在政策

扶持、收入收益、设施保障等方面的不平衡问题，创新解决偏远村屯小流域治理等短板，建立危房、饮水动态化长效化监管机制。坚持以“四变”行动引领转思想转民风转习惯，鼓励劳务务工、个体经营等方式促增收促就业；推广创新个性化、定制化政策宣传手段和技能培训方式，实现扶志长志气、扶智长本事。坚持摘帽不摘责任、不摘政策、不摘帮扶、不摘监管，保持驻村帮扶形式制度力度不变，大力选派懂项目、善宣传、强带动、会治理的优秀干部强化驻村力量，坚决抵制撒摊子、甩包袱、歇歇脚的现象发生；聚焦巩固脱贫成效抓紧抓实防贫返贫十四条措施落实，确保实现脱贫达标、小康达标。

有效衔接乡村振兴。夯实三级书记抓乡村振兴责任，重点推进农村厕所革命、垃圾处理革命、污水治理革命，按照生产发展、生活富裕、生态良好的发展思路，聚焦发展绿色农业、精品农业、特色农业，推动村企联合、村校联合等安图模式释放最大能量。进一步完善乡村规划，既立足于当前又着眼于长远，做好与乡村振兴战略的有效衔接。推进“智力联通、资源联通、金融联通”，重点创新人才引进措施强化智力支持，坚持“减量集约高效”原则保障乡村振兴用地需求，活用金融工具强化资金保障。推进“村企联合、村村联合、户户联合”，积极构建企业引领、强村带动、大户示范以及村级联建、农户互助的增收致富机制。推进“产业联动、基地联动、市场联动”，坚持特色农业“接二连三”发展导向，加快创建现代农业产业园。推进“利益联体、品牌联体、责任联体”，加快构建村企民收益联动长效机制，以“长白山牌”引领打造农业农村特色品牌。聚焦健康安图建设，继续完善城乡人居环境提升长效机制，扎实推进厕所革命提质提效，奋力开创共建共赢共治共享的乡村振兴新局面。

（二）加快振兴发展的转型步伐

提速潜力释放和动能转换，全力打造习近平生态文明思想和“两山”理论的实践阵地。

优化调整产业结构。坚持产业富县，坚定不移走生态优先、绿色发展之路不动摇，凝心聚力做实做优做大食品、医药、旅游、大健康产业，着力培育现代物流等潜力产业，不断优化产业结构，实现提质提效发展。食品产业要以矿泉水产业为主导，在产城融合、链条延伸、市场营销和品牌打造上下功夫，走好“四化”之路；医药产业要以打造中国北药基地为主导，在科技研发、品牌创新、基地建设上下功夫，走好“产学研一体化”发展之路；旅游产业要以打造全域旅游示范区为主导，主动融入全州“四三一”工程，在借力整合、求精求特、招商引资上下功夫，走好“多点布局、联动发展”之路；大健康产业要以打造医疗健康养生基地为主导，在诊疗服务、健康养老、调理保健上下功夫，走好“东西协作、专科合作、康旅结合”之路。全县上下要明确目标、坚定信心，既要解决结构“虚胖”、质量不高的问题，更要一届接着一届抓、一任接着一任干，全力加快振兴发展步伐。

抓实抓强项目建设。坚持项目强县，围绕发挥“两区驱动”效能，加快推进伊利矿泉水、杏鲍菇加工等重点项目建设，建设完善生产服务型、物流集散型、劳务保障型设施，增强园区吸引力、服务力、承载力和品牌力。全域旅游项目要在绿色转型的引领下，坚持资源整合、文旅融合、特色聚合、内外结合的理念，坚定不移地打造长白山慢行漫游目的地、乡村旅游体验地、文旅融合样板地和跨境旅游新高地；充分发挥好安图山水林草湖等优势，结合四季分明的特点，做好春夏秋冬文章，让绿水青山和冰天雪地真正变成金山银山，让安图旅游无淡季。抓实重点项目建设，按照省、州“三抓”等要求，全面推进40个5000万元以上项目，重点实施长兴水利枢纽、益隆食用菌等25个续建项目，全力转化伊利矿泉水、奔野拖拉机等15个拟建项目；加快推进五虎山景区、马鞍山抽水蓄能电站、中朝跨境旅游合作区等重点项目，不断增添发展活力、积蓄转型潜力。

全面深化开发开放。坚持开放活县，切实将双目峰口岸升级摆上战略位置，以用好国内国外“两个市场”“两种资源”的高度和格局，认真谋划推动中朝跨境旅游合作区建设，全力打好“把握形势、科学定位、内外联动、高层推动”的“政策牌”和“机遇牌”，打造引领环长白山区域旅游联动、长白山东坡旅游新线路建设的全州全省乃至全国全域旅游发展的新增长极。强化全面开放、全方位开放的理念，重点在找准定位选对象、拓宽招商知识面、深入研究产业链、打好政策组合拳、算好项目账、推动企业转型升级、加大招商服务力度、强化服务队伍建设上下功夫；深化东西部合作，加大资源互利、资金互助、人才互通、技术互换，推进“飞地经济”和“合作共建”发展模式；更加注重对接引进名优企业、活力市场、先进科技、高素质人才，重点抓实两大园区配套、口岸承接配套、品牌特色配套、物联网络配套、科技人才配套、优惠政策配套等工作，构建信息快捷、优势互补、成果转化、互惠共赢的闭环合作机制。

（三）提升振兴发展的民生质量

全心全意落实以人民为中心的发展思想，将服务理念融入脑海里，嵌入实践中，做到民有所呼我有所应，企有所需我有所为，真正让百姓安居乐业，让企业安心发展。

加快城市发展步伐。全面优化城市发展思路，坚持“精品”理念、强化“留白”意识，以棚户区、老旧小区、城中村改造和房地产去库存为契机，加强小区配套建设、补齐物业管理短板、抓实卫生环境治理，从严规范人防工程管理。谋划建设一批释放空间、彰显底蕴、增添绿意、休憩娱乐的园地。持续加大公共服务、规范管理、设施互联力度。打造小而精、小而靓、小而乐的生态宜居城市，真正把有文化、有故事、有温度的满足感体现在群众的口碑上。

提质社会事业发展。坚持教育优先原则，大力弘扬师德师风，巩固提升朝鲜族教育和各阶段教育优势。提升诊疗能力、强化重点专科建设，充分发挥“医共体”网络效能。支持老干部、关心下一代工作顺利开展，抓实抓细安全生产、应急处置、市场监管等工作，全面推进社会保障、退役军人服务、妇女儿童、青少年、残疾人等社会事业发展。坚持文化润县，以强化爱国主义教育为引领，大力弘扬社会主义核心价值观，推动民族团结事业不断进步，积极传承红色文化和民族文化基因，全力营造和谐氛围。

呵护自然生态本色。严守生态红线底线和国土资源空间规划布局。以中央环保督察反馈问题整改为抓手，扎实开展大气、土壤、水体治理，深化国有林场改革，严防严治违建别墅、大棚房问题；强化大水利意识，推进水生态文明建设，坚决扛起河长责任；完善城乡垃圾转运处理体系建设，抓实秸秆禁烧、农业面源污染防治工作；健全灾害预警响应机制，严厉打击破坏生态违法行为。

防范化解重大风险。深入贯彻习近平总书记三个“既要……也要……”指示精神，全面梳理、防范化解政治领域、意识领域、经济领域、科技领域、社会领域、外部环境、党的建设方面的风险隐患，突出抓实防范抵御境外宗教、文化渗透工作，健全完善政府债务、民间借贷风险防控机制；严格落实总体国家安全观，提升稳边固边成边能力，确保社会大局稳定。

（四）优化振兴发展的环境质量

坚持以全面深化改革为主线，全力突破条条框框的束缚，切实将软环境打造成为硬实力。

用好政策之力。在项目建设和招商引资上进一步解放思想，只要符合投资导向、产业发展方向，就要一以贯之地以最开放的姿态、最优惠的政策、最暖心的服务推动项目签约落地；加大跑省进京力度，无论是资金、项目还是试点、示范、试验，都必须全力以赴狠抓落实。

用好创新之力。全力提升识变、应变、求变的意识，提升创造性落实的能力。以创业就业为重点，坚持返乡创业重在给政策强支持、招才引智重在给舞台强保障，为振兴发展增添新动力、提供新支撑。坚持科技兴农、科技兴企，全力提升科技贡献度，让创新引领高质量发展。

用好市场之力。切实调动市场资源和社会资金的活力与动力，抓实资源优化配置，妥善处理好政府“有形的手”和市场“无形的手”之间的关系，灵活引入外部力量，带动市场资源和社会资金参与发展、破解难题。

用好治理之力。坚定不移深化扫黑除恶专项斗争，突出抓实常态化机制建设，坚决夺取压倒性胜利。加强社会治理，把群众利益无小事的理念贯穿于社会治理的全过程，以百姓心为心，以和谐幸福为目标，以向上向善为导向，不断推动社会治理制度化、精细化、智能化。

用好法治之力。坚决维护宪法法律权威，深入推进依法治县，全面提升法治政府建设水平，坚决保护企业合法权益，全力营造良好法治环境，为实体经济发展保驾护航。坚持依法行政、依法治理、依法监督，提升司法、普法效能，引导形成学法、知法、懂法、守法、用法的社会氛围。坚持政治建警、改革强警、科技兴警、从严治警，做到警灯长亮、警钟长鸣、警惕长在。

（五）筑牢振兴发展的政治保障

全面贯彻新时代党的建设总要求，不断加强党的建设各项工作，为振兴发展提供坚强保障。

坚守政治定力。旗帜鲜明地把政治建设放在首位，巩固深化“不忘初心、牢记使命”主题教育成果，引领全县党员干部不断强化“四个意识”、坚定“四个自信”，坚决做到“两个维护”。牢牢把握意识形态的领导权、主动权、话语权，全力提高党内政治生活质量，严肃党的政治纪律和政治规矩，始终保持对党对人民的绝对忠诚。

建强干部队伍。始终坚持正确的用人导向，把制度执行力和社会治理能力作为干部选拔任用、考核评价的重要依据。坚持事业为上，以事择人，人岗相适，从明年开始，根据事业需要，考虑干部梯队和结构，按照相关政策规定程序，加大机关内部优秀干部交流力度，加大机关和乡镇干部交流力度，丰富干部阅历，提升干部综合素养。坚持严管厚爱、激励约束并重，严格落实“容错纠错”机制和减负要求，激励干部担当作为。

夯实组织基础。牢固树立大抓基层党组织建设的鲜明导向，深入落实“五聚焦五确保”27条工作措施，推动机关党建质量“标准+”建设，深化街道体制改革，全力赋权减负提效能，构建城市基层党建新格局。抓实乡镇改革，常态化整顿软弱涣散村党组织，加强村级后备力量建设，选优配强村级党组织带头人，创新村集体经济发展举措，推动基层党组织全面进步、全面过硬。

严肃纪律规矩。严格执行中央八项规定和省州县委具体规定精神，深化拓展“破除五个顽疾、解决五个问题”行动，坚决整治形式主义、官僚主义问题。全面履行“两个责任”，支持纪委监委开展工作，持续深化监察体制改革，强化廉政警示教育，扎紧拒腐防变的制度“笼子”。发挥巡察监督“探照灯”“显微镜”作用，保持惩贪治腐高压态势，呵护良好政治生态。

借此机会，我再强调几项工作。现在正值年终岁尾，所有工作都在收官。越是这个时候，我们越要时刻保持清醒和定力。要聚焦工作目标，全力冲刺冲锋，确保圆满完成各项任务；要聚焦民生福祉，确保民生实事件件兑现；聚焦安全生产，确保平安稳定；聚焦市场供应，确保物价平稳运行，让安图人民在祥和快乐的氛围里过好佳节。

决战号声嘹亮、胜利就在眼前。让我们高举

习近平新时代中国特色社会主义思想伟大旗帜，紧密团结在党中央周围，紧跟中央和省州步伐，坚守初心、勇担使命，不获全胜，决不收兵，坚决夺取全面建成小康社会的伟大胜利，奋力开启全面振兴、全方位振兴的历史新篇。

（安图县委办公室）

政府工作报告

——安图县第十八届人民代表大会第四次会议上

（2019 年 12 月 17 日）

县长 马云骥

回顾 2019 年 不忘初心，砥砺前行，经济社会发展取得丰硕成果

2019 年是我县发展历史上极不平凡的一年，面对经济下行的严峻形势、三大攻坚的艰巨任务，县政府坚持以习近平新时代中国特色社会主义思想为指导，在县委的坚强领导下，在县人大、县政协的监督支持下，团结带领全县各族人民，以决战决胜的坚定信心、不胜不归的勇者精神，万众一心战脱贫、全力以赴促发展、竭尽全力惠民生，全县呈现出脱贫摘帽全胜在望、经济社会全面发展、民生福祉全民共享的良好态势，较好完成了县十八届人大三次会议确定的目标任务。

预计（下同），全县地区生产总值与去年持平。全口径财政收入在全面落实减税降费政策的情况下实现 5.67 亿元，与去年持平，其中税收收入实现 4.3 亿元，同比增长 1.8%。农村经济稳步增长，“三品”认证产品达到 44 个，占全州总量的 30%；州级以上龙头企业发展到 41 家，合作社发展到 850 家；累计发放各类农业补贴 1.08 亿元。工业经济平稳增长，规模以上工业企业产值同比增长 7%，规模以上工业增加值增长 5%；纳税超 50 万元企业新增 4 户，达到 93 户，纳税超百万元企业新增 4 户，达到 63 户，纳税超千万元企业达到 8 户；地理标志证明商标新增 2 个，达到 6 个，占全州的 55%；新增省级长白山冠名企业 5 个，达到 75 个。旅游业蓬勃发展，累计接待国内外游客 468 万人次，实现旅游收入 78 亿元，分别增长 15% 和 19.6%。社会消费品零售总额同比增长 3%。

2019 年，我们同全县人民携手攻坚，安图脱贫摘帽全胜在望。脱贫摘帽，饱含着党中央的期望和嘱托、承载着时代的使命和召唤、寄托着人民的愿望和心声。面对这一首要政治任务，我们吹响了冲锋号、打响了大决战。一年来，我们实施了脱贫摘帽三个“百日会战”，广大干部想方设法落实政策、尽心竭力扶贫济困，脱贫攻坚取得了决定性进展，全年实现 1370 户 2951 人脱贫、18 个贫困村出列，贫困发生率降至 0.03%。聚焦“增收”下功夫。投资 2.8 亿元，实施了县、乡、村三级全覆盖的产业项目。光伏项目效益明显，实现收益 4500 万元；木耳菌厂、杏鲍菇厂等项目，实现收益 700 万元；累计实施因村施策和鼓励自主脱贫项目 413 个，实现收益 2400 万元。加大生态扶贫力度，聘用河道保洁员 322 人，人均增收 8400 元；聘用生态护林员 600 人，人均增收 8000 元。聚焦“保障”下功夫。投入资金 5170 万元，实施安全饮水巩固提升工程 220

处；完成危房鉴定全覆盖核查，改造贫困户危房66户；农村生产生活用电、通信、广播电视等硬件条件已全面达标；认真落实教育扶贫各学段救助政策，发放助学资金457万元，惠及贫困学生671人；构筑健康扶贫五道防线，全面推行看病“120”、服务“111”模式，减少贫困群众医疗支出291万元；贫困人口基本医疗参保率达到100%；“一张网”养老保险发放资金2540万元。创新实施防贫返贫14条措施，投入资金100万元实施农业人口防贫返贫保险，确保脱贫不返贫。聚焦“帮扶”下功夫。国家和省、州、县包保单位夜以继日奋战一线，投入帮扶资金1776万元，为脱贫攻坚添注强大动力，中央政策研究室下派第一书记王平堂荣获全国脱贫攻坚贡献奖。进一步深化东西部扶贫协作，投入资金5330万元，实施帮扶项目11个。创新成立宁波产业园，引进宁波顺源农业、浙拖奔野、康喜乐嘉等名优企业投资兴业；在宁波成立同心圆特产展示中心，年销售规模超百万元；输送劳务人员62人次，培训农村致富带头人和党政领导干部2300余人次，进一步开阔了视野。社会帮扶力度进一步凝聚，募集款物价值2395万元。

2019年，我们同全县人民携手保卫，安图环境质量持续提升。牢固树立习近平生态文明思想，坚决践行“绿水青山就是金山银山”的发展理念，坚持问题导向，按时序进度完成年度中央反馈问题整改，销号率达67%。完成全国第二次污染源普查工作。碧水、蓝天、青山、净土环保行动深入实施。全面落实“河长制”“湖长制”，县、乡、村三级河长累计巡查8000余人次，清理河长745千米，清运河岸建筑垃圾1.4万立方米；全面完成河湖“四乱”整治工作；明月湖水源地标准化建设基本完成，长兴水利枢纽工程坝体开工建设，城区污水处理厂提标改造工程投入试运行，松江镇污水处理厂开工建设；严厉打击非法采砂行为，开展联合执法行动60余次，形成有力震慑，采砂行为得到全面规范。秸秆禁烧工作有序推进，全县18台10蒸吨以下燃煤锅炉全部完成注销，扎实开展餐饮服务业、柴油货车空气污染防治专项行动，空气质量全年一级。铁腕治理破坏森林资源违法行为，查处非法侵占林地、草地案件259起，完成毁林种参地块整改318公顷，签订还林协议540份，持续开展造林绿化工程，完成植树造林448公顷；东清国有林场被评为“全省林业生态最美林场”，松江镇松花村被评为“全省最美生态村屯”，万宝镇古洞河被评为“全省最美生态河流”。荒沟岭铬渣堆放场地实现全面管控，农业面源污染治理工作深入推进，化肥、农药使用率较去年综合下降4%。

2019年，我们同全县人民携手共治，安图社会秩序安定和谐。坚持把扫黑除恶专项斗争作为维护社会秩序安定和谐的首要工作。整合传统媒体力量，充分发挥新媒体作用，实现多层次、广角度宣传全覆盖，持续掀起扫黑除恶人人参与，人人喊打的强大舆论声势。构建县、乡、村、民四级案件线索排查体系，全年获取各类案件线索169条，立案36起，破获33起，采取强制措施61人。先后打掉3个黑恶势力犯罪团伙，已全部提起公诉。第一时间启动“一村一警”工作，创新工作举措，打破资金、人员、管理三大瓶颈，三个月内完成180个村辅警招录、培训、上岗，先进经验在全省交流。风险防控积极有效，坚守不发生系统性金融风险的底线，强化源头防控，严厉打击非法集资行为，存量案件、贷款笔数同步下降，全年无新增非法集资案件。加强政府债务管理，健全债务风险预警机制，政府债务处于合理区间；强化宗教管理，非法宗教案件零发生。严格落实县级领导包案制度，积极开展信访积案专项整治，解决信访积案9件，国家、省重点时期非法越级上访零发生。完善应急管理工作机制，严格落实安全生产责任制，依法从严整治非煤矿山、道路交通、建筑消防、食品药品等重点领域的安全问题，实现安全生产事故零死亡，食品药品案件零发生。坚持警灯常亮、警察常见、警笛常鸣，严厉打击各类治安违法犯罪案件，社会秩序安定和谐，群众安全感满意度始终保持全省前列。

2019年，我们同全县人民携手并进，安图发展后劲不断增强。紧盯国家和省投资政策导向，全年累计争取到位资金19.5亿元。深入开展“三抓三早”“项目建设年”行动，实施5000万元以上项目34个，完成固定资产投资33亿元，同比增长19%，增速继续排名全州第一。成达玻璃、晟兴物流等10个项目竣工或投入运营。矿泉水产业基地建设稳步推进。总投资7.5亿元的年产100万吨伊利矿泉水项目开工建设，总投资4亿元的恒大包材厂项目完成厂房建设和设备安装，矿泉水产业上缴税金达到5500万元，同比增长10%。医药食品产业快速发展。总投资1.2亿元的三生健康人参加工项目完成厂房及办公楼建设，总投资1亿元的富匠食品长白山林区特色食品加工储存项目完成冷库主体工程，总投资3200万元的鼎亨食品加工项目竣工投入试生产。旅游项目亮点纷呈。总投资3.5亿元的长白山冰雪部落项目完成滑雪博物馆、室内训练馆配套设施建设，总投资1.5亿元的长白山光明谷养生养老基地项目完成绿色种养殖及旅游服务中心养生养老馆建设，总投资1.6亿元的中国健康好乡村项目开工建设，总投资8500万元的安图维也纳国际温泉酒店完成主体工程，总投资5000万元的百花谷朝鲜族百年部落项目建成投入运营，总投资5000万元的朝鲜人家旅游服务区竣工，总投资1200万元的五虎山旅游景区配套设施项目完成综合用房、木栈道建设。长白山历史文化园和大关东文化园升级为AAAAA级乡村旅游经营单位。被评为2019年全国森林康养基地试点建设县。此外，飞达石材花岗岩开发及综合利用、大兴川电站、光明电站二期及西江电站等项目顺利推进。

2019年，我们同全县人民携手共建，安图城乡面貌更加亮丽。不断优化城乡发展空间布局，完成土地利用总体规划和3个乡镇总体规划调整，编制完成乡村振兴战略规划。城市功能日趋完善。投资1.1亿元，完成东环路、南环路等13条街路改造；铺设污水管网5.7千米，雨水管网4.4千米；实施山水人家等8个老旧小区基础配套设施改造工程；综合客运枢纽站建成投入使用；新建36座生物环保型公厕。完成棚户区改造5.4万平方米。投入4400万元，实施长兴河沿线等23处绿化工程，完成博览城亮化美化升级改造，“四山三河”项目完成主体工程，城市面貌更加靓丽多姿。城市管理提档升级，监督指挥中心建成投入使用，开通微信公众平台，数字化城市管理服务体系初步建立；实施控违拆违行动，清除违建55处643平方米；扎实开展占道经营、乱停乱放、农贸市场乱象集中整治，市容环境得到进一步改善。永庆至两江公路升级改造工程竣工通车，龙蒲高速安图段、敦白高铁安图段建设稳步推进。农村面貌大幅改善，深入实施农村人居环境整治工程，完成农村公路“畅返不畅”改造100千米，改造农厕1077户，拆除危旧房屋923户、大棚房4个，新建11座乡镇垃圾转运站，实施了一大批围栏、路灯、边沟等基础设施提升工程。全面开展环境卫生集中治理，动员全县干部群众4万余人次，对巷道街路、房前屋后、炕上地下进行全面清理，清除垃圾1.2万余车次。森林防火实现连续41年无重大火灾。积极开展“非洲猪瘟”防控工作，全年未发生重大动物疫情。

2019年，我们同全县人民携手克难，安图发展活力日益增强。坚持以改革促发展。党政机构改革全面完成，部门职责权限进一步理顺；全面深化“最多跑一次”改革，政务服务事项实现一窗通办、一门服务、一次跑动，全年办理行政审批和公共服务事项近23万件；全面落实减税降费政策，为企业减负3173万元；深化商事制度改革，内资企业达到283户，同比增长4%；私营企业达到1976家，同比增长9.4%；个体工商户达到10030户，同比增长2.9%；国有林场改革全面完成，农村集体产权制度改革完成资产清查。坚持以开放增活力。选商选资更精准，成功签约馥鑫雨松茸制品、德丰瓦楞纸箱等项目12个，招商引资实际到位资金29.5亿元。招商平台建设取得突破，投资1800万元，矿泉水园区完成红丰大街改造一期工程，铺设污水管网6000延长米，圣泉大路、玉泉大街开工建设；红丰矿泉水小镇被评为省级特色产业小镇，建设经验在全国推广；成功举办中国·安图第二届长白山矿泉水文化旅游节，安图长白山矿泉水品牌进一步打响。投资1.85亿元，经济开发区完成污水处理厂一期、集中供热一期、供气和科创服务中心等重大基础设施配套工程，成为我县基础设施最完善的经济发展平台。双目峰及县出入境服务大厅两个边境旅游证件受理点获批，双目峰正式口岸升级在望。电子商务蓬勃发展，投资850万元的县域物流集配仓储中心建成投入使用，电商交易额达到18亿元，同比增长22.7%。外贸进出口总额增长6.5%。

2019年，我们同全县人民携手同舟，安图民生事业繁荣发展。城镇和农村居民人均可支配收入分别达到24339元和11606元，同比增长8%和16%。全年投入民生资金20.3亿元，10个方面民生实事全面落实。新增城镇就业再就业2100人，发放创业担保贷款1500万元。农村低保由每人每年3720元提高到3840元。魁健北茶、恒源蒲公英完成国家级星创天地备案。产学研合作再传喜讯，与中科院东北地理所、东北师范大学人文学院建立全面战略合作关系，长白山旅游职业教育集团、长白山旅游职业教育研究院、安图县社区学院揭牌成立。教育教学质量不断提升，安图一中高考普本率创历史新高，万宝中心小学综合楼、松江镇教学综合楼等9个新建、改造项目竣工投入使用。文体事业繁荣发展，参加2019年央视春晚长春分会场节目录制，被评为省级先进单位；《长白山阿里郎》歌舞剧在通化、白山等地演出10余场，获得一致好评；累计开展群众文化活动865场，参与人数达8万余人次；"安图隋氏铁制品制作技艺""张氏传统皮具制作技艺""安图松花砚雕刻"被推荐为第一批省级传统工艺振兴目录候选项目；安图县滑冰场、社区多功能健身中心和社区多功能运动场开工建设，国家级运动休闲特色小镇试点项目顺利通过国家体育总局专家组验收，图书馆改扩建项目竣工投入使用。安图县融媒体中心挂牌成立。医疗卫生健康再创佳绩，通过全国基层中医药工作先进单位复审验收，县医院被评为全国第二批心脏康复中心单位，县医院《远程医疗连出效率、智慧医院惠及百姓》《延伸优质护理服务——医养结合》两个案例均获2019年国家卫健委改善医疗服务全国医院擂台赛总决赛三等奖，成功与医居（北京）科技有限公司签约，为建档立卡贫困户、残疾人、退役军人到北京就医提供高效、便捷服务。"白话版"医保政策宣传经验在全省推广。"无籍房"问题得到彻底解决，第三次全国土地调查取得阶段性成果。完成第四次全国经济普查。落实各项民族优惠政策，争取兴边富民资金和民族发展资金1580万元；松江镇松花村被评为全国民族团结进步模范集体，金万春同志荣获全国民族团结进步模范个人。完成6个福利院维修改造工程。成立退役军人事务局和服务中心，全县退役军人"光荣牌"全部悬挂，发放抚恤金640万元。此外，人武、气象、外事、妇幼、老年人、工会、红十字等工作也都取得较好成绩。

2019年，我们着力回报人民信任，政府自身建设持续加强。政治生态更加风清气正。坚持和加强党的全面领导，深入开展"不忘初心、牢记使命"主题教育，政府系统"四个意识"更加牢固，"四个自信"更加坚定，"两个维护"坚决践行；加强审计监督，实施审计项目24个；严格落实中央八项规定精神，坚决执行党内廉政监督各项制度，风清气正的政治生态进一步优化。依法行政更加公开透明。坚持重大事项向县委请示报告，主动接受县人大及其常委会和县政协的监督，办理人大代表建议88件、政协委员提案85件，办复率达到100%。严格落实“三重一大”决策制度，重大事项合法性审查持续强化，政府部门和公职人员依法行政、依法办事能力进一步提升。为民服务更加方便快捷。深化“放管服”改革，以“12345”政务服务热线为主要平台，充分倾听群众呼声，工单接收率和办结率始终保持全州第一；以打造“微笑服务之星”品牌为抓手，开展争当最优“店小二”等特色载体活动，使微笑服务意识根植于每个工作人员心中，政务服务效能显著提升。

时间砥砺信仰，岁月见证初心。回顾一年历程，我们真切地感受到，政府工作的每一份成绩、每一份收获，离不开县委的坚强领导，离不开县人大和县政协的监督支持，离不开全县干部群众的智慧力量，离不开社会各界的鼎力相助。在此，我代表县政府，向全县各族干部群众，向各位人大代表和政协委员，向驻县解放军、武警官兵和公安干警，向关心支持安图发展的老领导、老同志以及社会各界人士表示真挚的感谢，并致以崇高的敬意。

在肯定成绩的同时，我们也清醒地看到，安图作为欠发达、后发展地区的实情尚未得到根本转变，经济社会发展中还存在不少困难和问题。主要是：经济总量不大，重大项目不多，保持稳定增长的压力较大；财政收支矛盾依然突出，保民生、保运转、保发展、保稳定的压力仍然很大，生态环保、乡村振兴和巩固脱贫任务依然艰巨；转变政府职能、改进工作作风、提高工作质量和效率还需持续发力，等等。对此，县政府将在今后的工作中认真加以解决。

展望2020年
牢记使命，奋勇拼搏，推动经济社会发展
再上新台阶

2020年是我县脱贫摘帽之年，也是“十三五”规划、扫黑除恶、中央环保督察问题整改的收官之年。当前，我县正处于扩张经济总量、加快发展步伐的追赶期，促进转型发展、深化改革开放的攻坚期，突破瓶颈制约、彰显相对优势的潜能释放期。深刻分析，我们既面临着规范政府举债带来的在建项目融资难、新上项目难度大、支撑投资拉动弱的不利形势，又面临着经济下行压力加大、资源环境约束趋紧、民生改善任务艰巨、发展基础依然薄弱等诸多问题。同时，我们也占据有利因素和条件：从大环境看，中国稳居全球第二大经济体，经济发展稳中向好、长期向好的基本趋势没有变，仍处于重要战略机遇期的基本面没有变。从政策机遇看，中央继续实施积极的财政政策，支持民营企业发展，壮大实体经济，国家对中西部和贫困地区的扶持力度不减、脱贫不脱政策，以及在乡村振兴、生态保护、基础设施等方面继续加大支持等，为我们加快发展提供了强大动力。从自身情况看，伊利集团矿泉水等一批食品药品加工项目投产在即，龙蒲高速即将通车，敦白高铁进入收尾，沈白高铁即将开工，长兴水利枢纽等重大项目将继续推进，我们全年的投资增长是有保证的；近年来安图的发展持续处于上升通道，多项工作走在省州前列，积累了许多经验，具备了坚实的基础，对我们进一步做好工作十分有利。从干事氛围看，在县委的坚强领导下，班子团结、干部干事、各方认可，心无旁骛谋发展、一心一意干事业的氛围浓厚，为我们做好各项工作提供了坚强的政治保障。只要我们乘势而上，顺势而为，安图的发展必将会迈上一个新的台阶。

明年主要预期目标为：地区生产总值增长

3%；全口径财政收入增长4.5%；社会消费品零售总额增长3.5%；全社会固定资产投资增长15%；规模以上工业增加值增速达到4.5%；城镇居民人均可支配收入增长9%，农村居民人均可支配收入增长12%。

完成上述目标，我们必须坚持做习近平新时代中国特色社会主义思想的坚定践行者。面对“五位一体”总体布局，“四个全面”战略布局和打好“三大攻坚战”、实施乡村振兴战略等多重任务，我们深知在全面落实党中央战略部署上还有一定差距；但我们坚信，只要我们紧密团结在以习近平同志为核心的党中央周围，树牢“四个意识”，坚定“四个自信”，坚决做到“两个维护”，紧密团结依靠人民，求智于民、问计于民、取德于民，凝聚党心民心，就能精诚所至、金石为开，安图发展就会更有“力度”。做好全年工作，我们必须坚持做经济高质量发展的辛勤耕耘人。面对调结构与保增长的双重压力、促发展与惠民生的双重考验、扩投资与提效益的双重难题等多重困难，我们深知在推动高质量发展上还有较大差距；但我们坚信，只要我们立足现有发展基础和良好的发展氛围，坚持整体推进与重点突破相结合，坚持总量扩张与推动高质量发展相结合，以乡村振兴为引领，壮大特色农业，推动种养加销一体化；以全域旅游为引领，打造美丽景城，推动文旅融合；以绿色生态为引领，扩规绿色产业，推动环境保护与经济发展双赢，安图发展就会更有“速度”。做好全年工作，我们必须坚持做人民美好生活的忠实追梦人。面对财政小县、工业弱县等多重现实，我们深知在满足人民对美好生活的向往上有很大差距；但我们坚信，只要我们筑牢以人民为中心的理念，坚持民生举措优先部署、民生投入优先保障、民生事业优先发展，全力做好各项普惠性、基础性、兜底性民生工作，让人民获得感更充实、幸福感更真实、安全感更踏实，安图发展就会更有“温度”。

一、聚焦补短板、强弱项，全力以赴决胜脱贫攻坚

坚持把脱贫作为振兴之要，尽锐出战，按照“四个不摘”总体要求，紧扣“两不愁三保障”，巩固提升工作成果，确保一鼓作气摘掉贫困“帽子”，坚决打赢脱贫攻坚战，建立解决相对贫困的长效机制。坚持脱贫不摘责任。进一步扛稳政治责任，县级领导带头抓实各联系乡镇和分管部门行业职责，靠前督战任务落实，确保节奏不变、力度不减；进一步压实工作责任，不断健全完善县强指挥部、乡强工作队、村强“两委”班子、户强帮扶人的“四级联动”作战指挥体系，继续延用已有工作机制，对脱贫摘帽每项工作、每个环节进行“回头看”，确保脱贫不返贫。坚持脱贫不摘政策。统筹产业扶贫、生态扶贫、健康扶贫、教育扶贫、社会扶贫等各项举措协调推进，精准高效落实产业发展、饮水住房、教育卫生、社会保障等各项政策原则不变、力度不减；进一步扩大宁波产业园项目合作、高端教育卫生技术共享、定向劳务输出等东西部扶贫协作合作范围；坚持鼓励倡导社会各界参与扶贫态度不变、热情不减，构建更加稳定的政府、市场、社会“三位一体”扶贫大格局。始终保持队伍不散，所有驻村工作队伍机构不撤，保障工作时间、工作成效；始终保持干劲不松，坚决做到包保帮扶机制不变、帮扶力度不减。坚持脱贫不摘监管。进一步完善返贫预警机制，深入落实防贫返贫14条措施，全面加强贫困对象动态调整和精准管理，不断巩固脱贫成效；坚持把作风建设贯穿脱贫攻坚全过程，持续开展扶贫领域腐败和作风问题专项治理，坚决查处各类违纪违法行为。扎实开展“懒变勤、勤变能、能变富、富变典”四变行动，引导农民转思想、转民风、转习惯，创新开展政策宣传和技能培训，鼓励外出劳务、个体经营等方式促增收、促就业，实现扶志长志气，扶智长本事。

二、聚焦守底线、筑防线，坚定不移守护绿水青山

坚持“生态立县”，守住生态底线，让绿水青山成为安图永续发展的金山银山。以更大决心开展治理攻坚，确保中央环保督察反馈问题整改到位，全部销号。严格落实生态红线管控措施，健全完善生态文明联合执法机制，强化生态环境保护行政执法和刑事司法衔接，以始终不变的高压态势，依法严厉打击破坏生态环境行为；严把环保审批关，严禁一切污染项目进驻。以创建国家级生态文明示范县为主线，深入落实“水十条”“土十条”“大气十条”。严格落实“河长制”“湖长制”，进一步加大巡查河湖力度，大力开展清河清湖行动，巩固“清四乱”整治成果；明月湖水源地完成标准化工程建设，长兴水利枢纽工程加快坝体建设，松江镇污水处理厂完成主体工程，开工建设古洞河生态护岸工程。大力开展施工扬尘、渣土运输、柴油货车、餐饮油烟排放专项治理行动，严禁秸秆露天焚烧，打好“蓝天保卫战”。严格落实森林资源目标管理责任制，继续实施长白山区山水林田湖草生态修复工程，完成造林20公顷，森林抚育120公顷，维护林道132千米。持续深化农业面源污染防治，加强土壤环境综合治理，有效减少单位耕地面积化肥农药使用量。稳步推进垃圾分类处理。加大绿色生活方式宣传力度，倡导绿色低碳生活，着力形成绿色发展人人有责、人人参与、人人共享的良好社会风尚。

三、聚焦防风险、除隐患，矢志不渝维护和谐稳定

坚持底线思维，增强忧患意识，织密民生保障网，筑牢风险防火墙。坚决打好打赢扫黑除恶专项斗争，紧盯涉黑涉恶重大案件不放，紧盯“保护伞”“关系网”不放，紧盯黑恶势力经济基础不放，不断提高线索核查的精度、案件侦办的力度和标本兼治的广度；进一步强化源头治理，坚持“有黑扫黑、有恶除恶、有乱治乱”，深入实施“一案一整治”，完善行业监管长效工作机制，全面加强基层基础建设，彻底铲除黑恶势力滋生土壤，确保扫黑除恶专项斗争取得压倒性胜利。全面加强重大风险防范，平衡好稳增长和防风险的关系，着力强化重大风险预警监测，完善处置措施，提高防控能力；加强政府债务风险防范，坚决遏制隐性债务增量；加强金融领域薄弱环节监管制度建设，坚决打击非法集资等违法违规金融活动，坚决守住不发生系统性、区域性金融风险的底线；全面加强社会信用体系建设，定期发布诚信红黑榜，建立守信联合激励和失信联合惩戒机制，构建“一处失信、处处受限”的信用惩戒大格局，让守信者一路绿灯，失信者处处受限。加快应急管理体系现代化建设，大力实施安全发展战略，进一步加大隐患源头排查治理力度，深化交通、消防、危化品、非煤矿山等重点领域专项整治，坚决遏制较大以上安全事故发生；强化应急救援队伍建设，加快推进应急救援资源共享，不断提高应急联动和各类灾害事故救援能力。从严落实信访责任，实施信访矛盾“减存量、控增量”行动，依法分类解决信访问题，继续打造阳光信访、法治信访、责任信访。

四、聚焦抓项目、扩集群，乘势而上壮大特色工业

正视经济发展新形势、新要求，发挥比较优势，破解制约因素，突出项目引领，实现工业经济质量效益同步提升。全年运作实施5000万元以上项目40个，总投资217亿元，其中新开工项目15个、续建项目25个、竣工项目10个。继续实施矿泉水产业企业品牌化、产品高端化、链条协同化、效益联动化“四化”发展战略，年内确保伊利矿泉水项目完成设备安装投入试生产、康乃尔矿泉水项目开工建设，恒大包材厂项目投入生产，鼓励和引导矿泉水企业创新营销模式，扩大品牌影响，提升销售规模。经济开发区以推动

企业投产达效为核心，全力抓好各项服务。年内确保三生健康、益隆食用菌、浙拖奔野拖拉机、馥鑫雨松茸、众得利包装等15个项目建成投产。义和园绿色循环经济项目开工建设，飞达石材花岗岩开发及综合利用项目建成投产。光明电站二期完成厂房建设，大兴川电站加快推进坝体改造，谋划推进马鞍山抽水蓄能电站项目。严格落实重点项目包保责任制，充分发挥项目中心作用，完善项目谋划、招引、开工、建设、服务、入库闭环式推进链条，强化目标、过程、进度管理，推动项目早开工、快落地。突出抓好工业经济运行，着力培优补弱，主攻要素供给，强化日常监测，全面掌握企业在生产运营、上下游产业对接、转型发展、人才引进等情况，帮助企业解决审批、用工等方面实际问题，推动金海发药业等成长型骨干企业扩容升级，全力盘活佰山木业，确保金龙铁矿恢复生产。加大民营企业帮扶力度，大力支持民营企业发展，着力解决融资难、招工难问题，实施“走企连心”服务活动，主动为企业排忧解难，提振企业发展信心。助推中小微企业发展，培育中小企业升规，不断壮大经济实力。

五、聚焦抓景区、创品牌，串珠成链做旺全域旅游

紧抓全民旅游和消费升级的战略机遇，进一步优化旅游产品供给，增强区域品牌影响力，全面推进全域旅游示范区建设。全力打造精品景区。加快推进紫玉森林、长白山冰雪部落、长白山光明谷养生养老基地、木易溪康养汤池度假景区、中国健康好乡村、五虎山旅游景区等项目建设进程，确保朝鲜人家旅游服务区投入运营，开工建设长白山雪岭旅游生态小镇、森图长白山全球摄影文化艺术城，谋划推进天域长白山双目峰口岸小镇前期工作。全力促进文旅融合。深入挖掘历史文化、民族文化、红色文化，推动文化教育、娱乐演绎、参与体验等文化旅游发展。持续优化《长白山阿里郎》歌舞剧，进一步提升红旗村、奶头山村等民族景区景点文化内涵，加快推进红色旅游项目建设；积极开发冰雪运动旅游产品，构建更加丰富的旅游产品体系，满足不同游客需求。全力做好市场营销“大文章”。采取政府主导、企业联手、媒体跟进的“三位一体”营销策略，继续举办“森特·安图杯”全球摄影大赛、“四山一湖”国际越野马拉松赛、全民冰雪旅游季、雪地穿越赛等各类旅游节庆和赛事活动；发挥媒体融合优势，充分利用微博、微信、短视频等平台，讲好安图故事，唱响安图声音。

六、聚焦兴产业、美家园，内外兼修建设魅力城乡

围绕旅游六大发展要素，立足现有基础条件，按照县城旅游化发展方向，精雕细琢建设魅力县城。加快推进经山路改造，开工建设珲阿公路龙山至北山段工程；实施老旧小区综合改造工程，打造明月路朝鲜族民俗风情一条街；“四山三河”竣工投入使用，打造串联县城全域的新景点；确保安图维也纳国际温泉酒店建成运营；实施一批绿化、美化工程，让县城生态环境更加优美可亲；深入挖掘朝鲜族特色美食文化，打造县城美食一条街；确保安图游客服务中心投入运行，完成安图智慧旅游和大数据中心建设，初步建成可吃、可玩、可游、可住的精美县城。以创建国家级文明城市为抓手，加大市容乱象整治力度，健全完善智慧城市管理平台，提升城市综合管理服务水平。龙蒲高速建成通车，配合做好敦白高铁安图段、沈白高铁安图段工程建设，开工建设长白山高铁站和永庆高铁站站前配套设施。全力推进乡村振兴。按照“二十字”方针总要求，加快推进农业农村现代化。让农民更富，立足现有资源、劳力、技术基础，围绕特色产业发展，全力推动以果木和小养殖为主的“庭院经济”，通过建立“农民+合作社+乡企+县企”的发展模式，破解资金、技术、销售等瓶颈，实现全民参与、全民增收。让农业更强，加快农业产业化步伐，争取州级以上龙头企业达到45户；扎实开展国家生态有机产品认证示范区创建工作，“三品”种植面积达到1.9万公顷以上；加强产学研联合和科技攻关，开展实用技术培训4.5万人次。让农村更美，进一步加大农村基础设施改造力度，深入推进农村人居环境整治行动，建立环境卫生长效保洁机制；全面加强乡村社会治理，大力培育文明新风，不断丰富秀美乡村内涵。

七、聚焦增内力、优平台，把握机遇扩大开发开放

经过多年努力，双目峰正式口岸已上报国务院待批，安图的开发开放即将迎来千载难逢的历史机遇，我们必须牢牢把握，抢时间、赶进度，全力做好双目峰开发规划、项目谋划、资金争取等各项前期准备工作，确保获批后第一时间启动双目峰正式口岸建设，将安图建成对外开放的桥头堡。切实加强招商能力建设，更加注重招商的针对性和有效性，深化“走出去”与“引进来”互动，充分发挥异地商会作用，聚焦矿泉水、医药食品等重点产业开展精准招商、产业链招商，全力以赴招大引强、招新引优，力争招商引资实际到位资金达到31亿元；始终把项目转化作为招商引资的落脚点，严格动态督查、强化双向约束、优化资源配置，切实提高项目履约率和资金到位率。进一步加大“两区”平台建设。矿泉水产业园区完成红丰大街改造并通车，完成外环路、高速互通路面铺设，开工建设矿泉水检测中心；举办第四届安图矿泉水文化高端论坛。优化经济开发区“一区四园”发展格局，纳入城市管理范畴，进一步完善道路、通信等配套设施，确保污水处理厂、集中供热供气投入使用，为企业提供更加高效、便捷、完善的公共服务，保障入驻企业顺利投产达效。大力扶持外向型经济发展，引导和鼓励有实力企业走出去，广泛开拓国际市场，外贸进出口总额增长6%。全力优化营商环境。认真做好营商环境第三方评估各项工作。深入开展政策暖企、服务助企行动，积极探索建立产业扶持基金和信贷担保机制，推进技能人才培育、招才引智进企业工作，在企业融资、涉税服务、企业用工等方面建立专门调度服务制度；实行“一企一策”精准帮扶，用最实惠的政策、最实在的行动帮助企业稳健发展；构建亲清新型政商关系，营造重商、亲商、安商、富商的良好氛围，让企业安心投资、顺心办事、舒心创业、放心发展。

八、聚焦办实事、求实效，竭尽全力增进民生福祉

始终践行以人民为中心的发展理念，倾注真情实感，拿出真招实策，全力推动民生事业发展，不断增强群众的获得感、幸福感。加大社会保险精准扩面力度，扎实做好全民参保工作，严格落实社会救助政策，推动公益和慈善事业健康发展。大力支持和鼓励高校毕业生、退役军人返乡就业创业；强化劳动监察，规范用工行为，全力维护职工权益。健全完善妇女儿童、老年人、残疾人关爱服务体系。深入开展科技培训，加快推进“12396”平台建设。全面加强教师队伍建设，深化与东北师大附中、东北师大人文学院等学校合作；创新职业教育发展模式，依托“一团两院”，大力发展面向事业和未来产业发展的职业教育。深入推进朝鲜族传统文化传承与发展，全力做好《长白山阿里郎》歌舞剧国家大剧院展演，积极承办省州体育赛事。建立健全远程医疗服务体系，深入落实分级诊疗，加快医共体建设，支持中医药事业稳步发展；全面加强与医居（北京）科技有限公司合作，确保符合条件的建档立卡贫困户、残疾人、退役军人到北京享受一站式、综合就医服务。深入开展民族团结进步工作，举办第二届朝鲜族民俗文化节。加强退役军人管理服务，全面落实优抚安置政策。开展第七次全国人口普查。巩固国家级食品药品安全示范城市创建成果，确保群众“舌尖上的安全”。同时，县政府拟承诺办理的10个方面民生实事经县人民代表大会票决确定后全力落实。

面对发展的重任、人民的重托，我们必须以习近平新时代中国特色社会主义思想为指导，全面贯彻党的十九大和十九届二中、三中、四中全会精神，坚决贯彻县委决策部署，全面巩固“不忘初心、牢记使命”主题教育成果，推动各项工作再上新台阶。筑牢公正法治之基。牢固树立法治意识，强化依法行政，让按规则办事成为政府权力运行的常态；坚持科学民主决策，提高重大决策公众参与度；严格落实重大事项合法性审查、风险评估机制，主动接受人大法律监督和政协民主监督，自觉接受司法监督和社会舆论监督；高质量办理人大代表建议和政协委员提案；深入推进政务公开，严格执行重点领域信息公开制度，让权力公开透明、阳光运行。永葆亲民勤俭之心。切实提升治理能力，大力践行以人民为中心的发展思想，把为民办实事作为政府履职的重中之重，实事求是解决好群众最关心、最直接、最现实的利益问题；加强“三公”管理，压缩经费支出，量入为出、量力而行，把有限的财力更多地用于促发展、保民生、补短板。坚守自律清廉之本。始终把纪律和规矩挺在前面，认真落实党风廉政建设主体责任和“一岗双责”，持续加强政府系统廉政建设；锲而不舍落实中央八项规定精神，防范“四风”问题隐形变异、反弹回潮。深入推进审计全覆盖，加大公共资金、国有资产、国有资源监管力度；强化对重点领域和关键岗位的监督，坚决查处不正之风和腐败行为，切实做到干部清正、政府清廉。勇挑担当高效之责。大兴学习调研之风，提高政府履职能力；瞄准新一年的目标任务，紧抓发展中的难题短板，进一步创新举措，苦干实干，善作善成；强化正向激励，坚决纠正不作为、乱作为，表态多调门高、行动少落实差等问题，对县委、县政府部署的各项工作任务必须坚决完成，努力形成勇于担当、务实尽责的工作氛围。全体政府工作人员要以“时不我待、舍我其谁”的精神，抢抓机遇干大事，竭尽全力解难事，切实做到权责分明、守土有责。

征程万里风正劲，重任千钧再扬帆。让我们更加紧密地团结在以习近平同志为核心的党中央周围，高举习近平新时代中国特色社会主义思想伟大旗帜，在县委的坚强领导下，不忘初心、牢记使命，以“功成不必在我”的精神境界和“功成必定有我”的历史担当，为全面夺取脱贫攻坚最终胜利、全面实施乡村振兴战略、全面建成小康社会而努力奋斗。

（安图县政府办公室）

安图县人大常委会工作报告

——安图县第十八届人民代表大会第四次会议上

（2019年12月18日）

县人大常委会主任　吴星臣

2019年工作回顾

2019年，县人大常委会在县委的正确领导下，认真贯彻党的十九大精神和习近平新时代中国特色社会主义思想，全面落实州委和县委人大工作会议精神，紧扣县委中心工作和全县发展大局，在依法履职行权、发挥代表作用、推进改革创新、加强自身建设等方面取得了新的业绩。一年来，召开常委会会议7次、主任会议3次，听取和审议“一府一委两院”工作报告25项，开展调研、视察、执法检查、专题询问50余次，任免国家机关工作人员和人民陪审员226人次，处理代表意见建议88件，为安图县经济社会发展和民主法治建设做出了积极贡献。

一、服务中心大局，在依法履职行权上见实效

常委会始终把县委决策部署、政府着力推进、群众普遍关注的事项作为依法履职的重点，肩负使命、积极作为。

（一）响应县委号召，贯彻决策部署。一是积极落实中心工作。严格执行重大事项、重大问题向县委请示报告制度，认真参与全县中心工作，围绕推进三大攻坚战、预算调整、规划调整、改善民生等重大问题，讨论并作出决议、决定，通过法定程序把县委决策部署转化为全县人民的共同意志。二是依法决定重大事项。2019年初，常委会会同县政府分别出台了讨论决定重大事项和向人大报告重大事项的具体办法，进一步健全了人大讨论决定重大事项的有关制度。三是规范开展人事任免。坚持党管干部和人大依法行使人事任免权相统一，严格按照法律程序，依法任免国家机关工作人员58人次，任命县人民法院人民陪审员168人，并按照法定程序对空缺的州、县人大代表进行补选，为全县经济社会发展提供坚强的组织保障。

（二）依法开展监督，助推县域发展。一是审查和批准安图县“十三五”规划实施情况中期评估及部分指标调整方案的报告、审议《安图县城市总体规划（2016—2030）》局部用地调整方案（草案）的报告，为全县经济社会健康发展提供了人大监督支持。二是听取和审议2019年上半年国民经济和社会发展计划执行情况、2019年上半年工业经济运行情况、康养旅游业发展情况等报告，针对全县重点项目建设情况，组织人员对德丰包装公司瓦楞纸箱生产、益隆长白山公司食用菌加工、成达玻璃公司搬迁改造等重点项目进行集中视察，有力推动了项目工程建设。三是审查和批准2019年预算调整方案（草案）的报告和2018年财政决算草案的报告，听取和审议2018年预算执行情况及其他财政收支情况的审计工作报告、2019年上半年预算执行情况的报告，针对财政工作中存在的问题，常委会提出认真编制预算、强化预算执行、加强债务管理和实施预算绩效管理等建议。四是听取县政府脱贫攻坚工作情况的报告，提出加强动态识别扶贫对象、创新精准扶贫路径、形成社会扶贫合力等建议，加速推进脱贫攻坚。听取教育扶贫工作情况的报告、农村医疗卫生服务情况的报告，进一步推动行业扶贫部门责任落实。五是先后对《吉林省农业机械管理条例》《人民调解法》2部法律法规的贯彻执行情况进行监督检查，有效促进这些法律法规在我县正确实施。听取县公安局扫黑除恶工作情况的报告，纵深推进全县扫黑除恶专项斗争。另外，今年累计接待来信来访40件次，全部及时交办、转办和督办。

（三）直面社会热点，回应百姓关切。一是护佑食品安全。在听取校园及周边食品安全工作情况报告的基础上，又综合运用集中视察和专题询问等手段，对食品安全“一法一例”贯彻执行情况进行监督，建议县政府厘清监管职责，增强执法合力，加大对食品源头、重点领域和关键时节的监督力度。二是关注环境保护。听取县政府关于2018年环境状况和环境保护目标完成情况的报告，建议县政府继续加大生态环境保护力度，让绿水青山成为长白山绿色转型示范县的城市底色。三是聚焦民生民意。选择代表关心、百姓关注的物业管理和无籍房登记办理2个建议，听取物业管理和无籍房登记办理2个报告，建议县政府进一步加大为民办好事、办实事的力度，举一反三，妥善解决群众反映的民生问题。四是重视民族语言。关注民族语言的传承发展，听取市面用语物专项整治情况的报告，建议县政府从规范民族语言使用、保护民族文化传承，以及丰富文化旅游内涵的角度加以重视，促进安图县经济和民族文化的健康发展。

二、保障代表履职，在发挥主体作用上求突破

常委会不断完善工作机制，努力提高服务水平，为代表依法行权提供了有力保障。

（一）创新“一个载体”，增强代表履职成效。开展政府民生实事代表两票制是本届常委会开展监督工作创新的新成果，在全面推进，并总结完善乡镇实施政府民生实事人大代表两票制的基础上，常委会今年将这项工作在县级层面推开。从实施情况来看，这项创新工作是人大行使重大事项决定权的有效措施，能够实现人大决定权和监督权的有机结合，也能够充分反映代表的心声和百姓的诉求，达到民生实事项目由政府做主转变为由群众做主的目的，不仅提高了代表的履职热情，也获得了群众的满意和认可。

（二）开展“两个活动”，丰富代表活动内容。常委会以开展人大代表“三查（察）”活动和加强“代表联系选民活动站”“代表之家”规范化建设为载体，引导人大代表踊跃投身全面小康建设新征程。在闭会期间，常委会围绕全县重点工作拓展“代表联系选民活动站”“代表之家”活动的内容和形式，结合落实“双联”制度，加强人大代表与选民的联系，引导代表经常深入选区，广泛联系选民，倾听群众呼声，及时反映社情民意，提高了代表意见建议的普遍性、针对性和深入性。

（三）落实“三项工作”，激发代表工作热情。一是加强学习培训。常委会采取寄送学习资料、分组学习、外出培训等措施，努力提高代表履职能力。充分运用“一网一刊”平台，为代表学习业务、了解工作创造条件。二是办好代表建议。建立代表建议办理工作“235111”模式，即“两交办、三见面、五必须、一考评、一面复、一次专门听取汇报”，进一步规范和健全代表建议办理工作。今年及时交办县十八届人大三次会议期间代表建议88件。组织召开代表建议办理情况集体面复会议，县电视台全程录播，增强了建议办理透明度，促进了建议办理质量，代表满意率达98.8%。三是开展“五优评选”。客观总结本届人大工作经验和典型事迹，对评选产生的12名优秀代表、7个优秀代表小组、5名优秀代表小组组长、10件优秀建议、5家优秀建议承办单位进行表彰，不仅激发了代表履职的主动性和积极性，也推动了“一府一委两院”依法行政、公正司法。

三、适应形势要求，在加强自身建设上下功夫

一年来，在常委会的不懈努力下，安图县人大自身建设取得了崭新的业绩，树立了良好的社会形象。

（一）学习教育常抓不懈。常委会始终把党的政治建设摆在首位，紧扣党的理论方针政策、习近平总书记重要讲话精神以及中央和省州县委重要会议，人大党组每月集中学习，机关支部创新学习模式，促使机关干部学习入心入脑，促进党的理论真学活用。充分发挥人大党组带头作用，党组成员认真落实“一岗双责”，严格执行重大事项请示报告制度，始终坚持把政治纪律和政治规矩挺在前面，保持正风肃纪、风清气正的良好氛围。

（二）工作作风持续改善。认真开展“不忘初心、牢记使命”主题教育，按照“六个对照、五个差距、18个是否”要求，常委会班子及机关干部检视问题95个，召开对照党章党规找差距专题会议，集中解决查摆出的问题。班子成员带队围绕政府民生实事代表两票制、代表工作和预算审查等5个课题，进行深入调研，举办调研成果交流会。扎实开展脱贫帮扶工作，常委会领导班子认真抓好包保村屯脱贫工作，查缺补漏，解决难题，得到镇、村干部的一致好评；机关干部以“支部连支部，共建促脱贫”为载体，结合扶贫政策宣讲、环境卫生整治、产业项目扶持等工作，促进凤岩村整村脱贫。

（三）互动交流更加深入。积极配合省州人大开展调研、视察、执法检查等工作，以此促进相关法律法规在我县的贯彻执行。先后接待浙江奉化区、宁海县，广西南宁市等地人大来我县考察人大工作的特色做法；组织机关干部赴深圳、北戴河和恩施、枣庄等地培训学习、实地考察，深化拓展对外交流。加强对乡镇（社区）人大工作的指导，组织好乡镇人民代表大会会议，落实好“两票制”工作。常委会领导认真执行联系基层人大工作制度，围绕阵地建设、活动开展、总结评比三项工作，按照时间节点，抓好责任细化和对标找差，推动乡镇（社区）人大工作步入规范化、制度化轨道。

常委会过去一年所取得的成绩，是县委正确领导，常委会组成人员和全体人大代表共同努力的结果，同时也离不开“一府一委两院”的积极配合，更得益于全县人民、乡镇（社区）人大以及社会各界的大力支持。在此，我谨代表县人大常委会，表示衷心的感谢。

在肯定成绩的同时，我们也深刻认识到，常委会工作还有许多需要改进之处，主要是：依法履职的能力和水平还需进一步提升；监督工作的力度和实效还需进一步加大；代表活动的内容和形式还需进一步丰富，等等。这些都需要在今后的工作中积极探索，加以改进。

2020年主要任务

2020年，县人大常委会工作的指导思想是：高举习近平新时代中国特色社会主义思想伟大旗帜，全面贯彻落实县委十五届六次全会精神，坚持党的领导、人民当家做主、依法治国有机统一，紧紧围绕“不忘初心、牢记使命”主题教育提出的新要求，切实履行地方国家权力机关的法定职能、务实进取，勇于担当，为加快建设长白山绿色转型示范县做出新的更大贡献。

一是坚持党的全面领导，以更加坚定的决心全力推动高质量发展。紧紧围绕县委确定的中心工作，抓住事关全局、事关人民群众切身利益的重大问题，深入调查研究，及时提出有价值的意见建议，适时作出“精准”“管用”“可行”的决议、决定，使县委的主张通过法定程序转变为全县人民的共同意志和统一行动。二是坚持以人民为中心，以更加有力的担当全面履行法定职责。坚持问题导向，加强对涉及群众切身利益的乡村振兴、生态环境、义务教育、医疗保障、就业创业等工作的监督，积极回应民生关切，不断增进民生福祉。继续深入推进县政府民生实事人大代表两票制工作，真正使民生实事项目成为满足人民日益增长美好生活需要的民心工程，不断提升我县群众的获得感和满意度。三是坚持代表主体地位，以更加扎实的举措全面激发代表履职活力。依托“代表之家”“代表联系选民活动站”和代表小组活动等履职平台，进一步规范代表履职管理，激发代表活力，提高履职实效。总结完善好代表建议“235111”办理工作经验，创新代表建议督办方式方法，确保代表建议办实、办好。四是坚持自身形象建设，以更加过硬的作风全面夯实依法履职基础。加强干部队伍思想、组织、作风和廉政建设，全面提升常委会履职行权能力。深入学习政治理论、法律法规和业务知识，把学习收获转化为推动人大工作、服务振兴发展的思路和举措。巩固深化“不忘初心、牢记使命”主题教育成果，努力打造一支为民、务实、担当的人大干部队伍。

在新的一年里，让我们在县委的坚强领导

下，紧紧依靠全县群众，以无比坚定的信心、一往无前的决心、干事创业的恒心，为加快建设长白山绿色转型示范县而努力奋斗。

（安图县人大常委会办公室）

立足新时代　勇担新使命
为安图决战决胜全面小康社会贡献力量

——在政协安图县第十三届委员会第四次会议上的报告

（2019 年 12 月 16 日）

政协主席　刘志良

2019 年工作回顾

即将过去的一年，是全县各族人民同心协力、攻坚克难，奋力夺取脱贫摘帽全面胜利、加速向全面建成小康社会迈进的一年，也是我县政协事业实现新发展、开创新局面的一年。一年来，县委高度重视政协工作，听取工作汇报，解决工作难题。县委县政府主要领导多次对政协活动的内容和安排给予肯定和鼓励，对政协的调研视察报告作出批示，对政协履职成果给予高度评价，各分管领导主动参与政协履职活动，积极支持政协各项工作。这一切，为政协和广大委员履职尽责创造了条件，增添了动力。

在县委的正确领导下，县政协常委会认真学习贯彻习近平新时代中国特色社会主义思想，牢牢把握新时代人民政协的新方位新使命，围绕落实县委十五届四次全会精神，全面履行政治协商、民主监督、参政议政职能，为决战决胜脱贫摘帽、加快建设长白山绿色转型示范县做出了应有贡献。

一年来，我们立足新时代，坚持用新思想引领政协事业沿着正确方向前进。

政协常委会把思想引领摆在突出位置，教育引导政协各参加单位、广大委员和群众学习理论，增进共识，夯实团结奋斗的共同思想政治基础。

——学习新思想，引领前行方向。把深入学习贯彻习近平新时代中国特色社会主义思想作为首要任务，按照中央和省州县委统一部署，扎实开展“不忘初心、牢记使命”主题教育。坚持把学习教育贯穿始终，依托党组会、主席会、常委会和支部会、读书班等载体，读原著、学原文、悟原理，增进了“五个认同”，提升了“四个意识”，坚定了“四个自信”，做到了“两个维护”。坚持把调查研究贯穿始终，立足大局所需、政协所能，围绕解决本地本部门存在的突出问题和群众反映强烈的热点难点问题，深入研究分析、提出意见建议，增强了工作的针对性和实效性。坚持把检视问题贯穿始终，通过“面对面”“背对背”相结合的方式，广泛征求意见建议，明晰了工作不足和努力方向。坚持把整改落实贯穿始终，对查摆出的问题进行追根溯源、举一反三，逐一落实整改责任、制定整改措施、明确整改时限，确保整改到位、不反弹。通过主题教育，全体机关干部和委员经历了一次严格的政治生活洗礼，精神面貌发生了明显变化，工作能力得到了有效提高。

——贯彻新思想，调校履职思路。把学习贯彻习近平总书记关于加强和改进人民政协工作的重要思想作为重中之重，结合学习贯彻党的十九届四中全会和习近平总书记在庆祝中华人民共和国成立70周年大会上的讲话、在中央政协工作会议暨庆祝中国人民政治协商会议成立70周年大会上的讲话精神，开展多种形式的学习活动，深刻领会丰富内涵、精神实质和实践要求。立足新时代政协工作主题、性质定位、职能作用和任务要求，自觉围绕大局、把握大局、融入大局，坚持“党委想什么，政协就议什么；政府干什么，政协就帮什么；群众盼什么，政协就促什么”的原则，适势而谋、因势而动、趁势而为，做到了与全县中心大局同步对点、同频共振、同向发力。

——践行新思想，凝聚广泛共识。把习近平新时代中国特色社会主义思想特别是关于加强和改进人民政协工作的重要思想，作为政协工作实践行动指南，教育引导广大委员自觉把思想行动统一到中央和省、州、县委重大决策部署上来，紧扣民族宗教、非林地人参发展等专题开展协商活动，优化了协商形式，增强了委员参与度，为安图持续健康发展凝聚了智慧和力量。组织开展归侨、侨眷座谈会，听取发展建议、凝聚发展共识；视察社区侨胞之家，解决实际问题，阵地功能和带动作用得到明显增强。传承先辈革命精神，依托政协大讲堂，讲述安图红色故事10余场，听众达2000余人；支持革命英烈事迹搜集编撰工作，参与推进中国工农红军王德泰红军小学项目建设；以庆祝新中国成立70周年为主题，大力弘扬爱国主义精神，结合庆祝建县110周年，编撰出版《刘建封传》，被国家图书馆、清华大学图书馆、北京大学图书馆等10余所知名图书馆收藏，整理完成第一部《安图县志》白话文版，邀请东北抗联王德泰、魏拯民将领后人参加县庆活动，用安图历史、人文精神和英雄事迹感召群众共同奋斗。

一年来，我们面向新时代，坚持用新理念统揽履职实践服务全县中心大局。

政协常委会认真践行新发展理念，主动融入全县发展大局，履职方向向发展贴近，履职重点向发展聚焦，履职成果向发展转化。

——主动担当，全力助推脱贫攻坚。聚焦发挥示范引领作用，认真贯彻落实“9+12+15”“十不准”等制度要求，党组班子成员常态化进村入户，逐项查改问题不足，帮助解决实际问题。聚焦发挥智力密集优势，创新开展常委会专项视察活动，围绕改进监督检查方式、发挥村级组织战斗堡垒作用等方面提出意见建议，得到政府分管领导高度重视；就村卫生室和村医配备情况开展界别视察工作，意见建议得到有效采纳。聚焦发挥人才荟萃优势，制发倡议书、出台助力脱贫攻坚“1+8”行动方案，动员广大委员采取多种方式积极投身主战场，累计募集资金30余万元，帮助发展庭院经济、完善基础设施，开展捐资助学、扶贫义诊、送文化送科技下乡和关爱孤寡老人、留守儿童等活动20余次。同时，聚焦查漏补缺，上引下促、多方争取，有力破解机关包保村屯卫生环境治理难题，包保村屯脱贫成果得到有效巩固。

——主动融入，倾力助推经济发展。聚焦扶持产业发展，紧盯扩大利税增收、促进企业生产等方面，开展矿泉水产业发展专题调研，提出意见建议；以文旅融合发展为切入点，参与百花谷景区、奶头山村建设等项目文化包装，在中红网发表文史作品40篇，点击率超百万人次；开展土特产品营销情况视察，形成专题视察报告，意见建议得到部门充分吸纳。聚焦口岸经济发展，组织开展调研视察工作，形成专题视察报告和《关于设立双目峰口岸跨境旅游合作区的建议》提案，得到县委县政府和上级政协的高度重视，为双目峰口岸升级作出了政协努力。聚焦民营经济发展，成立专题视察组，远赴宁波市奉化区、宁海县考察学习，形成专题视察报告，为县委县政府决策提供前瞻性建议。聚焦激活发展动力，开展巾帼创业创新专题调研，借鉴外地先进经验，提出对策建议，得到县委主要领导批示；主动参与招商引资，中国好乡村组委会吉房子项目顺利落户安图、开工建设，协助对接的东北师范大学人文学院校县合作项目正式签约。

——主动作为，极力助推环境优化。举办上海知青下乡50周年重返安图金点子·我为家乡添光彩活动，通过座谈研讨、个别协商等方式，宣传推介安图优惠政策、优势资源和优特产品。强化对上沟通联系，配合省州政协开展民族团结进步、中医发展等调研视察10余次，收集意见建议。加强对外交流协作，接待浙江、山西、贵州、辽宁、内蒙古等省市县政协考察调研20余次，用政协方式讲好安图故事、传递安图声音，助推了横向联系和区域交流。

一年来，我们融入新时代，坚持用新担当助推民生改善彰显履职为民情怀。

政协常委会坚持人民政协为人民，紧盯群众普遍关心关注的领域，履职尽责，做到言为民建、利为民谋、事为民做。

——协商解决群众关切问题。严把提案质量关，召开提案交办会议，强化提案办理协商，《关于发展壮大农村集体经济的建议》《关于加大非贫困村基础设施投入的建议》等提案，为工作落实见效发挥了作用。落实县党政领导和政协领导领办督办协商机制，《关于加强和规范基层社会福利中心管理的建议》《关于鼓励毕业青年返乡创业的建议》等8件重点提案得到有效落实。召开提案协商公开答复会议，面对面协商答复《关于加强安图西站出租车经营行为管理的建议》《关于大力推动全民健身加快建设健康安图的建议》等有代表性的提案8件；主动接受社会和舆论监督，将立案提案在新闻媒体上公布，及时播报提案工作动态，扩大了社会影响。全年，共征集提案及线索120件，立案85件，全部协商办理完毕，满意度达95%。

——密切关注公共服务供给。聚焦教育均衡发展，就朝鲜族教育发展进行调查研究，赴云南、贵州等少数民族地区考察学习，提出破解瓶颈的对策措施，推动办好人民满意教育。紧扣全民健身运动，专题视察体育设施使用情况，助推健康安图建设。着眼满足群众文化需求，研究收集抗联英雄王德泰传记资料，促进文化繁荣传承。立足提升城市品质，围绕小区物业管理进行调查研究，意见建议得到部门高度重视，为县委县政府决策提供可供借鉴的参考。

——努力维护社会和谐稳定。重点围绕扫黑除恶专项斗争用心用力，采取专题视察方式，提出前瞻性意见建议；印发《倡议书》，动员广大委员宣传政策措施、提供案件线索，以实际行动参与专项斗争。

一年来，我们置身新时代，坚持用新要求指导队伍建设展示自身良好形象。

政协常委会适应新时代新使命要求，坚持在继承中创新、在创新中发展，不断加强自身建设，促进履职能力提升。

——发挥党组核心作用。自觉维护县委领导，及时请示重大事项、报告重点工作、反映重要情况，一切重要安排在广泛征求意见基础上报县委批准后实施。对县委、县政府重要会议精神和各项决策部署第一时间传达贯彻，通过党组会议、主席会议、常委会议等研究落实措施，转化为政协常委会履职的实际行动。认真履行从严管党治党主体责任，探索推进政协党的组织体系建设，落实“一岗双责”“八项规定”精神等制度规定，切实把党的全面领导落实到各个方面。

——强化“两支队伍”建设。结合机构改革，调整充实各专委会和机关干部队伍，为开展工作打好坚实基础。采取专家讲座、红色教育等方式，开展委员培训，增强主体意识，提升“四种能力”。严格执行《委员履职考核管理办法》，强化结果运用，对6名履职不力的委员进行劝退处理，评选王松元等“优秀委员”9名、山宇等“脱贫攻坚先进委员”12名、《关于加强居民小区物业规范化管理的建议》等“优秀提案”6件、县扶贫办等“承办提案先进单位”5个。

——树立政协良好形象。按照“月调度、季总结”的思路，召开主席会议、常委会议、委办工作汇报会议30余次，听取工作情况，解决具体问题，推动工作落实；健全完善规章制度，持续优化工作环境，机关工作实现提质增效。加强与《延边晨报》、州政协网站等新闻媒体沟通，及时宣传报道重要会议、重要活动，累计刊发各类文稿50余篇、接受新闻报道30余次，“1+8行动”获省“政协好新闻”奖，全面生动地展示了政协履职成果。

回顾过去一年的工作，县委的坚强领导、县政府的大力支持、各部门单位的积极配合，为我们做好工作提供了有力保障，各位老领导、各参加单位、广大委员和各界人士的关心参与，为我们做好工作提供了广泛支撑。在此，我代表县政协常委会，对各方面的关心支持和全体委员的共同努力，表示衷心的感谢。

在总结成绩的同时，我们也清醒地看到，有些工作与新时代人民政协工作的新要求相比，与委员和群众的期盼愿景相比，还存在薄弱环节和不足之处，主要是协商平台和机制需要进一步完善、反映社情民意的渠道需要进一步拓宽、专委会和界别活动形式需要进一步丰富、委员主体作用需要进一步发挥，这些都需要我们在今后的工作中认真加以研究，逐步予以解决。

2020年工作任务

2020年，是“十三五”规划的收官之年，也是全面建成小康社会的决胜之年。新的一年，政协常委会工作的总体要求是：认真贯彻落实党的十九大和十九届二中、三中、四中全会精神，按照关于新时代加强和改进人民政协工作的意见要求，以习近平新时代中国特色社会主义思想为指导，牢牢把握团结和民主两大主题，围绕县委十五届六次全会的目标任务和重点措施，立足发挥协商民主重要渠道和专门协商机构作用，坚持发扬民主和增进团结相互贯通、建言资政和凝聚共识双向发力，认真履行政治协商、民主监督和参政议政职能，奋力开创政协事业发展新局面，为推动安图全面建成小康社会贡献政协力量。

新的一年，我们要把增进思想共识作为“主轴”，把牢政协工作的大方向。

坚持用习近平新时代中国特色社会主义思想武装头脑、指导实践、引领事业、推动工作，进一步统一思想、凝聚共识。

——在学习教育中凝聚共识。始终把学习习近平新时代中国特色社会主义思想作为推动新时代政协事业发展的重要引擎，围绕巩固“不忘初心、牢记使命”主题教育成果，强化对习近平总书记关于加强和改进人民政协工作重要思想的学习，抓好以自我教育自我提高为主旨的学习培训、寓思想政治引领于团结民主之中的谈心谈话等工作，把科学理论转化为团结奋斗的共同思想政治基础，增进广大委员和社会各界人士对中国共产党和中国特色社会主义的政治认同、思想认同、理论认同、情感认同，打牢增强“四个意识”、坚定“四个自信”、做到“两个维护”的思想根基。

——在加强党建中凝聚共识。认真贯彻落实新时代党的建设总要求和中央、省委关于加强新时代人民政协党的建设工作的意见精神，发挥好政协党组把方向、管大局、保落实的领导核心作用。自觉把党的路线方针政策和中央、省州县委重大决策部署贯彻落实到工作中，做到在思想上、政治上、行动上同以习近平同志为核心的党中央保持高度一致。严格执行重大问题请示报告制度，主动报告党组执行党的路线方针政策等情况，按照上级政协和县委部署要求，筹备召开每届一次的县委政协工作会议。推进政协系统党的组织建设，严格执行各项纪律规定，支持纪检监察机关监督执纪问责，全面落实从严治党主体责任。

——在履行职能中凝聚共识。把增进共识融入视察调研、协商履职活动中，在建言成果、思想收获上一体设计、一体落实。探索建立党组成员联系党员委员、党员委员联系党外委员制度，常态化走访委员，听取意见建议，回应关切、交换看法、沟通思想、增进共识。依托政协大讲堂，组织委员利用自身影响力主动发声，宣传党和国家路线方针政策和重大决策部署，协助县委县政府做好理顺情绪、化解矛盾工作。扎实做好侨务工作，维护侨胞合法权益，开展侨乡联谊、“一封家书”等推介活动，探索侨力助推改革发展新途径。

新的一年，我们要把深化协商民主作为“主业”，汇聚促进发展的推动力。

坚持把协商民主贯穿于履行职能全过程，严格按照宪法法律和新修订的政协章程开展协商活动，不断提高协商民主制度化、程序化、规范化水平。

——完善协商机制。落实党委会同政府、政协制定年度协商计划制度，紧盯县委、县政府工作的重点、群众生产生活的难点和社会治理的焦点，围绕民生事业、社会治理等方面，按照“少而精、实而深”的原则，精心选题、科学定题，明确协商时间表、路线图，提请县委批准实施。制定协商工作规则，做到协商前有调研，协商中有党政部门与委员的互动，协商后有成果的报送和跟踪，确保协商活动有章可循、有规可依。

——丰富协商形式。坚持协商议题和协商形式相匹配、视察调研和协商议政相衔接，强化“搭台”功能，完善现有各种会议协商形式，更加灵活、更为经常地开展专题协商、界别协商、提案办理协商，调动各协商主体积极性。改进履职活动组织方式，适当吸收群众威望高、口碑好、有影响力的专家学者等社会力量参与，采取“请上来、走下去”等方式，拓宽群众参与协商渠道。鼓励政协委员以界别名义进行大会发言、提出集体提案，积极开展政协界别与党政部门之间、界别与界别之间、界别内部之间的协商活动，发挥界别作用。

——培育协商文化。坚持“有事好商量、众人的事由众人商量”，教育引导委员树立协商思维，弘扬协商精神，落实协商要求，摒弃非此即彼的思维定式，拒绝偏激偏执的极端言论，保持从善如流的坦荡胸怀，促进不同思想观点的充分表达，做到平等协商、民主协商，商以求同、协以成事，推动形成既畅所欲言、各抒己见，又理性有度、合法合章的良好协商氛围。

新的一年，我们要把助推高质发展作为“主线”，唱好服务大局的主旋律。

坚持把服务改革发展作为履职重点，围绕全县中心工作，献智出力、凝心聚力，用好话语权，发出好声音。

——巩固脱贫攻坚成果。坚持责任不摘、力度不减，党组成员、政协机关分兵把口，全力抓好包保村屯脱贫工作，确保顺利通过国检验收。深入开展助力脱贫攻坚“1+8”行动，对标脱贫标准，就农村人居环境整治进行监督性调研，通过联动协商谋长远之计；坚持扶贫与扶志、扶智、扶德相结合，在提高参与面、扩大覆盖面、增强实效性上下功夫，引导委员积极投身主战场，形成人人参战、个个出力的良好局面。

——助推县域经济发展。继续开展我为家乡做贡献“金点子”活动，广泛凝聚智慧和力量。围绕推进全域旅游，着眼丰富产业结构，推进红色文化挖掘、整理和运用，协助抓好项目建设、招商引资工作；征集出版《王德泰将军在安图》，深化与中红网合作，以文记史，助推旅游文化建设。围绕壮大健康产业，就康养产业发展情况开展调研，通过专题协商献务实之策。围绕民营经济发展，就小微企业营商环境情况开展调研，通过广泛协商建睿智之言。围绕口岸经济发展，发挥好重要渠道作用，助推双目峰口岸升级晋位，实现更高层次的开发开放。

——扩大宣传推介。充分利用电视、网络等新闻媒体，大力宣传政协工作亮点和委员履职成果，不断扩大政协工作的社会影响力。坚持“走出去”“请进来”相结合，密切与姊妹县市、域外安图商会等渠道载体的沟通联系，更加广泛的汇聚发展资源。主动争取上级政协工作指导和关心支持，持续加强与外地政协的联谊交往，在互动交流中讲好安图故事、传播安图声音、展现安图形象，努力营造良好的外部发展环境。

新的一年，我们要把促进民生改善作为“主题”，争做服务群众的贴心人。

坚持把群众利益放在首位，找准践行以人民为中心发展思想的着力点，让履职实践更好体现人民意志、维护人民利益。

——真情推动民生改善。坚持为民办事，以群众满意为标准，多谋民生之策、多建民生之言、多献民生之智。重点聚焦群众关切，就城镇自来水水源地建设、“四山三河”项目建设与保护，以及养老养生情况进行监督性调研，通过现场协商尽精诚之力；就扫黑除恶专项斗争开展跟踪性调研，通过界别协商支管用之招，推动改革发展成果更多更公平惠及人民群众。

——真实反映群众关切。坚持为民解忧，探索建立委员联系界别群众制度，引导委员带着责任和感情进社区、进企业、进学校、进乡村，及时发掘社会舆情，准确把握阶层脉搏，全面汇集各界意见，通过提交提案、社情民意等渠道，传递群众心声，反映群众诉求，促进群众合理诉求得到及时解决，使政协工作更加符合人民心愿、更加切合群众期盼，让人民群众感受到政协就在自己身边。

——真心关爱困难群体。坚持为民解困，着眼群众所盼、政协所能、委员所长，持续开展慈善帮扶、送医送药、志愿服务等公益活动，不断增强人民群众的获得感、幸福感和安全感。

新的一年，我们要把强化自身建设作为“主调”，练就履职尽责的硬功夫。

坚持与时俱进，主动适应新时代新任务新要求，大力推进自身建设，为实现工作提质增效提供坚实保障。

——强化委员责任担当。认真落实政协章程规定，按照“人民政协要提高政治把握能力、调查研究能力、联系群众能力、合作共事能力”和“懂政协、会协商、善议政”“守纪律、讲规矩、重品行”的要求，强化委员学习培训和服务管理，使其坚持为国履职、为民尽责的情怀，把事业放在心上，把责任扛在肩上，发挥好建言献策、桥梁纽带、示范引领等作用。

——发挥专委会基础作用。坚持把专委会组织的学习考察、调研视察活动纳入政协年度工作计划统一考虑、统一安排，增强专委会工作的计划性和权威性。加强和改进联系指导工作的方式方法，坚持定期听取专委会工作汇报制度，不断规范委员履职活动，推进方式方法创新，切实增强工作活力。强化工作保障，树立服务专委会导向，为其履职尽责创造良好环境。

——提高机关保障能力。坚持从严教育、从严要求、从严管理、从严监督，切实管好薄弱领域和关键环节，引导机关干部做好政协人、说好政协话、办好政协事、履好政协职。深化作风建设，树牢“一线”意识，健全完善综合协调、后勤保障等工作机制，推动“做了什么”“做了多少”向“做出了什么效果转变”，激励机关干部争做政协事业发展的推动者、实干者、奋斗者，为政协工作提质增效提供良好服务。

团结凝聚力量，奋斗成就梦想。让我们更加紧密地团结在以习近平同志为核心的党中央周围，在县委的坚强领导下，携手共进、开拓创新，努力推动政协工作再上新台阶，为安图决胜全面建成小康社会贡献力量。

（安图县政协办公室）

做实监督职责　提升治理效能
为决胜全面建成小康社会加快安图全面振兴全方位振兴提供坚强保障

——在中共安图县第十五届纪律检查委员会第五次全体会议上的工作报告

（2020年4月8日）

纪委监委书记　李　云

这次全会的主要任务是：以习近平新时代中国特色社会主义思想为指导，深入贯彻党的十九大和十九届二中、三中、四中全会精神，全面落实十九届中央纪委四次全会、省纪委十一届五次全会、州纪委十一届五次全会和县委十五届六次全会部署，回顾2019年全县纪检监察工作，部署2020年任务。刚才，县委书记韩长发同志作了讲话，我们要认真学习领会，坚决贯彻落实。

一、2019年工作回顾

2019年，在州纪委监委和县委的坚强领导下，全县纪检监察机关不断增强“四个意识”、坚定“四个自信”、做到“两个维护”，忠实履行党章和宪法赋予的职责，持之以恒正风肃纪，坚定不移惩贪治腐，奋力推进纪检监察工作高质量发展，全县党风廉政建设和反腐败斗争取得新进展新成效。

（一）学懂弄通做实习近平新时代中国特色社会主义思想，践行“两个维护”更加坚定自觉。把深入学习贯彻习近平新时代中国特色社会主义思想作为首要的、长期的政治任务，持续跟进学习习近平总书记重要讲话和指示批示精神，贯彻落实省州纪委监委和县委部署要求，做到深学细悟、细照笃行。扎实开展“不忘初心、牢记使命”主题教育，贯通运用学习教育、调查研究、检视问题、整改落实四项重点措施，把践行党的初心使命落实到具体工作中。把各级党组织和党员干部执行政治纪律和政治规矩的情况，作为监督重点，加强对党的十九大精神和党章党规党纪执行情况的监督检查，督促全县党员干部切实增强纪律意识和规矩意识。加强对党中央重大决策部署和习近平总书记重要指示批示精神贯彻落实情况的监督检查，督促各级党组织把“两个维护”落到实处。督促清查整治“大棚房”、违建别墅，及时发现问题，并跟踪督促整改；监督推动减税降费、农村饮水安全、危房改造、雨露计划、基本医疗保障等政策落地落实。开展人防系统腐败问题专项整治，严肃查处违纪违法问题，推动人防系统完善权力监管机制。

（二）坚守人民立场，群众利益得到切实维护。深入开展扶贫领域腐败和作风问题专项治理，围绕中央脱贫攻坚政策落实落细开展监督检查，扎实推动中央专项巡视、国家脱贫攻坚成效考核反馈问题整改工作，中央第八巡视组移交的3批3件扶贫领域问题线索已全部按期办结。全县查处扶贫领域违纪违法问题18件18人，通报曝光5期12起16人。建立扶贫领域村级组织责任清单，梳理制定《安图县村级组织项目或资金使用监管流程图》，推动监管体系向村级组织拓展，形成全覆盖、无盲区的精准监督体系。深入开展扫黑除恶专项行动，深挖彻查涉黑涉恶腐败及背后的“保护伞”“关系网”。公安机关办理的涉黑涉恶案件，全部查出“保护伞”或失职失责公职人员。全年立案查处涉黑涉恶腐败和“保护伞”问题23件，处分16人，移送司法机关1人。深入开展民生领域专项整治，牵头会同26个县直部门，对漠视群众利益的4大类14项具体问题进行集中整治，推动整改问题42个，查处群众身边腐败和作风问题53件53人。开展林草系统腐败和作风问题专项整治，处置问题线索9件，立案 4 人。

（三）强化正风肃纪，纠治“四风”更为有力有效。坚持抓节点、抓重点，不断转变监督方式，加强对中央八项规定精神落实情况的监督检查，持之以恒纠治“四风”。充分发挥主责部门作用，推动县财政局、县机关事务服务中心等部门加强对“三公经费”支出、公车管理使用、办公用房使用等方面的日常监管。集中整治形式主义、官僚主义，并纳入主题教育专项整治任务，全县查处形式主义、官僚主义问题 42 件，处理 42 人。深入开展领导干部利用名贵特产类特殊资源谋取私利问题、违规公款定制购买烟酒问题、排查整治“天价烟”背后“四风”问题等专项整治活动，探索建立了整治“四风”问题“五个一”长效机制，即明察暗访发现一批、约谈提醒告诫一批、查处问责震慑一批、警示教育警醒一批、健全制度防范一批。全年共受理违反中央八项规定精神问题线索 22 件，给予党纪处分 8 人，组织处理 14 人，点名道姓通报曝光 4 期 11 起 16 人次。

（四）坚守政治定位，巡察利剑作用充分彰显。牢牢把握巡察政治责任和职责使命，突出“两个维护”根本任务，完成对县住建局党组等 20 个党组织的常规巡察，发现问题 189 个，移交问题线索 18 件；同步开展人防系统专项巡察，移交问题线索 4 件。完成巡察全覆盖任务的 61.76%，实现时间过半任务过半目标。强化巡察整改，深化成果运用，制定了《关于加强县委巡察整改工作的意见》，对县委第三轮和第四轮常规巡察整改情况进行督导检查，巡察发现的 145 个问题，已全部整改完成，被巡察部门建立完善规章制度 106 项。强化巡察创新，制定出台了《县委巡察机构与相关部门工作协作机制》《巡察工作人才库管理办法》，兼职巡察队伍建设方面工作获得省委巡视办认可，相关工作做法在《吉林巡视巡察》内刊刊发。

（五）夯实监督专责，监督质效明显提升。组织开展政治生态调研，全面掌握政治生态情况，精准作出分析研判。综合运用听取汇报、个别谈话、检查抽查、列席会议等多种监督形式，把监督融入日常、化为经常。严把党风廉政意见回复关，出具干部廉政审查意见 2351 人次。对 69 名新任职乡科级领导干部进行廉政谈话。坚持把纪律和规矩挺在前面，积极践行监督执纪“四种形态”。全县纪检监察机关运用“四种形态”处理 225 人次，其中运用第一种形态 98 人次，占 43.6%；运用第二种形态 85 人次，占 37.6%；运用第三种形态 6 人次，占 2.6%；运用第四种形态 21 人次，占 9.3%。严格实行“一案双查”，开展精准问责，全县查处问责案件 27 件，处分 27 人。在严肃问责追责的同时，贯彻落实容错免责和澄清激励机制，为 3 名受到失实举报的党员领导干部予以澄清正名、撑腰鼓劲，进一步树立了支持干事创业的鲜明导向。

（六）深化体制改革，规范化法治化水平切实提高。认真履行协助党委职责和监督专责，落实下级纪委“两为主一报告”、派驻机构“三为主一报告”要求，推动“两个责任”贯通协同。制定县乡两级纪委绩效考核办法，激励全县纪检监察干部忠诚履职尽责。制定下发县纪委监委“三定方案”，部门主要职责、内设机构和部门间职责分工全面优化。实现执纪执法贯通、有效衔接司法，全县立案调查非中共党员监察对象案件 27 件 28 人，完成指定管辖案件 9 件。深入推进派驻机构改革，设立派驻纪检监察组 8 个、派出纪检监察工作委员会 2 个，实现对 63 个县直机关派驻监督和监察监督全覆盖。稳步推进乡镇（街道）派出监察办公室建设，向 9 个乡镇分别派出乡镇监察办公室，实现了对基层行使公权力人员的监察全覆盖。

（七）保持高压态势，反腐败斗争压倒性胜利持续巩固发展。聚焦“关键少数”，紧盯重点领域、重点部门和重点环节，严肃查处了成太庆、孟凡安等一批领导干部严重违纪违法案件。全县立案136件，给予党纪政务处分131人，其中乡科级干部28人，采取留置措施3人，移送审查起诉9人。深化以案促改，督促发案单位召开集中警示教育大会、民主生活会，警醒反思、排查整改、建章立制，达到查处一案、规范一域的良好效果。梳理筛选近年来查处的违纪违法案例，进行深入剖析，编印了基层党员干部警示教育读本《安图县扶贫领域违纪违法问题典型案例选编》，拍摄了警示教育专题片《恣意的权力》，用身边事教育身边人。组织召开新任职乡科级领导干部警示教育会议和全县警示教育大会，引导党员干部知敬畏、存戒惧、守底线。高度重视办案安全工作，严格履行"走读式"谈话手续，按干部管理权限，规范审批流程，做到事前风险评估，事中有效管控，事后开展回访。全年开展"走读式"谈话96人次，实现安全文明办案"零事故"。

（八）践行忠诚干净担当，纪检监察干部队伍建设全面加强。扎实开展全员培训，组织集中学习16期，累计培训782人次，参加上级纪委组织的培训52人次。积极开展主题党日活动和文体活动，进一步提升了干部队伍活力，增强了凝聚力、战斗力。配强干部队伍，按照岗位实际需求，通过公开招考、选调等方式调入10人。县纪委监委推荐提拔干部6人，系统内轮岗交流5人。全委干部平均年龄42岁，大学以上学历占95.4%，法律及公安专业占44.6%，人员队伍结构进一步优化。经常开展纪检监察干部谈心谈话，加强干部思想状况分析，及时掌握干部思想动态，帮助解决实际困难，消除干部后顾之忧。坚持用"正反两方面典型"教育干部加强自身建设，严格监督管理，不护短、不遮掩、不手软，坚决防止"灯下黑"。

一年来，经过全县上下共同努力，安图县全面从严治党、党风廉政建设和反腐败斗争取得新成效，但面临的形势依然严峻复杂。党内政治生态总体向上向好，但监督还不到位，局部问题仍然比较突出；不敢腐的震慑充分显现，但不能腐的制度还不完善、不想腐的自觉仍需强化，一体推进"三不"任务艰巨；群众获得感和信任度得到提升，但发生在基层的腐败和作风问题还不同程度存在；少数党组织管党治党的责任意识不够，有的党员领导干部政治站位不高，贯彻落实党中央重大决策部署还有偏差；"四风"问题更趋隐蔽，回潮复燃的隐患仍未根除；个别存在资本和权力相互勾结的问题，不正之风和腐败问题依然存在；有的纪检监察干部作风不严不实，思想政治素养、把握政策能力和业务水平尚不能完全适应新形势新任务的要求。对这些问题，我们必须高度重视，认真加以解决。

二、2020年主要工作

2020年是全面建成小康社会和"十三五"规划的收官之年，也是全国共同抗击新冠肺炎疫情的特殊之年，做好纪检监察工作责任重大、意义深远。今年工作总体要求是：高举中国特色社会主义伟大旗帜，以习近平新时代中国特色社会主义思想为指导，深入贯彻党的十九大和十九届二中、三中、四中全会精神，全面落实十九届中央纪委四次全会、省纪委十一届五次全会、州纪委十一届五次全会和县委十五届六次全会部署，增强"四个意识"，坚定"四个自信"，做到"两个维护"，坚持稳中求进工作总基调，协助党委深化全面从严治党，健全完善监督体系，强化对权力运行的制约和监督，一体推进不敢腐、不能腐、不想腐，在坚持和完善中国特色社会主义制度、推进国家治理体系和治理能力现代化中充分发挥监督保障执行、促进完善发展作用，建设高素质专业化纪检监察干部队伍，坚定稳妥地推动新时代纪检监察工作高质量发展，为决胜全面建成小康社会、决战脱贫攻坚、加快实现新时代安图全面振兴全方位振兴提供坚强保障。

省纪委十一届五次全会提出“1133”总体思路，突出做实监督职责、健全监督体系、提升监督能力，为我们指明了方向，提供了遵循。全县纪检监察机关要立足新起点，贯穿一条主线，就是贯穿“安图清风建设年活动”这条主线，努力打造“清·意”群众满意品牌、“清·己”内部监督品牌、“清·肃”正风肃纪品牌、“清·正”公正审理品牌、“清·效”廉政高效品牌、“清·刃”巡察利剑品牌、“清·监”探头前哨品牌、“清·鉴”警示教育品牌、“清·才”素质提升品牌、“清·基”固本强基品牌、“清·盾”护航担当品牌、“清·合”一体反腐品牌等“安清十二品牌”；围绕一个中心，就是紧紧围绕一体推进不敢腐、不能腐、不想腐中心；抓住二个关键，就是抓住固本强基和素质提升关键；筑牢三道防线，就是筑牢思想、监督、制度防线；开展四项整治，就是开展扶贫领域腐败和作风问题专项治理、扫黑除恶专项斗争、形式主义官僚主义专项治理、公职人员违规牵涉“小额贷”问题专项整治；实施五大工程，就是实施信访举报积案化解“清零工程”、审查调查“铁案工程”、优化营商环境“亲清工程”、民生领域监督“群众满意工程”、清单式“村级权力监管工程”，力求达到常规工作出亮点、重点工作有突破、整体工作上水平，扎实有效地推动全县纪检监察工作高质量发展。

（一）坚定不移践行“两个维护”，推动政治监督具体化常态化制度化。聚焦“两个维护”强化政治监督。把学深悟透习近平新时代中国特色社会主义思想作为长期政治任务，持续巩固深化主题教育成果。坚持从政治和全局高度谋划推进纪检监察工作，带头贯彻党中央和省州县委重大决策部署，严格执行请示报告制度，把“两个维护”体现到实际工作中。严明政治纪律和政治规矩，突出抓好政治监督，加强对党章党规党纪和宪法法律法规执行情况的监督检查，加强对党中央重大决策部署、重大战略举措和习近平总书记重要指示批示精神落实情况的监督检查，加强对贯彻落实党的十九届四中全会和省州县委全会精神情况的监督检查，加强对各乡镇各部门履行职责使命情况的监督检查。

聚焦保障执行强化政治监督。按照“条管着条、块管着块、条块结合”原则，检查各层级、各领域党组织和党员领导干部是否坚持和加强党的领导，贯彻落实政治责任是否到位、职责使命是否清晰、前进方向是否明确、制度机制是否健全、工作抓手是否有力、工作成效是否扎实，督促推动党组织特别是党委（党组）主要负责人切实担负起全面从严治党政治责任，督促推动广大党员干部在内心深处筑牢党的初心使命，使“两个维护”成为自觉、见诸行动。着眼推动解决影响安图振兴发展的突出矛盾问题，认真开展监督调研，全方位提高服务保障能力。

（二）坚持执纪为民，集中整治群众反映强烈的突出问题。深化扶贫领域腐败和作风问题专项治理。着力加强对脱贫工作绩效、脱贫政策连续性稳定性，以及脱贫摘帽后“四不摘”情况的监督检查，对突出问题从严查处；通过监督调研、约谈、巡察、精准问责等方式，对各级党委政府履行主体责任提出建议、加强督促，推动党委、政府主要负责人既当好脱贫攻坚“指挥员”“战斗员”，又当好管党治党“施工队长”。重点监督推动中央脱贫攻坚专项巡视“回头看”反馈问题整改，进一步压实整改责任，确保问题得到全面解决。把保障如期实现脱贫同服务乡村振兴战略结合起来，针对工程、资金、基础设施等重点领域和关键环节，做实做细巡视巡察整改、以案促改，推动建立健全长效机制。实施清单式“村级权力监管工程”，梳理权力清单，完善村级工作监管流程，严管“微权力”，严防“微腐败”。要把扶贫领域专项治理抓在手中，集中优势兵力开展监督执纪执法，保障脱贫攻坚政策不折不扣落实。

坚决查处涉黑涉恶腐败和“保护伞”案件。深入推进中央扫黑除恶督导“回头看”反馈问题整改，加大深挖整治黑恶势力“保护伞”力度。加强与政法机关沟通衔接，促进扫黑除恶与打“伞”破“网”工作持续同步推进。坚持实事求是，将涉黑涉恶腐败和“保护伞”问题与一般性违纪违法、工作方法简单生硬、作风不实不深不细、普通工作失误等问题严格区别开来，做到精准打“伞”破“网”。

集中整治民生领域损害群众利益突出问题。实施民生领域监督“群众满意工程”，发挥党委、纪委监委和基层党组织监督作用，探索开展民生监督和基层治理试点工作，着力在教育医疗、征地拆迁、社会公共服务等领域深化拓展，及时回应群众关切、解决突出问题、跟进长效机制，推动基层干部廉洁公平为群众办实事办好事。实施优化营商环境“亲清工程”，制定符合安图实际的服务保障民营经济发展具体措施，促进构建亲清新型政商关系，助力经济社会健康发展；开展公职人员不作为、慢作为、假作为、乱作为等问题专项整治，纠正和查处政策不落实、监管不到位、吃拿卡要、加重企业负担等问题，督促各级党组织解放思想、深化改革，营造公平公正市场秩序；开展公职人员违规牵涉“小额贷”问题专项整治，完善信访举报、监督检查和审查调查协作配合机制，及时发现和处置公职人员违规参与经营管理、投资入股获取高额利息、利用职权充当“保护伞”等问题，督促相关职能部门强化日常监管，规范民间信贷行为，净化融资环境。

（三）持续深化纪检监察体制改革，健全完善协同高效的监督体系。协助党委完善全面从严治党制度。不断完善党内监督体系，主动为同级党委履行主体责任提供有效载体、当好参谋助手，促进党委（党组）主体责任、书记第一责任人责任和纪委监委监督责任贯通联动、一体落实。推动对领导干部监督制度和领导班子内部监督制度执行落实，加强党组织自上而下的监督，督促各级党委（党组）加强对所管理领导干部特别是主要领导的监督，用好批评和自我批评有力武器，实行重要问题、重要线索径送制度，破解对“一把手”监督和同级监督难题。

统筹推进纪检监察体制改革。推进纪检监察工作双重领导体制具体化程序化制度化，抓住“管人”和“管业务”两个关键，加强上级纪委监委对下级纪委监委的领导。完善派驻监督体制机制，强化“三为主”，落实“五个协同”，健全配套措施，完善定期报告全面工作、请示报告重要事项等制度，深化派驻机构改革，督促推动驻在单位党组织转观念、提精神、改作风、担责任，实现派驻监督“形神兼备”。在更大范围整合运用监督力量，提升基层纪检监察机关监督能力，推动监督向基层延伸。

促进各类监督贯通协调。完善纪律监督、监察监督、派驻监督、巡察监督统筹衔接制度，建立健全信息互通、人员互派、成果共用等机制，整合监督力量，统一指挥调度，增强整体效能。强化纪委监委监督的协助引导推动功能，促进党内监督与人大监督、民主监督、行政监督、司法监督、审计监督、统计监督、群众监督和舆论监督贯通融合、协调协同，吸纳各行业、各领域、各阶层优秀代表，建立监督员队伍，提升监督实效。严格落实中央纪委国家监委和省州纪委监委决策部署，依法有序推进监委向本级人大常委会报告专项工作。促进执纪执法贯通、有效衔接司法，制定与法规制度配套的线索处置、案件审理等工作流程，健全纪检监察制度体系。围绕更好履行监督职责，推进理念思路、工作内容和体制机制创新，形成可复制可推广经验，开展创新成果交流，推动监督高质量发展。

（四）充分发挥专责监督作用，强化对权力运行的制约和监督。围绕权力运行强监督。强化上级纪委对下级党组织的监督，紧盯“关键少数”、关键岗位，围绕权力运行各个环节，完善发现问题、纠正偏差、精准问责有效机制，压减权力设租寻租空间。强化日常监督，深入联系乡镇、单位和部门，与监督对象特别是班子成员面对面、一对一谈心谈话，围绕履行“两个责任”、政治生活、政治文化建设、纪律作风、选人用人、权力监督等主题，深入开展政治生态调研，全面了解和掌握联系乡镇和单位的政治生态情况，探索建立党组织主体责任、“一把手”第一责任人责任、班子成员“一岗双责”责任、纪检监察机构监督责任“四责协同”推进机制，推动其所在党组织认真履行主体责任，完善决策科学和执行坚决的制度机制，把调控权、审批权、执行权、监管权等关进制度笼子。切实贯彻落实党中央决策部署，科学精准、稳慎有效做好新型冠状病毒肺炎疫情防控监督工作。

围绕权力配置强监督。实事求是运用“四种形态”，准确把握党的政策策略，严格规范工作程序，依规依纪依法行使职权。坚持严字当头、权责统一，实施规范问责、精准问责。梳理盘点我县近年来问责情况，对问责工作的原则、方法和策略进行细化、规范化，有效解决问责泛化、简单化问题。推行全面从严治党《提醒函》工作制度，抓早抓小、防微杜渐。用好纪检监察建议，以派员参加民主生活会、回访督查、约谈提醒等方式，跟踪监督落实情况，以纪法刚性约束推动问题一项一项整改到位。

围绕权力公开强监督。织牢织密监督网，带动各级一体贯通，促进建立权力运行可查询、可追溯的反馈机制，以公开促公正、以透明保廉洁。推进检举举报平台建设工作，强化信访举报分析研判，发挥权力运行“观察哨”作用。

（五）坚持破立并举，以钉钉子精神打好作风建设持久战。持续盯住抓好中央八项规定精神落实落地。深入贯彻习近平总书记“锲而不舍、持续发力、再创新绩”重要批示要求，驰而不息落实中央八项规定精神，坚持日常监督与专项监督相结合，以日常监督强化警钟长鸣、防止反弹回潮，以专项监督挖掘深层次问题、巩固深化成果。

从更高站位整治形式主义、官僚主义。紧盯领导机关和领导干部，从政治纪律查起，深化治理贯彻党中央决策部署只表态不落实、维护群众利益不担当不作为、困扰基层的形式主义等突出问题，推动领导干部把对党中央负责和对人民群众负责统一起来，把精力放在求真务实、真抓实干上。

聚焦新情况新问题开展专项监督。深入分析把握我县违反中央八项规定精神问题发生规律、特点和趋势，紧盯薄弱环节严查享乐奢靡问题，防范和查处收送电子红包、私车公养、违规吃喝、利用名贵特产和特殊资源谋取私利等隐形变异问题。

健全完善合力纠治“四风”长效机制。加强与公安、财政、审计等部门沟通协调，协同做好检查、督导等工作，实现纪检监察监督和职能部门监督监管有机衔接，从严查处顶风违纪问题。按照“谁主管、谁负责”的原则，督促各级党组织制定落实作风建设主体责任清单，督促职能部门细化规定，列出正面、负面清单。用好监督举报平台，建立群众监督和舆论监督快速反应机制，对反映“四风”问题举报优先办理、迅速核查，加大通报曝光力度。坚持纠“四风”和树新风并举，制定出台《关于倡导清清爽爽同志关系的若干措施》，推动形成良好党风政风和社会风气。

（六）加强协作配合，提升巡察监督质量。突出政治巡察。切实把准政治巡察的内涵和方向，突出“四个落实”监督重点，深入发现和推动解决贯彻落实党中央重大决策部署方面的突出问题、干部队伍作风建设方面的突出问题、群众反映强烈的突出问题。

完善协作机制。贯彻落实省委《关于巡视巡

察上下联动监督网的实施意见》，严格执行下级巡察机构定期向上级报告制度，健全完善巡察与组织、审计、信访等部门协作配合机制，推动形成系统集成、协同高效的监督格局。加强统筹谋划，高质量、有节奏推进十五届县委任期内巡察全覆盖。推动巡察与纪检监察机关和派驻监督相互协同，实现对基层组织巡察全覆盖。

抓好成果运用。进一步压实整改主体责任和监督责任，完善整改情况报告制度，健全整改公开机制和日常监督机制，推动各类问题整改到位。加强巡视巡察成果运用，与推进治理体系和治理能力现代化结合起来，系统梳理巡察发现的共性问题，推动深化改革、完善制度、堵塞漏洞。

（七）构建一体推进不敢腐、不能腐、不想腐体制机制，进一步巩固和发展反腐败斗争压倒性胜利。持续强化不敢腐的震慑。增强危机意识，落实“三个坚持”，把“严”的主基调长期坚持下去。重点对党的十八大以来不收敛不收手，严重阻碍党的路线方针政策执行、严重损害党的执政根基，成为全面从严治党障碍的腐败问题从严查处，对主动投案者依规依纪依法从宽处理，对巨额行贿、多次行贿的严肃处置，坚决斩断“围猎”和甘于被“围猎”的利益链，坚决破除权钱交易的关系网。加强与职能部门协作配合，发挥派驻纪检监察组作用，强化监督监管、执纪办案和专项整治，严肃查处金融领域存在的违规操作、以权谋私、失职渎职等腐败问题，坚决查处资源、土地、规划、建设、工程等领域的腐败。督促严格执行领导干部配偶、子女及其配偶经商办企业有关规定。善于做到“三个区分开来”，进一步落实容错免责和澄清激励机制，激励干部担当作为，有力赢得民心，努力提高治理腐败效能。

切实扎牢不能腐的笼子。制定以案促改工作方案，深入剖析典型案件，重点挖掘个案和同区域、同领域、同岗位、同类型案件背后的制度因素，及时向发案乡镇、单位和部门反馈并督促整改，着力推动审批监管、执法司法、金融信贷、公共资源交易、公共财政支出等重点领域监督机制改革和制度建设。协同督促政数局等职能部门，梳理廉政风险点，完善权责清单，管住权力，防止滥用。持续规范和完善党内政治生活、民主集中制等党风廉政工作制度建设，推进重点环节关键岗位权力制约监督，加大廉政风险防范力度，从源头上预防腐败行为。

不断增强不想腐的自觉。做好审查调查“后半篇文章”，用足用活典型案例资源，落实“一案三报告”，通过开展警示教育引导广大党员干部知敬畏、存戒惧、守底线。推行廉政教育“一张网”，盘活廉政教育中心机构，完善职能职责，开设廉政教育之窗，建设廉政教育基地，打造廉政教育餐厅，推行村居廉政建设，联合党校开展“六同”教育，扩大廉政教育覆盖面，丰富开展廉政教育方法，做实同级同类干部廉政教育。加强思想道德和党纪国法教育，依托廉政文化“八进”活动，推进廉洁文化建设和家风建设，引导党员干部修身律己、廉洁齐家，培养现代文明人格。有效利用主要媒体阵地开展常态化宣传教育，强化党员干部廉洁意识、纪律意识、自律意识，筑牢防腐拒变的思想防线。

（八）从严从实加强自身建设，做忠诚干净担当、敢于善于斗争的战士。突出抓好政治建设。坚持把学习贯彻习近平新时代中国特色社会主义思想摆在首位，建设让党放心、让人民满意的模范机关。加强县纪委常委会政治建设，坚持民主集中制，带头维护制度权威，发挥示范引领作用。推进更高水平、更深层次“三转”，聚焦主责主业，创新方式方法，持续改进作风。进一步压紧压实机关党建责任，推动党建业务双促进双融合，全面提高党建工作质量，建设坚强有力的基层党组织。

锻造高素质专业化干部队伍。加大干部培养选拔力度，完善干部思想建设、优化配置、培养选拔、教育监督、激励关爱等工作机制，研究谋划全县纪检监察干部队伍建设规划纲要，着力建设政治过硬、本领高强、清正廉洁、担当作为、改革创新、团结协作、敢于斗争、善于斗争的高素质专业化干部队伍。注重优化领导班子结构，加大干部轮岗交流力度，拓宽选人用人视野渠道，建立纪检监察干部队伍人才库，为选优配强纪检监察干部队伍和梯队建设积蓄力量。推进干部队伍专业化建设，持续深化全员培训，开展业务大练兵和知识竞赛活动，全面提升干部政治素养、业务能力。坚持严管和厚爱相结合，突出正向激励主基调，从政治、工作、生活等方面关心关怀关爱干部，支持干部大胆履职尽责，对敢于担当、不怕得罪人的干部给予坚定支持和有力保护。做好典型选树宣传，以典型引领提振干部精气神，激励干部新时代新担当新作为。

确保执纪执法受监督有约束。实施信访举报积案化解“清零工程”，做到事事有回音、件件有着落。完善自身权力运行机制和管理监督制约体系，加强对工作流程的细化、再造、管理，着力规范人员借调和办案安全管理，公正文明执纪执法，提高纪检监察机关治理能力。探索新形势下提高案件质量的有效途径，制定信访分析研判会议议事规则和问题线索处置分析研判会议议事规则，建立案件质量评查制度，全面实施审查调查“铁案工程”。建立健全纪检监察干部廉政档案，深入研究纪检监察权力运行特点规律，确定不同岗位风险点，分类施策堵塞管理漏洞，消除风险隐患。创新纪委监委接受各方面监督体制机制，强化内部管理，依规依纪依法履行职责、行使权力、开展工作，认真做好监督执纪工作规则和监督执法工作规定执行情况检查评估，推动公正规范履职。切实把纪检监察这个重要公权力关进制度笼子，经常打扫庭院，及时纠正纪检监察干部苗头性倾向性问题，严格禁止打听案情、过问案件、说情干预，“零容忍”查处执纪违纪、执法违法行为，坚决清除害群之马，持续防治“灯下黑”，做党和人民的忠诚卫士。

新时代纪检监察机关的工作使命光荣、责任重大。让我们紧密团结在以习近平同志为核心的党中央周围，不忘初心、牢记使命，坚定稳妥、持续推进，奋力书写安图全面从严治党、党风廉政建设和反腐败斗争新篇章，为决胜全面建成小康社会、实现安图全面振兴全方位振兴做出新的更大贡献。

（安图县纪委监委办公室）

专 文

安图县"不忘初心、牢记使命"主题教育综述

安图县"不忘初心、牢记使命"主题教育工作从2019年9月初开始，截至年末已基本结束。以朱哲洙为组长的州委第四指导组全程参加县委常委班子主题教育重要会议、重要工作、重要活动，深入乡镇社区、有关部门和基层党组织，多次召开座谈会听取各方面意见建议，为安图县开展好主题教育提出了宝贵指导意见。主题教育开展以来，全县各级党组织和广大党员坚决贯彻落实中央和省州县委部署要求，紧紧围绕"不忘初心、牢记使命"这一主题，牢牢把握深入学习贯彻习近平新时代中国特色社会主义思想这个根本任务，认真对标"守初心、担使命，找差距、抓落实"的总要求，坚持"四个到位""四个注重"，推行"一线教育法"，做到学习教育在一线、调查研究在一线、检视问题在一线、整改落实在一线，实现了"理论学习有收获、思想政治受洗礼、干事创业敢担当、为民服务解难题、清正廉洁作表率"的目标，达到了预期效果，取得了显著成效。

一是始终聚焦思想建党理论建党，围绕学习贯彻习近平新时代中国特色社会主义思想这条主线，全县各级党组织和党员干部思想政治和理论武装得到全面洗礼和强化。紧紧围绕学习贯彻习近平新时代中国特色社会主义思想和党的十九届四中全会精神，县委班子示范带动全县各级党组织通过开展读书班、集体学习、交流研讨等方式，读原著、学原文、悟原理，深刻把握理论体系和思想精髓，党员干部真信笃行、知行合一，增强了运用理论指导实践的能力。广泛开展党性教育、革命传统教育、形势政策教育、先进典型教育和警示教育，进一步筑牢了信仰之基、补足了精神之钙、把稳了思想之舵。杨松峰、卢昌范、董东、田洪祥4人的先进事迹，生动诠释了"不忘初心、牢记使命"的崇高信念，示范引领全县党员干部把为党和人民事业不懈奋斗作为毕生追求，自觉做习近平新时代中国特色社会主义思想的坚定信仰者和忠实实践者。

二是始终聚焦搞清问题弄懂症结，围绕推动经济社会发展第一要务，全县各级党组织和党员干部拿出了一系列破解难题的办法措施和实招硬招。突出问题导向和目标方向，围绕贯彻落实中央和省州委决策部署的重点工作任务、推动解决改革发展稳定的突出问题、党的建设面临的紧迫问题、群众急难愁盼问题，边调研边学习边检查，县处级干部形成调研报告27份，提出对策建议108条，并在成果交流会上谈思路、议对策、达共识，破解"两不愁、三保障"突出问题、发展壮大庭院经济、加强农村基层党组织建设等一

批调研成果有效转化为指导实践、破冰破题的有力措施，一些困扰多年的瓶颈问题得以突破，一些事关全局的大事得到落实。完成工程投资5173万元，施工220处，惠及7.29万余人，全面巩固提升农村饮水安全，筑牢脱贫摘帽基础；全力解决“无籍房”问题小区17处，问题户数2807户，完成率100%，以看得见、感受得到的成效，彰显初心使命。

三是始终聚焦直面问题修正错误，围绕对照初心使命查摆差距这一目标，全县各级党组织和党员干部以自我革新精神补齐了一大批践行初心和使命的短板。突出开门抓教育，奔着问题去、追着问题走，党员干部坚持把自己摆进去、把职责摆进去、把工作摆进去，自觉对照习近平新时代中国特色社会主义思想、党章党规、先进典型、贯彻落实党的十九届四中全会精神等方面找差距、查短板。全县各级领导班子和党员干部对照“18个是否”，从严查摆梳理问题，并通过召开对照党章党规找差距专题会议，逐条回答报告。常委班子带头开好民主生活会，以普通党员身份参加支部组织生活会，带头发扬斗争精神，红脸出汗批评、互帮互点纠偏，做到了见人见事见思想，标准质量高、查摆问题准、原因分析深、整改措施实，有效推动解决了领导班子和党员干部自身存在问题，促进了领导班子的团结，进一步提升了凝聚力和战斗力。

四是始终聚焦刀刃向内真改实改，围绕开展专项整治这一抓手，全县各级党组织和党员干部以实实在在的改变赢得人心、获得点赞。按照中央和省州委部署的专项整治任务，结合安图实际，建立“每周调度、半月总结、实时督导”工作机制，县委统一部署，县级领导分头挂帅、涉事部门合力攻坚，集中开展专项整治，推动工作走深走实见成效。狠抓工作作风问题整治，大力精简文件会议和督查检查数量，文件、会议同比下降26%和24%，督查检查数量同比下降50%。狠抓软弱涣散党组织整顿提升，压实“四个一”责任，完成12个软弱涣散党组织整顿提升。狠抓制约县域发展问题整治，处理违规企业29家，整顿安全生产隐患507项，确保各项工作风险可控，运行平稳；推动完成中央环保督察16项反馈问题整改工作，274件中央交办案件完成销号备案；公共服务事项全部进厅，政务服务热线受理、办结率100%，营商环境大幅改善，企业、群众满意度不断提升。

五是始终聚焦干事创业敢担当，围绕为人民谋幸福这个初心，全县各级党组织和党员干部凝心聚力推动各项事业干在实处、走在前列。坚持把主题教育同中央脱贫攻坚专项巡视、国家脱贫攻坚巡查、中央环保督察“回头看”、国务院大督查等反馈意见整改及经济高质量发展、社会稳定、党的建设等各项重点任务结合起来，统筹兼顾，更好地在稳增长、促改革、调结构、惠民生、防风险、保稳定中履职尽责、担当作为。特别是党员干部自觉把主题教育迸发出来的进取精神转化为抓落实、促发展的工作热情，凝聚了推动县域发展的强大动力，涌现出以王平堂、余磊、侯志国、金万春等同志为代表的30名先进典型，获得了2019年全国脱贫攻坚奖贡献奖等省州级以上荣誉100余个，引领释放了“解放思想、实事求是，苦干实干、争先进位”的干事创业精气神。

六是始终聚焦涵养风清气正的政治生态，围绕抓实党风廉政建设这一红线，全县各级党组织和党员干部彰显了清正廉洁的政治本色。坚持既抓思想引导，又抓行为规范，使务实清廉的“螺丝帽”拧得更紧，使遵规守纪的“紧箍咒”勒得更牢。通过深入开展警示教育，以案为鉴、以案思训、以案明纪，使党员干部灵魂受到触动、心灵得到净化，感受到党纪国法的威严和力量。主题教育期间，提拔8名实绩突出的干部，问责10名失职失责干部，在全县形成强烈导向激励效应，推动干部队伍作风实现根本性好转；聚焦漠视群众利益问题，查处侵害群众利益的不正之风和腐败问题18件，通报2件关于违反中央八项规定精神典型问题，有力回应群众期盼；推动扫黑除恶专项斗争向纵深发展，强化黄赌毒和黑恶势力线索排查，查处涉赌治安案件2起，治安处罚7人。全县广大党员干部进一步筑牢了思想防线、增强了法纪意识，知敬畏、存戒惧、守底线的思想自觉得到强化，政治境界、思想境界、道德境界明显提升。

这次主题教育增强了全县各级党组织和广大党员干部守初心、担使命的思想自觉和行动自觉，解决了违背初心使命的突出问题，树立了党在群众中的威信和形象，进一步凝聚了党心和民心，形成了推动高质量发展的强大正能量，同时，在主题教育中也取得了新的认识、积累了新的经验。

一是必须坚持聚焦主题、紧扣主线，做到不偏轨道、不忘根本。牢牢把握“不忘初心、牢记使命”这个主题和学习贯彻习近平新时代中国特色社会主义思想这条主线，认真落实“守初心、担使命、找差距、抓落实”的总要求，学习教育围绕主题主线总要求深学细悟、调查研究围绕主题主线总要求寻策问道、检视问题围绕主题主线总要求对标找差、整改落实围绕主题主线总要求真改实改，切实克服学用脱节问题，确保了主题教育质量和效果。

二是必须坚持领导带头、以上率下，做到一贯到底、落实落地。坚持从县级领导干部做起，带头领学促学、带头领题调研、带头检视问题、带头整改落实。建立推行“双包、三联、四指导”工作机制，落实县级领导责任，深入联系点督促指导，抓好分管领域分管战线主题教育，为全县党员干部做出了榜样。各部门各单位领导班子成员特别是主要负责同志切实扛起政治责任，既抓好自身，又抓好基层，确保主题教育推进有力、落地见效。实践证明，喊破嗓子不如做出样子，领导干部必须身体力行，只有一级做给一级看，一级带着一级干，才能同频共振，推动整体工作上水平。

三是必须坚持有机融合、一体推进，做到学做结合、查改贯通。开展党内教育、加强党的建设是一项复杂的系统工程，必须注重整体性、协同性、系统性。这次主题教育不划阶段、不分环节，一开始就把学和做结合起来，把查和改贯通起来，将学习教育、调查研究、检视问题、整改落实贯穿全过程、一体推进，边学边研边查边改，以学促研、以研促查、以查促改，既注重同步推进、协调实施，又各有侧重、穿插进行，切实提高了主题教育质量。同时，找准基层支部开展主题教育的切入点和发力方向，在抓实“九个一”工作的基础上，创新推出“支部连支部”以机关带农村、知识竞赛、演讲朗诵比赛三项活动，确保主题教育在基层支部落地落实。

四是必须坚持紧盯问题、精准整改，做到立行立改、真改实改。全程坚持问题导向，带着问题学、盯着问题查、奔着问题改。全县上下坚持把“改”字贯穿始终，真刀真枪整改整治突出问题，聚焦落实习近平总书记重要讲话重要指示批示精神和党中央决策部署，聚焦中央提出的“8+1+1”专项整治和省委确定的4个方面问题，以“钉钉子”精神抓整改，做到即知即改、立查立改，坚持源头整改、系统整改，台账式管理、项目化推进，改到问题真正解决、群众真正满意为止。

五是必须坚持严督实导、内外用力，做到力戒虚功、务求实效。坚决反对一切形式主义、官僚主义现象，要求参加单位学习教育不能造势弄景、调查研究不能走马观花、检视问题不能避实就虚、整改落实不能虎头蛇尾。州委第四指导组严格督促、悉心指导，这是安图县主题教育收到预期效果的关键。县委主题教育领导小组办公室坚持严细标准，克服人手少、任务重等困难，做了大量有效工作，研究制定了“十看六参加”“五学一考”等制度措施，为主题教育走深走实建立了制度保障。各指导组敢督善导、严督实导，及时发现和纠正苗头性、倾向性、潜在性问题，有力地促进了全县主题教育的顺利开展。中央第七巡回督导组、省委第四巡回指导组到安图指导时，都对安图县主题教育给予了充分肯定。

在充分肯定成绩的同时，也清醒地看到，安图县工作与中央和省、州委的要求相比、与群众的期盼相比还有一定差距。有的领导干部对于习近平新时代中国特色社会主义思想的学习不够深入、不够全面，不能将学习成果完全转化为指导实践、推动工作的力量；有的党员干部调查研究不够深入，推动调研成果转化力度还需要进一步加强；部分干部队伍担使命抓落实的责任意识、干事创业的精气神还需要进一步提振；有的问题整改还没有完全到位，效果还不够明显，制度建设还需要进一步加强，等等。因此，全县务必以这次主题教育为新的起点，持续推动全党不忘初心、牢记使命。下一步，安图县要牢牢把握学习贯彻习近平新时代中国特色社会主义思想这条主线，对标“三个深化”要求，持续巩固和拓展主题教育成果，教育引导干部精气神持续提振，破解难点困点问题更加有效，发展质量和成色不断提升。

第一，要把握主题主线，强化学习教育，推动理论武装向更高层次迈进。理论创新每前进一步，理论武装就要跟进一步，初心不会自然保质保鲜，稍不注意就可能蒙尘褪色，久不滋养就会干涸枯萎。这就要求全县党员领导干部务必始终高举习近平新时代中国特色社会主义思想伟大旗帜，着力在学懂弄通做实上下苦功夫，坚持全面系统学、深入思考学、联系实际学，在解放思想中统一思想，在深化认识中深刻理解蕴含其中的马克思主义立场、观点和方法，领悟这一思想的核心要义、理论精髓、实践要求，切实增强贯彻落实的思想自觉和行动自觉，不断提高运用科学理论解决实际问题的能力。要认真贯彻落实习近平总书记对东北振兴、吉林发展、延边工作的重要指示批示精神，持续跟进学习总书记重要讲话精神，坚持用马克思主义中国化最新成果统一思想、统一意志、统一行动，不断推动学习贯彻往深里走、往心里走、往实里走。县委已经将学习《习近平关于“不忘初心、牢记使命”论述摘编》《习近平扶贫论述摘编》等内容作为常委会第一议题常态学习，各级党组织也要对标县委要求，持续强化理论武装，确保政治上思想上能力上得到锤炼提升。

第二，要突出问题导向、深化整治整改，推动党的执政能力建设更加坚强有力。不忘初心、牢记使命，必须以正视问题的勇气和刀刃向内的自觉不断推进党的自我革命。通过开展专项整治，安图县聚焦破解发展难题、打破思维桎梏，解决了一批“老大难”问题，巩固提升了上几轮巡视巡察问题整改成果，得到了群众的认可和点赞。但更要认识到，在“三大攻坚”、绿色转型发展、激励干部担当作为等方面还需不断完善机制、狠抓落实。各牵头部门和配合部门务必树牢守土有责、守土尽责的意识，切实将抓实专项整治问题整改作为补短板、强弱项、提质量的重要抓手，聚焦专项整治任务清单以及巡视巡察、督查检查反馈问题，进一步扛责履责、压责尽责，着力解决自身的痛点、民生的堵点、“最后一公里”的难点，确保各类问题按时序进度整改到位。要坚持开门抓整改，定期向党员干部群众通报，请群众来监督整改过程，让群众来评判整改成效。

第三，要始终高举旗帜、守牢初心使命，推动“不忘初心、牢记使命”制度落地生根、开花结果。党的十九届四中全会明确提出要建立健全“不忘初心、牢记使命”的制度，安图县要认真落实党中央和省、州委部署要求，及时总结这次主题教育的成功经验做法，加大体制机制改革创新力度，积极构建科学系统完备的制度体系，推动广大党员干部敢担当、善作为，重实干、重实绩，坚持不懈锤炼忠诚干净担当的政治品格。要坚持系统思维、辩证思维、底线思维，既坚持目标导向，又做到立足实际，既坚持解决问题，又坚持简便易行，既坚持创新发展，又坚持有机衔接，真正让制度务实管用，确保立得住、落得实、行得远。“天下之事，不难于立法，而难于法之必行”，制度是用来执行的，广大党员干部，必须强化制度意识，自觉尊崇制度，严格执行制度，坚决维护制度，健全权威高效的制度执行机制，加强对制度执行的监督，推动不忘初心、牢记使命的制度落实落地，坚决杜绝做选择、搞变通、打折扣的现象，防止硬约束变成“橡皮筋”、“长效”变成“无效”，始终做到初心如磐、使命在肩。

第四，要践行为民宗旨、补齐民生短板，推动人民群众获得感幸福感安全感不断提升。检验主题教育成效，最直观、最根本体现在群众认不认可、同不同意。各级各部门务必树牢全心全意落实以人民为中心的发展思想，坚持承诺并兑现民生实事，持续加大保障改善民生力度。大兴调查研究之风，深入践行“一线工作法”“4+1”工作法，用好群众诉求服务中心、驻村干部党委等平台载体，倡导带题下访、现场办公，推动一线破题。提质社会事业发展，全面推进就业、教育、医疗、社保、养老、安全、社会保障、退役军人服务、妇女儿童、青少年、残疾人等社会事业发展，让百姓更多地享受到改革发展成效。深化“平安安图”建设，进一步完善党、政、军、警、民“五位一体”合力治边机制，扎实推进扫黑除恶专项斗争，持续深化民族团结进步创建活动，严密防范、严厉打击韩国文化渗透、韩国基督教渗透破坏活动，维护社会和谐、民族团结、边疆稳固局面。全县各级党组织要持续强化为民服务意识，坚持每年解决几件民生实事，切实让发展成果更多更好地惠及群众百姓。

第五，要坚持统筹兼顾、突出发展要务，推动高质量绿色转型发展开启新篇章。全县上下务必盯准靶向、保持定力，牢牢把握稳中求进的总基调和高质量发展要求，全面落实省委、州委“旅游兴州”战略，按照建设长白山绿色转型示范县的发展目标，凝心聚力打“五张牌”（长白山、资源、生态、文化、政策）做“五篇文章”（城市名片、税源经济、绿色转型、全域旅游、乡村振兴）打造“五区”（经济社会发展的创新区、绿色转型升级的示范区、乡村振兴发展的样板区、生态文明建设的魅力区、从严治党引领的模范区），坚决打好“三大攻坚战”，奋力夺取全面建成小康社会的伟大胜利。要统筹抓好项目建设、产业升级、全域旅游、乡村振兴等重点工作，保持经济社会持续健康发展。要坚持开放活县，用好国内国外“两个市场”“两种资源”，打好“政策牌”和“机遇牌”，打造全域旅游新增长极。要进一步解放思想，用好中央定点帮扶和东西部协作政策契机，全力争取资金、政策、智力支持。要加大城乡统筹发展力度，促进生产要素在城乡间双向流动、公共资源在城乡间均衡配置。要全力抓好中央和省州巡视巡察、督查检查反馈意见整改落实工作，实行清单“销号制”，确保整改成效经得起各方面的检验。

第六，要坚持领导带头、强化示范带动，全力打造忠诚干净担当的领导干部队伍。在奋斗的征程中，安图县涌现出王平堂、余磊、侯志国以及杨松峰、卢昌范、董东、曹志宇、王岩松等先进典型楷模，引领我们砥砺前行。全县上下务必以榜样为力量坚定执行党的政治路线，严格遵守政治纪律和政治规矩，增强“四个意识”、坚定“四个自信”、做到“两个维护”，在政治立场、方向和道路上同以习近平同志为核心的党中央保持高度一致。要抓实领导干部这个“关键少数”，领导机关和领导干部必须做表率、打头阵，引领党员干部将“12字”总要求作为工作准则和人生信条，深入开展破除“五个顽疾”、解决“五个问题”行动，坚持“敢”字为先，“干”字当头，勇于担当、善于作为，冲锋在前、建功立业。要用好批评和自我批评这个锐利武器，驰而不息抓好正风肃纪反腐，在思想政治上不断进行检视、剖析、反思，不断去杂质、除病毒、防污染。

（安图县委办公室）

安图县抓党建促脱贫攻坚工作实践

安图县地处吉林省延边朝鲜族自治州西南部，面积7444平方千米，辖7个镇2个乡，180个行政村，人口21万人，其中贫困村80个、贫困人口5310户9318人，是国家级贫困县。中央和省州县选派了543名驻村干部，实现了驻村帮扶全覆盖。安图县充分发挥党建的组织优势、组织功能和组织力量，创新党建模式，成立脱贫攻坚驻村干部党委，对中央和省州县下派的驻村干部进行统筹管理，以党建创新助推脱贫攻坚，实现了基层党建与脱贫攻坚的深度融合。

一、背景动因

安图县驻村工作起初存在“四难”现象：一是上级要求落实难。驻村干部沉到基层，与原单位脱钩，了解政策、领取任务往往要经过县里部署、乡镇传达之后，最终接收乡镇站办所指令，受时间、能力等因素影响，容易出现传达不及时、不透彻的问题，导致工作衔接不顺畅、任务落实不到位。二是各自为战工作难。驻村干部虽然都是派出单位选拔的中坚力量，但受个人专长、地域特点等制约，特别是沟通联系渠道不畅影响，往往各自为战，导致其联系地方党委和帮扶单位的纽带作用发挥不够充分。三是组织生活开展难。按照上级要求，驻村第一书记必须将党组织关系转到村里，在村里过党的组织生活。驻村第一书记入村之后，大多把时间和精力用到项目建设和民生服务上，有时未能及时指导和参加村党组织生活，容易出现游离于组织生活之外的问题。四是目标管理激励难。对驻村干部日常工作的考核多数是乡镇的上级部门或业务主管部门，驻村干部派出单位很难常态化入村对其进行督促检查，难以全面客观地掌握驻村干部表现情况，容易出现“真干假干一个样，干多干少一个样，干好干坏一个样”的问题。对此，安图县委决定成立“安图县脱贫攻坚驻村干部党委”，充分发挥党建的组织优势、组织功能和组织力量，对全县驻村干部进行统筹管理，助推脱贫攻坚。

二、主要做法

（一）创新组织模式，凝聚攻坚合力。安图县立足把脱贫攻坚驻村干部帮扶力量融合为一个有机整体，通过搭建一个机构、健全一组制度、规范一套机制，实现凝聚外力、激活内力、形成合力。一是构建组织机构。安图县委报经延边州委同意，成立驻村干部党委。党委设委员14名，党委书记由县委书记担任，副书记由县委副书记担任，其他委员主要由中央和省派驻村第一书记担任。全县9个乡（镇）分设驻村干部党支部，由乡镇党委书记担任支部书记，负责管理所在乡镇全体驻村干部。2019年，驻村干部党委管辖驻村干部543名，实现了对80名驻村第一书记、180个行政村驻村工作队队员的全覆盖。二是建立工作机制。围绕“怎么干”明晰主线，出台《安图县抓党建促脱贫攻坚工作十八条措施》为统领的“一带八”系列文件，创新“双五”“三亮一比一评”等活动载体，形成脱贫攻坚期间党建引领“一盘棋”。围绕“怎么管”建立机制，制定出台驻村干部党委工作规则、职责及例会制度等20余个规范性文件，做到有章可循、有制可依；根据工作需要和驻村干部意见建议，制定下发脱贫攻坚档案管理、“三会一课”、主题党日等一系列规范规程，促进工作提质提效。三是丰富交流载体。坚持上接“天线”、下接“地气”，定期学习传达上级有关文件和会议精神，研究部署阶段性重点工作，累计召开驻村干部党委全体（扩大）会议11次、工作经验交流会12次，驻村干部党支部召开会议400余次。积极打造“一刊、一号、一栏”宣传阵地，创办《攻坚》刊物，定期刊登政策要求、工作动态、经验做法等，指导驻村干部开展工作；开辟《追梦》电视专栏，制作“凝聚驻村干部合力、坚决打赢脱贫攻坚战”驻村干部党委工作纪实片。组织开展“图说攻坚”、编印驻村干部故事集、组织“第一书记先进事迹报告巡讲”等活动，有效发挥了攻坚宣传、经验交流、典型引路等作用。先后选树了明月镇龙泉村第一书记王平堂、松江镇盘道村第一书记侯志国等先进典型，推动形成了比学赶超的良好氛围。

（二）搭建四个平台，明确功能定位。一是搭建服务平台。建立谈心谈话制度，驻村干部党委委员定期与驻村干部开展谈心谈话，认真听取意见建议，帮助解决困难问题，让驻村干部没有后顾之忧。研究出台驻村干部补助发放办法，为驻村干部参保意外险，组织免费健康体检，特制党委书记亲笔签名生日贺卡，中秋、元旦以电子相册的形式为驻村干部送去慰问祝福和新年寄语，开展驻村干部体能拓展训练活动，充分彰显人文关怀。截至2019年底，开展各类活动共计500余次，谈心谈话520余次，收到意见建议150余条，协调解决各类问题280余件。二是搭建管理平台。定期召开驻村干部党委全体会议和党员大会，学习传达上级文件精神，研究部署阶段性重点工作。推广使用“党建促脱贫—智能云管理”办公平台，执行驻村干部脱产驻村、请销假、重大事项报告等制度，督促其履职尽责。将驻村干部党组织关系划归县委组织部统一管理，并分别转到9个驻村干部党支部，严格执行“三会一课”等制度，确保其过好镇村双重组织生活。三是搭建协调平台。建立由驻村干部党委牵头，各级帮扶单位、乡镇党委共同参与的联席会议制度，定期召开工作例会，通报工作进展情况，研究解决重大问题。畅通乡镇党委与各级帮扶单位、帮扶领导的联系渠道，推动信息互通、帮扶共建，整合利用各级帮扶单位资源，推动资金、政策、项目统筹谋划上报争取支持和帮助。坚持日常帮扶工作信息县内交流和向上推送并举，通过信息专刊、督查通报等载体，实现下情上达与上情下达无缝对接。四是搭建考评平台。建立脱贫攻坚督查巡查机制，由驻村干部党委办公室牵头，联合督巡办、纪检委等部门，对驻村干部在岗履职情况进行检查，并将检查结果向派出单位进行反馈，督促驻村干部认真履职尽责。制定出台驻村干部管理考评办法，对工作实绩、群众满意度等情况进行量化打分；对成绩优秀、工作表现突出的予以表彰；对考核一般或较差的，进行诫勉谈话或组织调整。实行不称职驻村干部“召回”制度，对被召回的县管干部一般不予提拔重用。三年来，驻村干部党委先后三次表彰优秀驻村干部115人次，并召回4名驻村第一书记。

（三）完善工作体系，提供坚强保障。通过构建“一践三措”工作体系，实现党建优势充分释放、阵地作用充分凸显、党员作用有效发挥、帮扶力量充分凝聚，以更大决心、更大力度推动脱贫攻坚，为决胜全面小康提供坚强的组织保障和力量支撑。一是践行“一线工作方法”。建立领导干部率先垂范工作机制，倡导各级领导干部和广大扶贫干部深入基层，做到“情况在一线了解、问题在一线解决、感情在一线融合、形象在一线树立、干部在一线检验、业绩在一线创造”。组建“2+2+3+18”协同工作架构，全县脱贫攻坚工作由县委书记和县长负总责，2名县委副书记直接负责，1名县委常委、组织部长，1名县政府副县长，1名县政协副主席牵头负责，18名县委常委、县政府副县长及联系乡镇县级领导分区划片具体负责。明确各级领导驻村工作要求，即县级领导、包保部门、乡镇党委主要领导保证每月到基层指导工作时间分别不少于9天、12天、15天。在县级领导带动下，各级干部率先垂范，以“脚上有泥”的方式，聚焦解决“两不愁、三保障”突出问题，抓重点、破难点、强弱项、补短板，有效推动了全县高质量稳定脱贫摘帽工作进程。二是实施人才培养计划。推行基层一线锻炼干部，精准助力脱贫攻坚。选派优秀年轻干部到脱贫攻坚的第一线挂职锻炼，坚持在脱贫攻坚主战场、服务群众最前沿培养锻炼干部，实现干部培养与精准扶贫“双提升”。先后选派86名年轻干部到脱贫攻坚一线挂职锻炼。突出“凡提必炼”，坚持把脱贫攻坚作为锻炼干部、发现干部、使用干部的主阵地，对同等条件下的考察对象，优先提拔使用有一线工作经历的干部，及时选拔重用一批脱贫攻坚有激情、帮扶工作有办法、精准扶贫有成效的优秀干部。2016年以来，提拔在脱贫攻坚工作中表现突出的干部89人次，其中乡镇干部65人次、第一书记19名、扶贫部门干部5名。三是创新党建活动载体。开展“懒变勤、勤变能、能变富、富变典”“四变”行动，不断激发困难群众“我要脱、我能脱”的内生动力，真正做到扶志长志气、扶智长本事，实现贫困群众“等靠要”思想的转变。开展“三亮一比一评”活动，即亮身份、亮思想、亮作为，比实绩、评标兵，实现驻村干部履职能力的转变。召开“三亮一比一评”活动“实绩比评”现场会9场次，表彰驻村工作队33个、第一书记33人、“党建书记”10人。开展“支部连支部共建促脱贫”主题活动，通过组织共建、党员共管、人才共育、致富共帮，打造一支“不走的工作队”，实现驻村帮扶主体的转变。两年来，各级帮扶部门共开展“支连共建活动”2500余场次。开展“九个一起”活动，倡导所有扶贫干部下沉一线，与广大群众一起感党恩、学政策、干农活、兴产业、优环境、树新风、过佳节、圆心愿、奔小康，实现党员干部作风的转变。四是启动实施七项工程。牢牢把握“党建统领脱贫攻坚全过程”的根本要求，实施以强基固本、双培双增、先锋领航、能力提升、双扶深化、帮扶助力、典型示范“七项工程”24条措施为统领的“党建引领脱真贫、凝心聚力奔小康”活动，全面构筑党的领导挺进基层、政策资源汇聚基层、精兵强将派往基层、真金白银投向基层、优秀人才扎根基层的组织保障体系。在强基固本上，聚焦“思想政治、干部队伍、治理体系、制度机制、服务保障”五个建设，打造全面进步、全面过硬的村级组织。秉承区域分布较近、资源禀赋相似、发展类型趋同的原则，组建8个“中心村”党委，推行“十项任务”清单，健全机制、保障经费，实现组织共建、人才共育、资源共享、产业共强、任务共落目标。在双培双增上，盯紧“农村党员干部、优秀致富才”两支队伍，实现1000余名党员干部领办创办致富项目，128名致富能手发展成为党员，其中14人进入村“两委”班子，推动党员干部和致富能手身份“双转变”“双提升”。在先锋领航上，充分发挥3000余名“村组干部、驻村干部和农村党员”三支队伍的表率作用，培养勇于担当、走在前列的一线队伍。推动“党建、人才”双切入，选派返乡创业等“五类人才”44人到村任职，达到搭建平台、派去人才、带去项目、发展产业、建强班子、致富百姓的效应。在能力提升上，聚焦1000余名扶贫专干，以开展“能力提升建设年”为载体，从补齐“思想、业务、履职、创业、体系”短板入手，全面提升“学习、实干、服务、发展、治理”能力，锻造素质过硬、作风优良的扶贫专干。在双扶深化上，围绕“强化思想引领扶心扶志，为百姓立志气、强底气；强化科技引领扶能扶智，帮群众富脑袋、撑口袋”两方面，改造贫困群众“等靠”思想，提升脱贫攻坚内生动力，营造自强自立、重德实干的文明村风。在帮扶助力上，调动压实“包保帮扶部门、帮扶责任人、东西部协作、非公有制企业和社会组织”等扶贫力量，构建群策群力、和衷共济的扶贫格局。健全防贫减贫监测和帮扶长效机制，落实未脱贫户“五级联保”措施，确保未脱贫人口如期脱贫。在典型示范上，开展“五示范、五标兵”双百评选活动，选树一批勇于担当、砥砺奋进的时代楷模，树好安图脱贫榜样，讲好安图脱贫故事，激励各级党组织和广大扶贫干部以更大决心、更大力度推动脱贫攻坚、乡村振兴，决胜全面小康。

三、经验启示

驻村干部党委的成立，找准了党建工作与脱贫攻坚的切合点，充分发挥了党建的思想、组织、制度等优势，整合了各方力量，形成了攻坚合力，助推了全县脱贫攻坚，实现了基层组织创新与脱贫攻坚中心工作的有机结合。一是有利于发挥党建思想引领优势，坚定了干部群众决胜脱贫摘帽的信心。广大驻村干部长期奋战在脱贫攻坚一线，与困难群众同吃、同住、同劳动，把村子当家、把群众当亲人，把脱贫当作自家事，密切了党群干群关系，树立了驻村干部在群众中的威信，坚定了困难群众的脱贫信心，激发了贫困群众脱贫致富的内生动力，改变了以往“干部干、群众看”的被动局面，实现了由“要我脱贫”到“我要脱贫”的思想转变。二是有利于发挥党建组织优势，切实增强基层组织的凝聚力和战斗力。扶贫首要扶支部，帮钱帮物不如帮助建个好支部。驻村干部在党委领导下，把建强基层组织、强化班子建设作为自身工作的第一要务。驻村干部既是驻村党委的一员，又是村支部班子成员，上接党委下联支部，是加强村党组织建设的指导员和战斗员。驻村干部的加入，壮大了村党组织力量，提高了议事决策能力，引领党员干部带动群众脱贫致富，打造了一支“不走的扶贫工作队”。三是有利于发挥党建制度优势，推动驻村扶贫工作有序健康发展。驻村干部党委的成立，完善了县乡村三级监督管理体系，健全了驻村干部的教育培训、监督管理、考评激励等一系列制度，深化了学习、量化了考核、强化了激励。在具体执行过程中，坚持用制度管人、用制度管事、用制度评价，确保驻村扶贫工作务实、过程扎实、结果真实，让脱贫成效真正获得群众认可、经得起实践和历史检验。四是有利于发挥党建干部培养优势，打造一支善于做群众工作的干部队伍。驻村干部党委为驻村干部的培养锻炼搭建了一个大舞台，在党委的统一领导下，驻村干部坚守岗位、凝心聚力、互帮互助、合力攻坚，在扶贫一线得到了锻炼和成长。部分下派干部还是党委骨干成员，真正参与和融入全县脱贫攻坚主战场，有效解决了驻村干部独来独往，身在基层不知情的问题，在实战中打造了一支能征善战的干部队伍，为全面决胜脱贫攻坚打下坚实的基础。安图县成立驻村干部党委的创新做法先后在中央《党建要报》、中组部《当代组工干部》以及《人民日报》《吉林日报》《吉林工作交流》《延边日报》等中央和省、州级刊物发表，省委常委、州委书记姜治莹作了重要批示，要求全州各县市学习借鉴。2018年10月，安图县作为吉林省唯一一个集体，荣获全国脱贫攻坚组织创新奖。

安图县的经验证明，打赢脱贫攻坚战，必须坚持党的领导，加强党的建设贯穿始终，这是政治保障、思想保障、组织保障。成立驻村干部党委，是党建促脱贫的新模式，它打破了“散兵游勇”这种局面，极大地发挥了党组织的引领优势，充分调动干部群众参与的积极性和主动性，切实增强了驻村干部的“主人翁”意识，实现了从“驻村扶贫”到“助村脱贫”的转变。

（安图县委组织部）

2019年安图县脱贫攻坚工作述要

一、基本情况

自脱贫攻坚工作开展以来，安图县始终把脱贫攻坚作为首要政治任务和第一民生工程，按照“精准扶贫、精准脱贫”基本方略，盯紧“两不愁、三保障”发力攻坚。全县共有贫困村80个，建档立卡贫困人口5376户9490人。2016—2019年，共整合各类资金16.3亿元，其中投资6亿元，实施各类产业化项目208个，重点推进总装机45.54兆瓦的光伏电站并网发电，年产2000万袋菌棒食用菌产业园项目完成了生产线主体厂房建设，244个庭院经济、小养殖、小种植等落地见效；投资10.3亿元，实施道路桥梁、安全饮水、农村危房改造等基础设施项目747个，“旱改厕”、危房改造、安全饮水、村道改造等“硬件”设施全部达标。

二、主要做法

安图县坚持以习近平新时代中国特色社会主义思想为引领，树牢“脱贫攻坚是最大政治承诺必须坚决兑现、是最大政治责任必须坚决扛起、是最大政治任务必须坚决完成”的坚定决心，坚持一切工作围绕脱贫攻坚、一切工作服务脱贫攻坚、一切工作服从脱贫攻坚，把党的领导贯穿于脱贫攻坚全过程，以脱贫攻坚引领经济社会发展全局。全面聚焦“六个精准”、落实“五个一批”，全力抓实“基层基础基石、内力外力合力、生产生活生态、政策质量标准”，坚持以乡村振兴为目标、以抓党建促脱贫为统领、以扶贫产业为龙头、以扶智扶志为促进、以防范返贫风险为保障，坚决打赢脱贫攻坚战，确保同全州全省全国人民一道步入全面小康社会。

（一）责任落实方面。一是贯彻落实上级决策部署情况。坚持将《习近平扶贫论述摘编》作为县委常委会、县政府常务会重要议题，常态学、深入学，并要求扶贫干部人手一册，切实做到真学真懂真信真用，始终保持了正确的攻坚方向。第一时间传达学习贯彻中央和省州委关于脱贫攻坚决策部署精神，结合安图县实际制定路线图、时间表、任务书，全力推动上级决策部署不折不扣落实到位。严格按照《关于解决“两不愁三保障”突出问题的指导意见》对全县“两不愁三保障”突出问题进行“过筛子”式核查，并及时研究加以解决。二是履职尽责情况。党政主要负责同志履职尽责情况。严格落实《三年行动指导意见》各项要求，全力构建脱贫攻坚大格局，成立了由县党政主要领导牵头抓总的脱贫攻坚领导小组设立脱贫攻坚指挥部，下设6个作战室，构建了协调各方、统筹有力的脱贫攻坚组织领导机构。认真执行县委书记遍访贫困村要求，已完成80个贫困村遍访工作，并保证每个月至少有5个工作日用于扶贫；同时，突出发挥县级班子以上率下作用，构建了协同工作机制，并组织开展脱贫攻坚“百日攻坚”“大游走”“大走访”行动，做到了夯实责任、明晰思路、传导压力、尽锐出战。坚持县委常委会、县政府常务会、县脱贫攻坚领导小组会每月至少一次研究脱贫攻坚工作，不定期组织召开脱贫攻坚调度会，及时研究督导各项工作按照上级部署要求从严落实、确保实效。聚焦加强和改善党的领导，特别是聚焦提升基层组织战斗力、凝聚力，安图县创新成立了驻村干部党委，出台了基层党建“1带8”系列文件和21个管理考评文件，实施了基层组织建设三年计划、脱贫攻坚三年行动，开展了“五个起来”“三亮一比一评”“支部连支部”“农村党员户挂牌制”“农村人居环境整治红黑榜”等系列活动，在镇村推广了“党建促脱贫——智能云管理”办公平台，切实发挥了服务、管理、协调、考评“四位一体”综合平台作用。聚焦补齐村级组织组织力、凝聚力、战斗力、带富力短板，创新实施“双培养、双增强”工程，把全县五分之一的农村党员干部培养成致富带头人，三分之二的农村优秀致富人才培养成党员干部，已有200余名党员干部领办创办致富项目，69名致富能手发展成为党员，其中10人进入村“两委”班子，实现了党员干部和致富能手身份“双转变”，让存量变优。扶贫工作与行业部门分管负责同志履职尽责情况。结合党政机构改革，将县扶贫办单独设立为县政府组成部门，在领导职数、人员编制上优先保障，确保指挥部效能充分发挥。认真落实三级书记抓扶贫制度和三级党政领导遍访贫困对象行动，将各级书记顶上去，靠前指挥、牵头示范，实行每月县级领导不少于9天、包保部门“一把手”不少于12天、乡镇党政“一把手”不少于15天下沉一线抓指导、抓帮扶的入村工作机制，确保问题在一线发现、在一线解决。驻村干部责任落实情况。严格执行驻村干部“五天四夜”驻村工作制度，确保真蹲真驻真帮扶。开展全县干部与贫困群众共建共治共乐的“九个一起”活动，不断密切党群干群关系，提升帮扶工作成效。指导监督乡村和行业部门落实相关工作情况。制定《安图“县乡村”履行脱贫攻坚主体责任清单》《安图县县直部门履行脱贫攻坚监管责任清单》《安图县脱贫攻坚摘帽会战实施方案》《安图县2019年脱贫攻坚工作要点》等方案，进一步明确了工作责任。实施扶贫项目情况。2019年共投入资金5.98亿元，实施产业项目4个、基础设施236个。资金使用管理情况。按照《安图县脱贫攻坚项目库管理制度》《安图县基础设施类扶贫项目管理办法》和《安图县扶贫资产管理和收益分配使用管理办法》等有关规定，开展扶贫资金公开、公示、公告，对资金政策文件、管理制度、资金分配结果、使用效益等信息及时向社会公开，接受社会监督。坚持“资金跟着项目走、监管跟着资金走”，实行专户管理、专款专用，加强检查监督审计。建立扶贫项目库，实行村上报、乡镇审核、扶贫部门审批的申报机制，并成立项目论证工作组，保证了项目谋划精准度和可操作性。宣传发动工作情况。围绕破解“精神贫困”难题，创新开展以懒变勤、勤变能、能变富、富变典为主要内容的“四变”行动，探索实践了激励自主脱贫“双九条”“十户一组”及“平常工作法”“三个三、三个四工作法”“圆梦行动”“爱心超市”等举措，通过以奖代补和因户设岗等方式，撬动贫困群众自主脱贫，在贫困群众中形成了懂政策、感党恩、革陋习、图自强的良好氛围。截至2019年，县财政已累计投入生产奖补资金655.5万元，撬动创业脱贫、务工脱贫、公益脱贫。聚焦提升扶贫政策宣传的精度和深度，采取定制化、个性化宣传手段，整理印发习近平总书记关于扶贫的重要论述以及中央和省州文件精神宣传手册1.5万册，发放扶贫政策“双语”宣传单、手提袋、扶贫挂历等3.8万册；建立了驻村干部QQ群、微信群，创设了脱贫攻坚微信公众号和《攻坚》刊物，开辟了《追梦》电视专栏，并依托“新时代文明实践所”组建脱贫攻坚政策志愿宣讲团宣讲1100余次，覆盖群众2万余人次；编发脱贫攻坚简报140期，切实推动扶贫政策入脑入心、释放红利。

（二）政策落实方面。一是饮水安全政策落实情况。严格按照《农村饮水安全评价准则》开展安全饮水改造工作，2019 年投入 5173 万元实施安全饮水巩固提升工程 220 处，180 个行政村水量、水质、用水方便程度和供水保证率现已全部达标。二是教育扶贫政策落实情况。认真落实各学段政策及救助政策，确保全县所有身体正常应该上学建档立卡贫困学生无一人因贫辍学、无一户因学致贫；认真落实减免政策，惠及贫困学生 695 人，发放补助资金 223 万元；发放雨露计划 245 人次，补助资金 36.75 万元；全面推进薄弱校改造，新改扩建幼儿园、农村危旧校舍 8 个。加强乡村教师队伍建设，与宁波市奉化区教育局结对帮扶，进行教学交流，完成职业教育培训 104 人。三是健康扶贫政策落实情况。构筑健康扶贫基本医疗保险，大病保险、医疗救助、大病兜底、一事一议“五道防线”，建档立卡贫困人口医保参保率为 100%，资助参加医疗保险 195.41 万元。推行“先诊疗、后付费”模式及看病“120”、服务“111”模式，县级住院治疗报销比例已达 90%；县、乡、村三级卫生机构全部达标。贫困人口大病集中救治，经过排查建立台账，截至 2019 年贫困人口大病救治 434 人。慢病签约 5006 人，“签约一人、履约一人、做实一人”，按照一人一策随访要求开展医疗卫生服务。县、乡、村三级医疗机构达标，常见病、慢性病能够在县、乡、村三级医疗机构得到及时诊治。按照国家、省、州、县脱贫攻坚政策进行落实，保持健康扶贫服务政策稳定性和连续性。落实先诊疗和后付费政策，建立一站式信息平台进行结算。四是农村危房改造政策落实情况。组织多轮次农村危房排查“回头看”，由住建部门联系第三方对每个疑似危房进行全面鉴定，实行一房一档管理；严格执行农户自愿申请、村民会议或村民代表会议民主评议、乡（镇）审核、村镇两级公示和县级审批等认定程序，按照 C 级维修加固、D 级重建的标准，投资 132 万元，全年完成改造建档立卡贫困户 66 户，完成“旱改厕”1077 户，确保所有贫困群众都住上干净房、安全房。五是产业扶贫政策落实情况。充分发挥农民合作组织、龙头企业等市场主体作用，通过采取“公司 + 基地 + 专业合作社 + 农户”等模式，与贫困户建立密切的利益联结机制，建成了县级统筹项目、因村施策和庭院经济“四小项目”脱贫带动能力强的“大中小”产业体系，累计投入资金 6 亿元，实施 45.54 兆瓦光伏发电等产业扶贫项目 208 个，累计产生效益 6710 万元。在效益分配上坚持分类施策，针对有劳动能力、弱劳动能力人群采取因户设岗、自主脱贫奖励、村级公益性事业等分配方式，针对无劳动能力人群采取效益金直接分配方式，既树立了按劳分配的导向，又激发了贫困群众自主脱贫的内生动力。在产业扶贫综合服务方面，强化因乡因村因户施策的政策指导，牵头组建 8 个专家指导组，选拔 692 名产业指导员，实现了贫困户产业发展指导员全覆盖。深入实施贫困村“一村一品”特色产业提升工程，新申请 8 个村为吉林省“一村一品”示范村，2 个乡镇为“一村一品”示范镇。突出发挥长白山生态资源优势，引导贫困户发展食用菌、中药材、蔬菜水果、浆果坚果等优势产业，引导贫困户加入农民专业合作社等农业社会化服务组织，提高组织化程度带动贫困户脱贫，全县贫困户参加农民专业合作社比例已超过 50%。2019 年完成安图县休闲农业与乡村旅游现代农业产业园州级农业产业园申报工作。被列为吉林省级休闲农业与乡村旅游现代农业产业园项目创建单位，进一步提升一、二、三产业融合发展能力。积极培育特色产品申报有机产品认证工作，完成有机产品认证 7 个，有机面积达到 308 公顷，2020 年计划完成有机产品认证 14 个，有机面积达 500 公顷以上。加强农村电子商务公共服务基础设施建设，完成 1 个县域电子商务公共服务中心，145 个村级电子商务服务站建设，同时，为村级电子商务服务站提供了电脑、打印机等相关设备，并开展了相应的电子商务服务培训，促进农产品上行。光伏扶贫政策落实情况。按照“五统一”的原则，光伏项目过渡时期暂时由安图晶晖光伏电力有限公司运维，制定了《安图县光伏扶贫收益分配方案》，扶贫电站的发电收益分配按照设置公益岗位、开展小型公益事业、设立专项奖励补助、一事一议等方式进行2019年发放收益1800余万元。六是就业扶贫政策落实情况。组织实施职业教育和就业技能培训情况。为切实发挥培训促就业积极作用，加强与奉化区在培训上协作合作，结合贫困劳动力分布情况及安图县产业实际，将技能培训班开到村屯，贫困劳动力培训针对安图县建档立卡贫困户进行，针对年纪轻的想务工的联合职教中心，发挥他们培训优势进行实用技能培训，如焊工、服装制作与裁剪、农村电商等，培训103人；针对东西部扶贫劳务协作的开展岗前培训，培训148人，送奉化务工4批71人；针对留守贫困人员年纪大身边照料人少的特点培训了人身意外伤害救助、中医养生等，培训91人。除了东西部扶贫劳务协作务工外，就近就地就业以灵活就业为主。落实就业扶贫各项政策补贴情况。根据《延边州东西部扶贫协作援建资金及项目管理办法》（延州财联〔2018〕47号）《关于下达2019年东西部扶贫协作援建项目计划的通知》（州扶贫办〔2019〕16号）落实东西部扶贫协作贫困劳动力技能培训、岗前培训、劳务转移就业交通费等补助19.7万元。推进劳务协作情况。2019年共组织劳务协作工作组赴奉化6次。为了充分发挥输出地驻输入地劳务协作工作机构的作用，由安图县就业服务局工作人员驻宁波市奉化区劳务协作工作站，做好贫困劳动力落地后在企业就业期间，福利待遇及工资发放等后续工作，实现全程无缝对接。规范管理扶贫公益性岗位情况。聘用的扶贫特设公益性岗位人员主要负责辖区内保洁保绿等卫生清洁工作。按照“谁用人，谁管理”的原则，乡镇政府负责对使用的扶贫特设公益性岗位人员进行日常管理，严格实行考勤制度，将其上岗工作表现与岗位补贴发放挂钩，确定扶贫特设公益性岗位人员岗位职责。同时按月向人社部门上报扶贫特设公益性岗位人员上岗工作情况，人员变动要随时报告。扶贫特设公益性岗位为非全日制岗位，扶贫特设公益性岗位人员岗位补贴标准每人每月300元，岗位补贴由就业补助资金支出。各乡镇政府对所申请拨付的补贴资金必须专款专用，不能转包代管、人岗分离，经查发现存在空岗、挂岗、虚报冒领、骗取补贴资金行为的，除收回岗位指标，追回补贴资金外，要依法追究有关当事人的法律责任。扶持发展扶贫车间情况。认真贯彻落实省州关于加强就业扶贫工作和扶贫车间认定和申报补助资金工作相关制度政策，制定出台县级《安图县关于进一步加大就业扶贫政策支持力度着力提高劳务组织化程度实施方案》（安就发〔2019〕1号）文件。2018年，吉林高德赛德蓝莓科技有限公司经申报，通过县人社局与县扶贫办核实、认定后，命名为“就业扶贫车间”，就业扶贫车间一次性奖补6000元已于2019年2月拨付到位。2019年签订就业协议5人，平均收入在1.7万元，企业持续运营，现冬季停产，计划春季继续开工。七是生态扶贫政策落实情况。借助林业改革的有利契机，深入调整农村产业结构，探索将生态资源转变为发展资源的有效路径，推动绿色转型发展，有效助推脱贫攻坚，让更多农民得到实惠；依托森林管护、“河长制”政策，选聘600名贫困人口担任护林员，年人均增收8000元，选聘河道保洁员322名，年人均增收8400元。八是金融扶贫政策落实情况。制发了《安图县扶贫小额信贷工作实施方案》《安图县扶贫贷款风险防控应急预案》《安图县风险补偿金管理办法》等方案，规定了贷款对象、贷款用途、贷款条件等，对有贷款意愿且符合扶贫小额信贷条件的建档立卡贫困户提供5万元以下（含5万元）、3年期以内、免担保免抵押、基准利率放贷的信用贷款。我县与中国农业银行安图县支行、中国邮政储蓄银行安图县支行和吉林安图农村商业银行合作开展扶贫小额信贷业务，设立风险补偿金600万元，全年共为315户建档立卡贫困户发放扶贫小额信贷1301.4万元，贴息46.7万元。扶贫小额信贷发放情况。2019年，共为315户建档立卡贫困户发放扶贫小额信贷1301.4万元，帮助部分有发展愿望且符合贷款条件的贫困户获得发展资金。扶贫小额信贷政策落实情况。以建档立卡贫困户和产业扶贫为出发点，严格执行扶贫小额信贷政策要点，在全县组织开展扶贫小额信贷工作，印发《安图县扶贫小额信贷工作实施方案》，规定了贷款对象、贷款用途、贷款条件等，对有贷款意愿且符合扶贫小额信贷条件的建档立卡贫困户提供5万元以下（含5万元）、3年期以内、免担保免抵押、基准利率放贷的信用贷款。安图县与中国农业银行安图县支行、中国邮政储蓄银行安图县支行和吉林安图农村商业银行合作开展扶贫小额信贷业务，设立风险补偿金600万元（三家合作银行各200万元），对符合风险补偿金代偿条件的贷款损失进行代偿。2019年共为贫困户贴息46.7万元，有效缓解了贫困户的贷款压力。扶贫小额信贷使用情况。各合作银行对贷款贫困户进行了贷后核查，未出现将扶贫小额信贷用于非生产性支出和集中用于政府融资平台、生产经营企业等现象。扶贫小额信贷风险防范。印发《安图县扶贫贷款风险防控应急预案》《安图县风险补偿金管理办法》，保障风险补偿金高效、规范使用，加强我县扶贫小额信贷的风险防控工作，确保扶贫小额信贷业务健康有序开展。县扶贫办每个月月初会专门向各乡（镇）及相关部门下发《安图县扶贫小额信贷到期预警提醒单》，对下月到期还未还清的贷款进行提醒，督促贫困户还款，严禁发生逾期。九是综合保障脱贫政策落实情况。严格落实低保政策，农村低保标准提高至年人均3840元，实现应保尽保。认真落实贫困人口地方政府代缴城乡居民养老保险费制度，贫困人口新农保参保率均达到100%；借助残疾人救助政策，办理生活补贴6671人次，发放生活补贴金额636.8万元，重度护理补贴3107人次，发放护理补贴金额307.832万元。

（三）工作落实方面。一是年度目标任务完成情况。2019年完成1730户2951人脱贫，18个贫困村退出，贫困发生率降至0.03%，2019年贫困县摘帽；剩余贫困人口14户29人2020年全部脱贫，同时巩固提升脱贫成效。二是建档立卡动态工作情况。严格按照国家、省州动态调整工作要求，把精准识别贯彻整个工作始终，做到应纳尽纳。统筹考虑“两不愁、三保障”，审慎识别“八不入”标准，对住房、大病支出等进行综合考量，采取“五步工作法”，聚焦县12项、村16项和户7项退出指标，按照“两评议一比对两公示一公告”的识别程序，通过县乡复核全覆盖严把退出质量关，切实做到了“程序公开、数据精准、档案完整、结果公正”，坚决杜绝虚假脱贫、数字脱贫，保证了脱贫质量。通过2019年脱贫人口“回头看”和年末动态调整工作，对存疑数据核对调整，最终确定全县贫困人口为5376户9490人。三是驻村结对帮扶工作情况。结合全县党政机关改革，积极调整帮扶单位，目前全县180个行政村由中央、省州、县143个部门包保帮扶，其中国家定点帮扶1个，省里包保帮扶部门13个，州里29个，县里90个，所有行政村实现帮扶部门、驻村工作队、乡镇机关干部、第一书记（党建书记）帮扶力量全覆盖，并实现了帮扶干部“一包三”的工作机制。全年各级包保单位直接投入帮扶资金1776.7万元，协调落实资金9145.5万元，完成基础设施类项目131个，产业类项目110个。资助困难学生152人，举办213期培训班，共计培训5267人次，帮助劳务就业

314人，解决了贫困人口最急需、最关心、最直接、最现实的利益问题。四是扶贫项目实施管理情况。按照《安图县脱贫攻坚项目库管理制度》《安图县基础设施类扶贫项目管理办法》和《安图县扶贫资产管理和收益分配使用管理办法》等有关规定，开展扶贫资金公开、公示、公告，对资金政策文件、管理制度、资金分配结果、使用效益等信息及时向社会公开，接受社会监督。五是扶贫资金使用管理情况。出台《安图县基础设施类扶贫项目管理办法》，严格执行项目“报账制”进行资金拨付。出台《2019年安图县整合使用涉农资金实施方案》，坚持“资金跟着项目走、监管跟着资金走”，实行专户管理、专款专用，加强检查监督审计。建立扶贫项目库，实行村上报、乡镇审核、扶贫部门审批的申报机制，并成立项目论证工作组，保证了项目谋划精准度和可操作性。2019年投入资金5.98亿元，实施产业项目4个、基础设施236个。六是巡视考核督查发现问题整改情况。紧抓中央和省州巡视巡查、督查检查反馈问题整改契机，不断提升各项工作质量。中央专项巡视反馈问题整改方面，中央第八巡视组共向吉林省反馈问题33个，安图县对延边州认领的28个问题进行了全部认领，2019年已全部完成整改。国家脱贫攻坚成效考核反馈问题整改方面，国家脱贫攻坚成效考核组共向吉林省反馈问题59个，延边州认领42个，安图县对延边州认领问题进行了全部认领，2019年已全部完成整改。吉林省脱贫攻坚成效考核反馈问题整改方面，共反馈问题16个，2019年已全部完成整改。国家脱贫攻坚专项巡查反馈问题整改方面，共反馈问题14个，2019年已全部完成整改。七是推进作风问题专项治理解决形式主义官僚主义情况。认真落实“作风建设年”和“基层减负年”要求，科学规划工作任务，减少通过会议安排任务、频繁收集数据、撰写报告反映工作实绩的方式，真正沉下身子，深入扶贫一线，通过走访群众、谈心谈话、实地查看等方式，了解扶贫干部的工作成效。同时，重点聚焦解决“两不愁、三保障”突出问题，严格落实国家和省州相关工作要求，坚决做到既不降低标准、也不吊高胃口，彻底避免了政绩工程、形象工程等问题，确保各项工作不跑偏、不走样。八是脱贫攻坚干部队伍培养锻炼情况。用好用足督查考评“指挥棒”作用，严格执行脱贫攻坚成效考评办法，坚持以正向激励为主，2019年提拔扶贫领域干部11名，激发扶贫干部的干事动能。严格执行领导干部“能上能下”“容错免责和澄清激励”制度，实行“召回制”和“一票否决制”，累计建议调整和召回第一书记14名。

三、东西部扶贫协作方面

（一）组织领导方面。2019年双方主要领导互访次数共计6次。1.西部党政领导赴东部调研对接情况。3月11日，县委书记韩长发随延边州党政代表团赴宁波市学习考察，并与奉化区企业签订相关协议。4月25日，县长马云骥一行赴奉化区开展工作对接，就产业合作及消费扶贫进行考察交流，参观产业合作和村企结对企业，召开奉化—安图高层联席会议，对劳务协作及2019年援建项目等进行深入讨论。11月17日，县长马云骥随延边州代表团赴宁波市学习考察，并与浙拖奔野签订合作协议。11月28—30日，县委书记韩长发一行赴奉化区进行考察调研、招商对接，召开奉化—安图高层联席会议，就年终考核、2020年东西部扶贫协作等工作进行深入交流。2.东部党政主要领导赴西部调研对接情况。5月7—8日，奉化区区长张文斌一行到安图就对口帮扶工作、2019年东西部援建项目等进行考察对接，召开安图—奉化高层联席会议，签订2019年东西部扶贫协作框架协议。8月30—31日，奉化区委书记高浩孟一行到安图进行学习考察调研，重点考察杏鲍菇生产基地建设项目，召开安图—奉化高层联席会议，进行捐赠、协议签订等事宜。3.召开专题会议情况。2019 年累计召开县委常委会、政府常务会、脱贫攻坚会议等专题会议 9 次，研究推进东西部扶贫协作各项工作任务。

（二）人才交流方面。安图共选派 2 名干部、3 名人才到奉化区挂职，奉化区选派 40 名政治素质好、业务能力强、作风扎实的专业技术人才到安图进行对口帮扶。其中 19 名来自医疗系统，12 名为教育领域优秀教师，9 名来自其他系统。成功举办党政干部、人才培训班 20 次，培训人数 3131 人次。医生开展义诊 14 次，服务 453 人次；教师开展讲座 14 次，为 1041 人授课。成功引进超声引导下深静脉穿刺置管术、腹腔镜完全腹膜外疝修补术等先进技术 10 项。充分利用县域医联体信息互通共享平台，宁波市第二医院、奉化区人民医院为安图县人民医院开展远程会诊预诊 87 例。

（三）资金使用方面。严格执行《延边州东西部扶贫协作援建资金及项目管理办法》（延州财联〔2019〕27 号），合理规范使用宁波援建资金。2019 年宁波市（奉化区）安排援建资金 5330 万元，使用资金用于县以下（不含县）基层为 4765 万元，用于产业扶贫和就业扶贫比例达 83.5%，实施东西部援建项目 11 个，完工项目 10 个，带动（受益）建档立卡贫困人口 3271 人。拨付至施工单位 4765 万元，拨付比例达 89.4%。宁波市、县（区）两级捐赠资金物资共计 1951.29 万元，其中，帮扶资金 1168.66 万元，物资折合现金 782.63 万元。

（四）产业合作方面。积极引进奉化区有实力企业参与东西部扶贫协作，现有 2 家企业成功落户安图。其中，2019 年年初引进宁波顺源农业科技有限公司到安图投资建厂，建设年产 3 万吨杏鲍菇生产加工项目，目前该项目已投资 3209 万元，委托个体商户王成杰、张延伟收购玉米 788.4 万元，带动建档立卡贫困人口 13 人。2018 年引进的百花谷朝鲜族百年部落旅游项目已正式投入运营，2019 年投资 890 万元。2019 年 11 月，成功引进浙拖奔野拖拉机制造有限公司，签订总投资 5000 万元的拖拉机生产制造合作项目，2019 年已投资 1101.5 万元，并雇佣 5 名建档立卡贫困人口务工。通过产业合作建立亮兵镇新胜农产品加工、新合乡桑黄种植扶贫车间 2 个，吸纳建档立卡贫困人口 27 人就业。大力开展消费扶贫，采购、销售结对地区特色农产品金额达 1336.4 万元，带动建档立卡贫困人口 711 人。

（五）劳务协作方面。组织建档立卡贫困人口劳务技能培训班 8 次，培训建档立卡贫困人口 345 人次，帮助建档立卡贫困人口赴奉化区就业人数 61 人，其中 10 人为残疾人。帮助建档立卡贫困人口实现省内就近就地就业 354 人；组织 25 名安图职教中心建档立卡贫困学生到宁波（奉化）职校就读，与奉化区签订“奉化中职班协议书”，接收优质职业教育。

（六）携手奔小康方面。奉化区萧王庙街道、溪口镇、大堰镇等 9 个镇（街道）落实镇镇结对帮扶资金 240 万元，奉化区城投集团、交投集团、水务公司等 12 家企业落实深度贫困村结对资金 120 万元，奉化区慈善总会、总商会 2 家社会组织捐赠帮扶资金 20 万元，奉化区学校落实结对帮扶资金 41.65 万元。成功举办贫困村致富带头人培训 4 场，培训贫困村致富带头人 229 人次，成功创业 16 人，带动建档立卡贫困人口 55 人。

（七）创新工作情况。向深度贫困村倾斜支持情况。为进一步助推安图县深度贫困村脱贫攻坚进程，2018 年结对的奉化区城投集团、奉化区保安服务公司、奉化区水投集团、奉化区新农投公司等 12 家奉化企业分别向安图 12 个深度贫困村捐赠帮扶资金 120 万元，用于村容村貌整治及村屯建设。通过奉化驻安图帮扶工作组的积极协调，上海兴业期货有限公司向明月镇福利村捐赠资金 20 万元，用于福利村花卉种植项目；奉化区大堰镇向二道河镇捐赠 20 万元，用于长白村、长胜村等围栏建设，有效改善农村人居环境。

解决“两不愁，三保障”突出问题情况。1. 帮助贫困户解决穿衣问题。2019 年 5 月，宁波市红十字会向安图援助价值 105.6 万元的救助物资，为全县 9 个乡（镇）3000 多户贫困群众送去温暖；奉化区妇女联合会及巾帼创业创新联谊会捐赠价值 50 万元物资和 20 万元现金，为 5 户贫困户家庭每户发放 2000 元慰问金。10 月，奉化区爱伊美集团捐赠价值 323.9 万元的衣物用于贫困户、脱贫户、清退户、边缘户以及困难学生和城市低保对象。2. 帮助贫困户解决出行问题。实施东西部扶贫协作援建项目道路基础设施 2 个，分别为明月镇龙泉村—龙林村道路项目、松江镇三道村—幸福村道路改造项目，总投资 877.8 万元，申请宁波援建资金 430 万元，新建道路 8.268 公里，目前已全部完工，使 156 户 297 人建档立卡贫困人口受益。3. 帮助贫困户解决饮水问题。实施东西部扶贫协作援建项目—安图县 2019 年农村饮水安全巩固提升工程项目已完工，帮助万宝镇、永庆乡、两江镇 1085 户 2176 人建档立卡贫困人口解决饮水安全问题。4. 帮助贫困户解决医疗问题。中国科学院大学宁波华美医院与安图县人民医院结对帮扶，2019 年 4 月，中科大宁波华美医院向安图县人民医院捐赠 308.47 万元的 CT 等医疗设备，进一步提高安图县人民医院的医疗技术水平，为贫困户提供更优质的医疗服务。奉化区中医医院与安图中医医院结对帮扶，安图中医医院成功引进消化内镜下的微创治疗和先进的中医护理技术。5. 帮扶贫困户解决教育问题。为帮助贫困学生完成学业、实现就业，组织 25 名建档立卡贫困学生到宁波（奉化）职校就读，其中 1 名毕业建档立卡贫困学生在奉化区实现就业。奉化区 8 所学校分别向结对帮扶的安图县 8 所学校捐赠资金 41.65 万元，奉化区气动协会向县职教中心捐赠资金 2.36 万元，用于资助建档立卡贫困学生。

帮助贫困残疾人脱贫情况。为帮助贫困残疾人实现脱贫，实施东西部扶贫协作援建项目——村级残疾人日间照料项目，申请宁波援建资金 72 万元，在全县 9 个乡镇 36 个贫困村建设村级残疾人日间照料站 36 个，受益贫困残疾人 414 人，并安排残疾人专职委员专职负责管理。帮助 10 名贫困残疾人赴奉化区实现就业，百花谷朝鲜族百年部落有限公司通过购买合作社的农特产品，带动贫困残疾人 78 人，宁波顺源农业科技有限公司委托收购玉米带动贫困残疾人 5 人，有效提高贫困残疾人收入水平。扶贫车间带动务工贫困残疾人 11 人等。

（八）其他创新工作。奉化驻安图工作组会同县扶贫办深入基层、广泛调研，结合乡镇实际情况，因地制宜，总结提炼出四方面创新典型经验。1. 以产业项目建设为重点，谋划建设安图宁波产业园区。项目建设是推动安图经济发展的重要抓手，利用东西部扶贫协作有利契机，规划了安图宁波产业园，并出台了招商引资优惠政策。园区规划面积 1.13 平方千米，以宁波为招商引资重点区域，成功引进宁波顺源农业科技有限公司、浙江康喜乐嘉投资股份有限公司、浙拖奔野拖拉机制造有限公司等一批浙资企业，依托这些企业与安图本地企业开展产业合作，创新提出建设安图宁波产业园区。2019 年，几家企业建设势头良好。杏鲍菇企业建设总投资 2.58 亿元，规划建筑面积 9.5 万平方米，年产 3 万吨杏鲍菇的生产基地，将建设成东北三省最大的杏鲍菇生产基地，产品主要销往东北三省并出口日韩、欧美，年产值可达 2.1 亿元，预计上缴税金 1050 万元，提供就业岗位 500 个，并消耗各类秸秆 4 万吨，拉动周边乡镇农民脱贫增收。宁波农业科技扶贫产业园项目总投资 2279 万元，建设温室大棚 44 栋，优先雇佣贫困劳动力务工，优先购买贫困户的农特产品及粮食作物，建成后将带动全县 5376 户 9490 人贫困户脱贫致富。浙拖奔野农机产业装备园总投资5000万元，计划年组装生产拖拉机整机1万台。另外，正与神农本草、上海益隆等关联企业开展洽谈，力争引进更多的企业，有力带动全县实现脱贫摘帽，打造长白山特色资源转化、产业升级和富民强县的示范园区，巩固加强东西部扶贫协作成果。2. 以“双九条”为引领，大力实施自主脱贫新举措。按照习近平总书记提出的“改进帮扶方式方法，更多采用生产奖补、劳务补助，以工代赈等机制，推动贫困群众通过自己的辛勤劳动脱贫致富”指示精神，针对贫困群众普遍存在内生动力不足、“等靠要”思想严重、参与程度不高等问题，2019年继续谋划实施自主脱贫鼓励补助项目，根据各乡镇申报，投入东西部对口帮扶资金278万元，项目覆盖全县贫困人口，主要鼓励贫困群众在农业生产、家畜养殖、发展庭院经济、外出务工、个体经营、赡养老人等方面发挥主观能动性，按照发展程度给予相应的奖励补助，让贫困群众积极参与自主脱贫。截至2019年，全县共有3453户贫困户申请自主脱贫九条措施奖励补助，占全县贫困户总数的64.2%，资金全部来自东西部扶贫协作资金，实际发放257.6万元，奖励补助项目种类9个，户均增收740元，申请自主脱贫的贫困群众基本实现“户户有项目，户户有就业”。该项目的实施，不仅调动了贫困人口自主脱贫的积极性和主动性，还有效解决了工作难题，推动了贫困群众由“要我脱”向“我要脱”“我能脱”转变，构建了“给予式脱贫”“参与式脱贫”“自主式脱贫”的有机结合大格局。3. 以社会帮扶力量为抓手，助力东西部扶贫协作见成效。进一步加大东西部扶贫协帮扶力度，积极引导奉化区社会各界奉献爱心，广泛参与东西部扶贫协作。奉化区爱伊美集团向安图捐赠323.9万元物资，奉化区城投集团、交投集团、水投集团分别捐赠资金100万元用于贫困户住房保障，亚德客自动化有限公司捐赠资金200万元用于县域医共体建设，奉化区红十字会、妇联、残联、慈善总会、总商会、中国科学院大学宁波华美医院等捐赠帮扶资金和物资共计603.38万元，已结对的镇、村、企业继续开展帮扶工作，捐赠帮扶资金共计400万元。奉化区8所学校共向结对帮扶的8所学校捐赠资金41.65万元，奉化区气动协会向县职教中心捐赠2.36万元，用于资助建档立卡贫困学生。此外，在奉化前方帮扶工作组的牵线搭桥下，上海兴业期货有限公司向明月镇、松江镇、石门镇捐赠资金80万元。经过双方的共同努力，安图县共接收到宁波（奉化）社会帮扶资金和物资1951.29万元（帮扶资金1168.66万元，物资折合资金782.63万元），较2018年增长两倍多，是延边州各县（市）接收社会帮扶资金和物资最多的。4. 以扶持返乡创业为突破，推动县域特色产业发展。扶持返乡创业是推动县域经济发展的重要举措。新合乡张德智作为一名返乡创业青年，主动放弃大城市工作机会，毅然回到家乡创业，2016年起，他开始在新合乡青沟子村、大桥村、七顶子村种植桑黄，先后吸纳周边村民200余人成功实现本地就业。为进一步扩大桑黄种植规模，2018年他主动联系奉化驻安图帮扶工作组，申请宁波亚德客创业扶持资金8万元，为桑黄产业注入“源头活水”。为鼓励张德智创业积极性，2019年为其提供100万元帮扶资金支持，种植成品桑黄菌袋4万袋，扩大桑黄种植规模。产生收益将全部用于青沟子、七顶子、大桥村的建档立卡贫困人口，预计每户增加收入1000—2000元。2019年，安图桑黄种植基地正在逐步发展壮大，在千济方全国签约基地中位列第四位，未来5年，将逐步培育壮大成为桑黄特色产业基地。

一是深化帮扶用好外力。定点帮扶方面。出台《加强与中央定点帮扶单位对接工作规则》按照每季度1次、每年不少于4次的频率全面对接，2019年已对接4次。积极争取帮扶助力，有效解决长兴水利枢纽工程项目资金2亿元。对接国开行申请贫困村基础设施项目贷款1亿元，并对接国药集团、农业发展银行、黄金总公司、阳光保险等单位，有力推动脱贫攻坚、全域旅游、棚户区改造、民生改善等工作进程。中央政研室下派第一书记王平堂荣获2019年全国脱贫攻坚贡献奖。东西部协作方面。积极对接宁波市奉化区，开展互访交流43批367人次，利用对口援建资金投资5330万元，实施项目11个；认真落实9个乡镇结对、12个村企结对、5个村村结对帮扶工作，组织建档立卡贫困人口劳务技能培训班8次，培训建档立卡贫困人口345人次，帮助建档立卡贫困人口赴奉化区就业人数61人，帮助建档立卡贫困人口实现省内就近就地就业354人；有效接洽奉化区滕头集团、南海药化集团、奔野拖拉机组装等企业，康喜乐嘉校园团餐等项目已经顺利实施，拖拉机年组装生产整机1万台；在安图经济开发区设立宁波产业园，并开工建设投资2.58亿元的年产3万吨杏鲍菇项目，项目建成投产后可为贫困群众提供就业岗位500个，年消耗秸秆4万吨，产值可达2.1亿元。2019年接收宁波市、奉化区社会帮扶资金和物资共计1435万元。与宁波市党工委完成300个贫困户微心愿认领。宁波奉化区在安图挂职干部余磊荣获2019年吉林省脱贫攻坚特别贡献奖。

二是多方联动凝聚合力。利用社会扶贫网，密切干群关系，动员社会各界参与扶贫，及时解决贫困群众生产生活难题，全年对接率为98.84%。依托县统一战线社会组织代表人士联谊会、公益慈善类社会组织等平台，创立社会扶贫实践基地，众筹社会各界资金330万元，采取委托经营模式持续为贫困户带来红利，形成社会参与带贫机制。依托帮扶资源，募集吉林烟草、腾晖光伏等企业帮扶资金785万元。大力推介“消费扶贫”活动，发布了《消费扶贫倡议书》，制作了消费扶贫目录，各级包保单位直接购买消费扶贫产品296万元，帮助销售367.4万元。组织动员贫困村及带贫企业参加消费扶贫展销会，累计销售额10余万元，组织11家扶贫企业入驻国家政府采购供应商平台，为全县贫困群众架设起消费扶贫供需对接的桥梁，促进贫困群众脱贫致富。

（安图县政府办公室）

2019年安图县宣传思想文化工作综述

2019年，全县宣传思想文化战线坚持以习近平新时代中国特色社会主义思想为指导，全面贯彻党的十九大精神和习近平总书记关于宣传思想工作的重要思想，紧紧围绕中心、服务大局，扎实抓好各项工作任务。

一、强化学习贯彻，坚定不移用习近平新时代中国特色社会主义思想指导工作

（一）抓紧抓实干部学习。积极发挥县委理论学习中心组引领作用。研究制定《中共安图县委理论学习中心组2019年度学习计划》。结合“不忘初心、牢记使命”主题教育等召开县委理论学习中心组学习会议33次，其中学习研讨会议8次，扩大学习会议2次。下发《关于推进2019年全县理论学习工作的通知》。充分利用好“学习强国”等学习平台，组织动员党员干部群众4500余人纳入组织框架进行学习，形成网上网下相互贯通立体学习格局。征订发放习近平新时代中国特色社会主义思想学习纲要等辅导书籍4500余册。（二）做好基层宣讲普及。制定下发《2019年基层理论宣传工作方案》《关于开展助力脱贫攻坚"大宣讲"活动的通知》等指导性文件。组建570余人县、乡（镇）、村三级"草根宣讲员"队伍，采取"炕头宣讲""田间地头宣讲""朝汉双语宣讲"等形式开展宣讲活动1.1万余场次，受众2.6万余人次。

二、强化重大风险防控，筑牢维护意识形态安全坚强屏障

（一）狠抓意识形态工作责任制落实。组织专项督查组到各党委开展责任制落实情况专项督查，通过听取专题汇报、查阅痕迹材料、问卷调查、实地踏查等形式了解掌握各党委责任制落实情况，针对存在的问题要求限期整改。组织召开专题联席会议2次，进一步压紧压实工作责任。做好省委巡视"回头看"及州委第四巡察组巡察抵御文化渗透等有关工作。向州报送上半年意识形态工作责任制落实情况报告。（二）加强意识形态阵地管理。下发《关于进一步加强对论坛、讲坛、讲座、年会、报告会、研讨会等阵地管理的实施办法》。下发《关于进一步加强非法卫星地面接收设施排查工作的通知》，持续加大"清卫"整治力度，并深入各乡镇村屯开展排查。注重爱国主义教育基地管理，审批县级爱国主义教育基地6个，评定州级爱国主义教育基地3个，并组织党史办等相关部门开展革命历史类遗址遗迹和爱国主义教育基地排查，针对存在问题的要求限期整改。完成193个"扫黄打非"基层站点录入。（三）做好互联网监管。组织网络安全员积极参与重大事件跟帖评论工作。组建125人舆论引导员队伍，举办全县舆论引导工作培训班。密切关注互联网涉及安图县负面舆情，编辑《安图网络舆情专报》3期，处置涉及安图县负面舆情30余起。在属地内开展网络安全责任制专项检查和网络安全风险评估专项检查，排查各部门（单位）电脑3700余台，处置安全隐患电脑13台。排查远程桌面服务远程代码执行漏洞。

三、强化主流舆论宣传，凝聚安图加快发展强大精神力量

（一）扎实开展庆祝新中国成立70周年系列活动。制定下发《关于隆重庆祝中华人民共和国成立70周年广泛组织开展"我和我的祖国"群众性主题宣传教育活动的通知》，指导各基层部门（单位）有序开展系列活动。5月在全省率先推出安图版《我和我的祖国》音乐MV，受到《人民日报》、新华社等多家媒体、新媒体、网络大V关注播发；被学习强国、新时代e支部等学习平台采用；搜狐网等多家网站转载，总点击量超过200万次。组织2000余位干部群众集中开展公祭及升国旗活动。县级领导与200余位社区群众代表观看庆祝大会盛况。做好节庆氛围营造工作，悬挂国旗2500余面，制作国庆主题绢花景观造型1处、建筑围挡10余处、大型广告牌5处、扇形广告牌200余个、刀旗200余面、海报200余张、大型景观灯2处。（二）不断加大对外宣传力度。积极邀请新华社、《人民日报》、中央电视台等中央、省、州级媒体，重点围绕脱贫攻坚、扫黑除恶、全域旅游、建设长白山绿色转型示范县等主题进行实地采访。邀请接待媒体170余家、记者270余人次，州以上媒体刊播发稿件1950余条。其间，邀请中省直17家媒体到安图县开展"壮丽70年·奋斗新时代"主题宣传蹲点调研采访活动，刊播发稿件60余篇；矿泉水文化旅游节邀请接待29家媒体对节庆活动进行宣传报道，刊播发稿件70余篇，新华网等12家媒体（平台）直播开幕盛况，点击率达327万次。组织拍摄乡村旅游、乡村振兴等宣传片。（三）深化"三大攻坚"、扫黑除恶等宣传力度。"三大攻坚"方面：邀请《人民日报》等中央、省、州级媒体60余家次对安图县驻村干部党委、脱贫攻坚项目、东西部扶贫协作、先进典型、防范风险、污染防治等进行实地采访，分别从不同角度报道工作成果。利用"安图发布"微信、微博等发布信息1400余条次。扫黑除恶方面：积极向中央、省、州级媒体推送、刊登稿件30余条次。通过县内各媒体刊播、发布、转载、推送相关新闻、信息近700条次。制作H5作品1部，参与人数达3.5万余人次。制作擎天柱10个、广告牌20余个、楼宇文化墙1个、宣传展板180余个、宣传横幅200余个、宣传海报2000余张，发送短信16万条次。（四）不断加大新媒体宣传力度。10月在全省率先推出《“不忘初心、牢记使命”经典金句》短视频，被学习强国、新时代e支部等学习平台和中新网等10余家网站发布，并被多家媒体转发。进一步加强“安图发布”微信公众平台、新浪政务微博的建设与管理，重点围绕新中国成立70周年，脱贫攻坚，扫黑除恶，“不忘初心、牢记使命”主题教育，东西部协作，项目建设，全域旅游，矿泉水文化旅游节等重点工作进行网络宣传，发布信息3200余条次。制作脱贫攻坚、主题教育等H5作品4部，点击量达5万次。融媒体中心正式挂牌。

四、强化时代新风培育，不断提高群众素养和全社会文明程度

（一）建设好新时代文明实践中心。新时代文明实践中心正式挂牌。建设新时代文明实践中心1个、实践所61个、实践站219个。规范新时代志愿服务管理，登记注册志愿服务组织275个，志愿者10281人，发布志愿服务项目150次。推荐全国“四个100”最美志愿服务社区1个，省级优秀志愿服务社区标兵1个，省级优秀志愿服务组织1个，省级优秀志愿者3人。组建脱贫攻坚暨扫黑除恶政策志愿宣讲团，走进农家大院，走上百姓炕头，围绕党的十九大精神等送课巡讲700余次，惠及群众2万余人次。常态化开展“促乡风文明建设 展新时代农民风采”等志愿服务700余次，参与人数达7600人次。（二）深化公民思想道德建设。开展“吉林好人”“延边好人”等最美系列评选申报工作。前三季度评选州级以上道德典型15人。其中，全国脱贫攻坚贡献奖1人、全国民族团结进步模范人1人、吉林省道德模范暨吉林好人2018年度提名人物3人、“吉林好人标兵”2人、“吉林好人”3人、“延边好人”4人、“延边好人 最美民族团结之星”1人。评选表彰行业典型及最美人物200余人。挖掘、选树州级以上乡村好人19人，县脱贫攻坚工作先进集体63个、优秀村干部100余人、自主脱贫模范45人、乡风文明之星30人、孝老爱亲榜样32人。在清明节、“七一”、“十一”等重要节点，开展“童心向党”等主题实践活动。深入实施《安图县中小学生“矿泉水之乡”小公民思想道德建设工程》，开展“新时代好少年”评选活动，推荐省“新时代好少年”5人。实施红色基因传承工程，安图三小被命名为中国工农红军王德泰红军小学。（三）深入推进精神文明创建。开展2017—2019年度州级精神文明建设先进集体推荐工作，推荐州级文明单位（文明村镇）51个、文明家庭2个、文明校园3个。围绕“我们的节日”主题，开展了“送春纳福进万家”等主题活动，推动传统文化与中华文明不断传承。开展文明行业窗口创建活动，推荐省级文明示范窗口1个，州级文明示范窗口2个，省级文明服务明星1人。各村组建“四会”民间组织，开展“建村规民约 去陈规陋习 树文明乡风”活动，化解农村不良风气。精心绘制文化墙，让群众潜移默化中受到熏陶。在全州乡风文明建设现场经验交流会上作经验交流。

五、强化群众性文化建设，不断增强群众的获得感、幸福感

（一）深入开展群众性文化活动。开展市民文化节、农民文化节系列活动35项，参与干部群众6万人次。营造“书香安图”全民阅读浓厚氛围，为读者赠送书籍3000余册。为解决农村群众“看书难、借书难”问题，组织全县干部群众向农家书屋捐赠图书1万余册，完成农家书屋出版物补充更新3.3万余册。为做好矿泉水文化旅游节节庆活动，开展征集县树、县花、县徽、县歌、吉祥物等活动。（二）做好文化企业安全生产管理。组织执法大队、消防大队对全县13家书店、3家印刷厂、1家电影院进行安全生产检查3次，排查安全隐患30余处，下发整改通知书24份，责令“三停”1家，罚款2家。（三）加大非物质文化遗产保护力度。拍摄完成《安图非物质文化遗产巡礼》专题片，正在后期制作。举办“文化和自然遗产日”宣传展示暨旅游推介活动。开展“朝鲜族鹤舞”等培训，参与人数200余人。（四）完成年度文化体制改革任务。完成年度“加强县级融媒体中心建设、推进文化市场综合执法改革、弘扬优秀传统文化、农家书屋建设”等4项文化体制改革任务。（五）不断规范行政审批工作。承接行政审批事项8大项27小项，建立健全行政审批机制，进一步压缩时限、精简手续，优化运行审批事项和流程。建立“安图县出版物经营企业”和“安图县印刷企业”微信群，推进审批服务模式高效化进程，为3家印刷企业、4家出版物经营企业年检换证，为2家出版物经营企业发放新证。

六、强化“四力”教育实践，努力打造一支作风优良的宣传队伍

组织全县宣传思想文化战线干部深入开展增强“脚力、眼力、脑力、笔力”教育实践活动。研究制定《关于在全县宣传思想文化战线开展增强“脚力、眼力、脑力、笔力”教育实践工作的实施方案》。组织召开全县宣传思想文化工作会议，全面部署各项工作任务。充分利用“学习强国”平台、支部学习、个人自学等形式，强化对习近平新时代中国特色社会主义思想的学习贯彻。认真开展“不忘初心、牢记使命”主题教育。组织干部到宁波奉化考察学习。

（安图县委宣传部）

做实整合大文章　画好最大“同心圆”

安图地处吉林省东部、延边州西南部，与朝鲜三池渊郡接壤。辖区面积7444平方千米，辖7镇2乡，180个行政村，人口21万人，其中贫困村80个、贫困人口5646户10146人，贫困发生率为10.3%，是国家扶贫开发工作重点县。随着经济结构和社会结构的深刻变化，如何凝心汇智聚力，共画最大同心圆，打赢脱贫攻坚战、决胜全面小康，成为安图统战工作面临的新课题。

一、背景动因

一段时间以来，安图统一战线工作在统筹引领、工作力量、活动载体等方面突破有限，主要存在三个方面“短板”。一是认识淡化缺乏凝聚力。部分党员干部对统一战线职能职责、工作方法等内容学习了解不够，仍存在模糊认识；部分社会组织、人士对统一战线职能不了解、不清楚，对如何参与工作路径不明晰。二是力量弱化缺乏战斗力。县委统战部受机构设置、人员编制等因素影响，工作力量匮乏，甚至出现了“两个部长一个兵”的窘境；开展统战工作缺乏有效平台，组织社会人士谋划工作、建言献策、开展活动等缺乏固定场所，影响了统战工作的持续性和长效性。三是制度固化缺乏创新力。统战工作运用传统手段的多，运用现代方法的少，在实现“全县一盘棋”统筹推进上，还缺乏常态长效机制作为保障。

针对上述问题，安图统一战线认真贯彻习近平总书记“搞统一战线是为了壮大共同奋斗的力量”重要指示精神，牢牢把握大团结、大联合这一本质要求，紧紧围绕打赢脱贫攻坚战、决胜全面小康，加快建设长白山绿色转型示范县总体目标，以搭建“统一战线同心圆工程服务中心”为平台，探索实践“一心双联N组团”工作模式，在凝心聚力中画出最大同心圆，为安图实现绿色转型、高质量发展探索了新路径，注入了新动能。

二、主要做法

1. 整合工作力量，破解无人办事的问题。县委高度重视统一战线工作，县委常委会定期研究部署推动工作落实，积极协调上级编制部门新增行政编制6名、部门领导职数1个，增设业务科室2个，并建立起统战、台办、工商联、民宗局、工青妇等57个部门联动工作机制，开创了力量倍增、效率倍增的统战工作新局面。建立了县委主要领导挂帅，党委、政府、人大、政协齐抓共促的工作体系，明确了责任清单、任务清单、项目清单等督查考核内容，把统战工作有机融入经济社会发展的全过程。

2. 整合相关机制，破解无序办事的问题。制定了《安图县“同心圆”工程·“四促一提”圆周向心行动实施方案》《关于加强与创新新形势下统一战线联络联谊工作的意见》等制度，进一步明晰方向、抓实重点；出台了《关于健全中共安图县委常委与党外代表人士联谊交友制度的实施意见》《关于建立完善县领导与非公有制经济代表人士联系共同交流机制的实施意见》等文件，建立了统一战线联络联谊机制，实现了30名县级领导与100多名统战代表人士联谊交友的常态化制度化；形成了晚茶暖心夜谈工作制度，县级领导定期与非公有制经济人士共商难题、共谋发展，年初以来组织4期晚茶夜谈活动，促进了亲清政商关系。

3. 整合活动平台，破解无地办事的问题。建立了安图县统一战线同心圆工程服务中心，设有德苑、馨苑、悦苑、境苑、商苑、和苑6个功能室及统战成效宣传展示阵地，根据各个平台的功能，分别设立“聚贤圆”“和合圆”等20个同心圆平台功能板块，建立了“侨胞之家”“民族团结创建实践教育基地”等23个基地，将全县统一战线相对分散的资源和力量有效凝合起来。通过举办行业论坛、主题研讨，开展社会服务、实践锻炼，使统一战线代表人士“议事活动有场所、参政议政有位子”，增进了社会群体对党的政治认同，提升了新阶层人员的素养。

4. 整合社会资源，破解无力办事的问题。成立了安图县统一战线社会组织代表人士联谊会和新的社会阶层人士联合会，由县级领导和部门领导担任顾问机构团成员。社会组织代表人士联谊会下设行业联谊会28家，根据各自行业特点逐步发展吸收会员，联谊会在设置传统界别领域基础上，把握新趋势、新群体、新领域，又分别设置返乡创业、爱心志愿者、网络界、社会扶贫等代表人士联谊会，2019年已发展会员731人，骨干会员166人，其中少数民族会员占39.7%；新的社会阶层人士联合会，下设中介组织和社会组织从业人员、自由职业人员、新媒体从业人员以及私营企业、外资企业管理技术人员4大专委会，本着广泛联系、汇集力量的原则，根据行业领域设行业组42个，发展新社会阶层人士会员500余名，为统战工作注入了新鲜力量。

5. 整合工作载体，破解无招办事的问题。创建了同心圆社会扶贫创新实践基地，组织开展助力脱贫攻坚实践锻炼、资金众筹等系列活动。启动了“新时代·新阶层·新故事”活动，深入挖掘、总结、培树新阶层人士的创新创业典型，讲述和宣传他们创新创业的故事，有针对性地对其进行引导帮助，以此凝聚新阶层人士参建共建合力。在非公经济领域启动“企业时光记录”工作，全面记载各企业发展进程，充分展示企业家敢于拼搏、奋发有为的良好精神面貌和发展成果，全力激发他们的创业创新热情，推动企业在新时代有新作为。以“民族和睦、宗教和顺、社会和谐”新思路为引领，举办了首届安图“和合文化”书画展，展示了民族宗教领域文化繁荣发展成果。以开展民族团结进步活动为统领，同心同向挖掘民俗文化内涵，同心同行助力县域发展。

三、工作成效

安图县通过探索实践“一心双联N组团”工作模式，激发了内力、借助了外力、凝聚了新力，使统一战线助力脱贫攻坚、加快绿色转型的思路更加清晰，措施更加具体，成效更加明显。

在县级统筹运作上，构建了县级领导“2+3+18”协同工作机制，形成了服务、管理、协调、考评“四位一体”综合平台，聚焦生产生活生态坚持走好绿色转型发展之路。年初以来，整合投入各类产业项目资金3.4亿元，实现了统建大项目收益覆盖所有贫困人口、因村施策产业项目带动贫困人口增收、个体庭院经济项目增强自主脱贫动力。近两年，累计投资4.1亿元实施道路桥梁、安全饮水、农村危房改造等项目332个，实现了通村通电硬化路全覆盖、安全饮水全覆盖，贫困户危房改造任务全部完成。2019年底，预计实现32个贫困村退出和1216户2114人脱贫，贫困发生率降为3.4%。2019年，计划完成脱贫摘帽。

在扶贫交流协作上，用足用好东西部对口扶贫协作政策，加强与浙江宁波奉化区、宁海县交流合作。相继举办了安图宁海“共筑同心桥·携手新时代”暨“同心圆”工程服务中心启动仪式、安图奉化“共话同心圆·携手新时代”等系列活动，达成10个领域37项合作协议。利用610万元援建资金，实施了松江镇温室大棚和乡村旅游采摘等项目。2018年实施的4个对口帮扶项目已投入使用，年内重点实施总投资3900万元的21个对口协作项目。争取宁波中加低碳技术研究院180万元经费支持，打造“同心圆尊养院”项目。通过奉化区工商联对接12家企业，出资120万元帮扶安图12个深度贫困村。在宁海县成立“同心圆特产展示中心”，设立100余种农特产品展销区，年销量超过百万元。

在社会力量发动上，通过安图县同心圆·金点子论坛实践基地，征集红色旅游、项目储备等“金点子”127个，为县域发展提供了智力支持。2019年8月组织开展的光彩行动助力脱贫攻坚资金众筹活动，在不到一个月的时间里筹资350万元，以委托管理形式投入6个企业经营，年收益用于全县9个乡镇883名贫困人口分红。通过实施“民企帮扶脱贫攻坚光彩行动”，6户企业结对帮扶7个村，投入扶贫资金40余万元。“双联”组织开展“扶贫进乡村行动”，以共建明月镇二青村“同心苹果园”和捐赠慰问石门镇北山村59户贫困户为起点，唱响了社会组织扶贫的“大合唱”。

一串串数字、一项项帮扶活动，记录着安图统一战线成员助力脱贫攻坚、加快绿色转型的责任与担当，给我们以深刻启示：一是由“零”变“整”，可以有效凝聚统战工作合力。建立党委领导、统战协调、上下联动的大统战工作机制，推行责任清单、任务清单、项目清单的做法，改变了职能虚化、工作弱化的尴尬局面，实现了统一归口、资源共享、优势互补，既是贯彻中央统战工作会议精神的具体行动，也是落实省、州深化市县机构改革要求的务实之举。二是由“软”变“硬”，可以快速催生统战工作动力。通过强化统战工作考核，对统战领导体系、工作队伍、基层组织的有效覆盖提出具体要求，促使组织领导、人员经费、平台载体等落实保障到位，极大调动了统战干部干事创业热情，形成了新的工作声势，展示了新的工作气象。三是由“虚”变“实”，可以充分激发统战工作活力。在统战工作领域扩大、任务增多的情况下，通过不断探索和完善制度机制，着力优化统战工作环境，不忘老朋友，深交好朋友，结交新朋友，让一切人力、物力、财力等发展力量向主战场聚合，形成了“众人划桨开大船”的生动局面。

（安图县委统战部）

大事记

1月

2日　吉林省政协副主席支建华到安图县新合乡新合村、明月镇长坪村开展包保帮扶任务对接及扶贫慰问活动。省体育局党组书记、局长张瑞林，州政协副主席冯德远，县领导马云骧、孙元光、黄明镇参加活动。

Δ 吉林省文化和旅游厅党组书记张宝宗带领49名包保干部到安图县万宝镇新兴村、大顶子村走访慰问贫困户。县领导王国彦、崔光勋陪同慰问。

3日　安图县人民政府县长马云骧到新合乡吉房子村、曙光村调研脱贫攻坚工作。副县长孙元光陪同调研。

4日　安图县委召开2019年常委扩大会议、第一次常委会议，传达学习上级有关会议精神。县委书记韩长发主持会议。

7日　安图县人民政府县长马云骧到万宝镇太平村调研环境卫生整治情况，副县长孙元光陪同调研。

8日　安图县人民政府县长马云骧主持召开县政府十八届二十七次常务会议。

10日　松花石申遗考察团到安图县实地考察松花石申请国家级非物质文化遗产项目。中共安图县委副书记朴君峰陪同考察。

11日　安图县委书记韩长发到明月镇奉阳村、福兴村开展春节前走访慰问活动。

14日　安图县与内蒙古伊利实业集团股份有限公司举办签约仪式。延边州人民政府副州长周金星、吉林省商务厅环渤海处处长孙维国、白河林业局局长高祥、中共安图县委书记韩长发、安图县人民政府县长马云骧、伊利集团副总裁王维等出席签约仪式。

Δ 安图县委书记韩长发主持召开县委2019年第三次常委会议。

Δ 安图县人民政府县长马云骧主持召开县政府十八届二十八次常务会议。

15日　延边州委常委、组织部部长王雪峰到安图县调研脱贫攻坚、基层党建工作。中共安图县委常委、组织部部长张伟利陪同调研。

Δ 安图县委书记韩长发主持召开县委常委班子2018年度民主生活会，中共延边州委常委、组织部部长王雪峰参加会议。

Δ 安图县人民政府县长马云骧主持召开2018年度县政府党组民主生活会。

Δ 安图县委常委、统战部部长李云到新合乡大荒沟村、北沟岭村、十骑村和明月镇水岸新城小区、河东村走访慰问贫困户、贫困党员、老复员军人、困难职工、贫困归侨。

Δ 安图县人民政府副县长董振国到安图边防大队和安图边防大队双目峰边境检查站走访慰问驻守官兵。

16日　安图县召开2018年度党（工）委书

记抓基层党建述职评议暨落实全面从严治党主体责任述职述廉会议。县委书记韩长发主持会议并讲话，中共延边州委组织部副部长薛志强，县领导朴君峰、王国彦、白恒刚、崔文德、李云、张伟利出席会议。

Δ 由延边州汉语委副主任、州教育局副局长黄泽峰带队的国家三类城市语言文字工作评估组到安图县检查指导语言文字工作。县委副书记、副县长、县汉语委主任王国彦陪同检查。

Δ 安图县人民政府副县长金虎哲到松江镇政府专职消防队、安图消防救援大队走访慰问消防救援人员。

17日 安图县安委会召开2019年第一次全体（扩大）会议。安图县人民政府县长马云骥作讲话，县委常委、常务副县长刘振忠主持会议，部署2019年安全生产重点工作。

Δ 安图县人大常委会主任吴星臣走访慰问老复员军人、农村低保户、新中国成立前老党员、贫困党员和省级劳动模范。

Δ 安图县政协主席刘志良到安图县明月镇永胜村走访慰问老党员刘子祥、王俊洗。

18日 安图县经济工作会议暨绩效考核表彰大会在县文化中心召开，贯彻落实中央和省、州有关会议精神。中共安图县委书记韩长发作重要讲话，安图县人民政府县长马云骥安排部署2019年经济工作。

Δ 安图县扫黑除恶专项斗争工作会议在县文化中心召开。县领导韩长发、马云骥、白恒刚、崔文德、尹东杰、张伟利、金虎哲、付洪勇出席会议。会议传达全国扫黑除恶专项斗争视频会议及省委常委会议精神，通报2018年全县扫黑除恶专项斗争开展情况和2019年工作要点。

20日 安图县人民政府县长马云骥走访慰问安图县贫困户、老党员、优抚对象、困难职工及安图县武警中队官兵。

21日 吉林省民委副主任金明哲、金惠淑到安图县石门镇镜城村走访慰问贫困户，安图县人民政府副县长崔光勋陪同慰问。

Δ 安图县委常委、组织部部长张伟利到亮兵镇普光村、亮兵村、碱场村和县内企业走访慰问贫困户、困难职工。

22日 吉林省民委主任朴松烈到安图县石门镇镜城村调研脱贫攻坚工作，安图县委常委、统战部部长李云陪同调研。

Δ 安图县人民政府举行“亚德客”慈善捐赠和创业助脱贫扶持资金发放仪式。安图县委常委、县人民政府副县长余磊参加仪式。宁波市奉化区亚德客集团代表奉化区，向安图县捐赠帮扶资金200万元，用于帮扶贫困群众和扶持返乡创业。

Δ 安图县委常委、宣传部部长崔文德到石门镇茶条村、仲坪村开展春节前走访慰问活动。

Δ 安图县委常委、政法委书记尹东杰到白河森警大队、长白山公安消防支队走访慰问驻军部队官兵。

24日 安图县委书记韩长发主持召开县委常委扩大会议和2019年第四次常委会议。

Δ 延边州委常委、延边军分区司令员梁松柏，延边军分区政委李明到安图县石门镇北山村走访慰问贫困户，安图县委常委、宣传部部长崔文德，县委常委、县人武部政委袁广金陪同慰问。

25日 安图县第十五届纪律检查委员会召开第四次全体会议，安图县委常委、县纪委书记白恒刚主持会议，县委书记韩长发作讲话。县领导朴君峰、刘振忠、朴龙云、崔文德、尹东杰、李云、张伟利出席会议。县领导吴星臣、于英志、金哲虎、李长男、董振国、金虎哲、黄明镇、王宇平、金明花、金光锡等列席会议。

27日 吉林长白山冰雪乐园开业庆典仪式在二道白河镇举行。中共安图县委常委、政法委书记尹东杰参加仪式。

29日　安图县委常委、县人民政府常务副县长刘振忠带领县安监局、交通局、商务局、卫计局、消防大队等有关部门负责人开展节前安全生产大检查。

2月

1日　安图县人民政府县长马云骥深入企业开展节前安全检查，走访慰问坚守在工作一线的干部职工。县领导刘振忠、董振国、金虎哲陪同。

2日　安图县人民政府县长马云骥在县林业局召开春节期间森林防火调度会议，县委常委、副县长朴龙云参加会议。

12日　安图县委书记韩长发主持召开常委扩大会议、2019年第五次常委会议。

Δ 安图县委书记韩长发主持召开县扶贫开发领导小组2019年第一次工作例会、县脱贫攻坚领导小组2019年第一次工作例会。

15日　安图县脱贫攻坚摘帽会战动员会暨驻村干部党委第九次全体（扩大）会议在县文化中心召开。中共延边州委常委、州人民政府副州长、中共安图县委副书记毛光升出席会议，中共安图县委书记、县驻村干部党委书记韩长发针对脱贫攻坚摘帽工作作讲话，中共安图县委副书记、安图县人民政府县长、县驻村干部党委副书记马云骥主持会议。

18日　安图县召开全县党政机构改革动员会议暨工作部署会。安图县委书记韩长发对扎实推进党政机构改革提出明确要求。县委副书记朴君峰主持会议，县委常委、组织部部长张伟利传达省委批复的安图县改革机构会议精神。

19日　安图县举办“传承地域文化·弘扬时代精神”元宵节秧歌民俗舞展演。中共安图县委副书记、县人民政府副县长王国彦，县人大常委会副主任金哲虎，县政府副县长崔光勋，县政协副主席金明花出席开幕式。

Δ 安图县举办“欢喜闹元宵·共创新辉煌”元宵灯谜晚会。

22日　安图县召开2019年武装工作会。中共安图县委书记、县人武部党委第一书记韩长发，县委常委、人武部政委袁广金，副县长、县公安局局长金虎哲参加会议。

Δ 安图县委书记韩长发主持召开县委2019年第六次常委会议。

Δ 安图县委书记、县脱贫攻坚领导小组组长韩长发主持召开县脱贫攻坚领导小组2019年第二次工作例会。

Δ 东北师大附中校长邵志豪到安图县调研。安图县委书记韩长发、县委副书记朴君峰出席座谈会。县委副书记、副县长王国彦陪同调研。

23日　由吉林省农业农村厅农机中心主任卢景斌带队的吉林省2018年县扶贫开发成效考评组，到安图县考评2018年扶贫开发工作。延边州委常委、州人民政府副州长冯涛陪同考评。

25日　安图县委书记韩长发在副县长董振国陪同下，实地检查安图县“大棚房”问题清理整治情况。

27日　安图县政协举办政协委员培训班。县政协主席刘志良，副主席黄明镇、王宇平、金明花参加培训班。

28日　安图县召开全县政法工作会议。安图县委书记韩长发出席会议并就做好2019年政法工作提出要求。副县长、县公安局局长金虎哲主持会议并传达中央省州政法工作会议精神，县委常委、政法委书记尹东杰作全县政法工作报告。

3月

4日　安图县人民政府县长马云骥到明月镇督导检查“大棚房”清理整治情况，县自然资源局、县政府办、明月镇政府负责人陪同检查。

5日　安图县召开涉黑涉恶案件“一案一整

治”及重点行业领域监管漏洞自查整治专题会议。

6日　安图县委副书记、县人民政府县长马云骧主持召开中共安图县委2019年第7次常委会议。

7日　由县委宣传部、县妇联联合举办的“巾帼筑梦创辉煌 出彩女性展华章”风采展示会在县文化中心举办。

Δ安图县11个新组建部门开展集中揭牌仪式。县领导刘振忠、朴龙云、李云、张伟利、董振国、孙元光分别出席有关揭牌活动。此次参加揭牌仪式的单位有县自然资源局、县医疗保障局、县文化广播电视和旅游局、县政务服务和数字化建设管理局、县民族宗教事务局、安图县委机构编制委员会办公室、县退役军人事务局、县应急管理局、县农业农村局、县卫生健康局、县扶贫开发办公室。

11日　安图县委副书记、县人民政府县长、县脱贫攻坚领导小组组长马云骧主持召开县脱贫攻坚领导小组2019年第四次工作例会。

12日　县政协十三届委员会召开第十二次常委会议。县政协主席刘志良主持会议，县政协副主席黄明镇、王宇平、金明花出席会议。

12—14日　安图县人民政府县长马云骧深入到亮兵镇大西村、明月镇五峰村、石门镇北山村调研指导脱贫攻坚工作，县委常委、副县长余磊，副县长董振国陪同调研。

13日　吉林省委统战部八处处长赵庆山到安图县调研新的社会阶层人士创新实践基地建设情况。延边州委统战部副部长、州工商联党组书记石琦华，中共安图县委常委、统战部部长李云陪同调研。

14日　安图县委书记韩长发到新合乡调研脱贫攻坚工作。

Δ安图县举行连续40年无重大森林火灾表彰暨2019年春季森林防火工作会议。县领导马云骧、刘振忠、朴龙云、李长男、王宇平参加会议。会议由安图县委常委、县人民政府常务副县长刘振忠主持。

15日　安图县召开2019年统一战线同心圆“双联”组织领导成员工作会议。

18日　安图县人民政府县长马云骧主持召开第十八届县政府第二十九次常务会议。

Δ由安图县委、县人民政府、天津森特文化传播有限公司（全球摄影网）主办，安图县委宣传部、安图县文化广播电视和旅游局、安图广播电视台承办的百万大奖寻找全球十佳摄影师——2018年全球摄影网“森特·安图杯”国际摄影大赛颁奖典礼在安图县文化中心举行。

19日　安图县委书记韩长发主持召开县委2019年第八次常委会议。

Δ安图县委书记韩长发主持召开县委理论学习中心组学习研讨会。

20日　安图县召开扫黑除恶专项斗争领导小组会议。中共安图县委书记、县扫黑除恶专项斗争领导小组组长韩长发出席会议并讲话，县委常委、政法委书记、县扫黑除恶专项斗争领导小组副组长尹东杰主持会议。

Δ安图县人民政府县长马云骧深入新合乡七顶子村调研指导脱贫攻坚工作，副县长孙元光陪同调研。

25日　安图县委常委班子召开中央脱贫攻坚专项巡视整改专题民主生活会。延边州委督导组到会指导，县委书记韩长发主持会议。

26日　安图县委书记、县脱贫攻坚领导小组组长韩长发主持召开县脱贫攻坚领导小组2019年第五次工作例会。

28日　安图县委书记韩长发主持召开县委2019年第九次常委会议。

Δ安图县人民政府县长马云骧主持召开第18届县政府第30次常务会议。

Δ安图县人大常委会召开十八届三次会议代表建议交办会。县人大常委会副主任于英志，县人民政府副县长董振国参加会议。

Δ 安图县召开宣传思想文化工作会议，中共安图县委常委、宣传部部长金东源参加会议。

Δ 安图县 2019 年驻村干部培训班正式开班。各乡镇驻村第一书记、驻村工作队员、乡镇分管脱贫攻坚领导、联络员 270 余人参加培训。副县长孙元光参加开班仪式。

29 日　安图县委书记韩长发主持召开县委第 10 次常委会议暨扫黑除恶专题会议。

Δ 全州深化“同心圆工程”推进统战工作现场观摩会议在安图县召开。中共延边州委常委、统战部长梁仁哲出席会议并讲话。中共安图县委副书记朴君峰，县委常委、统战部部长李云陪同观摩。

Δ 县青年人才学院举行 2019 年度上学期开班仪式，县委常委、组织部部长、人才学院院长张伟利参加开班仪式。

4 月

2 日　安图县人民政府县长马云骥主持召开县政府第八次县长办公会议，并就项目建设及推进情况提出要求。

3 日　延边州委副书记、政法委书记、州扫黑除恶专项斗争领导小组组长康芳到安图县调研扫黑除恶专项斗争工作。

Δ 中国科学院大学宁波华美医院医疗设备捐赠仪式在安图县人民医院举行。宁波华美医院向安图县人民院捐赠 CT 机 1 台、治疗车 38 台、抢救车 18 台、远程影像会诊系统 1 套，总价值 301.25 万元。

4 日　安图县委书记韩长发主持召开 2019 年第 11 次常委会议暨扫黑除恶专题会议。

Δ 安图县人民政府县长马云骥到九龙社区、石门镇崇山村调研扫黑除恶工作。

8 日　安图县人民政府县长马云骥到松江镇四合村调研扫黑除恶、脱贫攻坚工作，县委常委、政法委书记尹东杰陪同调研。

9 日　县人大常委会召开第 20 次会议。县人大常委会主任吴星臣，副主任于英志、金哲虎、李长男出席会议，县委常委、副县长朴龙云，县法院院长金光锡，检察院检察长付洪勇列席会议。

Δ 吉林省政协副主席兰宏良到安图县松江镇桃园村调研脱贫攻坚工作。吉林省政协人资环委主任陈振虎，延边州委常委、延边州人民政府副州长毛光升，延边州政协副主席黄龙锡，中共安图县委书记韩长发，吉林医药学院党委书记张国华，安图县人民政府副县长孙元光，安图县政协副主席黄明镇陪同调研。

Δ 由吉林省民委副主任金明哲带队的调研组到安图县文化馆调研少数民族文化传承建设情况，延边州民委副主任康芬，安图县委副书记朴君峰陪同调研。吉林省民委副主任金明哲带领正大国际医院医疗团队到石门镇镜城村为村民免费义诊，县委副书记朴君峰参加义诊活动。

Δ 吉林省文化和旅游厅非遗处、省非遗中心调研组到安图县调研、督导省级非物质文化遗产传承基地传习所建设情况和工作开展情况。

9—10 日　安图县委常委、组织部部长张伟利到明月镇、新合乡、万宝镇等 6 个乡（镇）调研督导软弱涣散村党组织整顿工作。

10 日　延边州政协副主席冯德远到安图县调研河长制实施情况。县委常委、副县长朴龙云，县政协副主席王宇平参加汇报座谈会。

Δ 安图县委书记韩长发到县公安局调研督导扫黑除恶专项斗争工作，并就如何开展好扫黑除恶专项斗争提出要求。县委常委、政法委书记尹东杰陪同调研。

11 日　安图县人民政府县长马云骥就扫黑除恶、脱贫攻坚、河长制等工作到永庆乡、万宝镇调研。县人民政府副县长孙元光陪同调研。

Δ 安图县人民政府县长马云骥到万宝镇红旗

村慰问中直和省直媒体采访团。县委常委、宣传部部长金东源陪同慰问。

Δ 安图县扶贫干部培训班在县政府俱乐部举行。县人民政府副县长孙元光出席开班仪式。

12 日 安图县人民政府县长马云骥到安图县多部门调研扫黑除恶专项斗争工作进展情况。县委常委、政法委书记尹东杰陪同调研。

13 日 安图县召开脱贫攻坚重点领域工作落实情况全面“回头看”专题部署会。中共安图县委常委、县人民政府常务副县长刘振忠，县人民政府副县长孙元光参加会议。

15 日 安图县开展“4·15”全民国家安全教育日宣传活动。

16 日 2019 年县直机关党的工作会议在县政府俱乐部召开。中共安图县委副书记、县直机关党工委书记朴君峰参加会议。

Δ 延边州委常委、州人民政府副州长毛光升到安图县亮兵镇调研脱贫攻坚工作，县委常委、组织部部长张伟利陪同调研。

17 日 安图县委书记韩长发在县退役军人事务局、兴华社区等部门负责人的陪同下，为“光荣之家”家庭悬挂光荣牌，并致以慰问。

19 日 安图县人民政府县长马云骥到参加过淮海战役和抗美援朝战争的退役军人庞乐礼家中慰问，并为其悬挂“光荣之家”荣誉牌。

Δ 共青团安图县委联合县卫生健康局、县消防救援大队、县文化广播电视、旅游局等部门在亮兵镇新胜村组织开展以“助力脱贫攻坚 青年志愿者在行动”为主题的纪念五四运动 100 周年系列活动启动仪式。中共安图县委副书记朴君峰，延边州发改委副主任金国范，中共安图县委常委、统战部部长李云，中共安图县委常委、宣传部部长金东源参加活动并为各志愿者分队授旗。

20 日 安图县委书记韩长发主持召开 2019 年第 12 次常委会议暨扫黑除恶专题会议。

22 日 安图县人民政府县长马云骥主持召开县政府第三十一次常务会议。

23 日 安图县政协召开推进非林地人参产业发展协商议政座谈会。县政协主席刘志良，县政府副县长董振国，县政协副主席黄明镇、王宇平、金明花参加会议。

24 日 安图县组织开展 2019 年义务植树活动。县领导韩长发、马云骥、吴星臣、刘志良等参加活动。

25 日 安图县委书记韩长发到石门镇榆树川建材园区调研项目建设发展情况。

Δ 吉林省民委主任朴松烈带领省民委机关干部职工 50 多人到石门镇镜城村参加义务植树活动。延边州民委主任安泰善，安图县委常委、统战部部长李云，安图县人民政府副县长姜辉陪同参加活动。

26 日 “中国体育彩票”春季万人长跑活动在安图县人民体育场隆重举行。安图县人大常委会副主任金哲虎、县政协副主席黄明镇出席开幕仪式。

28 日 安图县召开国家脱贫攻坚成效考核反馈问题整改工作部署会议，县人民政府副县长孙元光参加会议。

29 日 安图县委书记韩长发到两江镇金龙铁矿、海沟金矿调研解决企业在发展中遇到的问题。

Δ 全县重点项目推进情况调度会在县政府三楼会议室召开。县委常委、常务副县长刘振忠参加会议。

30 日 吉林省政协副主席支建华一行 8 人到安图县调研脱贫攻坚工作。

5 月

7 日 安图县委书记韩长发主持召开县委 2019 年第 13 次常委会议。

Δ 安图县委书记韩长发主持召开县委全面深化改革委员会第一次全体会议。

Δ 宁波市委副书记、市人民政府市长裘东耀率党政代表团到安图县考察调研推进与安图县扶贫协作和对口合作工作。中共延边州委副书记、州人民政府州长金寿浩陪同调研。

Δ 安图—奉化党政代表团高层联席会议在安图县召开。安图县委书记韩长发，宁波市奉化区委副书记、区长张文斌出席会议并讲话。安图县委常委、县人民政府常务副县长刘振忠主持会议。

Δ 浙江省宁波市红十字会援助延边州救助物资发放仪式在明月镇政府会议室举行。延边州红十字会党组书记、常务副会长崔文德，安图县人民政府副县长董振国出席仪式。

7—9日　安图县政协党组书记、主席刘志良，中共安图县委常委、统战部部长李云等一行8人赴浙江省宁波市奉化区进行扶贫协作对接。宁波市奉化区政协党组书记、主席王德彪，宁波市奉化区委常委、统战部部长方国波，宁波市奉化区政协副主席胡荣陪同考察。

8日　吉林大学研究生工作部副部长赵玥到安图县考察调研，安图县委常委、组织部部长张伟利，安图县人民政府副县长姜辉陪同调研。

Δ 安图县举行“爱起奉城·情系安图”两地妇联结对帮扶仪式。安图县人民政府副县长姜辉、浙江省宁波市奉化区副区长张巍参加仪式。

13日　安图县委书记、县脱贫攻坚领导小组组长韩长发主持召开县脱贫攻坚领导小组2019年第6次工作例会。

Δ 安图县人民政府县长马云骥主持召开县政府第32次常务会议。

14日　安图县召开安全生产工作、消防工作、消防安全集体约谈暨“防风险保平安迎大庆”消防安全执法检查专项行动部署会议。中共安图县委常委、县人民政府常务副县长刘振忠参加会议。

15日　安图县召开关于开展县城各小区乱象专项整治工作会议。安图县人民政府副县长、县公安局局长金虎哲参加会议。

Δ 安图县明月镇党委召开2019年度驻村干部党支部第5次工作例会暨春季百日攻坚工作调度会。中共安图县委常委、县人民政府常务副县长刘振忠参加会议。

16日　安图县委书记韩长发主持召开县委2019年第14次常委会议。

17日　延边州人大常委会副主任王燕铭到安图县检查贯彻实施《中华人民共和国消防法》《吉林省消防条例》情况。安图县人大常委会主任吴星臣，安图县人民政府副县长、县公安局局长金虎哲陪同检查。

17—19日　安图县“巾帼庆‘五一’·并肩战脱贫”排球联赛在县体育馆举行。中共安图县委常委、宣传部部长金东源出席开幕式。

18日　安图县在第十五届中国（深圳）国际文化产业博览交易会上被评为“2019中国最美县域”。2018年、2019年连续两次获此殊荣。

20日　安图县召开2019年高考、中考及高中学业水平考试工作会议，安图县人民政府副县长姜辉参加会议。

Δ 安图县委宣传部联合县委党校举办全县舆论引导工作培训班。

24日　延边州人大常委会调研组到安图县调研修订《延边朝鲜族自治州蜂业条例》工作。安图县人大常委会副主任李长男、县人民政府副县长董振国陪同调研。

29日　安图县第18届人大常委会召开第21次会议，县人大常委会主任吴星臣，县人大常委会副主任于英志、金哲虎、李长男、张学杰出席会议；县人民政府副县长董振国参加会议，县人民法院院长金光锡、县检察院检察长付洪勇列席会议。

Δ 安图县召开中国少年先锋队安图县第四次代表大会。

30日　安图县委书记韩长发主持召开县委

2019年第16次常委会议。

Δ 吉林省民委副主任孟庆东带队到安图县石门镇镜城村走访慰问贫困户。安图县人民政府副县长姜辉陪同慰问。

Δ 安图县防汛抗旱指挥部召开2019年第一次全体会议。安图县人民政府县长、县防汛抗旱指挥部总指挥马云骥，安图县委常委、县人民政府副县长、县防汛抗旱指挥部副总指挥朴龙云参加会议。

31日 安图县人民政府县长马云骥到县林业局蓝靛果种苗繁育基地、林果示范基地调研。

Δ 吉林省委政策研究室改革督察处处长于学权到安图县专项督察城乡社区治理工作，中共安图县委常委、统战部部长李云，安图县人民政府副县长董振国陪同检查。

6月

1日 延边州干部教育基地揭牌暨明月镇全域旅游活动月启动仪式在明月镇大砬子村举行。仪式上，中央政策研究室副巡视员王平堂、县政协副主席黄明镇为全州干部教育基地揭牌。

2日 由康喜乐嘉集团公司、宁波吉林商会等企业负责人组成的宁波吉商企业考察团，到安图县考察职业教育园区相关合作项目。安图县人民政府县长马云骥、副县长姜辉陪同考察。

3日 安图县召开2019年省级卫生县城复审工作动员会议。县政府副县长姜辉就做好下一步工作提出要求。

Δ 由中国报道杂志社、《新华报》、《城市晚报》、《吉林日报》、中国吉林网、《延边日报》、延边广播电视台、《延边晨报》等媒体记者组成的采访团，到安图县采访报道明月镇龙泉村脱贫攻坚工作。

5日 安图县举办“物华天宝，生态安图”长白山珍稀动植物摄影图片展启动暨首批林业生态“吉林最美”获奖单位授牌仪式。安图县委常委、县人民政府副县长朴龙云出席仪式。

6日 安图县召开脱贫攻坚驻村干部委员会第十次全体（扩大）会议暨“百日攻坚”阶段部署会议。县委书记、县驻村干部党委书记韩长发，针对安图县“百日攻坚”决策部署工作作重要讲话。州委常委、副州长毛光升，县领导韩长发、朴君峰、白恒刚、张伟利、金东源、孙元光在主席台前排就座。会议由县委副书记、县驻村干部党委副书记朴君峰主持。

11日 延边州人民政府副州长周金星到安图县经济开发区调研民营经济、招商引资情况，安图县人民政府常务副县长刘振忠、经济开发区管委会主任王燕彤陪同调研。

13日 吉林农业大学校长冯江到安图县调研。中共安图县委书记韩长发、县人民政府副县长董振国、县政协副主席黄明镇陪同调研。

Δ 安图县委书记韩长发主持召开县委2019年第17次常委会议。

Δ 安图县人民政府县长马云骥主持召开县政府第33次常务会议。

17日 安图县委书记韩长发到明月镇裕民村调研指导扶贫工作。

24日 吉林省文化和旅游厅副厅长金旭东到安图县调研指导全域旅游工作。中共安图县委书记韩长发，县人民政府县长马云骥、副县长姜辉陪同调研。

28日 安图县委书记韩长发主持召开县委2019年第18次常委会议。

7月

1日 安图县委副书记、县人民政府县长、县脱贫攻坚领导小组组长马云骥主持召开县脱贫攻坚领导小组2019年第8次工作例会。

2—3日 吉林省委常委、州委书记姜治莹到安图县调研全域旅游工作。

Δ 吉林省扶贫办社会扶贫处副处长薛志军到安图县调研东西部扶贫协作工作情况。

Δ 延边州政协主席韩兴海到明月镇青邱村调研包保帮扶村扶贫情况。安图县人民政府县长马云骧、县政协主席刘志良陪同调研。

Δ 安图县委理论学习中心组（扩大）学习会议在县文化中心召开。会议邀请延边大学法学院徐炳煊教授作“民间借贷的若干法律问题”专题讲座。

8日　“决战脱贫攻坚·决胜全面小康”中央网络媒体团走进安图县，围绕易地扶贫搬迁、产业扶贫、就业扶贫、社会扶贫，以及扶志扶智等内容开展集中采访。

10日　安图县召开扶贫小额信贷“大排查大整改”活动专题部署会议。县人民政府副县长孙元光参加会议。

11日　安图县委书记韩长发主持召开县委2019年第19次常委会议暨扫黑除恶专项斗争领导小组会议。

Δ 县委书记韩长发主持召开县委第20次常委会议，传达学习贯彻上级有关会议、文件精神，审议县委巡察整改工作相关意见。

14—15日　中央政策研究室副主任张季到安图县调研脱贫攻坚工作。中共吉林省委常委、中共延边州委书记姜治莹，州委副书记康芳，州委常委、副州长毛光升，县领导韩长发、马云骧陪同调研。

15—16日　吉林省卫生健康委主任张义到安图县调研健康扶贫工作。中共安图县委书记韩长发、县人民政府副县长姜辉陪同调研。

17日　吉林省农业农村厅副厅长夏季到安图县专题调研开展产业扶贫工作情况，安图县人民政府副县长董振国陪同调研。

22日　安图县召开防汛工作会议。县人民政府县长、县防汛抗旱指挥部总指挥马云骧出席会议并讲话。

23日　安图县人民政府县长马云骧主持召开县政府第34次常务会议。

24日　安图县人民政府县长马云骧带队开展河长制巡河工作，巡视汛期水库库容、河道治理等。中共安图县委常委、县人民政府副县长朴龙云陪同巡河。

25日　安图县委书记韩长发主持召开县委2019年常委扩大会议、第21次常委会议。

Δ 安图县2019年驻村干部培训班开班仪式在县文化中心举行。县委常委、组织部部长张伟利出席仪式。

26日　延边州委常委、纪委书记、监委主任梁仁哲到安图县开展“八一”慰问活动，县领导韩长发、白恒刚、金虎哲陪同慰问。

Δ 延边州政协副主席李忠文到安图县调研脱贫攻坚工作。安图县政协主席刘志良陪同调研。

Δ 安图县委书记韩长发、县人民政府县长马云骧分别参加松江镇、明月镇驻村干部座谈会。

Δ 安图县第十八届人大常委会召开第22次会议，县人大常委会主任吴星臣，副主任于英志、金哲虎、李长男、张学杰出席会议，县委常委、常务副县长刘振忠，县法院院长金光锡列席会议。

29日　安图县人民政府县长马云骧到退伍老军人金元吉、庞乐礼、金富日家中开展走访慰问活动。

30日　吉林农业科技学院校党委副书记叶海江到安图县实地考察，县委副书记朴君峰、县人民政府副县长董振国陪同考察。

Δ 延边州政协副主席冯德远到安图县调研中医药发展、建设健康延边工作。

Δ 安图县委常委、统战部部长李云走访慰问新合乡大荒沟村老复员军人张守智、十骑村老复员军人史守让。

31日　安图县委书记韩长发到光荣院走访慰

问伤残军人李永仁、病故军人遗属严贞子及住在碧水蓝湾小区的老复员军人贺成贵。

Δ 安图县委宣传部联合县退役军人事务局召开 2019 年度“最美退役军人”表彰会议。县委常委、宣传部部长金东源参加会议。

8月

2日　安图县召开“全国基层中医药工作先进单位”复审会议。县人民政府副县长姜辉、延边州卫生健康委中医处处长古怀明参加会议。

5日　安图县召开重大动物疫情防控会议。县人民政府县长马云骥、副县长董振国参加会议。

8日　安图县委书记韩长发、安图县人民政府县长马云骥带队现场调研全县 2019 年 5000 万元以上重点项目。

9日　安图县委书记韩长发主持召开县委 2019 年第 22 次常委会议，研究脱贫攻坚工作有关事宜，听取上半年经济运行情况及重点项目建设情况汇报。

12日　安图县召开老干部座谈会。中共安图县委书记韩长发，县委常委、组织部部长张伟利参加会议。

Δ 安图经济开发区与延边德丰包装科技发展有限公司举行标准化厂房租赁协议签约仪式。安图经济开发区党工委书记、管委会主任王燕彤参加签约仪式。

19日　安图县新任职乡科级领导干部警示教育暨廉政谈话会议在县纪委召开。

21日　安图县九龙社区在老年人日间照料中心开办全州首家“康养老年餐厅”，县人民政府副县长董振国参加揭牌仪式。

22日　安图县委书记韩长发主持召开县委 2019 年第 23 次常委会议。

Δ 安图县委书记韩长发主持召开县委 2019 年第 24 次常委会议暨扫黑除恶专项斗争专题常委会议。

25日　安图县石门镇举办“安图·石门第二届酱文化旅游节”，县委常委、宣传部部长金东源在开幕式上致辞。本届酱文化旅游节上，有来自安图、延吉等多家民俗食品企业和餐饮企业 40 余个展位参展。当天接待游客 5000 余人次。

26日　安图县人民政府县长马云骥主持召开县政府第 35 次常务会议。

28日　延边州人民政府州长金寿浩到安图县调研农村人居环境整治、危房和农厕改造、农村饮水安全等工作。延边州人民政府副州长许斌参加调研。安图县人民政府县长马云骥、副县长董振国陪同调研。

29日　安图县委书记、县脱贫攻坚领导小组组长韩长发主持召开县脱贫攻坚领导小组 2019 年第九次工作例会。

9月

2日　安图县人民政府县长马云骥、安图县委副书记朴君峰、县人民政府副县长姜辉到县体育场、长白山文化博览城等地检查指导中国·安图第二届长白山矿泉水文化旅游节筹备工作。

5日　安图县人民政府县长马云骥会见韩国京畿道九里市市长安昇男。

Δ 安图历史展览馆举行开馆仪式。县委常委、常务副县长刘振忠，县委常委、统战部部长李云，县老促会会长马革新、副会长李艳春参加开馆仪式。

6日　县委书记韩长发、县长马云骥、县人大常委会主任吴星臣参观安图历史展览馆。

Δ 安图县第二届民俗美食节和中国安图首届朝鲜族民俗文化节开幕。县领导韩长发、马云骥、吴星臣参加开幕式。

Δ 安图县在长白山文化博览城举行 110 周年纪念碑揭彩仪式和向首任知县刘建封雕像敬献花

篮仪式。

Δ 安图县举行文化旅游推介会暨项目签约仪式，5 个超亿元项目落户安图，总投资额达 14.35 亿元。

Δ 中国 · 安图第二届长白山矿泉水文化旅游节“安图梦之夜”广场文艺晚会在长白山文化博览城举行。

6—7 日 以“长白明珠 圣洁安图”为主题的中国 · 安图第二届长白山矿泉水文化旅游节在“长白山第一县”安图隆重举行。

7 日 安图伊利长白山天然矿泉水项目开工仪式在二道白河镇举行。县委书记韩长发、县人大常委会主任吴星臣、县政府副县长董振国、县矿泉水保护局党工委书记张玉良、局长丁秀龙参加活动。

Δ 由县委、县政府主办、县矿泉水保护局承办的第三届长白山矿泉水高端论坛在二道白河镇举行。

9 日 安图县召开第 35 个教师节暨“初心不改 · 育人千秋”表彰大会。县委书记韩长发、县长马云骧、县人大常委会主任吴星臣、县政协主席刘志良、县政府副县长姜辉参加会议。县委书记韩长发在会上作讲话，对全体教师提出四点希望。会议由县长马云骧主持。大会表彰 43 名优秀班主任、68 名优秀教师、4 名优秀支教教师、3 名优秀特岗教师、32 名优秀老教师。

10 日 安图县召开 2019 年新兵欢送大会。县委常委、人武部政委袁广金，副县长孙元光，县人武部部长张亚忠出席欢送会。

Δ 延边州（安图站）迎新中国成立 70 周年“中国体育彩票杯”健身操舞交流活动在安图县举办，安图县委常委、县人民政府常务副县长刘振忠，县人民政府副县长姜辉参加活动。

11 日 安图县委书记韩长发主持召开第十五届县委常委扩大会议、2019 年第 26 次常委会议。

Δ 安图县委书记韩长发主持召开县委“不忘初心、牢记使命”主题教育领导小组第一次会议。

Δ 安图县委书记韩长发到明月镇龙泉村、青邱村慰问驻村干部。

12 日 中国 · 安图第二届长白山矿泉水文化旅游节活动总结表彰大会在县文化中心召开。中共安图县委书记韩长发出席会议并讲话。县人民政府县长马云骧主持会议。

Δ 安图县“不忘初心、牢记使命”主题教育工作会议在县文化中心召开。中共安图县委书记韩长发，中共延边州委第四指导组组长朱哲洙、副组长佟志忠，中共安图县委副书记朴君峰，中共安图县委常委、组织部部长张伟利出席会议。会议由中共安图县委副书记朴君峰主持。

17 日 安图县政协十三届委员会召开第十四次常委会议。县政协主席刘志良主持会议，县政协副主席黄明镇、王宇平、金明花出席会议。

Δ 安图县政协召开 2019 年第 12 次党组（扩大）会议暨“不忘初心、牢记使命”主题教育专题会。会议由县政协党组书记、主席刘志良主持。

18 日 安图县委理论学习中心组召开（扩大）学习会暨“不忘初心、牢记使命”主题教育专题学习会。县委书记韩长发主持会议。

19 日 安图县委常委班子召开“不忘初心、牢记使命”主题教育读书班集体学习会，县委书记韩长发主持会议。

Δ 安图县召开秋季森林草原防火工作部署会议，中共安图县委常委、县人民政府副县长朴龙云参加会议。

20 日 安图县“不忘初心、牢记使命”主题教育专题辅导讲座会在县文化中心举办。县领导韩长发、马云骧、吴星臣、刘志良参加讲座会。

23 日 安图县委常委班子主题教育读书班到新合乡、二道白河镇组织开展革命传统教育活动。

24日　安图县级领导“不忘初心、牢记使命”主题教育读书班召开总结会。中共安图县委书记韩长发主持会议，中共吉林省委第四巡回指导组、中共延边州委指导组成员，县长马云骥、县人大常委会主任吴星臣、县政协主席刘志良参加会议。

Δ 安图县人民政府副县长、县公安局局长金虎哲走访慰问困难退役军人。

Δ 延边州市监局局长王秋菊到延边康喜乐嘉餐饮管理有限公司安图分公司调研集体用餐配送工作。

26日　安图县委书记韩长发到九龙社区调研城市社区“不忘初心、牢记使命”主题教育开展情况。

27日　延边州委常委、组织部部长王雪峰到安图县调研脱贫攻坚包保帮扶、贯彻落实全州村级党组织建设推进会精神及“早见效、稳增长”等工作。安图县人民政府县长马云骥，中共安图县委常委、组织部部长张伟利，中共安图经济开发区党工委书记、管委会主任王燕彤陪同调研。

Δ 安图县委书记韩长发主持召开县委2019年第27次常委会议。

30日　安图县在烈士陵园举行公祭仪式。中共安图县委副书记、县人民政府县长马云骥主持仪式。县领导韩长发、刘志良、朴君峰、刘振忠、李云、张伟利、金东源参加仪式。

10月

1日　安图县在县体育场举行升国旗仪式，庆祝中华人民共和国成立70周年。中共安图县委书记韩长发，县人民政府县长马云骥，县政协主席刘志良，在家的副县级以上领导、退休副县级以上领导及社会各界代表等2000余人参加仪式。县委常委、宣传部部长金东源主持仪式。

2日　安图县举办2019年吉林·安图“四山一湖”越野挑战赛。县委常委、宣传部部长金东源，县政协副主席王宇平和延边州体育局局长金松天参加开幕式。

8日　安图县召开脱贫摘帽“万人誓师大会”暨驻村干部党委第十一次全体（扩大）会议。在主会场县文化中心，县领导韩长发、马云骥、朴君峰、白恒刚、张伟利、金东源、孙元光在主席台前就座。县长、驻村干部党委副书记马云骥主持会议。县领导刘志良、刘振忠、朴龙云、尹东杰、李云，以及在家的副县级以上领导、各乡镇党政主要负责人、县直各部门及驻中省州直部门主要负责人、贫困村第一书记和非贫困村工作队队长参加大会。

Δ 安图县召开“不忘初心、牢记使命”主题教育工作培训会。

8—9日　延边老年书画研究会2019年工作会在安图县召开。县委书记韩长发出席会议并讲话，县人大常委会副主任于英志出席会议。

9日　安图县人民政府县长马云骥主持召开县政府第36次常务会议。

Δ 为深入贯彻落实中央、省、州、县委关于“不忘初心、牢记使命”主题教育的安排部署，安图县人民政府县长马云骥为政府办全体党员讲授“不忘初心、牢记使命”专题党课。县委常委、常务副县长刘振忠，县委常委、副县长朴龙云，副县长姜辉参加活动。

10日　安图县委书记韩长发主持召开县委2019年第28次常委会议暨扫黑除恶专项斗争专题常委会议。

Δ 安图县委书记韩长发主持召开县委2019年第29次常委会议。

Δ 安图县委书记韩长发主持召开中共安图县委审计委员会第一次会议。

11日　安图县委常委、县人民政府常务副县长刘振忠到县集中供热公司检查2019年冬季全县集中供热准备情况。

15日　安图县委书记韩长发到县政务数字局调研。

Δ安图县委常委、宣传部部长金东源以“不忘初心使命，凝聚干事创业磅礴力量”为主题，为石门镇党员干部讲党课，全镇党员干部、站办所长及驻村第一书记、工作队队长40余人参加会议。

16日　安图县第十八届人大常委会召开第二十三次会议。县人大常委会主任吴星臣，副主任于英志、金哲虎、李长男、张学杰出席会议，县委常委、常务副县长刘振忠，县人民法院院长金光锡，县检察院检察长裴勇参加会议。

Δ农业银行·安图县银企对接会在县政府召开，21家有资金需求的企业提出融资贷款意向。县人民政府县长马云骥就加强银企对接提出要求，副县长董振国主持会议。省、州农业银行相关部门负责人参加对接会。

Δ安图县政协召开2019年政协提案公开答复会。县政协副主席黄明镇参加答复会。

Δ安图县人大常委会召开第13次主任会议。县人大常委会主任吴星臣，县人大常委会副主任于英志、金哲虎、李长男、张学杰出席会议，副县长孙元光参加会议。

17日　安图县委书记韩长发以普通党员身份，参加所在的县委办公室党支部“不忘初心、牢记使命”主题教育研讨交流会。

Δ安图县举行青年攻坚队助力脱贫系列活动启动仪式。县委常委、统战部部长李云，县人大常委会副主任金哲虎，县政协副主席黄明镇参加活动。

17—22日　延边州政协主席韩兴海到安图县视察推进项目建设高质量发展情况。延边州政协副主席黄龙锡、李忠文、冯德远、宋树青及全州8个市县政协负责人参加视察。县领导马云骥、王燕彤、丁秀龙、黄明镇、王宇平、金明花陪同视察。县政协主席刘志良随团视察。

18日　安图县青年人才学院举办秋季开学仪式暨青年人才学院县域发展领导论坛，县人民政府县长马云骥出席论坛并为学员们讲开学第一课，县委常委、组织部部长张伟利主持论坛。

Δ安图县召开省级双拥模范县考核部署会，县人民政府副县长、县公安局局长金虎哲参加会议。

21日　安图县委理论学习中心组召开爱国主义教育学习研讨会。县委书记韩长发主持会议。

21—22日　安图县委常委、县人民政府副县长余磊，县人大常委会副主任金哲虎，县人民政府副县长姜辉、县政协副主席金明花带领县全域旅游发展调研组调研安图县部分旅游项目。

22日　按照“不忘初心、牢记使命”主题教育安排，中共安图县委书记韩长发到县第二实验小学调研教育工作。

23日　吉林省民委副主任图门带领慰问组一行26人到石门镇镜城村走访慰问。延边州民委副主任朱文才陪同慰问。

Δ吉林省人民政府教育督导检查组到安图县督导幼儿园办园工作，县人民政府副县长姜辉参加督导工作会。

Δ安图县举办脱贫巾帼攻坚队授旗仪式暨巾帼宣誓大会。县委常委、统战部部长李云，县人大常委会副主任金哲虎，县政协副主席金明花参加会议。

24日　安图县委书记韩长发主持召开县委2019年第30次常委会议。

Δ安图县委书记、县脱贫攻坚领导小组组长韩长发主持召开县脱贫攻坚领导小组2019年第11次工作例会。

25日　安图县召开“不忘初心、牢记使命”主题教育专题党课。中共安图县委书记韩长发以“学习贯彻党的十九大精神推动全县党员干部悟初心、守初心、践初心”为题讲党课。中共延边州委第四指导组组长朱哲洙、副组长佟志忠参加党课学习。县委副书记朴君峰主持会议。

Δ安图县委副书记朴君峰在县委四楼会议室

讲“不忘初心、牢记使命”主题教育专题党课。

Δ 安图县科学技术协会第七次代表大会在县文化中心召开。州科协党组书记、主席俞龙男，县委副书记朴君峰出席会议并讲话。县领导尹东杰、袁广金、李云、金哲虎、董振国、金明花出席大会。

27日 安图县长兴水利枢纽工程（枢组部分）开工奠基仪式在工程建设地举行。中共延边州委常委、州人民政府副州长毛光升，中共安图县委书记韩长发，县委常委、县人民政府副县长朴龙云出席奠基仪式。

28日 “不忘初心、牢记使命”主题教育县级领导与同心圆“双联”组织各界代表人士晚茶暖心·夜谈在明月镇龙泉村举行。县委书记韩长发，县委副书记、同心圆顾问团团长朴君峰，中央政策研究室机关服务中心主任、同心圆顾问王平堂参加座谈。县委常委、统战部部长李云主持座谈会。会上举行同心圆社会扶贫创新实践基地众筹资金委托经营签约仪式。总会会长李刚分别与延边德康生物技术有限公司、安图县恒源蒲公英生产专业合作社、安图县亮兵镇新胜农产品加工有限公司、安图欣龙川实业有限公司、汇财生态牧业有限公司负责人进行签约。

31日 安图县委书记、县委主题教育领导小组组长韩长发主持召开县委主题教育领导小组第二次会议暨专项整治工作推进会。

11月

2日 安图县委书记韩长发、县人民政府县长马云骥带队到3个乡镇各随机抽取1—2个行政村，针对脱贫攻坚退出指标完成情况等内容召开游走现场会。

4日 安图县人民政府县长马云骥主持召开县政府党组班子“对照党章党规找差距”专题会议。

6日 安图县人民政府县长马云骥到县市场监督管理局调研“不忘初心、牢记使命”主题教育开展情况。

8日 安图县委书记韩长发主持召开县委2019年第31次常委会议。

Δ 安图县委书记韩长发主持召开第十五届县委常委扩大会议。

Δ 安图县举行职教中心服务类专业实训基地建设项目签约仪式。县人民政府县长马云骥出席签约仪式并致辞，副县长姜辉代表县政府与浙江康熙乐嘉股份有限公司签约。

11日 安图县委书记韩长发主持召开县委常委班子“不忘初心、牢记使命”主题教育调研成果交流会。

15日 安图县委书记、县脱贫攻坚领导小组组长韩长发主持召开县脱贫攻坚领导小组2019年第12次工作例会。

23日 安图县人民政府与医居（北京）科技有限公司在北京签订健康扶贫退役军人医养共建协议，为全县贫困人员及退役军人到京就医提供帮助与服务。安图县人民政府县长马云骥、副县长姜辉，医居（北京）科技有限公司总经理周若愚，联合创始人付邦保、朱涛参加签约授牌仪式。

26日 安图县委书记韩长发主持召开县委2019年第33次常委会议暨扫黑除恶专项斗争专题常委会议。

26—28日 中央全面深化改革委员会办公室分管日常工作副主任，国家发展和改革委员会副主任、党组副书记穆虹到安图县督导定点扶贫相关工作。

27日 吉林省委书记巴音朝鲁到延边州安图县调研指导脱贫攻坚工作。

12月

6日 安图县委书记韩长发主持召开县委

2019 年第 34 次常委会议。

Δ 安图县委书记韩长发主持召开县委全面依法治县委员会第一次会议。

Δ 安图县人民政府县长马云骥主持召开县政府第 38 次常务会议。

9 日　安图县脱贫攻坚领导小组召开 2019 年第 13 次（扩大）会议。中共安图县委书记、县脱贫攻坚领导小组组长韩长发作讲话。

13 日　安图县十八届人大常委会召开第 24 次会议，县人大常委会主任吴星臣，副主任于英志、金哲虎、李长男、张学杰出席会议，县人民政府副县长董振国、县人民法院院长金光锡、县人民检察院检察长裴勇列席会议。

16 日　政协安图县第十三届委员会第四次会议在县文化中心召开。县领导韩长发、马云骥、吴星臣、刘志良、黄明镇、王宇平、金明花、朴君峰、白恒刚、朴龙云等参加会议。

17 日　安图县第十八届人民代表大会第四次会议在县文化中心召开。县领导韩长发、马云骥、吴星臣、刘志良、黄明镇、于英志、金哲虎、李长男、张学杰、白恒刚、朴龙云、尹东杰等参加会议。

18 日　安图县委书记、县脱贫攻坚领导小组组长韩长发主持召开县脱贫攻坚领导小组 2019 年第 14 次工作例会。

22 日　安图县辖区内发生一起交通事故。到包保村开展扶贫帮扶工作返程的安图县文广旅局局长杨松峰、副局长卢昌范、局办公室主任董东在事故中遇难。

24 日　安图县委、县人民政府在县体育馆举行“扶贫帮扶模范干部”杨松峰、卢昌范、董东三位同志追悼大会，1500 余名机关干部、社会各界群众挥泪送别。

28 日　国务院下发《关于同意吉林双目峰公路口岸对外开放的批复》（国函〔2019〕144 号），同意双目峰公路口岸对外开放。

（李丽群　曹海亮）

安图概览

地理环境

【位置疆域】 安图县位于吉林省延边朝鲜族自治州西南部，长白山北麓，地处北纬42°01′—43°24′，东经127°48′—129°11′。东部以甑峰岭、同林岭山脊为界，分别与和龙市、龙井市相接；南部以长白山天池及双目峰脊为界，与朝鲜民主主义人民共和国山水相连，国境线长36.7千米；西部以头岔河、错草顶子、西部土顶子、东土顶子山脊为界，与白山市抚松县毗邻；北部以牡丹岭、哈尔巴岭山脊为界，与敦化市接壤。东西最宽处由新合乡庙岭（峰）至石门镇仲坪村东界90千米，南北最长处由新合乡牛心顶子至双目峰123千米。南北狭长，呈不规则状。面积7444平方千米，占延边朝鲜族自治州面积的17.4%，为吉林省面积的4%。

（县民政局）

【地势地貌】 “中华十大名山”之一的长白山坐落在安图县境内，其主峰为中国东北海拔最高处，是喷口最大的火山体，具有独特的火山地貌，构成中国乃至亚欧大陆北半部极具代表性的“温带极地”山地自然综合体，平均海拔800米以上。先后被联合国教科文组织和世界自然基金会列入全球“人与生态圈保护网”及全球40个自然保护区之一。

地层。安图大地是经漫长的地质演化而形成的。在太古代、元古代，县境为汪洋大海，火山活动频繁，形成较厚的碎屑岩和海底基性火山岩沉积。在元古代晚期至古生代末期，经数次造陆运动，地壳逐渐抬升，形成陆地。湖相沉积较薄，岩层稳定，构造和岩浆活动较微弱。在中生代和新生代，地壳断裂发育，岩浆多期侵入，火山活动强烈，喷出大量玄武岩，是长白山形成与发育时期。

侵入岩。从太古代、古生代、中生代直至近代，县境均有岩浆活动的产物，其中太古代岩浆已转化为变质岩，新生代喷出岩是构成地层的主要部分。古生代以后的岩浆活动，构成大面积的花岗岩类，分别属于华力西晚期和燕山早期。

构造。县境地质构造较为复杂，主要有古洞河断裂带、北西向构造带、东西向构造带、华夏式构造体系、新华夏构造体系等。

长白山主体的形成。长白山主体是自新第三纪以来，在地壳间歇性抬升和多次火山喷发过程中逐渐形成的。后火山口积水成湖，称“长白山天池”。主峰周围，也形成数以百计的小火山锥体。

火山地貌。主要有长白山中心火山锥体、山麓倾斜熔岩高原、长白山熔岩台地、寄生火山群等。

流水地貌。山地为县境主要地貌类型，面积49.11万公顷，占全县总面积的66%，山岭山脉绵延起伏。哈尔巴岭，位于县北部，为安图县与敦化市的界山，是牡丹江上游与布尔哈通河源头段分水岭。北起哈尔巴山，西至明月镇的福成村附近。山体由花岗岩组成，东北转西南走向，长51.2千米，宽10千米，海拔800—1200米。在县境有同林岭山、北大顶子山、福成山3条支脉。英额岭，位于县境东北部，西起荒沟岭隘口接牡丹岭，东至龙井市龙门镇附近，为石门镇、明月镇与龙门镇及天宝山镇的界山。西北转东南走向，长15千米，宽9—14千米，海拔600—1000米，山体由花岗岩、古生界变质岩组成。牡丹岭，东段位于县境北部，为安图县与敦化市界山，是牡丹江上游与富尔河、古洞河分水岭。东起荒沟岭隘口，西至石人沟，西北转东南走向，长144千米，宽34—54千米，海拔1000米，山体由花岗岩组成。荒沟岭，地处县境中偏北部，为明月镇与新合乡的界山。北接主脉牡丹岭，南至英额岭、甑峰岭结合部，是福兴河与古洞河的分水岭。西北转东南走向，长27千米，宽2千米，海拔600—700米，山体由花岗岩组成。甑峰岭，北起明月镇东胜村附近，与英额岭隔沟相连，被称为“夫妻山”。南接长白山，为安图县与和龙市界山，是五道白河与红旗河的分水岭。南北转东北走向，呈蛇形。长144千米，宽30—40千米，海拔800—1500米，山体由花岗岩组成，上覆玄武岩，山顶平坦，坡度一般为15°。在县境有湾沟大顶子山、北大旺山、秫秸垛山、大砬子山4条支脉。

盆地。两江盆地，位于两江镇中部，呈蓓蕾状。长4.75千米，宽0.9—3.5千米。大部为农田，局部水土流失严重。松江盆地，位于松江镇北部。近似椭圆形。长15.75千米，宽2.9—5.5千米。大部为农田，局部水土流失严重。

谷地。分布于古洞河、布尔哈通河及其支流沿岸，面积2495公顷。布尔哈通河谷地，位于县东北部，呈带状，南起榆树川，北至南沟。全长44千米，宽2千米，是县人口密集区和产粮区。长兴河谷地，位于长兴乡沿岸，呈带状，长24.5千米，宽0.25—3.5千米，是人口聚居区和产粮区。大沙河盆地，位于长兴乡，呈带状，长23千米，宽0.15—0.9千米，地势平坦，局部有沼泽地。古洞河谷地，位于万宝镇东南部，呈带状，长13千米，宽1.2—2.9千米，地势平坦，局部为沼泽地，为县产粮区之一。福兴河谷地，位于福兴河沿岸，呈带状，长22.9千米，宽0.1—3.6千米，为县产粮区之一。明月湖（安图水库）坐落在谷地东北方。

冰川冰缘地貌。主要分布在长白山火山锥体海拔1700米以上地段，长白山自然保护区内。冰川地貌有冰缘岩柱、岩屑坡、倒石堆、山上阶地、雪融槽谷、石海、石川、石带、雪融岩龛、融冻泥流阶地、多边形土与小草丘，以及与冰缘地貌相关的泥石流和石垄等。

地貌分区。主要有北部中起伏低山区（荒沟岭以北明月镇、石门镇、亮兵镇），中西部小起伏低山区（荒沟岭以南新合乡、万宝镇、永庆乡、松江镇、两江镇），东南部中山区（二道镇、白河林业局）。

中西部小起伏低山区。位于县中西部，主要地貌类型有牡丹岭及其支脉、甑峰岭支脉、古洞河谷地、大沙河谷地、松江盆地、两江盆地、长白山熔岩台地等。北起荒沟岭，南至白山保护站一带，南北长100千米，东南宽40千米。面积约3190平方千米，包括新合乡、万宝镇、两江镇、永庆乡、小沙河乡及松江镇、二道镇、三道乡大部分，占全县面积的42.9%。区域东、南、北三面地势高，西南低，江河汇流于两江。境内低山连绵，走向北西，海拔600—800米，相对高度200—400米。山体大部由燕山早期和华力西晚期花岗岩构成，在永庆、小沙河一带有侏罗系沉积。山势北部较陡，南部较缓，一般在6°—20°。河谷多沿断裂形成，谷中残存阶地，常有谷地及小盆地。土层较厚，多为灰棕壤及白浆土。植被较完好，由次生阔叶林及针阔混交林构成，为安图园参主要产区。

（县工信局）

【气候概况】 安图县2019年总的气候特点是：气温偏高、降水正常、日照偏多。年平均气温为5.4℃，比历年同期4.3℃高1.1℃。年极端最高气温34.3℃（出现在5月25日），年极端最低气温-25.6℃（出现在12月27日）。年降水量为667毫米，比历年同期653.5毫米多13.5毫米。年日照时数2797.3小时，比历年同期2194.1小时多603.2小时。年日照百分率为63%，与历年同期50%相比多13%。年内出现大风天气10天。年度最大冻土深度1090毫米。本年度终霜日期4月7日，初霜日期10月6日，无霜期为181天。

（县气象局）

【水文概况】 安图水资源充沛，长白山天池是松花江、图们江、鸭绿江三江之源，全县有大小河流88条，河流总长1800多千米，年径流量40多亿立方米，水能理论蕴藏量28.6万千瓦。借助丰富的水资源，安图水电产业发展较快，是全国25个发展水利经济先进县（市）之一，在全国首批100个农村电气化试点县中位居前列。

（县水利局）

自然资源

【水资源】 2019年，全年总用水量为6062.78万立方米。其中，地表水量为4690.47万立方米，占总用水77.36%；地下水量为1372.31万立方米，占总用水量的22.64%。工业用水量为645.38万立方米；生活用水量为755.08万立方米；公共用水量为300.6万立方米；农业用水量为4331.73万立方米；生态用水量为30万立方米。同时执行最严格水资源管理制度，收缴水资源费106万元。

（县水利局）

【土地资源】 全县土地总面积74.34万公顷，包括8个一级地类、28个二级地类。全县耕地总面积5.94万公顷，占全县土地总面积的7.99%；园地总面积0.16万公顷，占全县土地总面积的0.22%；林地总面积64.77万公顷，占全县土地总面积的87.13%；草地总面积0.76万公顷，占全县土地总面积的1.02%；城镇村及工矿用地总面积0.77万公顷，占全县土地总面积的1.04%；交通运输用地总面积0.53万公顷，占全县土地总面积的0.71%；水域及水利设施用地总面积0.71万公顷，占全县土地总面积的0.95%；其他土地总面积0.70万公顷，占全县土地总面积的0.94%。

（县自然资源局）

【矿产资源】 安图县已发现矿产53种，其中能源矿产4种（煤、油、地热、油页岩）、金属矿产17种（如金、铁、钼、锑、铜、钒、铅等）、非金属矿产30种（如伊利石、石墨、石灰岩、浮石、大理石、泥炭、陶粒页岩、硅石、钾长石等），水气矿产2种（矿泉水、地下水）。其中，金矿已探明储量6吨；钼矿已探明储量124397.35吨；铁矿已探明储量17995.41吨；伊利石已探明储量255320吨；矿泉水日涌水量15.3万吨，以上金属和矿泉水都可开发利用。金矿远景储量8吨；钼矿远景储量30万吨；铁矿远景储量5亿吨；锑矿远景储量4000万吨（矿石量）。截至2019年，拥有探矿权28个。其中矿泉水14个、铁2个、金6个、钼3个、锑1个、石墨1个、松花石1个。采矿权44个。其中矿泉水7个、钼2个、铁5个、金5个、伊利石1个、非金属类矿种24个。

（县自然资源局）

【林地、林木资源】 安图县境内分布着白河、八家子、和龙、大石头林业局和安图森林经营局等5个森工企业局。县林业局经营总面积17.05万公顷，其中林地面积10.98万公顷、非林地面积3.94万公顷。

（县林业局）

【野生动、植物资源】 安图县林区内有野生动植物资源2200多种，其中药用植物800多种，野生动物500多种，山野菜、食用菌上百种。

（县林业局）

【草原资源】 草原面积64.99万公顷，个人经营性承包草地6264.7公顷。其中高山冻土苔原类2318公顷，占草原面积的0.36%；林下草地59.99万公顷，占92.29%；灌丛草地1.25万公顷，占1.92%；草甸草地2.81万公顷，占4.33%；沼泽草地3263.13公顷，占0.5%；零星小片草场3835.47公顷，占0.59%；人工草场36公顷，占0.01%。

（县畜牧局）

地方物产

【安图蒲公英】 蒲公英别名婆婆丁，在乡间也叫布谷英，是菊科多年生草本植物。安图蒲公英由于生长在长白山腹地，该地域独特自然因素和人文因素使其具有特定的质量和其他特征，并享有较高声誉。“安图蒲公英”植物体中含有蒲公英醇、蒲公英素、胆碱、有机酸、菊糖等多种成分，具有利尿、缓泻、退黄疸、利胆等功效；“安图蒲公英”根部可做药材或作为药茶用；另其植物体含有的蛋白质、脂肪、碳水化合物、微量元素及维生素，对人体还有丰富的营养价值。人们可将其作为蔬菜生吃、炒食、做汤。安图蒲公英是药食兼用的植物。蒲公英野生状况下生长于山坡、草地、农田、路旁等处，因形不成规模，产量不高，不能获得较高的经济效益。20世纪50年代，安图县内农村开始有部分家庭将野外采集到的蒲公英种子种在自留地上开始小规模发展蒲公英种植。1987年原福兴乡（现为明月镇）龙林村，种植蒲公英农户占全村总户数的80%，种植面积5公顷。全县各村屯也纷纷在田间盖或扣制蔬菜大棚、暖棚，在棚里种植蒲公英，实现一年四季均有安图蒲公英商品销售。冬季和春季以蔬菜的形式上市，价格最高时每千克54元。

（县农业农村局）

【安图蒲公英茶】 2003年，新合乡恒源蒲公英生产专业合作社利用蒲公英根、叶经过加工，制作出安图蒲公英茶。因安图蒲公英特定质量，使安图蒲公英茶具有抗病毒，抗菌消炎，清热解毒，消肿散结，利尿通淋，提高机体免疫力等功效，并得到群众认可。随着安图蒲公英商品市场流通渠道的拓宽，全县种植蒲公英的农户和土地面积逐年增加和扩大，形成农户+合作社+公司产供销“一条龙”发展模式。

（县农业农村局）

【安图蓝莓】 安图县属大陆性季风气候，年平均气温南部为2.2℃，北部为3.6℃；无霜期南部为95—110天，北部为120—130天；年平均降水量南部为669.7毫米，北部为594.7毫米。日照数为1077.6小时，平均海拔800米。又处于火山地貌区，土地类型多样，土壤资源丰富，且多为草炭土，呈微酸，有机质含量2.84%—10.89%，pH值4.57—6.9。县域特点植物生长期短，气候冷凉，雨量充沛，日照较足，昼夜温差大，适合“安图蓝莓”小浆果生长。全县野生蓝莓面积约7000公顷，年产量3亿—10亿千克。“安图蓝莓”主要有高丛蓝莓、矮丛蓝莓和兔眼蓝莓。果实蓝色，果肉细腻，种子极小，甜酸适口，有清爽宜人的香气，可抵御-50℃严寒，以绿色天然、无污染而著称。每100克蓝莓果肉中含蛋白质0.5克，脂肪0.1克，碳水化合物12.9克，钙8毫克，铁0.2毫克，磷9毫克，钠1毫克，锌0.26毫克，硒0.1毫克，维生素A 9毫克，维生素C 9毫克，维生素E1.7毫克，以及丰富的果胶物质、SOD、黄酮等成分。1965年，在新合乡大桥村一带进行野生蓝莓人工驯化栽培。1988年在吉林农业大学的帮助下，从美国明尼苏达州引进12个优良品种，进而大面积种植蓝莓。从2008年30公顷蓝莓种植基地扩大到2011年的140公顷。20世纪80年代初，安图县山珍酒厂生产的蓝莓酒荣获全国酒类大奖赛银质奖，2010年安图蓝莓参加“上海世博会吉林周”活动。2011年7月5日，包括安图县行政区域在内的“长白山蓝莓”被国家市场监督管理总局批准为地理标志保护产品。立地条件要求：坡度＜10°，土壤pH值4.0—5.5，有机质含量≥5%，土壤质地为壤土或沙壤土；每年7月末至8月中旬果实完全成熟后方可采摘，鲜食用果采用人工采收，加工用果可用机械采收，采收当日要装箱入库冷藏。

（县农业农村局）

【安图蓝莓酒】 安图蓝莓酒又称“安图越橘酒”。其采用安图县行政区域内的高丛蓝莓、矮丛蓝莓和兔眼蓝莓或其蓝莓汁即“安图蓝莓”为原料，经全部或部分发酵酿制而成的发酵酒。安图蓝莓酒色呈紫红、深红、宝石红、澄清，无明显悬浮物，具有纯正、优雅、怡悦、和谐的安图蓝莓香及酒香，品质独特。20世纪80年代初，安图县长白山山珍酒厂酿制安图蓝莓酒因具有特定品质且风味独特，被评为吉林省优质产品，荣获全国酒类大奖赛银质奖。2010年，安图蓝莓酒参加“上海世博会吉林周”活动。

（县农业农村局）

【安图大米】 安图县地处吉林省延边朝鲜族自治州的西南部，属温带季风气候，由南向北气温逐步升高，降水逐步减少。横亘中北部的荒沟岭为县内天然地舆分界线，显著地将安图县分成两个天气区，年均气温南部松江地区为2.2℃，北部明月地区为3.6℃；全县无霜期平均为110天；年均降水量为669.7毫米。是典型的高寒山区，长白山主峰坐落在县内，安图县域生态环境良好，自然资源丰富；全县林地面积为64万公顷，占全县总面积的87%，森林覆盖率85.1%，富含天然高氧离子；水资源极其丰富，大小河流88条，河流总长1800多千米，年径流量40多亿立方米，四季长流，严寒不冻。安图大米因其独特的土壤和气候条件，使其具有了独特的营养品质。氨基酸、维生素及钙镁硒等矿物质含量均高于普通大米。米粒晶莹剔透如玉、油亮溢香、质重如砂、颗粒饱满坚硬、煮后浆汁如乳、色泽清白透亮，饭味清香适口，营养丰富。自古以来，安图大米产区高寿老人较多。安图稻米远在古渤海时期已有种植，现石门镇、明月镇地区即渤海国卢州治所，“卢州之稻”享有盛名。成为向唐朝宫廷进贡的主要物品。自1957年中国水稻专家柳昌银在安图县万宝镇培育出“万宝6号”“万宝11号”等优良品种，使安图大米的质量和产量有突飞猛进提高。

（县农业农村局）

【安图林蛙】 “安图”属于长白山区，县内山峰叠嶂，河流交错纵横，森林资源分布广泛。地势山高坡陡、森林密布、水源充足、水质好、无污染、空气好等是最适宜林蛙生存和生长的自然环境条件。据民国17年（1928）《安图县志》载：“蛤蟆，俗呼水鸡，亦称田鸡，顶际有鳞三片，春生水中，夏处草叶，食之鲜美。”安图林蛙因味道鲜美、营养丰富，在明、清两代已成为贡品。特别在清代，每年由吉林乌拉打牲衙门摊派各地捕捉后，上贡至清朝廷。优越的长白山气候条件，使安图林蛙肉质细嫩，鲜美可口、营养丰富。安图林蛙属于长白山亚种，虽然个体中等，但林蛙油含量最高，从雌性体内提取的林蛙油具有润肺养阴、补肾益精、补脑益智、提高人体免疫能力、美容养颜、抗衰老等独特功效。安图林蛙油中含蛋白质56.3%，脂肪3.5%，矿物质元素4.7%，无氮有机物27.5%，含人体必需18种氨基酸和多种微量元素，还含有促进人体增高的甲状腺素，提高人体性功能的睾酮、雌酮等4种激素。

（县林业局）

【安图人参】 从明永乐元年（1403）置建州卫算起，安图人参栽培历史至今有600余年。至清康熙元年（1662），安图县境松江、万宝、新合等地已有农民将采挖后的山参小苗移植在林下，待长大后再采挖。光绪三十年（1904）在安图县松江三道地区，出现专业栽植园参的参园子，有“尹家营”“宫家营”等。至安图设治时，安图人参产业已初具规模，全县域内约有几十家棒槌营。所产安图人参名扬四海。安图还是中国北药基地县，2002年被确定为人参原产地保护地域，是吉林省15个人参主产县之一。经过发展，安图人参已成为农民增收致富的支柱产业。

（县农业农村局）

【安图黑木耳】 安图县独特的地理生态环境和先进的栽培技术，使安图黑木耳具有其独特的品质。安图黑木耳，生于柞等阔叶树的腐木上，以子实体入药，但多以食用，是民间喜食的菌类之一。安图黑木耳子实体中含蛋白质、脂肪、粗纤维，多种氨基酸和多种矿物质，性味甘、平。具有凉血、止血、补气血、润肺等功效。用于治肠风，血痢、血淋、崩漏痔疮，气虚血亏，四肢抽弱，肺虚咳嗽，咯血吐血，衄血，寒湿性腰痛，毒菌中毒，疮口不收等症。安图县食用木耳历史悠久，据《安图县志》（民国版）：“一名木蛾，李时珍曰，木耳生于朽木，无枝无叶，乃湿热余气所生……”明朝即食此物，流传至今。安图使用和栽培木耳历史悠久，设治前即有“姜家营”“于家营”等数座“菜营”分布在境内长白山下深山老林中。他们在冬季将柞树砍到任其腐朽自然生长出黑菜（木耳），采摘晒干后运往“船厂”（吉林市）、营口等地销售。《延边农业科学技术发展史》（延边人民出版社）所载，1972年，州土产公司在安图县推广人工栽培黑木耳技术。1977年，安图县成为全国黑木耳生产基地县。成为全东北第一个黑木耳人工栽培商品化地区。安图县年种植黑木耳1.6亿袋，产量680万千克，产值4.8亿元。成为2012年、2013年国家食用菌产业技术体系实验示范基地。

（县农业农村局）

【安图蜂蜜】 安图县是椴树蜜的主产区，全县成片椴树林达5.4万公顷，居全国首位，有180多种蜜源植物。安图出产的蜂蜜，有椴树蜜、杂花蜜等品种。其中，安图椴树蜜是森林蜜中的极品蜜。椴树是一种落叶乔木，主要分布在长白山地区，受特殊气候与环境影响，巢蜜每年只能采收一次。椴树蜜中果糖、葡萄糖、氨基酸和维生素等各种微量元素含量丰富。椴树蜜色泽呈淡黄色，在温度适宜的条件下会出现结晶现象，结晶后的椴树巢蜜洁白细腻，味道甜润，有养胃补虚、止咳解毒、润喉、通便之功效。安图县依托养蜂资源优势和“中国蜜蜂之乡”品牌，不断发展壮大蜜蜂养殖和蜂蜜加工产业。

（县畜牧兽医总站）

【安图香瓜】 民国《安图县志》、刘建封撰《长白山江岗志略》等典籍中都有关于“香瓜”“甜瓜”的记载。尤其是老安图“娘娘库河”两岸沙土地种植的香瓜更是甜瓜中的极品，因之得名“安图香瓜”。安图地处冷凉气候区，适宜晚季节香瓜种植。2005年，成立香瓜专业协会。2007年，成立香瓜专业合作社。2007年末，松江镇瓜农发展到510户，香瓜种植面积500公顷，产品远销到长春、沈阳、北京等地。

（县供销合作联社）

【安图辣椒】 安图县土壤以山地棕色森林土为主，富含腐殖质及各种微量元素，pH值在4.8左右，呈微酸性，土层深厚，利于农作物生长。因朝鲜族喜食辣椒，故安图县有着多年栽培辣椒的历史。据民国《安图县志》载：“秦椒，一名辣椒。生青热红……”自朝鲜移民大量迁入安图县后，安图辣椒让全县人民“顿顿之食每物必秦椒”，且以辣椒为原材料或佐料，可做多种美味佳肴。

（县供销合作联社）

【安图手拍粉丝】安图县马铃薯栽培历史可追溯到清末。民国17年（1928），种植土豆990公顷。新中国成立初，种植1173公顷。安图手拍粉丝生产有近百年历史。以传统工艺生产的马铃薯手拍粉丝，筋道、透明、耐煮，深受消费者喜欢。近年来，安图县通过发展手拍粉丝专业合作社，对马铃薯进行深加工，初步形成加工带基地的产业化发展模式，马铃薯种植面积稳定在500余公顷左右。合作社负责马铃薯的种薯购进、防病治病、土肥水管理、粉丝加工等技术、产品销售等一条龙服务。

（县供销合作联社）

人口民族

【人　口】截至2019年末，全县户籍总人口195086人，比2018年末减少2393人。其中城镇人口115691人，占总人口的59.3%；乡村人口79395人，占总人口的40.7%。人口出生率6.50‰，死亡率7.94‰，自然增长率-1.44‰。

【民　族】2019年，安图境内主要居住汉族、朝鲜族、满族、回族等民族。其中汉族户籍人口152529人，占总人口的78.2%，比2018年减少1740人；朝鲜族户籍人口34958人，占总人口的17.9%，比2018年减少624人；满族户籍人口6476人，占总人口的3.3%，比2018年减少24人。

（县统计局）

行政区划

【行政区划概况】安图县辖明月、松江、二道白河、两江、万宝、亮兵、石门7个镇和永庆、新合2个乡，180个行政村，13个城乡社区。

（县民政局）

【区划地名】结合全国第二次地名普查成果，完成《安图县地名志》印刷出版工作。2019年6月，经中共吉林省委、吉林省人民政府批准，同意调整县城所在地明月镇现行区划，设立九龙、瓮声和长兴3个街道办事处，计划在2020年底前完成街道设立和行政区划调整工作。按照《吉林省第四轮县级行政区域界线联检工作实施方案》，安图县民政局与毗邻的延吉、敦化、龙井、和龙4个县市民政局联合开展县级行政区域界线联检工作。实地踏查16个界桩，补设丢失损坏界桩。完成第四轮县级行政区域界线联检工作。在城区内更换具有民族特色新式路牌20个，更换维修老式路牌31个。

（县民政局）

2019年安图县行政区划一览表

表1

类别／乡镇	驻地	辖区面积（平方千米）	总户数（户）	总人口（人）	村民委员会（个）	村民小组（个）	自然屯（个）	社区居民委员会（个）	社区居民小组（个）
明月镇	明月沟	894.98	27527	71237	45	34	75	4	143
松江镇	松江	1378.66	10517	30580	41	534	70	1	7
二道镇	二道村	1986.95	19158	47665	8	28	12	1	3
两江镇	东江村	429.06	6059	15330	12	24	19	2	36
石门镇	茶条村	322.29	2996	7934	9	42	38	1	4
万宝镇	大甸子	757.83	3347	9412	17	119	26	1	4
亮兵镇	亮兵台	331.70	2824	7789	13	48	27	1	8

续表 1

类别 乡镇	驻地	辖区面积（平方千米）	总户数（户）	总人口（人）	村民委员会（个）	村民小组（个）	自然屯（个）	社区居民委员会（个）	社区居民小组（个）
新合乡	十骑街	876.87	2184	5747	18	81	18	1	—
永庆乡	大沙河	465.85	3459	9491	17	79	22	1	—
合计		7444.19	78071	205185	180	1119	307	13	205

（县民政局）

中国共产党安图县委员会

重要会议

【十五届县委2019年第3次常委会议】 1月14日，县委书记韩长发主持召开县委2019年第3次常委会议。会议传达学习上级有关会议、文件精神；听取县人大、县政府、县政协、县法院、县检察院党组工作情况汇报。听取汇报后，韩长发要求，各班子党组要聚焦县委全会和县两会作出的各项决策部署，坚持不变思路重落实、不变频道增内容，扎扎实实地把各项工作落实到位、取得实效。要政治站位再提高。坚持党对一切工作的领导，严守政治纪律和政治规矩，重点在鼓实劲、强实干、讲实效、抓创造性落实上下功夫。要重点任务再聚焦。各党组要围绕中心服务大局，合力推动县域高质量发展的目标加快落地。要自身建设再提标。牢固树立抓好党建是最大政绩、不抓党建是失职的理念，把党的纪律和规矩执行到位，把党组织的作用发挥到位。会议还研究绩效考核有关事宜。韩长发指出，要树立实干导向。充分发挥好绩效考核的"风向标""指挥棒"作用，激励各级干部比学赶超，推动各项工作争先进位。要激发干事热情。坚持真考真奖、正考真用，充分发挥绩效奖励的正向激励作用。要发挥典型示范作用。大力宣传和挖掘在改革创新中的先进典型和好经验、好做法，切实营造创新实干、对标先进的浓厚氛围。县委常委会组成人员马云骥、朴君峰、王国彦、刘振忠、白恒刚、崔文德、尹东杰、李云、张伟利参加会议。县人大常委会主任吴星臣、县政协主席刘志良以及县政府副县长、安图经济开发区管委会主任、矿泉水保护局局长、县人民法院院长、县人民检察院检察长列席会议。

【县委常委扩大会议、2019年第5次常委会议】 2月12日，县委书记韩长发主持召开常委扩大会议、2019年第5次常委会议。在常委扩大会上，传达学习贯彻省十三届人大二次会议精神，学习贯彻省政协十二届二次会议精神。对于贯彻落实省两会精神，韩长发提出四点要求，一要高举旗帜明方向，凝心聚力打"五张牌"，做"五篇文章"，打造"五区"，突出打好"三大攻坚战"；二要攻坚拔寨求突破，大力实施"三抓""三早"行动，项目建设重在扩盘子、抓落地、促达效，产业升级重在调结构、优服务、增活力，全力扩大有效投资，激活转型发展动能；三要心系民生增福祉，下大力气解决物业管理、大棚房等问题，繁荣发展各类文化事业，牢固树立总体国家安全观，全面深入持久开展民族团结进步创建工作；四要从严治党树新风，零容忍查处违纪违法和群众身边的腐败问题，以更加奋发有为的精神状态抓好工作落实。在随后召开的2019年第5次常委会议上，会议传达学习上级有关会议、文件精神。会议传达学习《习近平扶贫论述摘编》——在中央扶贫开发工作会议上的讲话节选；传达学习贯彻习近平总书记在省部级主要领导干部专题研讨班上的重要讲话精神；传达学习贯彻习近平总书记在中央政治局第十二次集体学习时的重要讲话精神；传达学习贯彻省2019年“抓环境、抓项目、抓落实”项目建设年动员大会精神（书面）；传达学习贯彻州委常委扩大会议（2月1日）及2019年第4次常委会议精神（书面）；会议还研究安图县关于中央第八巡视组脱贫攻坚专项巡视反馈问题整改工作方案有关事宜。针对贯彻落实上级有关会议、文件精神，韩长发指出，在脱贫攻坚工作方面，要把握政策标准，凝聚攻坚合力，长效稳定脱贫，坚持物质脱贫与精神脱贫齐抓并重，为保障脱贫成效持续稳定、实现乡村振兴打牢基础、积蓄动能；在抓好防范重大风险工作方面，要强化政治担当，盯紧工作重点，提高化解能力，切实防范化解重大风险，全力保持经济持续健康发展和社会大局稳定；在推进融媒体建设工作方面，要充分认识重大意义，建强新型主流媒体，坚持正确政治方向，唱响主旋律、弘扬正能量。韩长发强调，有关部门要推动营商环境持续优化，坚持早谋划、早动作，不断开创绿色转型发展新局面；同时，要抓好整改落实工作，压实整改责任，坚决整改到位，坚持常态长效。县委常委会组成人员马云骥、朴君峰、王国彦、朴龙云、白恒刚、崔文德、尹东杰、李云、张伟利参加会议。县人大常委会主任吴星臣、县政协主席刘志良、县政府副县长、安图经济开发区主任、矿泉水保护局局长列席会议。

【县委2019年第6次常委会议】 2月22日，县委书记韩长发主持召开县委2019年第6次常委会议，传达学习上级有关会议、文件精神，研究全县机构改革有关事宜。会议学习《习近平扶贫论述摘编》——在十八届中央政治局第三十九次集体学习时的讲话（2017年2月21日）节选，传达学习省委理论学习中心组2019年第2次集体（扩大）学习会议精神、全省统战部部长会议精神，以及全州政法工作会议精神。会议还就关于设立和撤销安图县机构改革涉及部分县直部门（单位）党组有关事宜进行研究。韩长发指出，要扎实做好下一步脱贫攻坚工作，一要找准提升村班子能力的突破口；二要找准提效村级组织带动力的着力点；三要找准提质村集体经济的有效路径，为高质量稳定脱贫、防止返贫提供长远有效的解决方案。针对防范化解重大风险工作，安图县关键要抓实三个抓手，一是形势研判要到位，突出将防范经济风险和社会风险摆上重要位置抓好落实；二是重点突破要到位，紧盯2019年脱贫摘帽的核心任务，坚决打好防范风险、脱贫攻坚、环境治理“三大攻坚战”，突出“两区驱动”，突出政治建设，推动全面从严治党各项工作引向深入；三是工作责任要到位，时刻绷紧防风险这根弦，全力以赴把各项工作做到位。韩长发强调，做好新时期统战工作，一要坚守政治定力，做到同心同德、同频共振、同向通行；二要服务发展大局，发挥好社会组织在招商引资、协调内外等方面的优势；三要强化自身建设，不断开创统战工作新局面。关于政法工作，一要始终坚持党对政法工作的绝对领导；二要努力建设更高水平的平安安图；三要着力打造过硬的新时代政法队伍，全力锻造一支信念坚定、执法为民、敢于担当的政法工作队伍。针对全县机构改革工作，韩长发指出，要把好程序关、转隶关、情绪关，保证改革有序、工作不断、大局稳定。县委常委会组成人员马云骥、朴君峰、王国彦、刘振忠、白恒刚、崔文德、尹东杰、袁广金、李云、金桂花、张伟利参加会议。县人大常委会主任吴星臣、县政协主席刘志良、县政府副县长、安图经济开发区主任列席会议。

【县委2019年第7次常委会议】 3月6日上午，县委副书记、县长马云骥主持召开安图县委2019年第7次常委会议。会议传达学习贯彻《习近平扶贫论述摘编》、全国扫黑除恶专项斗争领导小组会议及全省重大涉黑案件汇报会议精神、《中国共产党党内关怀帮扶办法》文件精神、省州组织部长会议和省州老干部工作会议精神。会议还研究了其他议题。就贯彻落实总书记重要讲话精神，扎实做好脱贫攻坚工作，马云骥强调，要强化攻坚作风，调动一切力量发力攻坚，全力打牢脱贫摘帽基础；要结合整改反馈问题，对标考核指标体系，消灭问题；要充分发挥驻村党委凝心聚力作用，全力解决驻村干部后顾之忧。

对于安图县深入开展扫黑除恶专项斗争，马云骥强调，要严查严办涉黑涉恶重大案件，保持高压态势，全力扩大战果；要聚焦打击人民群众深恶痛绝的刑事犯罪和突出治安问题，持续净化社会环境。对于贯彻落实《中国共产党党内关怀帮扶办法》文件精神和老干部工作会议精神，马云骥要求，要进一步激励和提振广大党员干部干事创业精气神；创新实践工作方法，将过好党内政治生活与丰富党员活动形式紧密结合起来；要持之以恒加强组工干部队伍建设；用心做好老干部工作，为老干部颐养身心、发挥余热创造良好条件。县委常委会组成人员朴君峰、王国彦、刘振忠、朴龙云、白恒刚、张伟利、余磊参加会议。县人大常委会主任吴星臣、县政协主席刘志良、县政府副县长、安图经济开发区管委会主任列席会议。

【县委 2019 年第 8 次常委会议】 3 月 19 日，县委书记韩长发主持召开县委 2019 年第 8 次常委会议。会议传达学习贯彻全国两会精神。韩长发强调，要明晰方向抓落实，始终以贯彻落实习近平新时代中国特色社会主义思想为引领，不断提升政治定力和政治能力，确保中央的决策部署在安图落地生根。要深学细悟抓落实，牢牢把握会议精神的主题脉络，以学思悟践的自觉行动推动工作提质进位；要坚定信心抓落实，从全面推动安图经济社会高质量发展的实践中坚定信心，奋力实现决胜脱贫摘帽、步入全面小康，加快建设长白山绿色转型示范县的宏伟目标。会议传达学习《习近平扶贫论述摘编》。韩长发强调，要把好整合关，严格按照中央和省州关于扶贫资金整合使用的要求，专款专用，投向明确，绝不能挪作他用；要把好使用关，全面规范审批流程，坚决防范资金闲置风险；要把好监管关，坚持阳光操作，加强全流程监管力度，坚决防止涉农资金腐败问题出现。会议还传达学习了近期上级有关会议、文件精神。韩长发就做好相关工作做了具体部署。会议还研究了其他事项。县委常委会组成人员马云骥、朴君峰、王国彦、朴龙云、尹东杰、袁广金、李云、张伟利、余磊、金东源参加会议。县人大常委会主任吴星臣、县政协主席刘志良、县政府副县长、安图经济开发区管委会主任、矿泉水保护局局长列席会议。

【县委 2019 年第 9 次常委会议】 3 月 28 日，县委书记韩长发主持召开县委 2019 年第 9 次常委会议。会议传达学习上级有关文件、会议精神，传达学习《习近平扶贫论述摘编》——在中央扶贫开发工作会议上的讲话节选；听取全县信访工作、安全生产工作等情况汇报；会议还审议《县委常委帮扶联系整顿软弱涣散村党组织责任分工表》。韩长发强调，贯彻落实总书记讲话精神要做到“三个到位”，一是领导主抓务必到位，二是沟通衔接务必到位，三是机制建设务必到位，推动人才、资金、技术双向加速流动，为脱贫攻坚提供更大助力；对于抓好中央专项巡视反馈问题整改工作，务必把握时序节点，务必破解困点难点，务必保持精神状态；对于抓好反“四风”、反腐败工作，要做到深化思想认识，强化惩治力度，加强党性修养；对于贯彻落实全州农村工作会议精神工作，要提升“双基”基础，抓实当前工作，激发内生动力。韩长发指出，信访工作中，积案化解必须求快，工作责任必须求严，联动机制必须求实；安全生产工作要时刻绷紧安全弦，深刻汲取江苏响水“3·21”爆炸事故教训，帮扶联系整顿工作中，要领导带头、找准问题、对症下药、跟踪督导、常态长效。县委常委会组成人员马云骥、朴君峰、刘振忠、白恒刚、尹东杰、袁广金、李云、张伟利、余磊、金东源参加会议。县政协主席刘志良、县政府副县长、矿泉水保护局局长列席会议。

【县委2019年第10次常委会议暨扫黑除恶专题会议】 3月29日，县委书记韩长发主持召开县委第10次常委会议暨扫黑除恶专题会议。对于做好下一步扫黑除恶专题工作，韩长发强调四点意见。一是要提高思想认识，高站位、高标准贯彻落实中央扫黑除恶专项斗争决策部署，切实加强各级各部门狠抓落实的责任感和紧迫感。二是要压实工作责任，坚决扛起分内之责，尤其在机构调整期间，做到责任跟着机构走、工作跟着人员走。三是要标准把握到位，聚焦提升村级组织凝聚力、战斗力强化工作落实，严防漏查漏核，净化基层组织干部队伍。四是要强化宣传引导，保持全角度、高密度的宣传频次，切实将先进典型事迹宣传出去，在全社会形成全民动员、全民参与、全民知晓的浓厚斗争氛围，凝聚起共建共治共享的强大合力。县委常委会组成人员马云骥、朴君峰、刘振忠、白恒刚、尹东杰、袁广金、李云、张伟利、余磊、金东源参加会议。县政协主席刘志良、县政府副县长、矿泉水保护局局长、安图经济开发区管委会主任列席会议。

【县委2019年第11次常委会议暨扫黑除恶专题会议】 4月4日，县委书记韩长发主持召开2019年第11次常委会议暨扫黑除恶专题会议。会议传达学习贯彻习近平总书记关于扫黑除恶专项斗争重要论述精神，集体学习《吉林日报》中《掀起扫黑除恶新一轮强大攻势——论把扫黑除恶专项斗争引向深入》评论文章。会议还传达学习贯彻上级有关会议精神，通报州扫黑办《中央扫黑除恶专项斗争工作第一轮巡视督导部分工作要点》《关于3月9日至20日扫黑除恶专项斗争督导检查的通报》。就深刻领悟总书记批示精神，把扫黑除恶专项斗争引向深入，韩长发指出，务必提高站位深化认识，全县各级党员干部要坚决扛起扫黑除恶这项重大政治责任。务必领会内涵把握实质，推动扫黑除恶专项斗争引向深入、取得实效。务必深入研判鉴别黑恶，充分认清黑社会性质组织犯罪的组织、经济、行为和危害性特征，以及恶势力的具体特征和表现。就贯彻落实上级会议精神、全面做好备检迎检等工作，韩长发强调，县级领导务必亲力亲为、亲抓亲促，各级各部门“一把手”务必主动参战、狠抓落实，全力构建合力攻坚大格局。举措一定要实。坚持实事求是的原则，做到事前精细谋划、事中力求实效、事后常态长效。落实一定要准。标准一定要严。政法、公安和纪委监委、组织部门要协调联动，推动工作标准再提高、工作举措再细化、工作成效再凸显，全力保障扫黑除恶专项斗争落实落细。县委常委会组成人员马云骥、朴君峰、刘振忠、朴龙云、尹东杰、李云、张伟利、余磊、金东源参加会议。县人大常委会主任吴星臣、县政协主席刘志良、县政府副县长、安图经济开发区主任列席会议。

【县委2019年第12次常委会议暨扫黑除恶专题会议】 4月20日，县委书记韩长发主持召开2019年第12次常委会议暨扫黑除恶专题会议。会议传达学习贯彻习近平总书记关于扫黑除恶专项斗争重要讲话论述批示精神，传达学习贯彻上级有关会议精神，审议通过《安图县集中整治十大行业乱象行动方案》。韩长发就深刻领悟总书记批示精神，把扫黑除恶专项斗争引向深入指出，全县各级党员干部务必提高站位深化认识，要坚决扛起扫黑除恶这项重大政治责任。要坚持实事求是，以事实为依据，突出重点深挖彻查。就贯彻落实上级会议精神、全面做好备检迎检等工作，韩长发强调，态度一定要端正，要主动配合迎检工作，对待问题要立行立改，保证扫黑除恶常态长效。县级领导务必亲力亲为、亲抓亲促，各级各部门“一把手”务必主动参战、狠抓落实，全力构建合力攻坚大格局。政法、公安和纪委监委、组织部门要协调联动，推动工作标准再提高，保障扫黑除恶专项斗争落实落细。县委常委会组成人员马云骥、朴君峰、刘振忠、朴龙云、白恒刚、尹东杰、李云、张伟利、金东源参加会议。县政协主席刘志良、县政府副县长、县法院院长、县检察院检察长列席会议。

【县委2019年第13次常委会议】 5月7日，县委书记韩长发主持召开县委2019年第13次常委会议，要求各级各部门要破除5个顽疾，从而解决5个方面问题。会议传达学习贯彻《习近平扶贫论述摘编》——在部分省区市扶贫攻坚与“十三五”时期经济社会发展座谈会上的讲话精神节选和习近平总书记在重庆主持召开解决“两不愁、三保障”突出问题座谈会精神，及上级有关会议、文件精神。会议研究2019年东西部扶贫协作援建项目有关事宜。韩长发指出，要充分发挥组织制度优势，打造宁波产业园区；要紧盯开复工节点，确保按质量如期建成；要加强东西部协作和对口支援工作主动性，着力优化服务，吸引更多更好项目企业落户安图。会议研究经济工作有关事宜。韩长发强调，要深入学习，科学研判，牢牢把握上级有关会议、文件精神，了解形势、把握机遇、创新招法，推动经济工作提质进位；要严格落实项目联系包保责任制，紧盯项目开复工，推动重点项目早建成、早达效；要营造良好营商环境，全面提升法治、政务环境，深化“放管服”“只跑一次”改革，主动上门服务，为企业排忧解难。韩长发要求，各级各部门要切实强化狠抓落实的本领，要破除思想不解放顽疾，解决观念破冰的问题；要破除政策研究不透的顽疾，解决深度不够的问题；要破除工作标准不高的顽疾，解决不思进取的问题；要破除作风不实的顽疾，解决工作不在状态的问题；要破除不善担当的顽疾，解决本领恐慌的问题。会议还研究了其他事项。县委常委会组成人员朴君峰、朴龙云、白恒刚、尹东杰、袁广金、张伟利、余磊、金东源参加会议。县人大常委会主任吴星臣、县政府副县长、安图经济开发区主任、矿泉水保护局党工委书记列席会议。

【县委2019年第14次常委会议】 5月16日，县委书记韩长发主持召开县委2019年第14次常委会议。会议传达学习贯彻《习近平扶贫论述摘编》——在深度贫困地区脱贫攻坚座谈会上的讲话（2017年6月23日）节选、习近平总书记在解决“两不愁三保障”突出问题座谈会、在十九届中央政治局会议上审议《关于2018年脱贫攻坚成效考核等情况的汇报》时重要讲话精神及上级有关会议、文件精神。韩长发强调，各级各部门要态度鲜明，主动扛起责任，对上级指出的问题举一反三、深查细改，整改到位；各相关部门要加快进度，全力整改，扶贫办、督巡办要抓紧调度，确保工作落实；要做到改必改彻底，防止类似问题反复出现，改必改到位，确保整改成果经得起检验。会议传达学习贯彻中央第一生态环境保护督察组对吉林省开展“回头看”情况反馈会议精神。韩长发指出，要进一步提高站位，思想认识再深化，抓紧行动起来，以最高标准、最严要求、最实举措抓好整改落实；县级领导要主动领办问题，带领分管战线、分管部门，紧盯问题，坚决做到责任到位、整改彻底、成效持久；要把打击生态环境污染违法犯罪与扫黑除恶打伞反腐紧密结合起来，严格执行自然资源监管审批相关规定，严把市场准入关口，对违法违纪案件发现一起，严查一起，绝不姑息。会议传达学习上级有关扫黑除恶专项斗争部署要求精神。韩长发强调，各级各部门要认真学习领会新部署、新要求，关注苗头性新动向，把握工作原则，及时分析、防范、处置，防止扩散成面；各县级领导、各级各部门要全力聚焦反馈问题抓整改、促落实，按时序节点整改完成、整改到位；要突出常态长效强机制、求进位，把扫黑除恶专项斗争与基层党建、社会治理相结合，坚决打好打赢这场人民战争。会议还研究了其他事项。县委常委会组成人员马云骥、朴君峰、刘振忠、朴龙云、白恒刚、尹东杰、袁广金、李云、张伟利、金东源参加会议。县人大常委会主任吴星臣、县政协主席刘志良、县政府副县长、安图经济开发区管委会主任、矿泉水保护局党工委书记列席会议。

【县委2019年第16次常委会议】 5月30日，县委书记韩长发主持召开县委2019年第16次常委会议。会议传达学习贯彻《习近平扶贫论述摘编》——在中央扶贫开发工作会议上的讲话（2015年11月27日）节选，以及上级有关会议、文件精神。韩长发强调，要走下去、沉下去，牢固树立“政绩之本，在于为民”的政绩观，讲究落实落地的方式方法，强化担责担难的工作作风；同时，要深入贯彻上级有关讲话及会议、工作部署精神，全面抓实“旅游兴县”发展战略，始终绷紧廉政这根弦。会议加开安图县2019年统一战线工作领导小组、宗教协调工作领导小组暨统一战线、民族宗教工作会议。乡镇代表向县委书记韩长发递交责任书。韩长发指出，要切实提高政治站位，强化工作保障，加强队伍建设，抓好问题整改。会议研究安图县成立空间规划委员会、国土空间规划编制领导小组相关事宜，听取土地执法“百日攻坚”专项行动情况汇报。韩长发强调，一要切实发挥规划引领作用，加快推动“多规融合”，助力生态宜居城市建设；二要加大土地违法整治力度，明确整改目标，坚决整治到位。会议还研究脱贫攻坚工作有关事宜。韩长发指出，有关部门要坚持整改再提速、措施再细化、成效再巩固，务必“沉下去”“融进去”，确保责任落实到位、整改举措务实、整改成效扎实。会议审议《安图县2019年度绩效管理考评工作实施方案》《安图县纪委监委（派出）机构改革方案》。会议还研究了其他事项。县委常委会组成人员马云骥、朴君峰、刘振忠、朴龙云、白恒刚、尹东杰、袁广金、李云、张伟利、金东源参加会议。县政协主席刘志良、县政府副县长、安图经济开发区党工委书记、管委会主任列席会议。

【县委2019年第17次常委会议】 6月13日，县委书记韩长发主持召开县委2019年第17次常委会议。会议传达学习贯彻《习近平扶贫论述摘编》——在参加十二届全国人大五次会议四川代表团审议时的讲话节选；传达学习贯彻习近平总书记在“不忘初心、牢记使命”主题教育工作会议上的讲话精神，全省“不忘初心、牢记使命”主题教育工作会议精神及州委常委扩大会议精神；传达学习贯彻上级会议、文件精神。会议还研究信访工作有关事宜，听取全县安全生产工作情况汇报。会上，韩长发指出，深入贯彻总书记扶贫论述精神，全县上下必须抓实三方面工作，一是坚持“精准”为基，二是坚持“实干”为先，三是坚持“长效”为要。韩长发强调，要突出思想引领，把牢目标要求，坚持统筹结合，以实干践行初心、以业绩彰显使命，助力我县经济社会发展不断迈上新台阶。就贯彻落实上级会议、文件精神，韩长发强调4个方面工作。一是关于落实全省贫困县退出推进会议精神，按照“大思维、大提升、大转变”的要求，立即全部下沉，切实抓实全覆盖、无死角的环境整治工作，坚决不能出现疏漏；二是关于落实中央扫黑除恶督导组反馈意见精神，要从严整治、综合施策、深查细改，切实将问题改彻底、改到位；三是关于落实省委、省政府“双周”调度会议精神，认真借鉴其他县市的好经验、好做法，重点在比照比对查短板上下功夫，确保相关工作目标精准、措施有力、落实到位；四是关于落实州委常委会议精神，全力打造有能力、有业绩，敢突破、敢创新，肯干事、干实事的干部队伍，同时，合力推动东西部扶贫协作工作取得新进展、实现新突破。韩长发指出，对于做好“两个专项攻坚”和当前信访工作，要做到责任落实到位、联动协作到位、机制落实到位，坚持法内事决不法外办，坚决严惩非访缠访闹访行为。对于抓牢、抓实全县安全生产工作，要在强基保安上、改革促安上、科技兴安上、依法治安上有更大作为，做到问题“零遗留”、整改“零容忍”、处理“零放过”，坚决维护安全稳定的社会大局。县委常委会组成人员马云骥、朴君峰、刘振忠、朴龙云、白恒刚、尹东杰、李云参加会议。县人大常委会主任吴星臣、县政协主席刘志良、县政府副县长、安图经济开发区主任、矿泉水保护局党工委书记列席会议。

【县委 2019 年第 18 次常委会议】 6 月 28 日，安图县委书记韩长发主持召开县委 2019 年第 18 次常委会议。会议传达学习贯彻《习近平扶贫论述摘编》——在十八届中央政治局第三十九次集体学习时的讲话（2017 年 2 月 21 日）节选；传达学习贯彻上级有关会议、文件精神；审议《安图县建县 110 周年庆典暨中国·安图第二届长白山矿泉水文化旅游节活动总体方案》《关于加强新形势下党外代表人士队伍建设的实施意见》；听取全县防范化解金融风险工作情况汇报。韩长发指出，深学细悟总书记扶贫论述精神，需要从 3 个方面来把握。一是工作要务实。要把“走下去、沉下去”作为打好打赢脱贫攻坚战的有力保障。二是措施要扎实。要一天一天抓推进，一环一环抓落实。三是成效要真实。要“一针一线”抓落实，确保脱贫成果经得起检验。韩长发强调，各级各部门必须要始终坚持党的全面领导，强化责任落实；要结合安图县实际，坚持把政治标准贯穿于干部考核工作始终，有力呵护风清气正的政治生态；要聚焦项目建设、环保整改、脱贫攻坚这三个重点，确保各项工作取得更大成效。就《安图县建县 110 周年庆典暨中国·安图第二届长白山矿泉水文化旅游节活动总体方案》，韩长发表示，要抓好统筹环节，做好协调接洽，加大招商力度，强化综合保障，确保通过活动，讲好安图故事，传递安图声音。为全面做好安图县党外代表人士队伍建设工作，韩长发强调，要坚持党的领导，始终把政治建设摆在首位；要建强代表队伍，不断优化壮大党外干部、人才队伍；要强化作用发挥，激励他们为安图发展再建新功。韩长发指出，要牢牢守住不发生系统性金融风险这个底线，坚决处置各类“风险点”，要加快建立金融监管协调体系，做好应急预案，定期开展风险调度研判，加大宣传教育力度，做到预防为主、防治结合；要紧盯重点领域、查清风险成因、找准风险症结，为促进经济持续健康发展提供安全、稳定的金融环境。县委常委会组成人员马云骥、朴君峰、朴龙云、白恒刚、尹东杰、李云、张伟利、金东源参加会议。县人大常委会主任吴星臣、县政协主席刘志良、县政府副县长、矿泉水保护局党工委书记、县检察院检察长列席会议。

【县委 2019 年第 19 次常委会议】 7 月 11 日，安图县委书记韩长发主持召开县委 2019 年第 19 次常委会议暨扫黑除恶专项斗争领导小组会议。会议传达学习贯彻习近平总书记关于扫黑除恶专项斗争重要指示精神——在中央全面依法治国委员会第一次会议上的讲话，以及全国扫黑办第 6 次主任会议精神；审议《安图县落实中央扫黑除恶第 13 督导组反馈问题的整改方案》；听取全县上半年案件查办及侦办情况。韩长发指出，自开展扫黑除恶专项斗争以来，全县上下分兵把口、协同联动，营造了人人喊打的氛围，群众满意度持续提升，取得了阶段性胜利。下一步，安图县要从三个方面下大力气、狠抓落实。一是问题整改必须到位，做到政治站位再提升、依法惩治再严格、综合治理再健全、深挖彻查再细化、组织领导再加强，全力以赴抓好整改落实。二是氛围营造必须到位，坚持正面宣传提士气、案例宣传强震慑，充分利用好现有媒体平台资源，使扫黑除恶专项斗争更加深入人心。三是案件侦破必须到位，聚焦“两个清零”和“打伞断血”工作目标，进一步加大线索摸排核查力度，并不断强化线索转化运用成效；进一步加大部门协作配合力度，做到同步调查、同步打击，同频共振；进一步加大“保护伞”“关系网”查处力度，做到“一案三查”，严防黑恶势力死灰复燃。县委常委会组成人员马云骥、朴君峰、刘振忠、朴龙云、尹东杰、袁广金、李云、张伟利、余磊、金东源参加会议。县人大常委会主任吴星臣、县政府副县长、安图经济开发区主任、矿泉水保护局党工委书记列席会议。

【县委2019年第20次常委会议】 7月11日，安图县委书记韩长发主持召开县委第20次常委会议，传达学习贯彻上级有关会议、文件精神，审议县委巡察整改工作相关意见。会议传达学习贯彻《习近平扶贫论述摘编》——在中央政治局常委会会议审议《关于2016年省级党委和政府扶贫开发工作成效考核情况的报告》（2017年3月23日）节选、全省农村人居环境整治暨村庄清洁行动夏秋战役现场会会议精神；书面传达上级有关讲话、会议、文件精神。会议还审议《关于加强县委巡察整改工作的意见》。韩长发指出，为做好脱贫攻坚工作，下一步要着力从3个方面下功夫。一是目标必须再聚焦，各级各部门务必盯准“发现问题、解决问题，促进工作、促进落实”和“实事求是找差距，求真务实抓落实”两个焦点，全力解决脱贫攻坚工作聚焦度不够、落实力不够、创新力不够的问题。二是落实必须再发力，破除思想不解放、研究政策不透、工作标准不高、作风不实、不会担当等顽疾，解决观念破冰、深度不够、不思进取、工作不在状态、本领恐慌等问题，切实做到想担、敢担、能担、会担。三是摆布必须再科学，在战术上要打歼灭战，在原则上要因地制宜，在方法上要分类而治，在成效上要求实求质，重点聚焦“谋”“实”“转”“创”“整”五个字下实功硬功，谋划好每一步工作，突出“实”字、“干”字为先，坚持以上率下转作风树新风，并善于整合运用所有资源助力发展，全力以赴打好打赢脱贫攻坚战。就县委巡察整改工作，韩长发强调，要提升政治站位，树立工作导向，强化监督问责，以问责促整改，以整改促改革促发展。县委常委会组成人员马云骥、朴君峰、刘振忠、朴龙云、尹东杰、袁广金、李云、张伟利、余磊、金东源参加会议。县人大常委会主任吴星臣、县政府副县长、安图经济开发区主任、矿泉水保护局党工委书记列席会议。

【县委2019年第21次常委会议】 7月25日，县委书记韩长发主持召开县委2019年常委扩大会议、第21次常委会议，学习贯彻落实上级会议、讲话精神，研究农村人居环境改善、东西部扶贫协作等相关事宜。常委扩大会上，会议传达学习贯彻省委十一届五次全会精神及州委相关会议精神。韩长发强调，要从三点出发，认真贯彻落实省委全会精神。一是要深度把握发展形势，既要认清稳中求进、稳中向好的优势，也要增强忧患意识、风险意识，深入研判掌握风险挑战关键点、隐患点。二是要深刻领悟全会精神，着力增强防范化解重大风险的能力、着力提升打赢脱贫攻坚战的动力、着力优化生态文明建设山水宜居城市的魅力、着力强化经济社会高质量发展的实力、着力展现安图走向世界对接国际的引力。三是要深入锻炼实干本领，坚持目标不变、思路不变、导向不变，解放思想干、创新突破干、扑下身子干。随后召开的第21次常委会议上，会议传达学习贯彻《习近平扶贫论述摘编》——在深度贫困地区脱贫攻坚座谈会上的讲话（2017年6月23日）节选；传达学习习近平总书记在中央政治局第15次集体学习时的讲话精神；简要传达中央政策研究室副主任张季在安图调研时的讲话精神，以及全州村级党组织建设推进会议精神；还书面传达《中国共产党宣传工作条例》和《中国共产党党员教育管理工作条例》文件精神，全省警示教育大会精神，省委、省政府双周县市第五次调度例会视频会议精神，州委2019年第18次常委会议精神及州脱贫攻坚领导小组2019年第三次全体（扩大）会议精神。会议还研究农村人居环境整治有关事宜；研究调整安图县东西部扶贫协作和对口合作领导小组成员有关事宜。听取汇报审议发言后，针对各项议题，韩长发作重要讲话。韩长发指出，总书记的重要论述为安图县进一步做好脱贫攻坚工作提供根本遵循，下一步，要着力抓实四方面工作，一是发展定位要准，重点发展宜商、宜农型经济结构，不断推动资源优势向百姓能参与、见效快、保长效的经济优势转化；二是产业项目要实，重点是要在因村施策、因户施策上精准用力、精准发力；三是基层组织要强，充分发挥抓党建促脱贫攻坚制度优势，用足用好驻村干部党委平台，积极探索“强带弱、弱变强”的组织联动、村村结对路径，不断壮大村集体经济；四是生态环境要美，以农村人居环境整治三年行动为抓手，以“面子”的光鲜，推动“里子”的转变，实现民风民貌大转变、大提升。韩长发强调，在“不忘初心、牢记使命”主题教育中，从三个方面下硬功夫，一要在学懂弄通做实上下功夫，二要在整改问题补短板上下功夫，三要在践行新时代党的建设总要求上下功夫。在开展农村人居环境整治工作中，一要以督考促落实，二要以整治促提升，三要以成效促长效，财政、住建、交通、水利等部门要主动参战，“一盘棋”推动农村向宜居、宜业、宜游的美丽乡村发展，吸引更多城市群体不断进入农村，助力乡村振兴。在安图县与宁波奉化东西部扶贫协作和对口合作工作中，一要主动出击，强化主动对接意识，加大对接频率；二要精准对接，按照“缺啥补啥、弱啥强啥”的原则，带着问题对接、带着目的对接；三要密切协作，充分释放宁波产业园优势效能，加快推进东西部扶贫协作援建项目建设进程。县委常委会组成人员马云骥、朴君峰、刘振忠、朴龙云、白恒刚、尹东杰、李云、张伟利、金东源参加会议。县人大常委会主任吴星臣、县政协主席刘志良、县政府副县长、安图经济开发区主任、矿泉水保护局党工委书记列席会议。

【县委2019年第22次常委会议】 8月9日，县委书记韩长发主持召开县委2019年第22次常委会议，研究脱贫攻坚工作有关事宜，听取上半年经济运行情况及重点项目建设情况汇报。会议传达学习贯彻《习近平扶贫论述摘编》——在中央扶贫开发工作会议上的讲话（2015年11月27日）节选、州委十一届六次全体会议精神；书面传达深化党和国家机构改革总结会议精神，中央和国家机关党的建设工作会议精神，省委、省政府第六次双周县市调度例会会议精神和州委常委会议精神。会议还研究脱贫攻坚工作有关事宜，听取上半年经济运行情况汇报及重点项目建设情况汇报，审议《安图县职务与职级并行制度实施方案》《安图县融媒体中心建设实施方案》。在脱贫攻坚工作方面，韩长发指出，要继续发挥制度优势，确保贫困群众站起来、走得远。一是要扶智长志气，下一步要继续巩固拓展自主脱贫“双九条”、环境整治周、村规民约等制度活动成果，让贫困群众脑子转起来、身子动起来，让“养懒汉”没有出路；二是要扶智长本事，加大产业政策、设施配套力度，加大教育扶贫和科技扶贫力度，促进贫困群众脱贫更加便利，增强贫困户脱贫意愿与能力；三是要典型促带动，大力开展“双培养、双增强”工程以及美丽庭院、干净人家评比等活动，以百姓看得见摸得着的身边人、身边事教育引领贫困群众靠自己双手脱贫致富。

同时，要全力消灭“两不愁三保障”突出问题，问题整改要高时效，全力做好迎检功课。针对会议其他议题，韩长发强调，在经济运行及项目建设方面，要做到“稳”“实”“优”，不断激活实体经济内生动力，真正将安图打造成为政策、技术、人才汇集的福地。在建设和发挥好融媒体中心宣传平台方面，韩长发指出，一要坚持党管宣传、党管意识形态、党管媒体思想不放松；二要明确工作导向，突出发挥融媒体中心党的宣传阵地作用，将其打造成为宣传党的政策阵地、舆论引导阵地、传递正能量阵地、传承红色基因阵地；三要推动资源整合，树立大宣传思维，推进新闻宣传更好地服务经济社会发展。县委常委会组成人员马云骥、朴君峰、刘振忠、白恒刚、尹东杰、李云、张伟利、余磊、金东源参加会议。县人大常委会主任吴星臣、县政协主席刘志良、县政府副县长、安图经济开发区主任、矿泉水保护局党工委书记、局长列席会议。

【县委 2019 年第 23 次常委会议】 8 月 22 日，县委书记韩长发主持召开县委 2019 年第 23 次常委会议。会议传达学习贯彻《习近平扶贫论述摘编》——对中央单位定点扶贫工作作出的批示（2015 年 12 月 8 日）节选；学习理论文章《两不愁三保障存在哪些突出问题》；听取全县安全饮水、住房保障工作进展情况汇报及全县 2019 年农村安全饮水工程进展情况汇报。就如何做好下一步工作，韩长发强调，要充分发挥领导带头破题攻坚作用，进一步强化走基层的脚力，察实情，解难题，推动问题整改清零见底、工作成效显著提升；要全力解决“两不愁三保障”突出问题，准确理解和把握政策质量标准，确保工作因地制宜，实事求是；要高度重视全县“两不愁三保障”存在的突出问题，抓紧制定整改方案和举措，确保不出问题；要全力备战迎接国检考核验收，工作状态由“平时”转入“战时”，进一步细化工作举措、落实工作责任，全面展示安图县脱贫攻坚成效。县委常委会组成人员马云骥、朴君峰、刘振忠、朴龙云、白恒刚、尹东杰、李云、张伟利、金东源参加会议。县人大常委会主任吴星臣，县政府副县长，安图经济开发区党工委书记、管委会主任，矿泉水保护局党工委书记，局长列席会议。

【县委 2019 年第 24 次常委会议暨扫黑除恶专项斗争专题常委会议】 8 月 22 日，县委书记韩长发主持召开县委 2019 年第 24 次常委会议暨扫黑除恶专项斗争专题常委会议。会议传达学习贯彻习近平总书记关于扫黑除恶专项斗争重要指示精神；传达学习贯彻《延边州关于强化“七个确保”推动扫黑除恶“深挖根治”各项工作落实的指导意见》文件精神。会议最后召开县委理论学习中心组学习研讨会暨扫黑除恶专项斗争专题学习研讨会。就如何做好下一步工作，韩长发指出，要深刻认识到开展扫黑除恶专项斗争充分体现了以习近平同志为核心的党中央对我国国情、世情、政情的战略思考；体现了以习近平同志为核心的党中央深远的战略布局和博大的为民情怀。要牢牢把握开展扫黑除恶专项斗争的法治原则，严守法治观念，坚持宽严相济，避免选择性作为。要扎实做好扫黑除恶专项斗争重点工作，进一步提高政治站位，进一步加大深挖彻查力度、宣传工作力度、基层组织建设力度及部门联动力度，确保各项工作衔接有序，配合紧密、落实到位。县委常委会组成人员马云骥、朴君峰、刘振忠、朴龙云、白恒刚、尹东杰、李云、张伟利、金东源参加会议。县人大常委会主任吴星臣，县政府副县长，安图经济开发区党工委书记、管委会主任，矿泉水保护局党工委书记，局长，县人民法院院长，县人民检察院代检察长列席会议。

【第十五届县委常委扩大会议、2019 年第 26 次常委会议】 9 月 11 日，县委书记韩长发主持召开第十五届县委常委扩大会议、2019 年第 26 次常委会议。在县委常委扩大会议上，会议传达学习贯彻中央、省、州关于“不忘初心、牢记使命”第二批主题教育相关精神，听取关于“不忘初心、牢记使命”第二批主题教育我县贯彻落实意见的汇报。会议审议《中共安图县委关于在全县开展“不忘初心、牢记使命”主题教育的实施方案（审议稿）》《县委常委班子开展“不忘初心、牢记使命”主题教育工作安排（审议稿）》《关于成立县委“不忘初心、牢记使命”主题教育领导小组及其组成人员的建议（审议稿）》。为确保主题教育取得实实在在的成效，韩长发提出三点要求：一是务必高度重视，做好“规定动作”“自选动作”，切实加强自身党性修养、提高政治觉悟，检视问题不足、提高能力本领，扫除思想尘埃、净化精神家园，旗帜鲜明地把主题教育做实做细做出成效；二是务必吃透要求，确保思想认识到位、检视问题到位、整改落实到位、组织领导到位；三是务必常态长效，与全面贯彻落实习近平总书记对东北振兴工作重要指示精神结合起来，与打好“三大攻坚战”、开展扫黑除恶专项斗争结合起来，与全力以赴稳增长、促改革、调结构、惠民生、防风险结合起来，锤炼提升服务人民、推动经济发展的能力和水平。在随后召开2019年第26次常委会上，会议传达学习贯彻《习近平扶贫论述摘编》——《决胜全面建成小康社会，夺取新时代中国特色社会主义伟大胜利》（2017年10月18日）节选、在北京市八一学校考察时的讲话（2016年9月10日）节选，传达学习贯彻上级有关会议文件精神；听取全县脱贫攻坚小额信贷相关情况。韩长发指出，关于改善民生方面，要以脱贫攻坚统领经济社会发展全局，将改善和发展民生作为做好各项工作的根本出发点和落脚点，始终坚持走下去、沉下去的工作方式，精准用好教育、医疗、养老、创业就业等各种政策，全面加强村级治理和村民自主发展能力与动力，真正在脱贫攻坚过程中提升为民服务的本领、推动发展的本领；关于提升教育扶贫质量方面，要始终坚持“党管教育”原则，坚持将教育放在优先发展的战略地位，助力全县教育事业高质量发展，彻底阻断贫困代际传递。就全县脱贫攻坚小额信贷相关工作，韩长发强调，要全面彻查，摸清底数，掌握实情；要从严惩处，结合扫黑除恶专项斗争，坚决惩处。县委常委会组成人员马云骧、朴君峰、刘振忠、朴龙云、白恒刚、李云、张伟利、余磊、金东源参加会议。县人大常委会主任吴星臣，县政协主席刘志良，县政府副县长，安图经济开发区党工委书记、管委会主任，矿泉水保护局党工委书记，矿泉水保护局局长，县法院院长，县人民检察院代理检察长列席会议。

【县委2019年第27次常委会议】 9月27日，安图县委书记韩长发主持召开县委第27次常委会议。会议传达学习贯彻《习近平扶贫论述摘编》——在中央政治局常委会会议听取国务院党组关于脱贫攻坚情况汇报时的讲话（2016年12月1日）节选，传达学习贯彻中央和省州委关于集中整顿软弱涣散村党组织的相关讲话、文件、会议精神。会议听取全县安全生产和信访工作情况书面汇报。围绕学习贯彻落实习近平总书记讲话精神，韩长发强调，一要坚持理论武装，抓住“不忘初心、牢记使命”主题教育契机，全面扫除思想积尘，坚定攻坚决心，切实做到学之有方、学之有力、学之有效。二要坚持精准靶向，全力破解突出问题，加快完成危房改造、饮水安全等重点工作，下大力气整治农村卫生环境。三要坚持攻坚劲头，彻底摆脱“疲劳陷阱”和“鸵鸟思维”，以不获全胜决不收兵的决心和信心振奋精神再冲刺。四要坚持狠抓落实，切实把各项工作想在深处、干在细处、落到实处，全力以赴实现脱贫摘帽的目标。韩长发指出，开展软弱涣散村党组织整顿工作方面，要以上率下，要明确要求，要部门联动。在全县安全生产和信访工作方面，韩长发强调，要时刻绷紧安全弦，要群众事事必解决，要强化预警保稳定，进一步加大监督检查、应急演练、安全教育等工作力度，确保全县安全稳定大局。县委常委会组成人员马云骥、朴君峰、刘振忠、白恒刚、尹东杰、袁广金、李云、张伟利、金东源，县政协主席刘志良和县政府副县长、矿泉水保护局党工委书记列席会议。

【县委 2019 年第 28 次常委会议暨扫黑除恶专项斗争专题常委会议】 10月10日，县委书记韩长发主持召开县委 2019 年第 28 次常委会议暨扫黑除恶专项斗争专题常委会议。会议传达学习贯彻习近平总书记关于扫黑除恶专项斗争重要指示精神，传达学习贯彻上级会议、讲话精神，听取关于省扫黑除恶督导“回头看”第九工作组反馈问题情况说明的汇报、行业治乱工作情况的汇报，审议《安图县关于开展对黄赌毒和黑恶势力听之任之、失职失责甚至包庇纵容、充当“保护伞”专项整治的工作方案》。会上，韩长发指出，此次“回头看”是对安图县扫黑除恶专项斗争工作的一次大检验，各级各部门要以此为契机，把站位再提高、把责任再压实；要聚焦问题整改，加快排查、补齐工作漏洞，并按照时间要求，快速摸排核查、快速侦办查办；要把“回头看”与主题教育、脱贫攻坚等重点工作紧密结合起来，构建部门联动、行业联动的责任体系，不断提升广大群众的幸福感和安全感。就整治行业乱象问题，韩长发强调，要强大声势不能降，各级各部门要突出行业重点，加快治理行业乱象。要高压态势不能减，进一步加大线索核查排查和案件侦办查办力度，要凌厉攻势不能弱，乘胜追击、扩大战果，确保取实效、见长效。县委常委会组成人员马云骥、刘振忠、朴龙云、白恒刚、尹东杰、李云、金东源，县政协主席刘志良和县政府副县长、矿泉水保护局党工委书记、县人民法院院长、县人民检察院检察长列席会议。

【县委 2019 年第 29 次常委会议】 10月10日，县委书记韩长发主持召开县委 2019 年第 29 次常委会议。会议传达学习贯彻《习近平扶贫论述摘编》——在部分省区市扶贫攻坚与“十三五”时期经济社会发展座谈会上的讲话（2015 年 6 月 18 日）节选。韩长发强调，学习力必须再提高，要把理论学习的收获转化为实实在在的举措推动攻坚。执行力必须再提高，要全面精准地贯彻中央和省、州、县委关于脱贫攻坚的各项决策部署。攻坚力必须再提高，要确保整体提升。会议传达学习贯彻上级会议、文件精神。韩长发指出，要认真学习贯彻总书记在新中国成立 70 周年庆祝大会上的重要讲话、在全国民族团结进步表彰大会上的重要讲话精神和《中国共产党农村工作条例》文件精神。会议研究“不忘初心、牢记使命”主题教育相关事宜。韩长发要求，关于软弱涣散基层党组织整顿方面，各位县级领导要切实发挥示范引领作用，切实把相关要求落实到位。关于主题教育专项整治工作方面，全县上下要迅速动作、加强指导，确保主题教育取得更好成效。会议还审议安图县 2020 年壮大村级集体经济扶持村名单、县纪委县监委和九龙、瓮声、长兴街道办事处等部门“三定”规定、《安图县贯彻落实中央生态环境保护督察“回头看”反馈意见整改方案》，研究安图县农业人口防贫返贫保险和机关事业单位实行员额经费管理等有关事宜。县委常委会组成人员马云骥、刘振忠、朴龙云、白恒刚、尹东杰、李云、金东源参加会议，县政协主席刘志良和县政府副县长、矿泉水保护局党工委书记、县法院院长、县检察院检察长列席会议。

【县委 2019 年第 30 次常委会议】 10月24日，县委书记韩长发主持召开县委 2019 年第 30 次常委会议。会议传达学习习近平新时代中国特色社会主义思想——党和国家必须长期坚持的指导思想节选。对于做好学习贯彻工作，韩长发要求，要提高站位学，坚持真学真信真用，学习领会贯彻习近平新时代中国特色社会主义思想的重大意义、科学体系、丰富内涵；要联系实际学，在党的创新理论指导下开创各项事业发展新局面；要苦干实干学，盯紧年度各项目标任务，以不获全胜决不收兵的干劲和魄力确保实现顺利收官。会议传达学习贯彻《习近平扶贫论述摘编》。对于做好脱贫摘帽工作，韩长发要求，必须做到精准，盯紧“两不愁、三保障”核心指标，全面落实“六个精准”“五个一批”任务要求，确保脱贫攻坚全过程扎实，脱贫成效经得起检验；必须做到精细，各级各部门务必盯紧问题整改，下足“绣花”功夫，逐一排查，清单销号，确保问题短板清零见底；必须做到精心，县级领导督战，推动破解所联系战区实际困难问题，各战区、各包保部门要将脱贫攻坚摆在首位，做到一切精力资源向脱贫攻坚倾斜；各驻村干部、村干部和帮扶责任人一定要正确认识，用真情付出赢得群众的认可。会议还研究了其他事项。县委常委会组成人员马云骥、朴君峰、刘振忠、朴龙云、白恒刚、尹东杰、袁广金、李云、张伟利、金东源参加会议。县政府副县长，安图经济开发区党工委书记、管委会主任，矿泉水保护局党工委书记列席会议。

【县委 2019 年第 31 次常委会议】 11 月 8 日，县委书记韩长发主持召开县委 2019 年第 31 次常委会议。会议传达学习贯彻习近平新时代中国特色社会主义思想——中国特色社会主义进入新时代（关于我国发展新的历史方位）节选；学习贯彻《习近平扶贫论述摘编》——在深度贫困地区脱贫攻坚座谈会上的讲话（2017 年 6 月 23 日）节选；学习贯彻上级有关会议、文件精神。听取全县“不忘初心、牢记使命”主题教育期间突出问题专项整治进展情况汇报，听取全县重点项目建设进展情况、经济运行情况汇报。审议了关于增加安图县文化馆员额工勤人员工资有关事宜和《长白山阿里郎》歌舞剧到国家大剧院演出方案。研究安图经济开发区集中供热、污水处理项目及调整标准化厂房租赁价格相关事宜。会议还研究了其他事项。针对做好决战决胜各项工作，韩长发强调，要再用心，要再用情，要再用力，要用实际行动践行诺言，确保向党和人民交上一份满意的答卷。针对做好全县公安工作，韩长发强调要坚持党的领导，要做到忠于职守，要着力建强队伍。努力打造一支守土有责、守土负责、守土尽责的现代化公安队伍。针对做好全县经济工作，韩长发提出，要坚持稳中求进，要坚持稳中求质，要坚持稳中求变，确保全年经济社会平稳健康发展。县委常委会组成人员马云骥、朴君峰、刘振忠、朴龙云、白恒刚、尹东杰、张伟利、余磊、金东源参加会议，县人大常委会主任吴星臣、县政协主席刘志良和县政府副县长、安图经济开发区党工委书记、管委会主任、矿泉水保护局党工委书记列席会议。

【县委 2019 年第 33 次常委会议暨扫黑除恶专项斗争专题常委会议】 11 月 26 日，县委书记韩长发主持召开县委 2019 年第 33 次常委会议暨扫黑除恶专项斗争专题常委会议。会议传达学习贯彻习近平总书记关于扫黑除恶专项斗争重要指示精神，审议《安图县落实中央扫黑除恶第 13 督导组“回头看”反馈问题整改方案》，书面听取县纪委监委、县公安局、县人民法院、县人民检察院等行业部门扫黑除恶工作开展情况汇报。就做好全县政法工作，韩长发强调：一要始终坚持党的领导，树牢政治立场、强化责任担当，坚定不移地把党中央的各项决策部署贯彻好、落实好。二要坚决维护公平正义，增强严格依法办事、法律面前人人平等的观念，增强公开透明意识，确保每一个执法环节、每一起案件办理都能彰显公平正义。三要全面加强队伍建设，努力建设一支信念坚定、执法为民、敢于担当、清正廉洁的政法队伍。就做好全县扫黑除恶专项斗争相关工作，韩长发指出，要强化责任担当，抓好重点线索核查、重点案件办理、重点领域整治工作，不断完善工作措施，坚决把问题改彻底、改到位；要突出工作重点，进一步加大破“网”打“伞”力度，完善涉黑涉恶问题线索双向移送、查办结果双向反馈及纪委同步介入等机制，全面彻查“关系网”“保护伞”；要强化源头治理，坚持“有黑扫黑、有恶除恶、有乱治乱”，持续整治各类社会乱象，不断加强基层党组织建设。县委常委会组成人员马云骥、朴君峰、刘振忠、尹东杰、李云、余磊、金东源参加会议。县人大常委会主任吴星臣，县政协主席刘志良，县政府副县长，安图经济开发区党工委书记、管委会主任，矿泉水保护局党工委书记，矿泉水保护局局长，县人民法院院长，县人民检察院检察长列席会议。

【县委 2019 年第 34 次常委会议】 12 月 6 日，安图县委书记韩长发主持召开县委 2019 年第 34 次常委会议。会议传达学习贯彻习近平新时代中国特色社会主义思想——坚持以人民为中心（关于新时代坚持和发展中国特色社会主义的根本立场）节选、《习近平扶贫论述摘编》——在打好精准脱贫攻坚战座谈会上的讲话（2018 年 2 月 12 日）节选、习近平总书记在陕甘宁革命老区脱贫致富座谈会上的讲话精神、在集中连片特困地区扶贫攻坚座谈会上的讲话精神、在东西部扶贫协作座谈会上的讲话精神，书面传达州委 2019 年第 27 次常委会议精神。会议还研究召开县委十五届五次全体会议、县人大十八届四次全会、县政协十三届四次全会等相关事宜，审议 2019 年政府工作报告以及其他事项。就贯彻落实坚持以人民为中心的思想精神方面，韩长发强调，一要坚持民本思想，主动谋群众所想、解群众之困、分群众之忧；二要站稳人民立场，真正践行“从群众中来，到群众中去”理念；三要做好民生工作，积极传播爱国主义、传承红色文化和民族文化，以“群众事事必解决”的责任和担当不断提升全县群众的获得感、幸福感和满意度。韩长发指出，在下一步脱贫攻坚工作中，要在坚守定力上下功夫，在坚定决心上下功夫，在巩固成效上下功夫，确保实现脱贫达标、小康达标。针对会议召开工作，韩长发强调，要提高站位抓落实，解放思想抓落实，压实责任抓落实。县委常委会组成人员：朴君峰、刘振忠、朴龙云、尹东杰、袁广金、裴海涛、李云、余磊、金东源参加会议。县人大常委会主任吴星臣，县政协主席刘志良，县政府副县长，安图经济开发区党工委书记、管委会主任，矿泉水保护局局长，县人民法院院长列席会议。

【扫黑除恶专项斗争工作会议】 1 月 18 日，安图县扫黑除恶专项斗争工作会议在县文化中心召开，就做好下一步扫黑除恶工作提出要求。县领导韩长发、马云骥、白恒刚、崔文德、尹东杰、张伟利、金虎哲、付洪勇在主席台上就座。会议传达全国扫黑除恶专项斗争视频会议及省委常委会议精神，通报 2018 年全县扫黑除恶专项斗争开展情况和 2019 年工作要点。县委书记、县扫黑除恶专项斗争领导小组组长韩长发就做好下一步扫黑除恶专项斗争工作提出要求。他指出，务必在认识高站位上下功夫。全县各级各部门要思想上再对标、行动上再对表，破除思想误区、摒弃单兵作战，巩固执政基础、保障安居乐业，同时在宣传大热潮上下功夫。要坚持干部带头、群众参与、弘扬正气。务必在线索深排查上下功夫。要聚焦重点、精准发力，深挖细排、摸清底数，盯紧不放、着力挖伞。务必在打击强力度上下功夫。要重拳打击、精准打击、深挖打击。务必在基层抓治理上下功夫。要加强基层组织建设、强化社会治理创新、强化机制保障能力。务必在联动聚合力上下功夫。要分兵把口、统筹联动，压实责任、督查问效，实干作为、久久为功。韩长发强调，当前，正值年终岁尾，全县上下要进一步增强底线思维，着力做好特殊利益诉求群体稳定工作，全面加强社会治安综合治理，保障好困难群众基本生活，确保社会大局稳定。就如何贯彻好县委书记韩长发的讲话精神，县长、县扫黑除恶专项斗争领导小组组长马云骥要求，各乡镇、各部门要提高政治站位，充分认识开展扫黑除恶专项斗争的重要性和紧迫性，全力以赴开展扫黑除恶专项斗争。要强化责任落实。牢固树立全县“一盘棋”思想，既要强化属地责任，又要强化相互协作、相互支持、形成合力。要强化要素保障。在人力、物力、财力上充分保障扫黑除恶专项斗争。要加大督导检查力度。进一步强化奖惩措施，确保专项斗争各项任务落实见效。县人大常委会主任吴星臣、县政协主席刘志良以及在家的副县级以上领导参加会议。

【全县脱贫攻坚摘帽会战动员会暨驻村干部党委第九次全体（扩大）会议】 2月15日，全县脱贫攻坚摘帽会战动员会暨驻村干部党委第九次全体（扩大）会议在安图县文化中心召开。州委常委、州政府副州长、县委副书记毛光升出席会议，县委书记、县驻村干部党委书记韩长发针对脱贫攻坚摘帽工作作重要讲话，县委副书记、县长、县驻村干部党委副书记马云骥主持会议。州委常委、州政府副州长、县委副书记毛光升，县领导韩长发、马云骥、朴君峰、王国彦、崔文德、张伟利、孙元光在主席台就座。大会首先宣读表彰通报并进行颁奖。受表彰的先进集体及个人代表作表态发言。会议还就脱贫攻坚摘帽会战工作进行部署。乡镇、行业扶贫部门代表递交脱贫攻坚工作责任书。大会共表彰优秀驻村干党支部4个，达标驻村干部党支部5个，先进驻村工作队33个，行业扶贫先进单位7个，脱贫攻坚先进村55个，优秀驻村第一书记33个，优秀驻村党建书记10个。会议指出，从3月1日至11月30日历时300天，将在全县范围内开展脱贫攻坚三个“百日会战”行动，分别为春季百日大会战，谋篇开局，打基础、定计划；夏季百日大提升，集中力量推进项目建设；秋季百日大巩固，补缺项、巩固提升。针对下一步脱贫攻坚摘帽工作，韩长发指出，2019年是喜迎新中国成立70周年、建县110周年的标志性历史时点，更是实现脱贫摘帽、迈向全面小康的决战决胜历史时段。全县上下既要理性地看成绩，更要清醒地看短板。安图县创新抓党建促脱贫机制，荣获“2018年全国脱贫攻坚组织创新奖”，全面落实了专项扶贫、行业扶贫、社会扶贫和东西部协作等有力举措，创新实施“双扶”“因人设岗”“双百工程”等载体机制。韩长发指出，从短板来看，全县脱贫攻坚工作仍存在四方面差距，即，对照总书记扶贫论述精神有差距、对照中央和省州部署安排落实有差距、对照自身优势发挥有差距、对照激发担当作为的能量和活力有差距，各级干部要清醒认识、正确研判、限期纠正。韩长发强调，全县上下既要精准聚焦，更要精准落实。要聚焦目标标准抓落实，在标准把握上务求精准，在因户因人施策上务求精准，在产业扶贫上务求精准；要聚焦三大会战抓落实，在总体摆布上春季会战重在抓基层基础基石和生产生活生态，夏季提升重在抓内力外力合力和质量政策标准，秋季攻坚重在查缺补漏巩固成果，在具体操作上坚持四个取向、四个关系、四条路径，在攻坚机制上认真践行“一线工作法”，聚焦增强走基层的脚力、察民情的听力、看问题的眼力、谋事情的脑力和抓落实的能力；要聚焦实干担当抓落实，务必力戒官僚主义、形式主义，一步一个脚印、务实奋斗，分清轻重缓急、讲究工作方法；要聚焦督查考评抓落实，突出精简性、突出导向性、突出成果性，保障工作落实到位、脱贫成效到位，以脱贫摘帽的重大胜利，向新中国成立70周年和建县110周年献礼。县人大常委会主任吴星臣、县政协主席刘志良及在家的副县级以上领导，各乡镇党政主要负责人及分管党建副书记，县直各部门及驻县中省州直部门单位主要负责人，2018年脱贫攻坚先进村党组织书记，驻村第一书记以及驻村工作队队长参加会议。

【脱贫攻坚驻村干部委员会第十次全体（扩大）会议暨“百日攻坚”阶段部署会议】 6月6日上午，安图县召开脱贫攻坚驻村干部委员会第十次全体（扩大）会议暨“百日攻坚”阶段部署会议。县委书记、县驻村干部党委书记韩长发，针对安图县“百日攻坚”决策部署工作作重要讲话。州委常委、副州长毛光升，县领导韩长发、朴君峰、白恒刚、张伟利、金东源、孙元光在主席台前排就座。会议由县委副书记、县驻村干部党委副书记朴君峰主持。大会传达习近平总书记视察重庆重要讲话精神与全省解决“两不愁三保障”突出问题座谈会（东部片区）会议精神；通报驻村干部履职情况；对全县摘帽会战第一个“百日攻坚”工作情况进行总结，部署第二个“百日攻坚”工作任务。韩长发指出，年初以来，全县上下认真落实县委、县政府关于开展三个“百日攻坚”的决策部署，在第一轮攻势中干出了精神、收获了实效；下一步，务必聚心聚力，将“夏季提升”和“秋季攻坚”的重点再细化，强力整改提质，务求精准精细。针对下一阶段工作，韩长发强调六点意见。1. 关于领导以上率下方面。基层干部要做到有制度就要执行、有责任就要担当、有承诺就要兑现，以“脚上有泥”的方式，将脱贫攻坚工作做实做细做好，体现党员领导干部最大的担当、最大的忠诚。2. 关于部门帮扶方面。要处理好用力与用心的关系，处理好量力而为、尽力而为、超力而为的关系，处理好主动与被动的关系，处理好雪中送炭与锦上添花的关系，多想群众之所想、急群众之所急、解群众之所困、救群众之所危。3. 关于驻村工作方面，一是职责要明，二是政策要熟，三是底数要清，四是举措要实，五是方法要暖。在脱贫攻坚工作中，唯有用心用情用力，一针一线务实干，才能使群众得到真实惠，确保脱贫实现真质量。4. 关于基层组织建设方面。要立即筹备推进“不忘初心、牢记使命”主题教育，深入实施“双培养、双增强”工程，全力抓实村级组织建设。5. 关于激发内生动力方面。要以“四变”促“智变”，以“精准”促“志变”，以“标杆”促“质变”，突出贫困群众的主体地位，不断激发“我要脱、我能脱”的内生动力，切实树立“我脱贫、我光荣”的价值取向，真正实现扶志长志气、扶智长本事的“双长”。6. 关于农村环境整治方面。要有大思维、大提升、大转变，通过环境整治，让安图县的环境更美、名片更靓，让百姓的生活更有质量、更有面子、更有尊严。韩长发还强调，一要全力推进项目进度，科学合理安排好贫困村和非贫困村基础设施项目，切实打牢“双基”基础；二要加大防汛防灾工作力度，确保安全度汛；三要加大安全生产工作力度，正值施工“黄金期”，有关部门加强安全巡察巡检和整改力度，坚决不能发生重大安全事故。县人大常委会主任吴星臣、县政协主席刘志良及副县级以上领导，各乡镇党政主要负责人及分管相关负责人，县直及驻县垂直管理部门主要负责人，贫困村驻村第一书记及非贫困村驻村工作队队长参加会议。

【脱贫摘帽“万人誓师大会”暨驻村干部党委第十一次全体（扩大）会议】 10月8日上午，安图县召开脱贫摘帽“万人誓师大会”暨驻村干部党委第十一次全体（扩大）会议。在主会场县文化中心，县领导韩长发、马云骥、朴君峰、白恒刚、张伟利、金东源、孙元光在主席台前就座。县长、驻村干部党委副书记马云骥主持会议。会上，朴君峰传达全国贫困县退出培训会议精神及全国脱贫攻坚督查巡查工作情况。县住建局负责人、县市监局负责人、松江镇向阳村第一书记、万宝镇古城村党支部书记以及县林业局帮扶干部，分别代表行业部门、帮扶部门、驻村干部、村干部以及帮扶责任人作表态发言。孙元光对第二阶段“百日攻坚”情况进行总结，部署下一阶段工作任务。各乡镇要重点做好全面部署并完成2019年度贫困户脱贫及贫困村出列工作，加快推进项目建设，持续推进人居环境改善，抓好各类问题整改；各行业扶贫部门要重点做好全面梳理各类政策是否落实工作，抓紧抓牢安全住房、安全饮水、医疗卫生、教育等关键领域和重点部门，积极主动对接；各帮扶部门和帮扶责任人要重点做好政策宣传、卫生整治、壮大村集体经济、提升群众满意度等方面工作；驻村干部和村干部则要重点做好掌握村里情况、完善档案管理、明晰脱贫举措、加大入户走访等工作。就完成全县脱贫摘帽工作，县委书记、驻村干部党委书记韩长发在讲话中强调三句话，作为总结打赢脱贫攻坚战役的关键词。第一句话是要学习学习再学习。韩长发指出，事有所成必是学有所成，要用习近平新时代中国特色社会主义思想武装头脑，要把学懂吃透扶贫政策作为责任和习惯，要把学习对标先进典范作为自勉和自觉，要时刻眼睛盯着标杆、心里想着群众、手里抓着方法，以榜样的事迹自勉自励，以榜样的精神引领前行。第二句话是要精准精准再精准。韩长发强调，首先，思路必须精准；第二，产业必须精准；第三，举措必须精准；第四，政策必须精准；第五，质量必须精准，要在细微之处见功力，在细节之处见成效。第三句话是要落实落实再落实。韩长发提出，决战责任必须再压实，战斗堡垒必须再建强，攻坚作风必须再转变，决战士气必须再提振，要始终保持奋发有为的精神状态，拿出敢于争先的勇气，焕发敢于决战的胆气，亮出敢于决胜的豪气，发扬不怕疲劳、连续作战的顽强作风。随后，韩长发向9个乡镇和15个行业部门授旗。最后，在马云骥的领誓下，主会场及分会场的近万名参会人员进行集体宣誓。县领导刘志良、刘振忠、朴龙云、尹东杰、李云，以及副县级以上领导、各乡镇党政主要负责人、县直各部门及驻中省州直部门主要负责人、贫困村第一书记和非贫困村工作队队长参加大会。

【党政机构改革动员会议暨工作部署会】 2月18日，安图县召开全县党政机构改革动员会议暨工作部署会。会上，县委书记韩长发对扎实推进党政机构改革提出明确要求。会议由县委副书记朴君峰主持，县委常委、组织部部长张伟利传达省委批复的安图县改革机构会议精神。就做好新一轮机构改革工作，韩长发指出，要深刻领悟认识党政机构改革的重大意义，机构改革是坚持和加强党的全面领导的重大举措，是完善机构职能体系的现实需要，是加快建设长白山绿色转型示范县的必然要求。务必要深入学习贯彻习近平新时代中国特色社会主义思想和党的十九大精神，把加强党的全面领导作为政治主题和首要任务，从体制机制上对加强党的全面领导做出制度安排，从机构职能上把加强党的全面领导落实到各领域各环节。韩长发强调，要牢牢把握改革重点推动各项工作落实到位，领导班子配备务求坚强有力，机构人员转隶务求精准高效，机构组建挂牌务求行动迅速，“三定”规定制定务求权责明晰，机构编制管理务求规范严谨。务必拿出“先立后破、不立不破”的决心毅力，切实抓好各领域、各环节工作，进一步释放“解放思想、实事求是、苦干实干、争先进位”的最大能量。要全面强化组织保障推动改革持续深化，加强领导，压实责任，严明纪律，强化监督，统筹兼顾，协调推进。各级各部门一定要按照县委的统一部署，精心组织、稳步推进，确保各项改革任务顺利完成。

【县委全面深化改革委员会第一次全体会议】 5月7日，县委书记韩长发主持召开县委全面深化改革委员会第一次全体会议。会议传达上级有关会议精神，审议《中共安图县委全面深化改革委员会工作规则》《中共安图县委全面深化改革委员会专项小组工作规则》《中共安图县委全面深化改革委员会办公室工作细则》《县委全面深化改革委员会和专项小组成员调整方案》《中共安图县委全面深化改革委员会2019年工作要点》。

韩长发指出，各级各部门要切实把抓改革、促发展的重任扛在肩上，抓在手里，善于研究和解决新矛盾、新问题，在抓落实上投入更大精力，用更高的标准、更严格的制度推进改革向纵深发展。韩长发要求，要突出政治引领，强化责任，各级各部门要认真落实各项决策部署，把责任抓实，把措施抓细，确保党中央决策部署落到实处；要突出示范引领，强化合力攻坚，各县级领导及涉改部门要严格按照工作要求，落实任务，攻坚克难，最大限度释放改革红利；要突出宣传引领，强化成果运用，县委改革办要充分发挥职能作用，加大调研、督导力度，及时提出解决问题建议，各级各部门要总结好经验、好做法，营造全民参与浓厚氛围，保障改革成果落地见效。县领导吴星臣、朴君峰、朴龙云、白恒刚、尹东杰、袁广金、张伟利、金东源、董振国、孙元光、姜辉、王燕彤、黄明镇参加会议。

【“不忘初心、牢记使命”主题教育工作会议】 9月12日，全县“不忘初心、牢记使命”主题教育工作会议在县文化中心召开。县委书记韩长发，州委第四指导组组长朱哲洙，州委第四指导组副组长佟志忠，县委副书记朴君峰，县委常委、组织部部长张伟利在主席台就座。会议由县委副书记朴君峰主持。会上，县委书记韩长发做动员讲话并提出四点意见。一是要深刻认识“不忘初心、牢记使命”主题教育的重大意义。要从思想的深度认识开展主题教育是用习近平新时代中国特色社会主义思想武装全党的迫切需求，从政治的高度认识开展主题教育是推进新时代党的建设的迫切需要，从历史的维度认识开展主题教育是保持同人民群众血肉联系的迫切需要，从实践的角度认识开展主题教育是实现党的十九大确定的目标任务的迫切需要。二是要准确把握“不忘初心、牢记使命”主题教育总要求。韩长发强调，要深入推进解放思想，确保理论学习有收获；深入锤炼坚强党性，确保思想政治受洗礼；深入绿色转型发展，确保干事创业敢担当；深入转变工作作风，确保为民服务解难题；深入涵养政治生态，确保清正廉洁做表率。三是要全力落实“不忘初心、牢记使命”主题教育各项任务。韩长发指出，要突出“学”字为先，持续抓好学习教育工作；要突出“实”字为要，扎实开展调查研究工作；要突出“严”字当头，认真开展检视问题工作；要突出“改”字为基，抓紧开展问题整改工作。四是要全力保障“不忘初心、牢记使命”主题教育取得扎实成效。韩长发强调，要加强组织领导，认真履行主体责任，按照方案要求，确保全县“一盘棋”落实；要坚持统筹兼顾，以主题教育的深入开展促进改革发展稳定，以高质量发展实际成果检验成效；要强化督导推动，提升主题教育针对性、实效性；要掀起宣传热潮，为开展好主题教育、助力绿色转型发展汇聚强大正能量。州委第四指导组组长朱哲洙在会上作重要讲话，对我县开展主题教育所做的准备工作给予充分肯定。他指出，要牢牢把握总体要求，努力实现理论学习有收获、思想政治受洗礼、干事创业敢担当、为民服务解难题、清正廉洁作表率的目标。要强化科学理论武装，以理论滋养初心、以理论引领使命，进一步增强“四个意识”、坚定“四个自信”、做到“两个维护”。要统筹推进四项重点措施，边学边查边改，不能虎头蛇尾、久拖不决。要突出分级分类指导，针对不同层级、不同领域、不同对象特点，科学合理做出安排，改进组织指导方式。要着力解决实际问题，以钉钉子精神坚持源头整改、系统整改、开门整改，在整改落实基础上做出制度化安排，做到集中教育有时限、经常教育不断线。要切实强化责任落实，加强督促指导，以好的作风抓主题教育，及时发现和解决苗头性、倾向性、潜在性问题，做到两手抓、两不误、两促进。县领导吴星臣、刘志良、刘振忠、朴龙云、白恒刚、尹东杰、李云、余磊、金东源及副县级以上领导参加会议。

（安图县委办公室）

县委办公室

【概　况】 中共安图县委办公室设综合文电科、行政科、机要保密科、财经改革科，下设事业单位信息中心。人员编制30名。其中，事业编制16名、行政编制11名、工勤编制2名、员额编制1名。

【综合调研】 围绕脱贫攻坚、全域旅游、扫黑除恶以及红色物业等中心工作和民生热点问题，深入调查研究，提出合理化建议，参与编撰的“双培养、双增强”“统战同心圆”等调研报告被《学习与研究》《延边发展》等杂志刊登；撰写县委全会报告，完成向省州汇报、中央政策研究室脱贫调研等50余篇、30余万字文稿的起草工作。全年制定下发各类文件160余件。

【政务协调】 全年完成37次常委（扩大）会议及县委全会、“不忘初心、牢记使命”主题教育动员会等各类全县性会议20余次，累计收发各类文件7000余份，及时转办、登记领导批示内容，完成956份三级文件清退工作。

【信息文电】 围绕脱贫攻坚、税源经济、项目建设、开发开放等重点工作报送信息500余条，被《中办信息》和《延边信息》采用150余条，部分信息得到了州、县主要领导的重要批示。同时，重启《安图信息》编撰下发工作，为县内重点、亮点工作上传下达拓宽渠道。

【保密管理】 严格执行24小时值班值守制度，牢固树立“机要保密无小事”的思想，始终做到“百密而无一疏”，办理明密电报1035份，办报率100%，完成高考、中考、会考期间保密工作和全县开展全国保密普查工作，配合省委保密局对新机房初验工作，全年编发保密信息工作4期。

【县委改革】 结合贯彻省州部署制发《关于报送2019年全面深化改革绩效考核计划指标的通知》等15份文件，确定55项年度改革台账，并完成10项任务督查，召开深改会3次，研究议定改革事项9件，配合省、州委政策研究室完成脱贫攻坚、经济运行、全域旅游等课题调研7次，全面完成2019年度“一张网”信息采集与办理工作。同时，按照机构改革要求，承接了档案局、国安委、边防委职能，并按照年度工作目标，完成了“4·15”国家安全教育日、边境线铁丝网收储以及全县档案自查自纠等工作。

（董　祺）

组　织

【概　况】 2019年3月22日，按照《中共安图县委组织部职能配置、内设机构和人员编制规定》（安办字〔2019〕33号）文件精神，设立办公室、调研室、干部科（干部教育科）、干部监督科、公务员管理科、组织一科（组织员办公室、党代表联络办公室）、组织二科（县委非公有制企业和社会组织党的建设工作办公室）、组织三科8个科室。下属人才管理服务中心、干部信息管理中心、基层党建服务中心3个事业单位。核定人员编制42名，实有工作人员26人，其中行政编制人员16人、事业编制人员9人、员额编制人员1人。

【领导班子和干部队伍建设】 坚持“凡提必练”，选派16名领导干部到发达省份、州直部门及基层一线挂职锻炼，实现干部培养和重点工作“双提升”。发现掌握储备一批有培养潜力的优秀年轻干部，建立优秀年轻干部信息库。强化“关键少数”监督，健全完善领导干部离任交接、监督信息沟通等工作机制。设计学习贯彻习近平新时代中国特色社会主义思想、东西部扶贫协作、脱贫攻坚、乡村振兴等专题培训班21期，累计培训干部6100余人次。坚持正确改革方向，推动35个新组建及整合部门机构融合，有序衔接。严格执行公务员考录规定，年内全县招录公务员41人。全面推行公务员职务与职级并行制度，举办全县学习贯彻新修订公务员法暨推行公务员职务与职级并行制度工作部署会，完成公务员579人（参照管理人员）职级套转工作。

【基层组织建设】 聚焦“班子、队伍、载体、制度、保障”建设，出台《新时期安图县加强村级党组织建设“五聚焦五确保”27条工作措施》。推动“党建、人才”双切入，选派返乡创业等“五类人才”44人到村任职；实施“双培养、双增强”工程，致富能手69人发展成为党员，其中10人进入村“两委”班子；组建8个“中心村”党委，明确“十项任务”清单，实现资源共享、组织共建、产业共强。出台县级领导“双包三联四指导”制度，整顿提升27个软弱涣散基层党组织，清理受刑事处罚村“两委”干部21人并补齐配强。推行社区“党建＋民生”“党建＋物业”，基层治理能力进一步提升。打造“城市党建联盟”，社区与驻区单位互联共建更加紧密深入。建立推行非公党建“六步工作法”，科学引导党组织规范化建设。深入贯彻落实“抓党建促民企”工作要求，充分发挥非公党建指导服务中心功能作用，非公党建工作取得新进展。

【人才队伍建设】 持续开展招才引智工作，新引进优秀高校毕业生29人，5年累计为安图引进高素质人才137人。62套新人才公寓投入使用，发放住房补贴、特殊人才津贴250余万元，为招才引智人员10人落实配偶安置政策，相关工作经验得到省政府景俊海省长鞭策批示。拓展返乡创业工程，研究制定《关于建立安图县返乡创业人才“服务绿卡”制度的实施方案》和《关于评比“安图县新时代服务返乡创业人员楷模集体”的工作方案》，为返乡创业人员量身打造15项优惠政策。青年人才学院新招录学员45人，制定下

组织青年人才学院学员开展主题党日活动

组织部　提供

发《关于进一步推动安图县青年人才学院创新发展的实施方案》，“人才孵化器”作用日益凸显。

【抓党建促脱贫攻坚】 以抓党建促脱贫攻坚“1带8”系列文件为统领，把驻村干部党委打造成领导脱贫攻坚的有力阵地，实现80个贫困村全部退出、9461人脱贫，贫困发生率降至0.03%。王平堂荣获2019年全国脱贫攻坚奖贡献奖，涌现出杨松峰、余磊等一批先进典型。对照中央巡视、巡查反馈问题，逐类逐项研究，持续攻坚整改。依托“党建促脱贫——智能云管理”平台，实现对驻村干部移动化、无纸化、便捷化管理服务。开展“第一书记代言”活动，累计销售额达1300万元，推动集体经济和贫困群众持续增收。

【获得荣誉】 集体荣誉：4月1日，安图县委组织部获2018年度卫生健康工作卫生健康综合治理先进单位。10月31日，安图县委组织部获安图县关心下一代工作先进单位。12月2日，安图县委组织部获2017—2019年度全州精神文明建设工作先进单位。个人荣誉：4月，安图县委组织部组织三科王典坤获共产党员网2019年第一季度优秀作品作者。9月20日，吉林省延边朝鲜族自治州安图县明月镇龙泉村第一书记王平堂获2019年全国脱贫攻坚贡献奖。10月12日，安图县委组织部人才管理服务中心孟令鑫获全省事业单位脱贫攻坚专项奖励个人嘉奖。

（初　阳）

机构编制

【概　况】 安图县委编办内设综合科、监督检查科、机关编制科、事业编制科和行政审批办公室；直属事业单位有安图县事业单位登记管理局和安图县机构编制电子政务中心。2019年，有行政编制10名、事业编制18名。

【事业单位改革】 推进党政机构改革，结合安图县事业单位实际和上级改革要求，通过前期梳理研判，提出安图县事业单位改革意见，并上报吉林省委编办审批。此项工作吉林省委编办已给予批复，涉改事业单位“三定”规定已制定印发完成。改革后，事业单位291个，撤销2个，合并4个，新设立3个，比改革前减少1个。

【党政机构改革】 2018年11月9日吉林省深化市县机构改革推进会后，11月13日安图县委常委、组织部部长张伟利在安图县委常委会上传达机构改革推进会议精神，明确会议要求和机构改革重点工作任务，成立安图县推进党政机构改革协调小组。2019年1月17日，安图县机构改革方案经吉林省委省政府批准后，安图县于1月24日召开县委常委会审议通过了《安图县机构改革方案的实施意见》。2月18日，组织召开安图县党政机构改革动员会议暨部署会议，并进行业务培训；2月末，各部门“三定”规定全部锁定。3月7日，干部调整、人员转隶、新机构挂牌全部完成。3月19日，安图县委常委会审议通过33个涉改部门的“三定”规定。改革期间，先后组织集中学习4次，专题研讨8次，周调度18次。安图县推进党政机构改革协调小组就机构改革中涉及的部门机构编制职责框架、人员转隶和起草“三定”规定草案等相关事项进行业务培训。成立2个工作指导组，主要负责安图县直各部门改革工作进行业务指导和审核把关，及时解答各部门反馈的各类改革问题，对共性可公开问题梳理汇总后通过QQ群、微信工作群实时共享。工作中，安图县推进党政机构改革协调小组细致审核各部门上报的“三定”规定草案，及时提出修改意见建议，达成一致后锁定方案。按照程序步骤，分别呈报安图县级主管领导审阅并征求意见，抄送安图县司法局进行合法性审查，确保了部门职责法定。累计答复各类问题200余人次。安图县党政机构改革共设置机构35个，机构撤销3个，机构合并1个，机构上划1个，新设立机构4个，比改革前减少1个，其中安图县委工作机关设置机构10个，比改革前减少3个；安图县政府工作部门设置机构25个，比改革前增加2个。党政部门核定行政编制883名，比改革前减少10名；部门领导职数核定121名，比改革前减少41名。按照“编随事走，人随编走”原则，划转行政编制34名，划转事业机构12个、事业编制246名。

【综合行政执法改革】 根据《关于贯彻落实市场监管等5个领域综合行政执法改革指导意见的通知》（吉机改办发〔2019〕1号），按照简政放权、放管结合、优化服务、属地管理、权责一致的原则，稳步推进市场监管、生态环境保护、文化市场、交通运输、农业5个领域综合行政执法改革。综合上级改革要求和各职能部门提出的改革意见，安图县已经向吉林省委编办上报《安图县关于整合组建5个重点领域综合行政执法机构有关事宜请示》（安委编报〔2020〕1号）。比次综合行政执法改革，安图县农业系统、交通系统、文化旅游系统、市场监督系统共涉及17个事业单位，全额拨款事业编制116名，实有人员100人。

【机构编制管理】 做好机构编制实名制工作，对《吉林省编制人事财政信息综合管理系统》进行维护，共录入机构编制信息354条，新参加工作人员落编235人，人员转隶、调转334人次，人员信息修改651人次；协调相关部门，及时调整规范保密委员会、国家安全委员会、深化改革委员会、依法治县委员会、财经委员会等议事协调机构组成人员，并研究制订工作规则和工作细则；

解决历史遗留问题，协调吉林省委编办，解决安图县医院、安图县中医院 2011 年公开招录的 39 名人员落编问题。

【事业单位登记管理】 党政机构改革完成后，部门统一信用代码证书及时变更，新设立登记 12 个，注销登记 11 个，变更登记 13 个；完成事业单位登记 201 个，事业单位法人登记率 100%；完成中文域名运行费缴纳工作，中文域名新注册 56 个，注销 20 个，更名 66 个。

【自身建设】 结合编制工作实际，认真查找廉政风险点，研究制定党风廉政建设工作年度计划，细化分解，定期召开专题会听取汇报，分析研判新形势新问题。贯彻执行民主集中制，落实“三重一大”和“五个不直接分管”制度，“三重一大”事项必须经过班子会集体研究决策。用好谈心谈话制度，加强廉政警示教育，在关键时点、节点做到提醒在前、教育在前。推进全面从严治党工作。2019 年，组织专题会议 2 次，开展廉政谈话 8 人次，领导带头讲廉政党课 2 次，观看警示教育片 1 次，警示教育活动 4 次，集中学习 26 次，讲党课 11 次，开展主题党日 11 次，召开民主生活会 1 次、组织生活会 1 次。开展“不忘初心、牢记使命”主题教育。制定实施方案，明确主题教育总体要求，坚持把学习教育贯穿始终，在学懂弄通做实上下功夫，深学细悟、细照笃行；坚持把调查研究贯穿始终，立足机构编制职责，转作风、强担当、抓落实；坚持把检视问题贯穿始终，采取自己找、群众提、集体议、上级点的方式，一条一条列出问题，从思想、政治、作风、能力、廉政方面特别是从主观上、思想上进行剖析；坚持把整改落实贯穿始终，按照问题清单一件一件抓好整改。主题教育期间，解决群众关心的突出问题 2 件，梳理问题 7 条，已全部完成整改。将意识形态建设纳入领导班子建设和干部队伍建设的重点内容，坚持用理论指导实践，以强化理论武装为抓手，用活用好学习强国、先锋 e 支部、公众号等新媒介，创新学习教育方式，做到理论学习全覆盖、常态化、见实效。发挥“志愿 + 扶贫”志愿活动的推动作用，多次深入包保村开展环境卫生整治、人居环境改善、助力秋收等志愿活动。教育引导机关干部和包保村村民自觉践行社会主义核心价值观。截至 2019 年末，发表各类信息 30 余篇；开展志愿服务活动 20 余次。

【脱贫攻坚】 开展“支部连支部，共建促脱贫”“九个一”“志愿 + 脱贫”等活动，加强党员思想教育工作。2019 年，领导班子专题研究脱贫攻坚工作 12 次，组织开展主题党日活动 7 次，支部连支部主题党课 6 次，开展志愿服务活动 20 余次。累计投入后勤保障经费 3 万余元改善村环境卫生整治和人居环境，购置果皮箱 35 个、晒水除尘设备 1 台；协调两江镇党委、大兴川学校投入资金 5 万元，完成新时代农村党建文化广场项目；协调落实 40 万元的 2 万延长米庭院栅栏改造项目。2019 年，累计为村民代办各类事项 50 余件。

（刘艳敏）

绩效管理督导

【脱贫攻坚督查】 从全县 13 个部门抽调 15 人启动脱产督巡。下设 4 个督巡组，1 个综合协调组，成立了脱贫攻坚督查巡查办公室临时党支部，制定了“1+3+N”（每周一早晨开展 1 次集中理论学习，同时研究制定当周督查计划。每周二至周四各督查小组赴乡镇开展督查工作，当周督查结束后形成小组报告。每周五随机调整工作动态，当周督查任务较多时，继续留在乡镇开展督查，确保不留一处死角，若当周督查任务能够完成，周五各小组总结交流在督查过程中遇到的难点问题，或开展其他工作）。学习工作联动机制、“四个一”工作法。第一阶段（2019 年 3 月 26 日至

4月11日）督巡主题内容包括春季“大走访”、人居环境“大提升”行动推进情况，中央第八巡视组反馈问题整改情况及贫困村退出指标落实情况，并对驻村帮扶、“两不愁，三保障”、人居环境、扶贫档案材料等方面进行了重点督查。同时，还对客运班车、动力电、村卫生室、产业项目、村集体经济等重点指标进行了核查；第二阶段（2019年7月9—19日）对全县9个乡镇第一轮督巡、帮扶大走访发现问题开展了整改落实情况回头看，同时对环境卫生整治情况，督巡、大走访发现问题进行举一反三情况开展督查巡查；第三阶段（2019年7月23日至8月23日）对全县9个乡（镇）130个行政村危房改造、安全饮水、驻村帮扶、公益性岗位使用、州督巡办暗访发现问题整改及“举一反三”情况进行了督巡。参与全县第一个“百日攻坚”阶段收尾帮扶大走访活动。累计访谈村干部、驻村干部360人，材料组共查阅一户一档材料1780份，入户组共走访5628户（其中非贫困户3659户、贫困户1969户）；累计发现8个方面若干个问题，并逐乡镇就发现问题进行了反馈，为各乡镇找差距补短板提供了问题“数据库”。

【重点任务督查】 对伊利长白山天然矿泉水饮品项目推进情况按月进行督查。对秸秆禁烧、秸秆离田及森林防火工作落实情况开展联合督查。对2019年全县造林绿化工作进行督查。对农村环境整治情况进行督查。对全县农村饮水安全工程运行管理情况进行专项督查。配合省委、省政府和州委、州政府督查组工作。

【招商引资】 围绕建设“长白山绿色转型示范县”总体思路，主动作为，成功招入浙拖奔野（安图）拖拉机制造有限公司项目，项目计划总投资为5000万元，年组装生产拖拉机整机10000台。公司已注册并签订协议，各项设备正在安装调试。

【党建工作】 意识形态工作。以新时代文明实践所为载体，建立意识形态工作责任制的检查考核制度，健全考核机制。党风廉政建设。履行“三重一大”民主议事决策。落实一把手“五个不直接管”制度。签订了党风廉政建设“一岗双责”责任书，组织观看廉政警示片《警醒》《镜鉴》，组织学习《忏悔录》《榜样四》。干部队伍建设。加强理论学习，每周一次专题理论学习，全年组织集中学习45次，领导干部上党课5次。开展社区共建“暖冬行动”志愿服务和安图县历史讲解志愿服务活动，组织开展“不忘初心、勇于担当”“弘扬抗联精神、传承红色基因”“不忘初心、牢记使命——参观历史展览馆”“学习党的十九届四中全会精神”“学唱誓词、重换初心”“修身致远、助力工作”“不忘初心、牢记使命”“学习青年榜样习近平”“缅怀革命先烈、传承时代精神”“学雷锋志愿服务”“扫黑除恶我支持我参与”“全面从严治党永远在路上”共12次主题党日活动。

【扫黑除恶工作】 建立由单位一把手统筹指挥、分管副主任具体统筹，各科室各负其责、密切配合的工作体制，按照工作需要，专门成立绩效管理督导服务中心扫黑除恶专项斗争领导小组，多次召开全中心参加的扫黑除恶专项斗争工作布置会，传达学习中央和省州、县扫黑除恶专项斗争工作会议精神和相关文件精神，对全中心所有干部参加扫黑除恶专项斗争工作进行全面部署和学习。通过网络、微信、下乡督查等方式进行线索摸排。

【获得荣誉】 王延伟、冯辉（督巡办抽调）2人被评为“2019年度优秀领导班子成员”；孙志强、王慧颖、纪秋成（督巡办抽调）、丁兆伟（督巡办抽调）4人被评为“2019年度优秀共产党员”；秦玉良、李云雷、李哲（督巡办抽调）3人被评为“2019年度先进工作者”，荣获“2019年度绩效考核优胜奖”。

（王慧颖）

宣 传

【概 况】 中共安图县委宣传部是县委主管意识形态方面工作的职能部门，为正科级，对外加挂县新闻出版局、县政府新闻办公室、县精神文明建设指导委员会办公室牌子。县委网络安全和信息化委员会办公室设在县委宣传部，对外加挂互联网信息办公室的牌子。归口领导县文化广播电视和旅游局、安图广播电视台。受县委委托代管安图县文学艺术界联合会、安图县科学技术协会。下设办公室、宣传科、理论科、文化科、行政审批办公室，执行行政编制10名。下属事业单位2个，分别为安图县委精神文明办公室，事业编制参照公务员管理3名；安图县互联网信息中心，全额拨款事业编制15名。

【理论武装】 研究制定《中共安图县委理论学习中心组2019年度学习计划》《关于推进2019年全县理论学习工作的通知》，结合“不忘初心、牢记使命”主题教育等召开县委理论学习中心组学习会议33次，其中学习研讨会议8次，扩大学习会议2次。利用“学习强国”等学习平台，组织动员党员干部群众4500余人纳入组织框架进行学习。征订发放习近平新时代中国特色社会主义思想学习纲要等辅导书籍4500余册。制定下发《2019年基层理论宣传工作方案》《关于开展助力脱贫攻坚“大宣讲”活动的通知》等指导性文件。组建县、乡（镇）、村三级“草根宣讲员”队伍570余人，采取“炕头宣讲”“田间地头宣讲”“朝汉双语宣讲”等形式开展宣讲活动1.1万余场次，受众2.6万余人次。

【维护意识形态安全】 组织专项督查组到各党委开展责任制落实情况专项督查，组织召开专题联席会议2次，完成省委巡视“回头看”及州委第四巡察组巡察抵御文化渗透等有关工作。下发《关于进一步加强对论坛、讲坛、讲座、年会、报告会、研讨会等阵地管理的实施办法》《关于进一步加强非法卫星地面接收设施排查工作的通知》，持续加大“清卫”整治力度。注重爱国主义教育基地管理，审批县级爱国主义教育基地6个，评定州级爱国主义教育基地3个，并组织党史办等相关部门开展革命历史类遗址遗迹和爱国主义教育基地排查，及时整治存在的问题。完成193个“扫黄打非”基层站点录入。做好互联网监管，组建125人宣传引导员队伍，举办全县宣传引导工作培训班，组织网络安全员积极参与重大事件跟帖评论工作。在属地内开展网络安全责任制专项检查和网络安全风险评估专项检查，排查各部门（单位）电脑3700余台，处置安全隐患电脑13台。

【主流舆论宣传】 开展庆祝新中国成立70周年系列活动，制定下发《关于隆重庆祝中华人民共和国成立70周年组织开展“我和我的祖国”群众性主题宣传教育活动的通知》，指导各基层部门（单位）开展系列活动。5月在全省率先推出安图版《我和我的祖国》音乐MV，受到《人民日报》、新华社等多家媒体、新媒体、网络大V关注播发；被学习强国、新时代e支部等学习平台采用；搜狐网等多家网站转载，总点击量超过200万次。做好节庆氛围营造工作，悬挂国旗2500余面，制作国庆主题绢花景观造型1处、建筑围挡10余处、大型广告牌5处、扇形广告牌200余个、刀旗200余面、海报200余张、大型景观灯2处。邀请新华社、《人民日报》、中央电视台等中央、省、州级媒体170余家、记者270余人次到安图县采访，州以上媒体刊播发稿件1950余条。组织拍摄了乡村旅游、乡村振兴等宣传片。深化“三大攻坚”、扫黑除恶等宣传力度。通过县内各媒体刊播、发布、转载、推送相关新闻、信息近700条次。制作H5作品1部，参与人数3.5万余人次。制作擎天柱10个、广告牌20余个、楼宇文化墙1个、宣传展板180余个、宣传横幅200余个、宣传海报2000余张，发送短信16万条次。加大新媒体宣传力度，10月在全省率先推出《“不忘初心、牢记使命”经典金句》短视频，被学习强国、新时代e支部等学习平台，中新网等10余家网站发布，并被多家媒体转发。制作脱贫攻坚、主题教育等H5作品4部，点击量5万余次。融媒体中心正式挂牌。

【时代新风培育】 新时代文明实践中心正式挂牌。建设新时代文明实践中心1个、实践所61个、实践站219个。规范新时代志愿服务管理，登记注册志愿服务组织275个，志愿者10281人，发布志愿服务项目150次。推荐全国“四个100”最美志愿服务社区1个，省级优秀志愿服务社区标兵1个，省级优秀志愿服务组织1个，省级优秀志愿者3人。组建脱贫攻坚暨扫黑除恶政策志愿宣讲团，走进农家大院，走上百姓炕头，围绕党的十九大精神等送课巡讲700余次，惠及群众2万余人次。常态化开展“促乡风文明建设 展新时代农民风采”等志愿服务700余次，参与人数7600余人次。开展“吉林好人”“延边好人”等最美系列评选申报工作。前三季度评选州级以上道德典型15人。其中，全国脱贫攻坚贡献奖1人、全国民族团结进步模范人1人、吉林省道德模范暨吉林好人2018年度人物提名人物3人、“吉林好人标兵”2人、“吉林好人”3人、“延边好人”4人、“延边好人 最美民族团结之星”1人。评选表彰行业典型及最美人物200余人。挖掘、选树州级以上乡村好人19人，县脱贫攻坚工作先进集体63个、优秀村干部100余人、自主脱贫模范45人、乡风文明之星30人、孝老爱亲榜样32人。在清明节、“七一”、“十一”等重要节点，开展“童心向党”等主题实践活动。开展“新时代好少年”评选活动，推荐省“新时代好少年”5人。实施红色基因传承工程，安图三小被命名为中国工农红军王德泰红军小学。开展2017—2019年度州级精神文明建设先进集体推荐工作，推荐州级文明单位（文明村镇）51个、文明家庭2个、文明校园3个。围绕“我们的节日”主题，开展“送春纳福进万家”等主题活动，推动传统文化与中华文明传承。开展文明行业窗口创建活动，推荐省级文明示范窗口1个，州级文明示范窗口2个，省级文明服务明星1人。各村组建“四会”民间组织，开展“建村规民约 去陈规陋习 树文明乡风”活动。在全州乡风文明建设现场经验交流会上作经验交流。

【群众性文化建设】 开展市民文化节、农民文化节系列活动35项，参与干部群众6万人次。营造“书香安图”全民阅读浓厚氛围，为读者赠送书籍3000余册。组织全县干部群众向农家书屋捐赠图书1万余册，完成农家书屋出版物补充更新3.3万余册。为做好矿泉水文化旅游节节庆活动，开展征集县树、县花、县徽、县歌、吉祥物等活动。组织执法大队、消防大队对全县13家书店、3家印刷厂、1家电影院进行安全生产检查3次，排查安全隐患30余处，下发整改通知书24份，责令“三停”1家，罚款2家。拍摄完成《安图非物质文化遗产巡礼》专题片，正在后期制作。举办“文化和自然遗产日”宣传展示暨旅游推介活动。开展“朝鲜族鹤舞”等培训，参与人数200余人。完成年度加强县级融媒体中心建设、推进文化市场综合执法改革、弘扬优秀传统文化、农家书屋建设4项文化体制改革任务。承接行政审批事项8大项27小项，建立健全行政审批机制，进一步压缩时限、精简手续，优化运行审批事项和流程。建立“安图县出版物经营企业”和“安图县印刷企业”微信群，推进审批服务模式高效化进程，为3家印刷企业、4家出版物经营企业年检换证，为2家出版物经营企业发放新证。

（闫鸿洋）

统一战线

【概　况】 中共安图县委统战部设办公室、一科、二科、三科4个科室。2019年，核定人员编制7名。其中，行政编制6名，事业编制1名。

【党外人士管理】 出台政策文件。县委统战部经过与省州业务部门的交流探讨，与安图县相关部门的沟通，在深入研究论证党外人士工作的基础上，出台《关于加强新形势下党外代表人士队伍建设的实施意见》。实现党外代表人士培养制度化、规范化。密切联系组织部门。建立信息共享和业务协作机制，组织党外干部培训班，积极向组织推荐优秀的党外干部，全年推荐政协委员29人，组织党外干部培训1次。

【非公有制经济领域统战】 社联会新增行业联谊会1个，新成立安图县新的社会阶层人士联合会，设立4大专委会，42个行业组，人员700余人。利用双联领导机构会议和双联组织全体会议的有利时机邀请省州领导开展教育培训，组织大规模培训2次，各行业联谊会开展交流座谈培训10次。通过“和合文化”书画展、“工会杯”排球比赛、乡村摄影展、象棋比赛、钓鱼比赛等，丰富群众的文化生活，增进社会各界人士交流，联谊交友，扩大社会组织影响力。开展同心圆金点子论坛为安图县的经济社会发展提供好建议。

【开展帮扶活动】 与明月镇联合举办2019中国（安图）同心圆“八吉双创”龙泉村美丽乡村文化旅游节。活动中争取法律服务非公经济签约，免费为安图县助力脱贫做出贡献的30家企业提供一年的法律服务；域外商会助力脱贫攻坚捐赠两江镇江南村5万元，用于帮扶贫困学生、基础设施建设和脱贫攻坚。开展县统一战线同心圆“送温暖·迎新春·助力脱贫攻坚在行动”。动员县统一战线两大社会联谊组织骨干会员130人次，活动覆盖全县9个乡（镇）的19个村屯，书写春联2000余幅、福字2000余个，手包水饺250千克，免费理发30余人次，为同心圆尊养院赠送被褥5套，发放众筹资金委托经营分红资金24万元。

【宗　教】 县委统战部将统战、民族、宗教工作梳理细化，强调宗教工作重要性，明确各级各部门宗教领域各项职责任务，推动民族宗教工作有序开展，实现规范化运行。

【统战工作】 开展港澳台胞、海外侨胞、归侨、侨眷的调查摸底，掌握准确信息，并建立电子台账。借助港澳台侨的信息纽带，加强与港澳台地区和国外的文化交流和经济合作。

（杨　航　孙雪梅）

县直机关党建

【概　况】 中共安图县直属机关工作委员会内设组宣部、综合部。部门派驻机构有县直机关纪检监察工委、县脱贫攻坚驻村干部党委办公室、县直机关工会委员会、县直机关武装部、中国共产主义青年团安图县直属机关工作委员会、县直机关妇女工作委员会。2019年，人员编制6名，实有6人。

【党员教育管理】 全年召开综合议党会议2次，专题议党会议4次。选拔20名有党务工作经验的副科级领导干部，组建机关党建工作监督指导员队伍。选任4名兼职组织员与新发展党员入党前谈话。通过积极分子推荐考试、预备党员转正考试，入党材料双向审核，多部门联合政审等措施，提高入党质量。全年新发展党员61名，按期转正71名，因政审不合格不予发展1名，延期转正3名。设立“先进爱国主义教育基地”1个，开展“预备党员集体宣誓”“党务干部党性锤炼”等系列活动，组织党务干部业务培训班8期，培训1000余人次。全年交纳党费100余万元，指导34个基层党支部按期换届选举，15个涉改部门同步健全基层党组织，办理党员党组织关系转接124人次。

【意识形态】 将意识形态工作纳入年初工作要点和民主生活会，全年召开专题会议2次，听取基层支部报告2次，开展专项督查2次，组织专题培训1次，打造意识形态建设基层示范点4个；结合“不忘初心、牢记使命”主题教育，制定《2019年度理论学习计划》，将意识形态纳入中心组学习、党员领导干部培训重要内容，组织集中学习36次，开展专题研讨4次，撰写调研报告1篇、学习心得9篇；推进党建文化环境建设，指导下属支部分别设立党建宣传栏、党员群像图、党建成果展示墙、党员活动室等独具特色的党建文化宣传阵地；利用有线电视、网络平台、报纸杂志等新闻媒体宣传推广先进经验。全年向上级部门推送各项宣传报道100余篇，其中在中央媒体发表22篇，省级媒体34篇，州级媒体52篇；督促下属支部设立“新时代文明实践所（站）”63个，成立志愿者服务队1支，实名注册59人；多次组织所属各党支部召开“治理非法卫星地面接收设施反弹工作会”；开展县直机关意识形态工作责任制落实情况专项检查，并组织所属支部参加意识形态考试。

【文明创建】 联合爱卫会，组织开展“月末卫生集中整治日”活动，组织机关干部定期清扫巷道，持续做好国家级文明城市创建工作；2019年县直机关党工委被评为全州“精神文明先进单位”。

【驻村干部党委办公室】 筹建纪实展馆。历时半年，完成安图县脱贫攻坚纪实展馆筹建工作，是全省唯一一个体现脱贫攻坚工作的县市级展馆。展馆位于县脱贫攻坚指挥部二楼，面积100平方米，主要包括“探索实践”“成效成果”“领导关怀”等10个篇章，较为全面、系统地记录中共安图县委、县人民政府带领全县广大干部，在脱贫攻坚这场伟大战役中，不断创新探索、攻坚克难的感人实践。狠抓工作落实。筹备召开2次驻村干部党委全体（扩大）会议，通过以会代训方式，安排部署驻村干部党委2019年重点工作，传达上级部门各项政策及会议精神，组织全县摘帽会战“百日攻坚”誓师大会，开展“助农春耕”“助农秋收”等系列帮扶活动，提升履职能力。围绕政治理论、方针政策、工作方法、作风教育等内容，组织开展驻村干部培训班5期，培训2000人次。优化管理服务。全年累计发放各类补贴1100万元。组织全体驻村干部进行健康体检，协调相关部门为驻村干部办理人身意外伤害保险；年初开展“新春送福”和“为驻村干部家庭送温暖”活动，中秋节期间开展驻村干部慰问活动；联合县红十字会，开展“贫困户物资帮扶”活动；组织开展驻村干部体能拓展训练活动。加强典型选树，充分利用有线电视、网络平台、报纸杂志等新闻媒体宣传推广先进经验。全年向上级部门推送各项宣传报道100余篇，其中在中央媒体发表22篇，省级媒体34篇，州级媒体52篇。安图县先进事迹在国务院扶贫开发办公室和脱贫攻坚先锋系列图书编委会联合编印的《脱贫攻坚先锋》中刊登，在全国范围交流。年初，对优秀驻村干部党支部、行业扶贫部门、驻村干部进行表彰，表彰集体84个、个人43人。中央政研室派驻明月镇龙泉村的第一书记王平堂获得全国脱贫攻坚奖贡献奖。

【“不忘初心、牢记使命”主题教育】 党工委机关支部严格按照“四项措施”（学习教育、调查研究、检视问题、整改落实）“九加三”（组织开展一次大学习、每月组织一次学习交流、抓好一次党支部书记轮训、认真讲好一次专题党课、列出一个问题清单、开展一次主题党日活动、至少参加一次志愿服务、至少办一件实事好事、召开一次专题组织生活会、开展一次“支部连支部”活动、开展一次主题教育知识竞赛、开展一次主题教育演讲比赛）要求，开展“不忘初心、牢记使命”主题教育。根据组织部安排，派出3人组成县第七指导组，全程监督指导8个部门开展主题教育情况。党工委领导干部结合“六个对照”（对照习近平新时代中国特色社会主义思想、习近平总书记重要指示批示精神和党中央决策部署。对照习近平总书记在中央“不忘初心、牢记使命”主题教育工作会议上的重要讲话中指出的突出问题。对照《中国共产党党内重要法规汇编》，对照初心使命，对照人民群众新期待，对照先进典型、身边榜样。重点查找在增强“四个意识”、坚定“四个自信”、做到“两个维护”方面的差距，在做到“不忘初心、牢记使命”方面的差距，在群众观点、群众立场、群众感情、服务群众方面的差距，在知敬畏、存戒惧、守底线方面的差距，在思想觉悟、能力素质、担当作为、道德修养、作风形象方面的差距）。查找“五个方面”（理论学习有收获。重点是教育引导广大党员干部在原有学习的基础上取得新进步，加深对新时代中国特色社会主义思想和党中央大政方针的理解，学深悟透、融会贯通，增强贯彻落实的自觉性和坚定性，提高运用党的创新理论指导实践、推动工作的能力。思想政治受洗礼。重点是教育引导广大党员干部坚定对马克思主义的信仰、对中国特色社会主义的信念，传承红色基因，增强“四个意识”、坚定“四个自信”、做到“两个维护”，自觉在思想上政治上行动上同党中央保持高度一致，始终忠诚于党、忠诚于人民、忠诚于马克思主义。干事创业敢担当。重点是教育引导广大党员干部以强烈的政治责任感和历史使命感，保持只争朝夕、奋发有为的奋斗姿态和越是艰险越向前的斗争精神，以钉钉子精神抓工作落实，努力创造经得起实践、人民、历史检验的实绩。为民服务解难题。重点是教育引导广大党员干部坚守人民立场，树立以人民为中心的发展理念，增进同人民群众的感情，自觉同人民想在一起、干在一起，着力解决群众的操心事、烦心事，以为民谋利、为民尽责的实际成效取信于民。清正廉洁作表率。重点是教育引导广大党员干部保持为民务实清廉的政治本色，自觉同特权思想和特权现象做斗争，坚决预防和反对腐败，清清白白为官、干干净净做事、老老实实做人）。差距问题清单、领导班子、领导干部列出的1—2件主题教育期间能够解决的突出问题，查摆问题20条，具体表象20条，立行立改、长期坚持数1条。

【机关群团】 在“美丽乡村文化旅游节”“四山一湖越野赛”等系列活动中，组织70余名志愿者开展志愿服务；在安图县第二届长白山矿泉水文化旅游节开幕式环节中，组织1万余名观众在规定时间内，安全、有序地进退场；组织完成脱贫攻坚纪实展馆接待、城区环境卫生清扫等任务；独立筹备“安图梦之夜”广场文艺晚会；在中华人民共和国成立70周年之际组织2000余人参加集体升旗仪式并观看国庆大阅兵直播。

（刘宽宽）

老干部工作

【概　况】 2019年1月，根据中共安图县委、安图县人民政府关于印发《安图县机构改革方案》的通知，安发〔2019〕1号文件要求，将县委老干部局的职责划入县委组织部，不再保留县委老干部局。2019年6月，根据中共安图县委机构编制委员会办公室《关于安图县部分事业单位调整事宜的通知》，安委编办发〔2019〕24号文件要求，将隶属于原安图县委老干部局的安图县委老干部活动中心更名为安图县老干部服务中心。安图县老干部服务中心位于明月镇博览城，是隶属于中共安图县委组织部的公益一类事业单位，正科级建制，内设党建科、业务科、活动科、综合科，核定全额拨款事业编制13名，实有工作人员6人。县老干部服务中心党总支下设3个支部，其中离休干部支部1个、县级退休干部支部1个、机关支部1个，有党员50人。

【老干部服务】 落实老干部政治待遇。满足老干部读书看报需求，继续订阅《快乐老年报》《夕阳红》等报纸杂志。开展温馨的主题党日。如以庆祝“三八”、“七一”、“八一”、老人节等节日，组织老干部座谈交流、重温入党誓词、传达上级重要文件精神、邀请部分部门领导通报重点产业、实地参观重点项目运营等情况。做好疏导老干部思想工作。如县党政领导在重大节日上门慰问老干部，新任领导上岗先走访老干部，接待老干部来信来访，老干部重要活动领导到场祝贺，与老干部交流思想，为老干部解决困难。维护、提高老干部知情权和知情度。2019 年 8 月，县委书记韩长发，县委常委、组织部部长张伟利亲自召开全县老干部座谈会，对全县上半年全县经济运行、脱贫攻坚工作进展、防风险工作预防及产业项目发展等方面进行了详细介绍。引导老干部在参与经济发展、重点项目建设、关心下一代教育、扶贫攻坚、科技培训、稳定社会等方面继续发挥重要作用。12 月 16 日，全国离退休干部先进集体和先进个人表彰大会在北京举行，安图县退休老干部金万春荣获 2019 年全国离退休干部先进个人荣誉称号。全省各地各部门迅速掀起学习宣传全国离退休干部“双先”精神热潮，通过学习先进典型事迹，激发广大老干部发挥余热的热情，凝聚强大发展动力。落实老干部生活待遇。严格按照“精准服务年”活动的要求，对全员联系服务离休干部作明确分工。平时督促大家密切关注离退休老干部及子女微信群，当得知住院和家庭重大变故时，及时带领和机关干部上门走访

县级退休老干部参观安图县历史展览馆

老干部服务中心　提供

离休老干部支部　　　　　老干部服务中心　提供

慰问。加强对异地老干部关怀。2019 年，走访省外 3 名离休老干部。安图县 6 名离休老干部享受省委老干部局发放的 6 万元特困补助。2019 年，大走访慰问离退休老干部 66 人次，看望生病住院离退老干部 15 人次，协助 6 位病故离休老干部家属做好善后工作。全年解答老干部及其子女政策咨询 100 多人次。开展“精准服务再提升”工作。坚持以落实离休干部政治、生活待遇为重点，发挥财政支持的作用，保证“三个机制”正常有效运转，安图县离休干部“两费”得到较好的落实，既让老干部生活费按时足额发放有保障，又保证老干部方便就医。在中华人民共和国成立 70 周年、建县 110 周年之际，为每一位离退休老干部赠送老干部服务中心专门订制的中华人民共和国成立 70 周年纪念章。按照州委老干部局相关文件要求建立满足老干部精神需求“说事点”“聊天室”“热线”“流动站”4 个平台，专门成立 4 个示范平台工作情况领导小组。安图县“夕阳家园”离退休干部信息化综合管理服务平台已在推广使用中，此次安图县上报退休干部 2553 人，个人信息按照相关要求整理后通过批处理方式由后台录入。

【主题教育】 自开展“不忘初心、牢记使命”主题教育以来，老干部服务中心坚决贯彻落实习近平总书记重要讲话精神，在县委第八指导组的精心指导下，紧紧围绕守初心、担使命，找差距、抓落实的总要求，坚持把学习教育、调查研究、

检视问题、整改落实4项重要措施衔接起来，整体推进，贯穿始终，确保主题教育高质量扎实推进。班子成员带头深入学习习近平总书记系列讲话，《中国共产党廉洁自律条例》《中国共产党纪律处分条例》组织观看教育片《警醒》接受教育做到自重自省和自警。严格遵守领导干部廉洁自律规定，办公条件不讲排场不比阔气，不利用职权营私舞弊，不巧立名目违规操办敛取钱财，不争名利地位，从严要求自己，清清白白做事。坚持民主集中制，单位大事项征求广大干部意见在发扬民主的基础上，领导班子集体讨论决定，依规管理使用好老干部专项资金。每年在年末都按照县纪委和县组织部的要求，领导班子召开民主生活会，查找领导集体和成员的不足，有针对性地开展批评和自我批评，制定整改举措。年初要求班子成员和科室中层干部，认真查找风险点并继续签订“一岗双责”责任状。2019年全年未出现违纪违法问题。

【兴隆村脱贫攻坚】 松江镇兴隆村是由县老干部服务中心和县农行联合包保的非贫困村。全村常住267户961人，2018年动态调整后有建档立卡贫困户13户27人。做实“三率一度”（漏评率、错退率、综合贫困发生率和群众满意度）工作。历时45天，完成全村240户走访任务。全年直接或间接接待群众诉求90人次。根据入户绘制的草图，拿出办公经费，为兴隆村制作全村农户分布图，并根据农户特点，分类进行标注，悬挂在村部。还帮助制作标准化的党旗和入党誓词图板。谋划产业发展。根据入户走访收集到青壮年劳动力致富愿望，组织召开不同致富项目的座谈会，帮助做好项目论证和风险评估，审慎确定带富产业项目，让村里体弱多病的农民入社分红，从根本上增加农民经济收入。继续协调县旅游局，谋划大兴屯发展农家乐居家致富项目。并着力改善村环境卫生，组织村党员干部为村购买了400多棵树，10千克花籽，修缮边沟7千米，安装了路灯并成立省村党员干部，包保部门、“十户一组”11个环境卫生评选小组。脱贫帮扶方面。县老干部服务中心加大扶贫投入，拿出办公经费5万元，助力脱贫攻坚。以开展主题党日活动为契机，组织机关干部有针对性地为贫困户送温暖献爱心，组成义务抢收队，继续帮助贫困户王松红家收割近2公顷玉米。2019年10月，吉林省扶贫开发办公室授予在脱贫攻坚工作中勇挑重担、无私奉献、表现突出的郑松日、王晓明2人个人嘉奖奖励。2019年12月，王晓明辞去松江镇文昌村驻村第一书记职务，调到松江镇兴隆村担任驻村工作队队员，助力履行脱贫攻坚工作。

【获得荣誉】 2019年，县老干部服务中心荣获安图县2019年度绩效考核优胜奖；安图县退休干部金万春荣获2019年全国离退休干部先进个人荣誉称号；县老干部服务中心离休干部党支部被省委老干部局评为全省离退休干部先进集体；县级退休干部马革新被评为全省离退休干部先进个人。

（鲁少慧）

党校教育

【概　况】 中共安图县委党校负责对全县副乡科级领导干部和基层党员干部、公务员、理论骨干以及中青年后备干部的培训轮训工作；深入研究改革开放和社会主义现代化进程中的重大理论问题和现实问题，全面研究县情、县史、地方文化，为提高教学科研质量服务，为社会主义现代化建设服务，为县委、县政府决策服务。

【党员干部教育培训】 2019年干部教育培训工作，始终贯穿党的十九大精神、十九届一至四中全会精神、习近平新时代中国特色社会主义思想和实现“中国梦”这条主线，以“五位一体”总体布局和“四个全面”战略布局为统领，紧紧围绕县委、县政府提出的工作任务，创新培训形式，提升培训水平。

【教学培训】 抓好主体培训班。全年配合县委组织部等部门完成15个主体班次，完成培训人数3280人次。其中2019年度安图县入党积极分子培训班，培训166人；2019年明月镇政府入党积极分子培训班，培训174人；安图县2019年度村“两委”干部及农村致富带头人培训班，培训353人；安图县2019年度驻村干部培训班（第一期），培训572人；安图县2019年度驻村干部培训班（第二期），培训286人；安图县行业部门扶贫干部培训班，培训122人；安图县扶贫系统一线干部培训班，培训145人；2019年全县乡科级领导干部学习贯彻习近平新时代中国特色社会主义思想专题培训班（2期），培训122人；2019年东西部扶贫协作助力脱贫攻坚专题培训班，培训183人；《中国共产党支部工作条例（试行）》专题培训班，培训286人；2019年安图县驻村干部培训班，培训504人；安图县卫生健康系统后备干部培训班，培训96人；安图森林经营局（公司）党委组织部2019年中层后备干部培训班，培训67人；2019年东西部扶贫协作助力脱贫攻坚专题培训班，培训204人。抓好合作培训班。完成2个班次，培训180人。协助文广旅局理论中心组主题教育读书班集中学习会培训班，培训80人；市监局“不忘初心、牢记使命”主题教育资质能力提升暨食品快速检测培训班，培训100人。抓好人才学院培训班。全年培训4487人次。安图青年人才学院上学期学员98人，培训19次，培训1862人次。安图青年人才学院下学期学员105人，培训25次，培训2625人次。抓好红色文化培训班。培训5个班次，培训300余人。分别承担东丰县新任职领导干部赴延边“重走抗联路党性教育”培训班56人；延吉市工商局个体协会赴安图红色文化培训培训班70人；延边州检察院干部赴安图红色文化培训班90人；政法委领导干部培训班，东满特委党团会议遗址现场教学20人；五粮液集团销售代表培训班68人。

【教学科研】 成立课题研究小组，专题研究矿泉水产业发展情况，形成省级调研课题《关于安图县矿泉水产业发展情况的调研报告》。深入挖掘脱贫攻坚、矿泉水产业发展、安图党史等特色课和精品课。

【新时代传习所教育培训】 县委党校成立新时代传习所以来，教育培训进农村、进社区、进企业、进学校、进军营、进机关，全年完成教育培训人数9220人次。组织党的十九届四中全会精神宣讲团到各单位进行巡回宣讲，完成培训5000多人次；全县乡镇扫黑除恶理论宣讲，培训人数1500余人；“不忘初心、牢记使命”主题教育宣讲，培训920人次；接受邀请到税务局、县医院、工商联、地方电力等20多个部门开展专项培训1800余人次。

【安图县青年人才学院】 同县委组织部创新开办安图县青年人才学院，选拔35岁以下的后备干部和30岁以下的事业编制和公务员，利用业余时间学习，为安图县培养高素质的优秀青年人才。通过2年一个周期、百余名干部接续培养方式，使安图县后备干部队伍得以梯次跟进，青年领导干部不断生成。10月16日，青年人才学院举行2019年新生开学暨毕业生毕业典礼，45名新生入学，39名学员完成学业顺利毕业；青年人才学院学员全年参加培训达4487人次。

【师资队伍建设】 采取“请进来，走出去”方式，加强教师培训。邀请省、州委党校名师、县级领导、部门负责人到校指导。安排优秀教师到宁波市委党校、省州委党校、县市党校学习培训20人次。

【基地建设】 用好已建基地。围绕大沙河纪念馆开发《重温抗联党史，坚定理想信念》《敢于担当——从大沙河战斗中汲取党性力量》等专题课程，指导学员从中共东满特委党团会议展览室、王德林纪念广场、大沙河战斗中汲取党性力量，先后承接东丰县委党校新任职领导干部赴延边“重走抗联路党性教育”、延吉市工商局个体协会赴安图红色文化党性教育、延边州检察院赴安图红色文化党性教育、五粮液集团销售代表赴安图红色文化党性教育等培训班；县政法委、党校和古城村支部等庆“七一”主题党日现场教学活动，全年共培训300余人。利用共享基地。用好县域内的东北抗联干部学院，已经建立对接关系，互相组织培训班培训学员。

【支部建设】 推进“两学一做”学习教育常态化制度化，利用“新时代e支部”“学习强国”等云课堂，定期开展“应知应会”知识测试；坚持“五个一”学习制度，做到“每日一学”；认真落实三会一课制度，开展丰富多样的“主题党日”活动；从严从实推进作风建设、廉政建设，端正师风、学风、校风。

【积极开展党内活动】 在脱贫攻坚方面，落实县委、县政府工作部署，摸清包保万宝镇古城村致贫原因，聚焦“六个精准”和“三确保、两不愁、三保障”，支持下派干部履行第一书记和驻村工作队职责，衔接蓝莓基地项目、光伏发电、地栽木耳、红旗村乡村旅游等方面解决实事。元旦、春节、“三八”、“六一”、老人节、中秋节等节日购买礼品等慰问包保的贫困户和古城村民。向上争取资金，元旦前慰问贫困户，送电水壶67个，折合5600元；春节前慰问4户贫困户，发放慰问金1200元；“三八”节为古城村160户妇女送礼品，折合2000元；支持鼓励贫困户发展庭院经济，为古城村贫困户送大姑娘秧苗，折合2000元；“六一”儿童节开展扶贫助学活动，发放书包和文具48套，折合2880元；送村部大会议台、椅子，折合5000元；“8·15”老人节慰问古城村老人，送200把雨伞，折合2000元；中秋节慰问包保贫困户，送去月饼和牛奶等礼品，折合4355元；为古城村106户进行门窗瓦改造，投入5万元。全年投入帮扶物资7.5万余元。组织全体教师沿着村路种植花卉5000余米，并多次组织教师深入古城村开展环境整治和秋收助农活动。“七一”期间，县委党校和万宝镇古城村联合组织开展“七一”主题活动。40多名党员和预备党员，通过开展红色慰问、红色服务、红色教育、红色记忆，使全体党员悟初心、强党性。“不忘初心、牢记使命”主题教育，全体党员干部聚焦主题主线，读原著、学原文、悟原理，达到理论学习初步收获、思想政治初步洗礼的目的。通过集中学习研讨，提高全校党员干部学习贯彻习近平新时代中国特色社会主义思想的自觉性。履行“双岗双责”活动中，在职党员帮助九龙社区2户居民实现微心愿2个。

【获得荣誉】 2019年12月，李芳作为项目负责人撰写的《关于安图县矿泉水产业发展情况的调研报告》省级调研课题，顺利结项。

（张淑莉）

党史研究

【概　况】 中共安图县委党史研究室是中共安图县委序列的参照公务员管理的事业单位，正科级建制，财政全额拨款，归县委组织部代管。2019年，有编制5名。

【党史著作编写】 2019年，完成《中国共产党安图历史大事记（2003—2018）（送审稿）》，提交到县委常委、县五大班子领导及全县副县级领导干部审核。

【党史宣传】 组织室内人员深入乡镇、社区、村屯、学校等，开展党史六进、革命遗址踏查等活动。向有关部门提供抗战时期、解放战争时期及社会主义建设时期相关史料、图片等，赠送《安图革命遗址》《中国共产党安图历史》等书籍。参与县老促会拍摄《革命老区安图》《瓮声之火》《东满会议》《奶头山根据地》《大沙河战役》等红色系列专题片，参与编写《革命老区发展史》

《血战大沙河连环画》等。

【党史教育】 按照全域旅游工作部署，采取多种形式开展红色教育活动。将党史工作与红色革命传统教育紧密结合起来，与“不忘初心、牢记使命”主题教育紧密结合起来，开设《东北抗联精神》《中共党史》专题教学课，为企业、村屯送党课。联合县关工委组织全县50多名中小学生，到延安红色革命教育基地开展“传承红色基因、践行牢记使命”主题实践活动。配合州委党史研究室，利用两天时间，对安图县明长公路沿线的红色资源状况进行调研，实地踏查奶头山抗日革命根据地纪念馆、大沙河战役纪念馆、东北抗联二军纪念馆等现场教育点。编写上报《安图县委执政实录（2018）》相关内容，上报大沙河战役、迷魂阵会议、奶头山抗日游击根据地等重大战斗、重要会议相关资料。按照“不忘初心、牢记使命”主题教育领导小组要求，室主任及一人被抽调至第五督导组，负责指导县水电办、县房产局等9个单位开展主题教育活动。按照县委要求，上报安图县革命遗址的相关数据和资料。

【党史研究】 编撰《王德泰》英模事迹材料，在省委党史研究室主办的“红色吉林”微信公众平台“新中国成立70周年《巡礼吉林，以英模命名的那些地方》”栏目全文刊发。参加全国党史东北四省区工作会议，进行抗联挖掘工作的探讨与交流。州党史研究室带领安图党史研究室、汪清党史研究室参加中央党史研究室在内蒙古召开的东北四省区党史研讨会议。做好省电视台栏目组、县电视台“壮丽70年”栏目组关于东满特委党团会议遗址、奶头山抗日游击根据地等红色教育资源的采播工作。已在安图新闻播出2期，省台还在编辑中。将革命老区建设工作纳入重要议事日程。11月，室主任刘运明被县政府表彰为革命老区建设工作先进个人（安政通报〔2019〕10号）。

【脱贫攻坚】 党建促脱贫。以村党建工作为依托，经常性地与村班子成员谋划开展主题党日活动、讲党课、助力秋收、宣传政策、环境卫生整治等形式多样的党建活动。协调发展庭院经济。协调县农商行负责采购鸡雏2270只，向贫困户发放30只/户，向非贫困户发放20只/户，安图县党史研究室为各贫困户发放鸡饲料70袋。同时，向全村各户发放果树苗每户10棵。基础设施建设。协调争取资金，新安装路灯70盏，建设排水沟2853米，整村更换铁制围栏。环境卫生工作。帮扶单位、驻村工作队、村委班子、党员、村民代表在每月的第二周带头清理村内卫生。组建一支队伍，开展环境卫生整治，种花、除草、帮助孤寡老人打扫室内外卫生。“志智双扶”工作。开展脱贫攻坚“三个一”感恩教育活动，即：制发脱贫攻坚公开信“传好”扶贫政策；成立一支脱攻坚宣传队“讲清”攻坚纪实；组织一场脱贫攻坚感恩会“树立”感恩意识。会同县老促会等部门组成联合调研组，到各乡镇、涉农部门和相关企业，对安图县特色农产品品牌建设情况进行调研，起草、形成《关于安图县特色农产品品牌建设的调研报告》。

【党建工作】 党风廉政建设工作。签订《“一岗双责”责任书》，明确责任分工。落实“三重一大”“五个不直接分管”和重大事项报告制度，通过集中学习有关法律法规和习近平讲话精神，观看警示教育片，树立知行标准和纪律底线。2019年党史研究室无党员领导干部违规违纪情况发生。组织工作。研究制定《县委党史研究室“不忘初心、牢记使命”主题教育工作方案》，把“四项重点措施”贯穿全过程，统筹安排集中学习、征求意见、调查研究、检视问题、整改落实的要求，做好“9+3”各个环节。鉴于2019年社区无包保任务，安图县党史研究室主动与原来联系的群众进行电话问访，及时反映群众诉求。意识形态和宣传工作。重视党史领域的意识形态工作，成立领导小组，对于违背党中央的各种错误言论和微信转发的错误思潮，敢于直面问题给予坚决回击。落实统战工作要求，安图县党史研究室副主任在“朝鲜语言文字日”为全体人员讲述朝鲜语。借助新闻媒体宣传党领导安图人民英勇抗击日本帝国主义侵略的历史，弘扬抗联志士可歌可泣、英勇无畏的牺牲精神。

【法治建设】 落实“扫黑除恶”专项行动，积极在单位和包保村进行宣传动员，落实平安创建的各项措施。参加领导干部法律知识考试，做好法律宣传，要求党员干部带头学法、守法。党史研究室干部无重大事故发生，无上访和群体性事件发生，无违法犯罪。

（康宝鑫）

安图县人民代表大会

重要会议

【概　况】 安图县人民代表大会常务委员会内设人事代表办公室、教育科学文化卫生办公室、民族侨务外事办公室、农业农村办公室4个专业办公室以及常委会办公室、来信来访办公室2个办事机构；安图县第十八届人民代表大会设立财政经济委员会、法制委员会2个专门委员会。机关编制25名，其中行政编制19名、工勤编制6名。

【县人大常委会会议】 1月10日，县十八届人大常委会召开第十八次会议。讨论并通过县人大常委会2019年工作要点；表决通过人事任免事项。3月7日，县十八届人大常委会召开第十九次会议。表决通过人事任免事项。4月9日，县十八届人大常委会召开第二十次会议。传达全国人大会议精神；审查和批准县人民政府关于2019年预算调整方案（草案）的报告；听取和审议县人民政府关于国民经济和社会发展第十三个五年规划纲要实施情况的中期评估报告；审查和批准县人民政府关于“十三五”规划纲要部分指标调整方案（草案）的报告；听取县人民政府关于2019年度事关全县经济社会发展全局、涉及群众切身利益的重大项目、重大决策相关事项的报告；表决通过人事任免事项。5月29日，县十八届人大常委会召开第二十一次会议。传达习近平总书记重要讲话精神；听取县人民政府关于校园及周边食品安全工作情况的报告；听取县人民政府关于2018年环境状况和环境保护目标完成情况的报告；听取县人大常委会执法检查组关于贯彻落实《吉林省农业机械管理条例》情况的检查报告；表决通过人事任免事项。7月26日，县十八届人大常委会召开第二十二次会议。听取县人民政府关于2019年上半年工业经济运行情况的报告；听取和审议县人民政府关于2019年上半年国民经济和社会发展计划执行情况的报告；审查和批准县人民政府关于2018年财政决算草案的报告；听取和审议县人民政府关于2018年预算执行情况及其他财政收支情况的审计工作报告；听取和审议县人民政府2019年上半年预算执行情况的报告；听取和审议县人民政府关于农村医疗卫生服务情况的报告；表决通过人事任免事项。10月16日，县十八届人大常委会召开第二十三次会议。听取视察组关于2019年重点项目建设情况的视察报告；听取县公安局扫黑除恶工作情况的报告；听取县人民政府关于康养旅游业发展情况的报告；表决通过人事任免事项。12月13日，县十八届人大常委会召开第二十四次会议。听取县人民政府关于物业管理工作情况的报告；听取和审议县人民政府关于《安图县城市总体规划（2016—2030）》局部用地调整方案（草案）的报告；听取县人民政府关于《县十八届人大三次会议期间代表建议办理情况的报告》；听取和审议县人民政府2020年民生实事候选项目概况介绍；表决通过人事任免事项；听取关于县十八届人大四次会议筹备情况的报告；讨论和通过县十八届人大四次会议的有关事项；讨论通过关于优秀人大代表、优秀代表小组等建议单位和人员名单。12月25日，县十八届人大常委会召开第二十五次会议。表决通过人事任免事项（补选州十五届人大代表）。

【县十八届人大四次会议】 12月16—18日，安图县第十八届人民代表大会第四次会议在县文化中心召开。应出席会议代表169人，实际出席156人。会议由大会主席团主持。主席团由42人组成，其中韩长发、吴星臣（朝鲜族）、朴君峰（朝鲜族）、于英志、金哲虎（朝鲜族）、李长男（朝鲜族）、张学杰为主席团常务主席。会议收到县人大代表10人以上联名提出的议案8件，收到代表单独或联名提出的建议、批评和意见78件。会议听取、审议并批准县人民政府县长马云骥所作的《安图县人民政府工作报告》；审查和批准《县人民政府关于安图县2019年国民经济和社会发展计划执行情况与2020年国民经济和社会发展计划草案的报告》《县人民政府关于安图县2019年财政预算执行情况和2020年财政预算草案的报告》；听取、审议并批准县人大常委会主任吴星臣代表县十八届人大常委会所作的《安图县人民代表大会常务委员会工作报告》、县人民法院院长金光锡所作的《安图县人民法院工作报告》、县人民检察院检察长付洪勇所作的《安图县人民检察院工作报告》。

监督与任免

【监督工作】 审查和批准安图县"十三五"规划实施情况中期评估及部分指标调整方案的报告、审议《安图县城市总体规划（2016—2030年）》局部用地调整方案（草案）的报告。听取和审议2019年上半年国民经济和社会发展计划执行情况、2019年上半年工业经济运行情况、康养旅游业发展情况等报告，针对全县重点项目建设情况，组织人员对德丰包装公司瓦楞纸箱生产、益隆长白山公司食用菌加工、成达玻璃公司搬迁改造等重点项目进行集中视察。审查和批准2019年预算调整方案（草案）的报告和2018年财政决算草案的报告，听取和审议2018年预算执行情况及其他财政收支情况的审计工作报告、2019年上半年预算执行情况的报告，针对财政工作中存在的问题，常委会提出认真编制预算、强化预算执行、加强债务管理和实施预算绩效管理等建议。听取县政府脱贫攻坚工作情况的报告，提出加强动态识别扶贫对象、创新精准扶贫路径、形成社会扶贫合力等建议。听取教育扶贫工作情况的报告、农村医疗卫生服务情况的报告。先后对《吉林省农业机械管理条例》《中华人民共和国人民调解法》两部法律法规的贯彻执行情况进行监督检查。听取县公安局扫黑除恶工作情况的报告。2019年累计接待来信来访40件次，全部及时交办、转办和督办。

【人事任免】 2019年，县人大常委会依法任免干部225名，其中任命县政府副县长2名，任命县人大常委会专业办主任1名，任命县政府组成部门负责人14名，任命法检两院干部8名，根据县人民法院工作需要任命人民陪审员168名；免去县监委会主任和1名县政府副县长、5名挂职县政府副县长、1名县人大常委会专业办主任、12名县政府组成部门负责人、12名法检两院干部的职务。

代表工作

【代表培训】 创新"一个载体"。县人大常委会在总结完善乡镇实施政府民生实事人大代表两票制工作的基础上，将这项工作在县级层面推开，实现人大决定权和监督权的有机结合，充分反映代表心声和群众诉求，达到民生实事项目由政府做主转变为由群众做主，进一步拓宽代表履职渠道、增强代表履职成效。开展“两个活动”。县人大常委会围绕全县重点工作拓展“代表联系选民活动站”“代表之家”活动的内容和形式，结合落实“双联”制度，以开展人大代表“三查（察）”活动和加强“代表联系选民活动站”“代表之家”规范化建设为载体，组织代表经常深入选区，广泛联系选民，及时反映社情民意，加强代表与选民的联系。落实“三项工作”。加强学习培训。县人大常委会采取寄送学习资料、分组学习、外出培训等措施，提高代表履职能力。充分运用“一网一刊”平台，为代表学习业务、了解工作创造条件。

【建议办理】 建立代表建议办理工作“235111”模式，进一步规范和健全代表建议办理工作。及时交办县十八届人大三次会议期间代表建议88件。组织召开代表建议办理情况集体面复会议，县电视台全程录播，增强了建议办理透明度，促进了建议办理质量，代表满意率99%。开展“五优评选”。客观总结本届人大工作经验和典型事迹，对评选产生的12名优秀代表、7个优秀代表小组、5名优秀代表小组组长、10件优秀建议和5家代表建议承办优秀单位进行表彰。

【信访工作】 全年共受理各类群众来信来电、来访56件次，办结率100%。

（赵美兰）

安图县人民政府

重要会议

【**第十八届县政府第二十七次常务会议**】 1月8日，县长马云骥主持召开县政府十八届二十七次常务会议。会议学习《习近平扶贫论述摘编》，研究2019年重点项目建设事宜，听取环境保护、全县秸秆禁烧及综合利用、扫黑除恶、脱贫攻坚、安全生产等工作汇报。会议还研究了其他事项。会上，马云骥指出，当前全县重点项目中税源类项目占比高，发展势头良好，项目建设有序推进，要进一步夯实责任，各县级领导和各部门要紧盯年度目标任务，全力抓好项目谋划，推动项目早落地、早开工、早见效。关于环境保护，马云骥强调，要进一步提高政治站位，环境保护事关人民群众福祉，优美的环境是留给子孙后代的重要财富，要加大环境保护投入和整改力度，坚决做好污染治理，不断推动生态环境保护工作迈上新台阶。要多措并举，全面加强秸秆禁烧管控，把秸秆禁烧的各项措施落实好，把秸秆综合利用的方式谋划好，全县各乡镇、各部门要树立全县一盘棋思想，齐心协力，打好秸秆禁烧这场硬仗。马云骥指出，扫黑除恶事关人民群众的获得感、安全感和幸福感，要提高认识、统一思想，将扫黑除恶专项斗争作为重大政治任务来抓，广泛宣传发动，提高群众知晓率和参与度，深入摸排线索，精准发力，严厉打击，形成扫黑除恶强大震慑。在对脱贫攻坚工作所取得的成绩给予肯定后，马云骥指出，脱贫攻坚让全县贫困群众的精气神发生了本质变化，激发了贫困群众脱贫的内生动力，在下一步的脱贫攻坚中，要更加细化帮扶措施，因人因户精准施策，精准帮扶。要加大非贫困村投入力度，改善非贫困村基础设施和基本公共服务条件，提高群众脱贫攻坚工作认可度。要深化东西部扶贫协作工作，珍惜帮扶之机，感恩帮扶之情。关于安全生产工作，马云骥强调，各级各部门要充分认识安全生产工作的重要性，绷紧安全生产这根弦，层层压实责任，扎实做好安全生产各项工作。要做到管行业必须管安全、管业务必须管安全、管生产经营必须管安全。要加大安全隐患排查力度，发现问题及时整改，要坚持生命至上原则，全力筑牢安全防线。县领导刘振忠、王国彦、朴龙云、尹东杰、李云、董振国、孙元光、王燕彤、金桂花、余磊、崔光勋参加会议。

【**第十八届县政府第二十八次常务会议**】 1月14日，县长马云骥主持召开县政府十八届二十八次常务会议。会议学习《习近平扶贫论述摘编》节选，研究2018年绩效考核有关事宜。会上，马云骥充分肯定各单位、各部门在2018年工作中所取得的成绩，并指出，要尊重考评结果，提高思想认识，正确理解考核目的，全力推动经济社会发展的各项预期目标顺利完成。2019年，要根据工作的实际情况，进一步完善和创新考评工作，突出考核重点，体现结果导向，进行优中选优、好中选好，制定更加科学合理的考评操作细则。县领导刘振忠、王国彦、朴龙云、尹东杰、李云、董振国、王燕彤、姜辉参加会议。

【第十八届县政府第二十九次常务会议】 3月18日，县长马云骥主持召开第十八届县政府第二十九次常务会议。会议研究松江镇中心卫生院能力提升项目县级配套资金有关事宜、《安图县乡村振兴战略规划（2019—2023年）》，安图县丰裕达食品有限公司产权置换有关事宜、安图县城市建设投资集团公司组建方案。马云骥指出，在乡村振兴发展中，要明确目标方向，对项目工程、民生及人才等方面存在的问题要仔细研究，认真部署，确保每一步规划稳定落实。关于城市建设投资集团公司组建方案，马云骥强调，公司的组建结构、组建方式、人员任免程序等方面，要严格按照法律程序进行，同时也要保证各单位人员、资产、经营范围的平稳过渡，确保每一项工作平稳有序运行。县领导刘振忠、王国彦、朴龙云、尹东杰、李云、董振国、孙元光、姜辉、王燕彤、余磊参加会议。

【第十八届县政府第三十次常务会议】 3月28日，县长马云骥主持召开第十八届县政府第三十次常务会议。会议听取全县扫黑除恶专项斗争涉黑涉恶案件“一案一整治”及重点行业领域监管漏洞自查整改专项行动开展情况汇报，研究安图县群众举报黑恶势力犯罪奖励暂行办法、全县扫黑除恶专项斗争经费保障相关事宜，听取全县扫黑除恶专项斗争案件侦办情况汇报。听取汇报后，马云骥强调，在扫黑除恶专项斗争过程中，公安局做了大量工作。扫黑除恶绝对不是政法委、公安局的事情，是全社会需要共同努力的事情。要大面积进行治理，激发人民群众参与扫黑除恶专项斗争的积极性，切实推进全县扫黑除恶专项斗争深入发展。县领导刘振忠、朴龙云、尹东杰、李云、董振国、孙元光、姜辉、王燕彤、金虎哲参加会议。

【第十八届县政府第三十一次常务会议】 4月22日，县长马云骥主持召开县政府第三十一次常务会议。会议学习《习近平扶贫论述摘编》节选，研究农村厕所改造维修维护工程施工及资金有关事宜、关于双目峰口岸升级相关事宜、全面实施“一村一警”工程建设实施方案，并听取扫黑除恶专项斗争情况汇报。会上，马云骥强调，农村厕所改造维修一定要先改变老百姓的生活习惯，让村民将改造后的厕所必须利用起来，从而改善农村人居环境；要高度重视双目峰口岸升级相关事宜，明确利用口岸做什么，要在抓紧谋划可行性项目方面下功夫。马云骥指出，庭院经济是一个长期可持续发展的产业，家家户户必须把庭院经济干起来，使庭院经济以小变大、以大变多。我县扫黑除恶氛围已经基本形成，但反腐败一天都不能松懈，对各行业领域要继续严加打击、严加治理，要继续加大力度，确保全面落地落实。要实化细化措施，将责任细化落实到每个岗位与每一个人身上，积极推进落实好各项任务。县领导刘振忠、朴龙云、尹东杰、李云、董振国、孙元光、姜辉、王燕彤、金虎哲参加会议。

【第十八届县政府第三十二次常务会议】 5月13日，县长马云骥主持召开县政府第三十二次常务会议。会议学习《习近平扶贫论述摘编》节选；传达习近平总书记在中央机构编制委员会第一次会议上的重要讲话精神。研究《安图县2019年度绩效管理考评工作实施方案》；听取安图县城区燃气专项规划汇报；研究《安图县购买服务城市环境卫生作业协议》；安图县成立空间规划委员会、国土空间规划编制领导小组相关事宜；2019年砂场拍卖有关事宜；会议还听取全县防范化解金融风险工作情况汇报等。会上，马云骥指出，解决城市环境卫生问题，是大势所趋。在购买服务城市环境卫生作业时，要认真研究合同，细化合同条款，实现双方合作共赢。针对砂场拍卖事宜，要建立退出机制与黑名单制度，破坏、处罚过多的经营者不得参与拍卖。要加强监管机制，明确各部门的相关职责。马云骥强调，要加强金融监管，做好防范化解金融风险工作，以百姓喜闻乐见的方式，科学开展金融风险宣传教育，要合法打击乱办金融、非法集资、虚假宣传等违法违规行为，净化市场环境，维护金融生态。县领导刘振忠、朴龙云、孙元光、姜辉、王燕彤、张玉良参加会议。

【第十八届县政府第三十三次常务会议】 6月13日，县长马云骥主持召开县政府第三十三次常务会议。会议学习《习近平扶贫论述摘编》节选、习近平总书记在解决"两不愁三保障"突出问题座谈会上的讲话；研究全县2019年脱贫攻坚新增项目安排、《安图县建县110周年庆典暨中国·安图第二届长白山矿泉水文化旅游节活动方案》等有关事宜；听取防汛和安全生产工作以及解决"无籍房"问题等情况汇报。就防汛和安全生产工作，马云骥指出：2019年安图县防汛形势依然严峻，不容乐观。各部门要高度重视防汛工作，提高警惕，加快防汛工程的开工进度，避免发生洪涝灾害。安全生产工作任务艰巨，要时刻绷紧安全生产这根弦，有关部门要加强管理，加大检查力度，避免发生安全生产事故。就解决"无籍房"问题，马云骥强调：这是一项重大的民生工程，要提高对"无籍房"问题的关注度，出重拳解决问题。公检法及有关部门要全力配合，保障群众的合法权益不受侵害。马云骥指出，建县110周年庆典要统筹考虑，集思广益，细化方案，克服困难，办成群众乐于参与的活动，并通过举办活动，凝聚人心、提高士气。县领导刘振忠、朴龙云、董振国、孙元光、姜辉、王燕彤、金虎哲、余磊、张玉良参加会议。

【第十八届县政府第三十四次常务会议】 7月23日，县长马云骥主持召开县政府第三十四次常务会议。会议学习《习近平扶贫论述摘编》节选，习近平总书记在"不忘初心、牢记使命"主题教育工作会议上的讲话精神，传达学习宣传和贯彻落实《中国共产党党组工作条例》的通知，学习《"县长税课"减税降费》，研究永庆乡中心学校食宿综合楼建设用地拆迁补偿、供热和生产用蒸汽及污水处理收费标准、安图县融媒体中心建设、2019年农村人居环境整治工作考核方案、农村户用厕改造实施意见等14个议题相关事宜。马云骥在《安图县2019年农村人居环境整治工作考核方案》议题中强调，要紧紧围绕清理农村生活垃圾、清理村内沟塘、清理畜禽养殖粪污等农业生产废弃物、改变影响农村人居环境的不良习惯、美化绿化提升村屯面貌、建立农村环境卫生管理长效机制等方面进行严格考核，对农村垃圾转运工作要高度重视、严格要求、狠抓落实。马云骥在2019年农村户用厕改造实施意见议题中指出，每个村集体收入的10% ~ 20%将用于农村人居环境卫生整治，要坚决打赢打好脱贫攻坚战。县领导刘振忠、朴龙云、董振国、姜辉、张玉良参加会议。

【第十八届县政府第三十五次常务会议】 8月26日，县长马云骥主持召开县政府第三十五次常务会议。会议研究小型水库和山洪灾害防御监测预警系统运行维护资金安排有关事宜，听取提升大学生退役士兵奖励金标准的情况说明，扫黑除恶工作汇报，建设户外法治宣传电子显示屏项目等13个议题相关事宜。马云骥在听取扫黑除恶工作汇报议题中强调，自扫黑除恶专项斗争开展以来，安图县扫黑除恶工作取得阶段性成果，扫黑除恶不是公安局一个部门的事情，是大家的事情，每一个部门都要做好自己分内的事，积极全力配合，县委、县政府也将继续全力支持扫黑除恶这项工作，全力挤压黑恶势力生存的空间。关于建设户外法治宣传电子显示屏项目，马云骥指出，要利用好平台播放新闻联播、红色电影等形式多样的节目，同时社区要多组织活动，把博览城广场建设成为“展示安图文化、突出法治主题、形式丰富多彩、群众喜闻乐见”的法治文化教育传播阵地，从而建成提升城市品位、方便群众休闲、满足群众文化需求等功能一体化的法治宣传阵地。县领寻刘振忠、朴龙云、董振国、姜辉、孙元光、王燕彤、张玉良参加会议。

【第十八届县政府第三十六次常务会议】 10月9日，县长马云骥主持召开县政府第三十六次常务会议。会议研究文化产业发展，年产2000万袋食用菌厂及食用菌深加工项目，开发区供热、污水、《规范城镇规划区内弱点管网管理实施方案》等有关事宜。会议还听取安全生产情况汇报，传达省扫黑除恶专项斗争领导小组第13次会议精神，通报安图县开展十大行业乱象专项整治“回头看”相关要求。马云骥指出，文化产业相关部门要积极对外衔接，走向市场，打造打响安图文化品牌。人才管理工作要力争实现技术化，建立相关数据库，做到信息共享。在工作落实过程中，要遵循量力而行、实事求是、科学合理、深入细节等原则。

就扫黑除恶工作，马云骥强调，要做到工作有痕迹，十大行业部门要坚决打击整治行业乱象，禁止未成年人进出网吧，重点打击“黄赌毒”犯罪，严惩毁林种参、盗砍盗伐、违建别墅等行为，深挖黑恶势力背后的保护伞，肃清肃正社会风气。县领导刘振忠、朴龙云、姜辉、孙元光、余磊、张玉良参加会议。

【第十八届县政府第三十八次常务会议】 12月5日，召开十八届县政府第三十八次常务会议，县领导马云骥、刘振忠、朴龙云、董振国、姜辉、孙元光、王燕彤、金虎哲、张玉良、余磊等参加会议。会议学习了《习近平扶贫论述摘编》，会议研究了2019年政府工作报告，研究脱贫摘帽期间安图县农村供水工程水费收缴有关事宜，研究脱贫摘帽期间提高农村低保、农村特困人员救助供养、20世纪60年代精减退职职工生活待遇标准有关事宜，研究脱贫摘帽期间安图县农村低保渐退及退出有关事宜，研究敦白客专外部供电工程征地拆迁协议有关事宜，研究吉林安图红丰矿泉水小镇整体解决方案设计的有关事宜，研究《安图县关于发放边民补助的实施方案》，听取松江镇供热情况汇报，研究将安图综合客运枢纽站部分供暖费列入财政预算有关事宜，研究延边安晟建设发展有限公司股权转让协议及反担保合同有关事宜，研究《安图县人民政府征收长白山站前配套设施项目土地及地上附着物安置补偿工作方案》，研究《安图县全面开展工程建设项目审批制度改革实施方案》，研究安图县消防大队申请消防救援指战员高危补助的有关事宜。县长马云骥在会上指出，《习近平扶贫论述摘编》这本书各位领导一定要认真学、仔细学，切实把总书记讲话精神用于指导实践，全力扩充到安图县脱贫工作。

（安图县政府办公室）

县政府办公室

【综合信息】 按照县委、县政府的中心工作和总体部署，围绕全县发展大局，广泛调研和收集材料，加强与部门、乡镇、企事业单位的沟通交流，全年起草各类专业会议讲话、工作汇报、调研报告以及其他材料350余份，总文字量150余万字，制发各类文件533件。加强信息编发工作，全年上报政务信息622条，被省、州采用300条。转办、督办县人大代表建议88件、政协委员提案85件，办复率100%。

【文书工作】 严格执行印、信、证管理制度，及时接收省州内网发布的各级各类文件，规范公文流转，并对全年文件进行全面清理、归档。全年累计接收文件2400余份，接收各类传真、信件520余份。健全档案室管理制度，对2019年度的文件全面进行整理，做到条目清晰、分类合理、方便查询。利用公文传输系统，下发各类会议通知150余次；全年组织完成大型活动大型会议及签约仪式230余次。

【政务信息化建设】 对安图县人民政府网进行全面改版，网站界面更加美观大方，功能更加完善。信息发布量不断增加，全年对外发布各类信息1500余条，报送省、州各类信息300余条，扩大安图宣传力度。充分发挥“百姓热线”等便民服务栏目作用，全年共接到百姓投诉、咨询63件，回复63件，回复率、群众满意率均达100%。加强电视电话会议管理工作，全年视频会议联调120余次，参加国家及省州视频会议100余次。

【政府值班】 机构改革以来，安图县在政府办公室“三定”方案中设立了政府值班室，为确保值班工作高效有序，安图县政府办制定了政务值班、信息接报等制度，建立健全值班室各项工作职责。安排专人负责当天值班情况记录和处理来电等有关事项，做到了每天的值班工作有登记、有记录，并将有关情况及时报告相关领导，按照领导指示协调相关部门认真落实。

【后勤保障】 清理办公室内部财务，规范财务支出，累计节约采购资金5万余元。厉行勤俭节约，按照能用不买、能修不换原则，做好桌椅等办公用品维修保养，累计节约资金5万余元。完成各项接待任务，特别是承办的各类签约活动，既节约资金，又得到客商认可。

【政策法规】 机构改革后，县法制办职能划转给司法局，政策法规科负责与司法局公共法律服务科继续衔接部分工作。全年参与协助县司法局处理安图县涉及法律事务事项7件，提出修改意见10余条。

【脱贫攻坚】 县政府办所包保的明月镇永胜村，单位领导到帮扶村走访调研70余次。截至12月，派驻驻村工作队累计工作时间310余天，驻村工作队和帮扶责任人全年走访贫困户2400余人次，慰问贫困群众和贫困党员家庭100余户。全年办公室党员和村党员交流互讲党课4次、共同开展环境卫生整治活动20次、种植绿化树木6万棵、开展环境卫生评比2次、扶贫知识竞赛1次，“三八”节趣味运动会1次，扶贫广播站累计播放时长50小时。帮助村修复机耕道1处、维修村水源地围栏、协助采购春风超市所需物品4000元、开展节日慰问2次、协调处理各类问题100次、代办各类事项200余项，累计投入3万余元。协调建设路边广场及食品安全宣传栏、音响设备1套、发放果树1000棵、道路硬化324米、福合小流域治理400米和灌溉渠1450米已建成投入使用，新建机耕桥梁2座，共计投资400余万元。县政府办所包保的明月镇福利村，2019年脱贫27户53人，实现贫困户全部脱贫、贫困村退出、贫困户已实现了安全住房全覆盖。村内现有卫生室60平方米，配备药品130余种，有固定的村医，新农合参合率及城乡居民基本养老保险参保率均达100%。2019年，投资33.1万元修建白改黑路面296米；投资271万元，新建河堤护岸1270米；投资35.5元安装路灯90盏；投资2.4万元，在村内道路两侧种植绿化树1.2万余株；投资1.5万元，新建福利村大门。2019年，安图县光伏产业及委托经营项目，收益131000元，其中51400元用于贫困户分红，剩余部分纳入村集体。福利村成立了全县第一个以村集体和全村村民为主的种植、养殖专业合作社，以帮扶单位投入+个人垫资+协调东西部资金，共计50万元，实施黑木耳种植项目，并创立了“福利碗耳”品牌。

【获得荣誉】 县政府办被评为吉林省公共机构节能工作先进单位、2019年度全州安全生产和消防工作目标责任制考核优秀等次、2017—2019年度全州精神文明建设工作先进单位；王立伟获得2019年度州安全生产工作“先进工作者”；方汝彪获得2019年度州消防安全工作“先进工作者”。

（孟祥蕾）

政务服务

【概　况】安图县政务服务和数字化建设管理局于2019年3月7日正式挂牌成立，加挂安图县软环境建设办公室牌子。为正科级，是县政府工作部门。人员编制15人，行政编制6人，设局长1名，副局长2人；内设机构领导职数3人，参公人员3人，抽调人员6人。内设3个科室。局党支部于2019年5月5日成立，共有党员7人。主要负责政务服务、数字化建设、软环境建设三大项职能工作。

【政务服务中心】对全县40余个部门的2917项权责清单和958项政务服务事项项目清单进行梳理。完善服务功能，加强实体大厅建设。在对内部网络改造升级、电路重新铺设改造基础上对厅内进行了整体绿植美化，进一步优化了基础环境。厅内饮水机、叫号机、等候区座椅、残疾人通道、风扇、空调等便民设施应全尽全，实现了Wi-Fi全覆盖。完善便民举措，提高服务效率。强化了监督举措、后台实现了通透式管理。推行了延时服务、“中午不间断服务”、一次性告知和容缺受理等机制，最大限度保障群众办事需求。制定出台了《安图县“12345”政务服务热线运行管理细则》，通过电话、短信、网站、邮箱、微信、App等方式，截至年底，共计督办364件工单，完结率100%，位居全州前列。此外，还回应督办了28件政府门户网站“百姓热线”投诉事项。

【数字化建设管理】与联通公司共同设计了《安图县智慧城市顶层设计方案》。信息共享有序开展。组织全县各相关部门填报基础资源调研信息统计表，全面掌握各单位互联网、专网、办公及审批软件等建设情况。截至2019年底，全县开通政务外网的部门共有5个，计划开通的部门有23个。

【优化营商环境】针对招商引资违约失信、工程项目中介服务、供水供电、政府部门拖欠企业资金等领域开展5次专项检查工作，消解了6起政府部门拖欠企业资金难点事项。

【政府集中采购】2019年，公共资源交易和管理共完成交易量150项40.587.0287万元，其中建筑类32项，交易额19782.48万元；扶贫类项目49项，交易额8280.80万元；财政资金27项，交易额7351.75万元；政府采购类42项，交易额5.171.9787万元。

【电子政务建设】通过门户网站公开公布部门动态、通知公告、政府文件等各类信息854条，政府信息公开专栏内50个部门、单位现上报信息654条。另外通过招商引资，促成湖北秦维市政工程开发有限公司与我县签订了总投资1亿元的安图矿泉水产业园区建设管道项目。

【党建工作】5月初，成立了党支部，配齐了党支部人员机构架置，制定了“1+1+N+1”（1个局党支部+1个局政务工作规则+N项常规业务工作+1个工作绩效和作风建设监督考核及奖惩管理办法）制度体系。在开展“不忘初心、牢记使命”主题教育活动中，突出“服务发展、服务企业、服务市民，争当最优‘店小二’”特色载体目标，以打造“微笑服务之星”品牌。通过“四优服务”“一窗一品”“一企通办”创建活动，大大提升了窗口工作人员服务水平。

【脱贫攻坚】近一年来，在福利、永胜两村组织开展了“情助农忙”“美净农家”等各类主题帮扶活动170余人次。累计为困难群众捐赠衣物140余件；贫困助学8000元；与政府办共同投入25万余元帮助发展了食用菌（已采摘6000多千克）、花卉种植（已收入15万余元）等扶贫产业，有效提高了自主脱贫能力，不断提高了村民的幸福指数。立足“扶贫”更要“扶智”，开展卫生整治村容村貌、设定村规民约、举行运动会、讲述携手脱贫“十个小故事”等载体活动，着重从思想行为习惯上改变旧有模式，新风尚、新文明已然成形。

【获得荣誉】 荣获由延边朝鲜族自治州精神文明建设指导委员会授予的“2017—2019年度全州精神文明建设工作先进单位”；由延边州政务公开工作领导小组办公室授予的“2019年度政务公开组织推动工作先进集体”；由延边州政务公开工作领导小组办公室授予的“2019年度政务公开组织推动工作先进个人”：苏昌斌。

（尹雪艳）

外 事

【概　况】 2019年，受理因公出国（境）团组3批14人次；接待国际友好团组4批57人次。同时，安图县与韩国丹阳郡、平昌郡的公务员互派交流活动也顺利开展。

【边境管理】 全面加强边境管理工作，全年4次对中朝边界安图段进行全程踏查，与朝方定期会晤15次，并开展“构建和谐边境，促进共同发展”普法宣传活动。积极配合省、州落实好全县公民安全文明出境游、领事保护进校园等宣传活动。

（孟祥蕾）

机关事务

【概　况】 安图县机关事务服务中心前身是安图县机关事务管理局。2019年3月，因机构改革并入安图县政府办公室。7月18日，新成立为正科级事业单位。内设综合科、人事财务科、公务用车管理科、公务用车服务科、办公用房管理科、机关服务科6个职能科室。2019年共有工作人员46人，大专以上学历33人，研究生以上学历1人；党员17人。

【主要职责】 安图县机关事务服务中心的主要职责是保障机关单位的后勤服务工作。主要业务有负责机关、事业单位公务用车的编制、标准配备、使用、处置等管理工作；负责县内机要通信、应急、突发事件、大型活动、调研等公务出行保障工作；负责部分机关、事业单位办公用房权属登记申请、使用调配和物业管理等工作；负责部分机关单位办公楼食堂管理工作。

【公务用车管理】 4月，进行了2019年全县机关、事业单位公车核定编制数和实际车辆数统计工作。经统计，全县共有401辆公务用车，其中行政单位215辆、事业单位186辆。2019年，全县共调剂27辆公务用车，新购置7辆，报废3辆。

【公务用车拍卖】 2019年共进行了两次公务用车拍卖。3月7日，进行了全县第四次公车拍卖，共有31辆公务用车参与拍卖，其中流拍18辆，成交13辆，总成交价为29.4万元；10月23日，进行了全县第五次公车拍卖，共有50辆公务用车参与拍卖，成交50辆，总成交价为79万元。2019年公车拍卖共成交63辆，成交价共108.4万元。

【公务用车信息化管理平台】 根据《关于加快推进全省公务用车信息化管理平台建设做好改革相关工作的通知》要求，于6月初完成安图县公务用车信息在吉林省公务用车信息化管理平台初始化数据核对工作。8月协同县财政局召开全县行政单位公务用车GPS车载终端设备分散采购会，安图县共采购178套GPS车载终端设备。12月，组织了信息化管理平台操作培训会。

【公务用车服务保障】 2019年，安图县机关事务服务中心有司勤人员18名，有公务用车42台，共完成出车2214次，并完成了“森特·安图杯”国际摄影大赛、接待奉化区党政代表团活动、脱贫摘帽检查游走会、脱贫攻坚现场观摩会等大型接待活动中的出车任务。在第二届长白山矿泉水文化旅游节期间，负责规划了4个公务用车停车场，印发车辆通行证290份，调度安图县机关事务服务中心共30辆公车出车48次。

【办公用房管理】 2019年共有16个单位调剂共

70间办公用房。1月和9月，对全县党政机关42处办公用房进行了清查摸底核实。上半年完成了县疾控中心和结防所的异地新建搬迁。

【餐饮接待】 2019年县政府机关食堂共接待各级各地来宾100余次。10月，对县政府食堂二楼原储物间进行调整，新增包房1间。在第二届长白山矿泉水文化旅游节期间，共接待来宾80余人。

【脱贫攻坚】 安图县机关事务服务中心包保村是石门镇龙兴村。2019年，争取9.4万元资金用于修建1座法治文化长廊，完善村部基层党建文化墙。依托村内现有资源优势，鼓励支持村内成立专业合作社，发展水稻加工增加村集体经济收入。依托村内合作社加工销售水稻3万余千克，实现利润3.4万元，收入均用于村民分红；因地制宜实施庭院项目，依托机关食堂采购大米、蔬菜、土鸡等庭院经济产品约3.4万元。协调县农商行银企联合会、明日环境有限公司、迭代生态科技有限公司、欣龙川实业有限公司等社会扶贫力量进行扶贫帮困，累计捐资9.5万元。

【获得荣誉】 在第二届长白山矿泉水文化旅游节活动中，安图县机关事务服务中心荣获“突出贡献奖”。公务用车管理科科长唐海欧、机关服务科副科长王晓东荣获“突出贡献奖”；机关服务科科长任艳、公务用车管理科科员李敬文荣获“先进个人奖”。人事财务科科长闻治宇、公务用车服务科科员胡云举获得“2019年优秀共产党员”荣誉；综合科科员李永萍获得“巾帼脱贫优秀标兵”荣誉；公务用车管理科科长唐海欧获得“2019年度安全生产工作先进个人”荣誉。

（徐　美）

民　政

【社会救助】 2019年5月，根据吉林省民政厅、吉林省财政厅《关于明确2020年度全省城乡最低生活保障和特困人员救助供养最低指导标准的通知》（吉民发〔2019〕48号）要求，结合安图县实际情况，农村低保标准由3720元/年提高到3840元/年；城镇低保标准按照2018年城镇低保标准550元/月执行；农村特困人员基本生活标准为月人均465元，月护理标准分别为148元、296元和592元。2019年，城镇低保对象3570户5316人，农村低保对象7224户1.09万人，全年累计支出城乡低保金额5823.24万元。其中城镇低保支出2859.23万元，农村低保支出2964.01万元。城镇特困供养对象119人，其中集中供养51人、分散供养68人。全年累计支出城镇特困供养金177.86万元。农村特困供养371人，其中集中供养106人、分散供养265人，全年累计支出农村特困供养金283.8万元。中央第八巡视整改重点任务落实情况。制定《安图县人民政府办公室关于印发安图县民政领域推进中央第八巡视组脱贫攻坚专项巡视反馈问题整改工作方案的通知》（安政办发〔2019〕10号）和《安图县人民政府办公室关于印发安图县深入开展农村低保专项治理工作方案的通知》（安政办发〔2019〕11号），并于2019年3月12日召开全县工作部署会，各项工作按整改方案落实推进。进一步修订《行业收入评估标准》。通过到各乡镇进行调研及征求相关部门意见后，经县政府同意，于3月出台《安图县社会救助家庭行业收入评估标准》。加强农村低保对象与建档立卡贫困户管理对接，确保符合条件的建档立卡贫困人口应保尽保。对县扶贫部门提供的建档立卡贫困人口未享受低保待遇的数据，进行实时比对，符合低保条件的，全部纳入低保保障范围。2019年累计新增农村低保对象192户308人，其中符合条件的建档立卡贫困人口新纳入75户136人。扎实开展临时救助工作。2019年累计实施临时救助13.82万户次24.07万人次，发放临时救助金497.18万元。其中临时救助415户次591人次，发放救助金69.64

万元；发放两节期间一次性临时救助2.37万户3.53万人，发放救助金355万元；电价补助13.82万户次20.48万人次，发放金额72.54万元。落实困难群众基本生活保障工作协调机制，分别于7月12日上午和10月28日，在县政府会议室召开了安图县困难群众基本生活保障工作联席会议，局长全龙河主持，县政府主管副县长董振国出席会议，残疾人联合会、教育局、房产局、红十字会、卫生健康局、医疗保障局、总工会等多部门根据各自工作职能，提出相关救助建议，救助10户，发放救助金9.82万元。建立临时救助备用金。2019年6月，经县常务会议研究，制定《安图县人民政府办公室关于进一步加强和改进临时救助工作的通知》（安政办发〔2019〕32号），根据各乡镇（社区）当年常住人口数、上年度临时救助人次及临时救助资金支出规模等因素，临时救助金按照5万元、10万元、20万元3个档次拨付各乡镇（社区）。拓宽临时救助对象的发现渠道。8月，县委组织部、县脱贫攻坚驻村干部委员会办公室、县民政局三部门联合制发《关于驻村干部主动作为参与临时救助帮助困难群众解决生活困难的通知》（安组联发〔2019〕7号），发挥全县驻村干部临时救助特别是救急难在脱贫攻坚中的重要作用，建立健全临时救助主动发现机制，确保困难群众突发性、紧迫性、临时性生活困难得到及时有效解决，助力打赢脱贫攻坚战。按照《关于在全省范围内全面启动社会救助和保障标准与物价上涨挂钩联动机制的通知》（吉发改价调〔2019〕342号）、《吉林省人民政府关于完善社会救助和保障标准与物价上涨挂钩联动机制的通知》（吉政明电〔2016〕16号）文件要求，2019年累计发放物价补贴10.29万户15.23万人次，累计发放物价补贴金380.85万元。

（闫伟玲）

【社会福利】 2019年，发放残疾人两项补贴944.46万元，其中享受困难残疾人生活补贴人数为6671人，发放636.71万元；享受重度残疾人护理补贴人数为3106人，发放307.75万元。探索建立农村留守老年人巡视探访制度，建立并指导各乡镇、社区完成本辖区农村留守老年人和分散特困供养老年人信息采集及系统填报工作，加快完善农村留守老年人及分散特困供养老年人关爱服务体系。联合县消防、卫健、市监等部门组成联合检查组，对全县12家养老机构的服务质量整改提升工作进行督促检查并督促指导各养老院认真进行整改，并将检查结果录入吉林省养老服务质量检查系统。结合各福利中心实际，聘请专业公司制定了福利中心内控机制手册及安全应急预案，研究出台《安图县社会福利服务中心设定工作人员岗位及工资管理暂行办法》，并规范福利中心收费标准。安图县第六社会福利服务中心养老服务综合楼建设项目计划总投资1800万元，实施室内外装修项目工程，完成室内墙砖、地砖铺设及外墙涂料粉刷、防渗漏化粪池等工程；投入资金300余万元，维修改造第二、第四、第五等福利中心消防喷淋及配套设施、房屋屋顶等基础设施。安图县民政局向延边州民政局争取农村养老服务大院项目建设资金45万元，用于新建明月镇龙泉村和维修改造裕民村养老服务大院，其中龙泉村25万元、裕民村20万元。安图县民政局投入32万元用于全县4所社区日间照料中心运营及开展社区居家养老服务补贴。并积极争取州民政局支持，将兴华社区列为延边州第三批中央财政支持居家和社区养老服务改革试点，争取资金121.9万元用于开展居家养老服务。通过依托兴华社区居家养老服务中心开设老年食堂，为辖区老年人开展助餐服务，并为老年人开展助医、助浴等“十助”服务。争取州级彩票公益金20万元，用于九龙社区老年人日间照料中心及康养老年餐厅的维修改造，并在日间照料中心设立“智慧健康小屋”，购置“智慧健康驿站”等医疗设备，为辖区老年人提供医疗健康服务。

（杜祥凯）

【安全生产】 开展“冬春大会战”“防风险、保平安、迎大庆”“夏秋百日攻坚”“迎大庆、保安全、严监管、促平安”专项行动，做好重要节假日、食品安全、汛期等安全生产工作。全年开展专项检查6次，联合检查3次，下发安全隐患整改通知书18份，整改60个问题隐患，完成上级要求整改隐患10项，列入整改计划2项，联系延边州应急预案单位制定专业应急预案9份，聘请专业公司为7家公办养老机构进行电气安全检测和消防设施安全检测。组织各种宣传日活动5次，集中组织开展安全生产培训4次，应急演练2次，27人通过考试并取得安全培训证书，13人通过考试并取得重点餐饮单位食品安全操作合格证书。1人获得州级“安全生产先进个人”荣誉称号，1人获得县级“安全生产先进个人”荣誉称号。

（太明男）

【民间组织管理】 安图县有社会组织127个，其中社会团体91个，民办非公有制企业36个。社会团体中专业类25个、行业类45个、文体类11个、联合类5个、科技类5个。民办非企业中，教育类16个、劳动类5个、体育类5个、民政类10个。根据《社会团体登记管理条例》和《民办非企业单位登记管理暂行条例》相关规定，安图县民政局于5月10日向在全县登记注册的127家社会组织下发年检通知，依法年检全县登记注册的社会组织，做好变更、换证、注销等工作。截至6月30日，年检社会组织82个；有22个社会团体办理法人变更；有4个社会组织办理注销，年检率64.57%，年检收取会费2.07万元。对于新申请登记社会组织，在审批前详细了解其会员构成、宗旨和业务范围，提供优质服务，严把登记质量关。

【儿童福利】 安图县有留守和困境儿童394人，留守儿童149人（农村133人、城市16人）、困境儿童245人（农村162人、城市83人）。其中，建档立卡贫困户90人、享受低保86人、享受重度残疾人护理补贴29人、享受困难残疾人生活补贴33人。在留守儿童149人中，有建档立卡贫困户23人、低保11人、享受重度残疾人护理补贴1人。在困境儿童245人中，有建档立卡贫困户67人、低保75人、享受重度残疾人护理补贴28人、享受困难残疾人生活补贴33人。在社会散居孤儿14人中，有建档立卡贫困户4人、低保2人。在入省孤儿学校孤儿23人中，有建档立卡贫困户2人、低保1人。

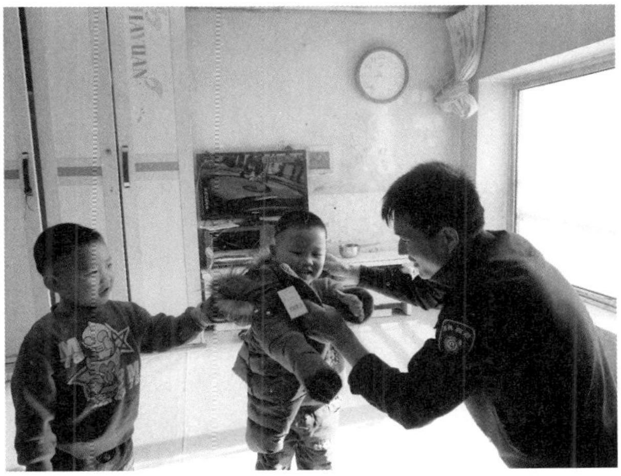

关爱农村留守儿童　　民政局　提供

【殡葬服务】 全县处理死亡人数556具，遗体火化305具，土葬251具，其中公墓地安葬51具。全县低保减免死亡人数175人。无名尸体处理3具。向上级财政申请资金24万元，改造卫生间、休息室，更换防火门，重新粉刷休息室及走廊。

【婚姻登记】 2019年，根据《婚姻登记条例》规定，办理结婚登记1263对，离婚登记708对，补发结婚登记证369对，补发离婚登记证96对，查询婚姻档案1209件。办理1件收养登记。对婚姻登记档案分门别类装订和管理，全年装订结婚档案31册，补领结婚档案9册；离婚档案24册，补领离婚档案3册。

【救助管理】 2019年，救助156人，临时安置2

人。其中危重病人1人、流浪乞讨行为18人，未成年56人，死亡2人。

（耿晓玲）

人　事

【概　况】 安图县人力资源和社会保障局内设办公室、就业科、基金监督科、社会保险科、劳动关系科、调解仲裁管理科（人事争议仲裁科、信访办公室）、职业能力建设科、事业单位人事管理科、专业技术人员管理科、县绩效管理办公室（县评比达标表彰办公室）。另设直属机关党委和行政审批办公室。下辖县就业服务局、县人才中心、县再就业小额贷款担保服务中心、县职业技能鉴定中心、县劳动监察大队、乡（镇）劳动保障服务站（所）6个事业单位。2019年，核定行政编制18名，参公事业编制16名，事业编制61名，机关工勤编制2名，事业工勤2名，员额编制3名。实有工作人员102人。

【事业单位管理】 全年组织事业单位公开招聘5次，聘用事业编制、员额管理编制人员209人；办理县域内人员交流189人次，外县市调入7人，调出外县市13人。办理辞职解聘手续37人次（事业编制25人次、员额编制12人次）。备案事业单位受党政纪处分人员40人次。2019年度考核全县事业单位工作人员4553人，评出优秀646人，合格3720人，不合格8人。

【工资福利】 认真开展2018年事业编转正定级、2019年事业编招聘、“三支一扶”（大学生在毕业后到农村基层从事支农、支教、支医和扶贫工作）、“招才引智”、“特岗教师”转正工资核定等工作。配合社保局调整全县机关事业单位退休人员养老金，人均增资180元。

【获得荣誉】 2019年1月，被县委、县政府授予“2018年度绩效考核优胜奖”；被省人社厅评为“全省人社系统2018年度窗口单位作风建设信息报送先进单位”。2月，被县脱贫攻坚领导小组评为“2018年度行业扶贫先进单位”。3月，被县政府评为“2018年度支持教育工作先进单位”。5月，被省人社厅评为“2018—2019年度全省人社网络宣传矩阵工作先进单位”；被省人社厅评为“2018年度农村劳动办转移就业工作优秀单位”。12月，被延边州精神文明建设指导委员会评为“2017—2019年度全州文明单位”；被政协安图县委员会评为“2019年度承办提案工作先进单位”。2020年1月，被县委、县政府授予“2019年度绩效考核优胜奖”。

（李家强）

民族事务

【概　况】 2019年3月22日，印发《关于调整安图县民族宗教事务局职能配置、内设机构和人员编制的通知》（安办字〔2019〕16号），原安图县民族宗教局更名为安图县民族宗教事务局，是县政府工作部门，为正科级，归口县委统战部领导。设4个机构，即办公室、民族事务科（朝鲜语言文字工作科）、民族经济科、宗教科。机关行政编制11名。

【民族团结进步创建】 印发《关于进一步开展民族团结进步创建活动的指导意见》，推动民族团结“八进”。分别在《中国民族》和《民族画报》上刊文宣传安图县民族团结进步成就。在安图西站设置民族团结宣传灯箱11个。协调开展民族团结“进军营”、迎端午民俗节、第二届民族团结“和合文化”书画展等主题活动。

【培育先进典型】 在第六次全国民族团结进步表彰大会上，荣获全国民族团结进步模范集体1个（松江镇松花村）、全国民族团结进步模范个人1名（金万春）。获评吉林省少数民族特色小镇1个（石门镇）、少数民族特色村寨2个（镜城村、松花村）。

【贯彻落实民族政策】 变更公民民族成分11件。开展清真食品行业专项检查，为县内回族、维吾尔族等具有清真饮食习惯的群众发放肉食补贴2.3万元。

【举办民俗文化节】 2019年9月6日，承办中国安图首届朝鲜族民俗文化节。举办了民俗文化展演、民俗游戏竞赛、民俗美食体验、扇面绘画、民族团结摄影展等活动。安图县民族宗教事务局被县委县政府授予“突出贡献奖”。

【争取资金】 到位少数民族发展资金1798.5万元。其中少数民族发展资金1480万元，少数民族发展补助资金100万元，中央财政专项扶贫资金（少数民族发展方向）218.5万元。由县里统筹整合使用。

【落实民贸企业优惠政策】 2019年1月，发放2017年度民贸企业贴息175.752万元。2019年9月，发放2018年度民贸企业贴息226.7万元。

【脱贫攻坚】 新建6米长农桥1座，购置打包机1台，方便农业生产。修建板杖子1300米，美化村屯环境。黄牛养殖发展至110头。养蜂户发展到8户，约100箱蜂。发展庭院经济，为每户贫困户购买20棵苹果树苗、20只鸡雏。春节、“三八”节、中秋节等多次开展慰问活动，赠送米面粮油、劳保用品等。开展环境卫生集中整治12次，进行植树绿化、房屋粉刷、张贴墙纸等工作。

（王桂森）

朝鲜语言文字工作

【概　况】 安图县翻译中心，负责全县朝鲜语言文字工作。事业编制6名。

【优化工作职责】 印发《关于进一步贯彻落实〈延边朝鲜族自治州朝鲜语言文字工作条例〉的通知》。通过电视、微博等形式宣传解读民族语言政策。举办“9·2”朝鲜语言文字日宣传活动，悬挂条幅30个，设立展板15个，发放宣传手册400份，开展条例“进机关”“进学校”活动。在青年人才学院举办2019年度公务人员朝鲜语培训班，培训对象100余人。

【强化市面用语物整治】 联合城管部门召开“2019年市面用语物工作推进会”，与县内17家广告社、美术社签订责任书。排查城区主要街道牌匾2136块，发放整改通知书20余份。以县庆为契机，对不规范擎天柱广告牌、大型宣传标语进行更换，整治完成率在90%以上。

【加强翻译服务】 完成企业翻译、涉外翻译和相关法律翻译3万余字，完成市面用语物翻译1600余条。

（王桂森）

宗教事务

【概　况】 安图县宗教事务管理服务中心，负责开展宗教事务管理和服务工作。事业编制5名。

【落实宗教管理主体责任】 召开全县宗教场所负责人会议。开展宗教领域专项整治“回头看”工作。

【开展政策法规宣传】 开展“宗教政策法规学习月”活动，举办宗教政策法规培训，宗教界150多人参加。开展安全生产宣传教育，举行“安全生产咨询日”、消防安全知识培训和消防演练等活动。加大安全检查力度，出动检查力量150多人次，宗教界没有发生安全事故。

【引导宗教中国化方向】 开展爱国爱教主题宣传，举办宗教界“喜迎春、爱中华”文艺会演，宗教界400余人参加。开展“和谐寺观教堂”创建活动，指导宗教界落实“四进”“八无”“三上墙”要求，制作上墙展板85个。

（王桂森）

信　访

【概　况】 安图县信访局于2019年3月机构改革更名为中共安图县委安图县人民政府信访局，内设接待督查科、综合信息科、信息中心，主要履行接待全县群众来访、处理群众来信，调处矛盾纠纷、维护和谐社会稳定等职能，实有人数13人，党员8人。

【信访接待】 2019年，接待本级群众来访158批946人次。其中，集体访36批754人次，单人访122批192人次。与2018年同期相比，本级群众上访批次上升13%、人次下降6%，集体访批次下降7%、人次下降13%。信访事项结案率98%，及时受理率100%，按期办理率100%。共发生进京访23批23人次，与2018年同期相比，进京上访批次人次与上年持平。共接待初信初访案件48件，协调解决46件，初信初访化解率为96%。做好接访及初信初访的化解工作，安图县的初信初访化解率始终控制在95%以上。2019年，安图县信访局办理了原纺织厂100余名职工缴纳社保、供热缴费纠纷等。

【积案化解】 安图县接到省州交办案件共9件9人，已办结9件9人，办结率100%，其中，签订息访协议书4件4人，签订保证书4件4人，依法打击1件1人。2019年，向上争取资金60余万元、下访50余次，化解了原松江制材厂改制遗留问题、原长兴乡政府改制遗留问题等几个典型问题。

【党建工作】 党支部全年召开党建工作部署会3次，明确党建工作目标，制订工作计划，确定人员分工。履行支部书记“第一责任人”的职责。党支部坚持“三会一课”“主题党日”等制度。认真落实讲党课制度，支委带头讲党课，密切联系党员的思想实际，开展党课教育。2019年，共有支委和普通党员4名讲课。抓理论学习，把主题教育落到实处。党支部把理论学习与政策法规学习、业务知识学习结合起来，强化党员服务群众能力。结合“不忘初心、牢记使命”主题教育，党支部开展了革命传统教育、形势政策教育、先进典型教育、警示教育。坚持民主集中制原则，严格制度规范。在单位重大事项决策、选拔任用干部、干部职工晋级等工作中，严格坚持民主集中制原则。强化意识形态工作。党支部将落实意识形态工作责任与党建工作一起安排部署，将意识形态工作作为落实党建工作责任的重要工作内容和有效载体。

【脱贫攻坚】 协助村两委带动广大群众发展村产业经济。2019年10月，将12个扶贫大棚对外承包，产生效益2.4万元，单此一项收益可在年末为贫困户带来分红收入300元以上；协助村“两委”做好关爱工作。走访慰问困难群众、帮助贫困户整理完善户环境卫生和室内卫生，发动帮扶单位和帮扶责任人做好环境卫生整治工作；完善基础设施建设，新建4900米边沟项目及5200余米的围栏建设和新建120盏路灯项目都已完工。针对全村普遍存在的饮水困难问题，完成全村自来水工程；民政局争取上级资金30万元建造的村级养老大院也已顺利完工，协调文广新局，为江北村送去价值5万余元的户外健身器材，协调相关施工单位并发动村民自发建设改造户外运动场所；发展庭院经济，安图县信访局与民政局联合投入7000余元为全村村民发放鸡雏。村容村貌环境卫生得到整治。结合全县环境卫生综合整治活动，投入1.5万元为全村新购买垃圾箱65个，设立3处垃圾堆放点；为改善村容村貌投入花籽资金3000余元。

【党风廉政建设】 签订并落实党风廉政建设“一岗双责”责任书，抓好警示教育和廉政学习，组织全体机关干部观看廉政警示片加强组织学习，增强了拒腐防变的自律意识。组织参与“全面从严治党知识答题”活动。做好巡察整改工作。把2019年县委对安图县信访局的巡察作为一项重大政治任务切实抓紧抓好，以思想到位、责任到位、措施到位的态度和求真务实、敢抓敢管的作风，做好巡察反馈问题的整改落实。

【软环境建设】 改善信访接待环境。安图县信访局成立改善信访接待环境工作领导小组，升级改造信访接待场所，在人、财、物和政策方面都给予倾斜和保障。在接访场所公开信访工作基本程序流程图，提供政策宣传手册，全新添置了技防监控，开通了免费 Wi-Fi，同时还购置了老花眼镜、急用药箱、简便食物等物品，为特殊来访群众开通“绿色通道”，为来访群众提供优质便利的信访环境。挖掘和丰富创建考评体系。在完成既定内容上，增加了应急处置，规范异常上访事件应急处置行为，夯实各方责任，确保异常上访事件得到及时妥善处置。开展民意征集内容，通过接访窗口及时收集人民建议意见，为党委、政府当好参谋，及时妥善化解了一批群体性上访事项。结合“七五”普法、文明城市创建等宣传活动和日常来访接待，积极向群众宣传，引导群众依法理性信访。接访干部坚持在接访的过程中以案说法、因案施教。

【获得荣誉】 集体荣誉：在安图县第二届长白山矿泉水文化旅游节中荣获“先进单位”，荣获“2019 年度绩效考核优胜奖”。个人荣誉：包玉红获得“2019 年优秀公务员”称号；包玉红、邓传亮荣获“优秀党员”称号；胡柏德获得“优秀班子成员”；胡柏德在安图县第二届长白山矿泉水文化旅游节获得“先进个人”称号。

（李木君）

群众诉求服务

【概　况】 安图县群众诉求受理服务中心 2017 年 3 月正式成立，内设诉求受理办公室、法律援助办公室、民事民议办公室、综合办公室、民生频道栏目组，主要通过“评理，说事，建言”平台，听民声、解民怨、调处矛盾纠纷，把问题化解在基层和萌芽状态，有效解决社会热难点问题。2019 年，安图县群众诉求服务中心在县委、县政府的正确领导下，在县公众参与社会治理领导小组的具体指导下，各部门努力配合，认真履行工作职责，积极推进全县公众参与社会治理工作。

【诉求受理】 2019 年，诉求中心共受理群众诉求事项 349 件，接待群众 567 人次；日常受理 312 件，接待群众 488 人次；党政领导进社区受理 37 件，接待群众 79 人次。其中，办结 346 件，占 99.14%；当场答复 20 件，占 5.73%。针对行业部门管理制度、社会保障、医疗保障等群众咨询的相关问题，为群众进行了耐心细致的解答。

【党建工作】 2019 年县诉求中心成立独立党支部以来，扎实开展“不忘初心、牢记使命”主题教育，将“九个一”和“三个活动”贯穿主题教育全过程，结合党支部情况，开展形式多样的主题党日活动，进行革命传统教育。同时，丰富学习方式，采取集中学习、讨论交流、个人自学、领导带头讲党课等多样的学习方式，带动全体党员积极投身学习教育，充分学习了主题教育规定的 11 本书和习近平总书记的讲话精神。

【脱贫攻坚】 针对帮扶的明月镇河东村实际情况，争取并实施 80 万元的边沟项目，修建边沟 1800 米。东西部协作 1 户 1 人到奉化务工；残疾人无障碍改造 2 户。协助河东村绿农多种经营专业合作社，实施“合作社 +”带动模式，依托合作社成立蔬菜认领采摘园，开展了蔬菜认领活动。联合融媒体中心在每月第二周环境整治周的基础上，每周三确定为帮扶单位环境整治日，入村开展环境整治；每月 1 日是村级环境卫生整治日；每月评选美丽庭院、干净人家等奖项，人居环境有较大提升。同时，包保责任人扎实开展包保帮扶及政策宣传工作，为切实提高“三率一度”做了大量工作。

【社会影响】 2019年3月，省信访局信息中心主任艾青到诉求中心调研社会治理工作情况；同月省委组织部组织二处处长王福泉一行，到诉求中心调研。7月，吉林大学行政学院许玉镇教授负责的科研团队，针对“三治融合”基层社会治理在吉林省乡村的实践土壤、落地方式以及发展路径到诉求中心进行调研。11月，中心作为吉林大学社会实践基地，为吉林大学社会治理方面研究提供一手素材，吉林大学行政学院在读博士秦振兴，到诉求中心开展了为期一周的学习和调研。同月，州委政法委副书记金秀山一行6人到诉求中心实地调研。同时，面向全县公开征集加强和创新社会治理工作的意见与建议，动员公众积极参与社会治理工作，进一步提升服务群众质量。除此之外，诉求中心与《延边晨报》安图专版、安图政务信息网等部门形成联动机制，构建了全方位、立体式的宣传网络，极大地增强了公众参与社会治理工作的影响力和承载力。

（李　丽）

应急管理

【概　况】 安图县应急管理局成立于2019年3月，内设综合科、行政审批办公室、应急管理科3个职能科室，下辖安图县安全生产监察大队、应急救援中心、地震监测中心3个局属事业单位，2019年共有工作人员26人，大专以上学历26人，党员17名。

【主要职责】 安图县应急管理局是在原安全生产监督管理局的基础上组建成立的，其主要职责在原职责的基础上（将原职业卫生健康职责划转到县卫生健康局），增加了以下职责：负责应急管理工作、指导应急预案体系建设，牵头建立应急管理信息系统，指导协调安全生产类、自然灾害类等突发事件应急救援，统一协调指挥全县各类应急专业队伍，统筹应急救援力量建设，指导协调消防、森林和草原火灾、水旱灾害、地震和地质灾害等防治工作，组织协调灾害救助工作。

【安全生产行政执法检查】 以“非煤矿山、烟花爆竹、危险化学品、道路交通、建筑施工、人员密集场所”等行业领域为重点，开展“冬春安全整治大会战、夏秋百日攻坚”等专项整治行动。全县共成立检查组369个，出动检查人员1107人次，检查各类生产经营单位1847户次，排查隐患2571项，整改2541项，整改率99%，查处非法违法行为16起，暂扣烟花爆竹产品21件。

对安图县九新液化气站进行安全检查

应急管理局　提供

【安全专项整治】 2019年，组织各乡镇、各部门采取专项检查、联合检查、明察暗访、聘请专家检查等方式，加大重点行业领域专项整治力度。在烟花爆竹方面，对全县1户烟花爆竹批发企业、52户零售网点主要负责人和安全管理人员进行了安全培训，联合公安、市监等部门对春节期间烟花销售市场进行检查，累计查出无证经营、异地销售等非法违法行为3起，暂扣烟花爆竹产品13件。在非煤矿山方面，完成金龙铁矿尾矿库闭库评审工作；聘请专家对海沟金矿运输、提升系统以及外包工程进行了专项检查，完成小海沟金矿、海沟尾矿库、海沟选矿厂二级标准化验收工作。在危化品方面，严格按照“危险化学品综合治理方案”要求，对全县13户危险化学品经营单位进行了安全风险评估诊断，并逐一进行了安全检查，共发现隐患23项，已整改17项。在全县范围内开展了醇基燃料专项整治工作，对2户非法经营、1户非法储存的经营单位进行了处罚。在人员密集场所方面，持续开展电动车和居民楼疏散通道清理行动，累计清理小区35个，居民楼100栋，自行车、电动车80余辆，杂物500余件。共检查单位974家次，发现火灾隐患1478处，督促整改隐患1419处，下发责令改正通知书918份，临时查封11家，关停13家，拘留4人。对100户木耳菌养殖户进行了消防安全培训。在重点工程方面，组织交通、铁建办等部门加大龙浦高速和敦白铁路安全检查工作，强化了企业爆破、车辆管理等重点部位和关键环节的监管力度。

【应急管理工作】 实行统一调度、责任分解的管理办法，以县委、县政府为核心，充分调动各职能部门积极性，建立了应急联勤联动处理机制，集中力量抓好突发事件应急处置。在快速应对处置突发事件方面，共接到相关突发事件报告16次，到场协调救援处置16次，其中有影响的事件主要是明月湖山体落石事件、一中门口施工车辆坠落事件、农民工经济纠纷跳塔吊事件，经过协调和各部门的共同努力，事件得到解决，均未造成严重后果和不良舆情影响。在汛期防汛方面，指派专人参与决策指挥安图县防汛工作，加强了工矿商贸企业汛期应急物资、值班值守等措施落实情况的检查工作。在森林和草原防火方面。认真贯彻“预防为主，积极消灭”的森林防火方针，组织开展两次森林防火应急救援演练，紧急拉练森林防火救援队伍3次，实现了“无重大森林火灾及人员伤亡事故”的工作目标。

【安全生产宣传教育培训】 在“安全生产月”期间，组织开展了安全生产咨询日、应急救援演练、“安康杯”竞赛、创建青年示范岗等系列活动，发放传单1万张、安全知识手册3000本；制作了50块事故展板，在各乡镇、重点企业进行了巡展；组织500余人观看《生命的红线》宣教片；组织各行业各部门开展应急演练76次。举办了5期安全生产培训班，对170名生产经营单位主要负责人和安全管理人员、178名特种作业人员进行了安全培训。

【脱贫攻坚】 开展环境卫生大整治工作，对8户贫困户庭院及室内进行了大清扫；协调有关部门对4070米村道、5400米边沟进行了铺设，安装了88盏路灯；改造提升了大东井，方便群众饮水；组织开展春耕、绿化等工作，改善村容村貌；结合“三八”“六一”“七一”等节日，开展各项庆祝活动。

（郑锡刚）

安图县消防救援大队

【概　况】 安图县消防救援大队人员编制35名（其中大队干部5名、中队干部4名、消防员26名），实有人数28人（其中大队干部5人、中队干部5人、消防员18人）。政府专职消防队员28人（其中龙安路消防站6人、松江政府专职消防队11人、消防文员11人）。大队下辖1个消防站和1个政府专职队，消防站现有执勤消防车辆7辆，专职队执勤消防车辆2辆。现有市政消火栓89个、消防水鹤17个。2019年确定的二级列管消防安全重点单位共100家（其中人员密集场所57家，高层建筑1幢，生产、储存、经营易燃易爆危险品场所20个，国家机关、银行等其他消防安全重点单位22家），派出所三级列管消防安全重点单位359家。

【工作概况】 2019年，完成“1·29”油罐车火灾处置、“12·22”交通事故救援、抗击超强台风“利奇马”、中华人民共和国成立70周年消防安保等各项任务。

【班子和队伍建设】 开展“不忘初心、牢记使命”主题教育，与地方开展共享共建，签订党建联盟协议，联合开展党日活动7次，“学习强国”APP人均积分达1.1万分。大队党委坚持季度议廉和重要节点廉政教育，增强风险意识预测和研判。深入看守所开展警示教育 2 次，观看警示教育片 10 次，面向社会述职述廉 2 次，组织执法领域腐败问题座谈会 1 次，征集队伍和内部社会面意见。

【社会面火灾防控】 2019 年，主动向韩长发书记、马云骥县长汇报工作 4 次。提请政府召开消防工作会、约谈培训会、季度联席会等 16 次。与教育、卫计、工信、民政、文广旅等行业部门会商 10 次，梳理行业、系统风险点 40 处，指导和检查行业消防工作 16 次。组织公安派出所民警集中培训 3 次，培训人数 500 余人次。督促 100 家重点单位、359 家一般单位完成“三自主两公开一承诺”。推进火灾隐患排查整治。相继部署开展冬春火灾防控工作、“防风险保平安迎大庆”消防安全执法专项行动。整改销案重大火灾隐患单位 1 家。全县检查社会单位 1804 家（次），发现隐患 2497 处，整改隐患 2439 处。开展平安社区（村屯）建设。依托县政府城市小区乱象整治工作领导小组，推进居民小区消防安全综合治理。制作张贴 2000 张《致全县百姓们的一封信》，助力清理居民楼道火灾隐患。通过“12345”热线、“96119”举报投诉中心等平台，畅通与群众的沟通渠道，解决举报投诉 2 起、群众来信 1 起。深入各村屯木耳大棚实地服务指导，组织排查农村用火用电安全，培训各行政村负责人、基层网格员共计 200 余人次。

【服务地方经济发展和宣传教育】 分层级组织开展《消防安全责任制实施办法》宣贯，开展新修正的《中华人民共和国消防法》和《关于深化消防执法改革的意见》专题培训。与住建局成立消防工作专班，开展工作指导 20 余次，完成消防审核验收移交工作。对接政府政务信息服务平台，公众聚集场所开业前消防安全检查申报事项材料和火灾事故调查等工作网上公开。开展“双随机、一公开”消防监督执法检查，抽查计划和抽查结果网上公示，抽查过程全程执法记录仪录像。开展拥政爱民和志愿服务活动，助力脱贫攻坚。深入州消防支队帮扶包保村松江镇庙岭村开展慰问、环境清扫等帮扶活动。联合团县委开展助力脱贫攻坚消防志愿服务进村入户活动。持续开展关爱贫困和留守儿童活动。吉林省第六届优秀志愿服务集体安图出租车消防志愿者车队 40 余辆出租车免费接送考生，开展消防宣传，并作为优秀志愿者队伍代表参加全州授旗仪式。出租车消防志愿者车队和消防志愿者陈立滨的事迹在《延边日报》报道。两名群众因成功处置汽车火灾被评选为第二季度“吉林好人”。开展消防宣传教育。通过防灾减灾周、安全生产月、“119”消防宣传月等时机，广泛普及消防知识。组织全县 10 个行业部门开展第一届微型消防站比武竞赛。联合教育部门举办首届全县中小学生“火焰蓝杯”消防演讲比赛和首届“火焰蓝”伴你成长消防夏令营活动。在全州消防文创、绘画、作文比赛中，11 人次荣获优秀奖。开展面对面培训演练。先后组织开展各类约谈和培训 50 场次，培训人数 3000 人次。召开养老院、宾馆饭店等人员密集场所疏散演练现场会 2 次、社区居民消防演练 4 次。在县关工委统一组织下，深入 5 个乡镇、10 所中小学校开展消防法宣讲活动。向社会开放消防站，开通网上预约平台，邀请党政机关、学校师生、企业员工和社区群众零距离体验消防。全年消防站开放 60 次，参观人数 5000 余人。拓展宣传覆盖面。制作的家庭厨房火灾扑救方法、在建工地火灾防范、车辆自燃应急处置和冬季行车安全事项等宣传提示信息在中央电视台播出。2019 年，中央媒体上稿 4 篇，省级媒体上稿 10 余篇，州、县级 60 余篇。利用媒体、出租车显示屏播发安全提示 5000 条次。制作发放 5000 本宣传册、3000 件消防宣传品，为村镇安装 50 块宣传展板。

【灭火救援和执勤战备】 每半年提请政府召开

一次应急联动会议，开展联勤联动演练2次。根据警情需要，提请应急管理部门调度全县各相关应急力量。全年调动铲车钩机4次，均及时到达。特别是在“12·22”交通事故救援中，及时调集大型吊车，加快了救援的速度。全年接警出动132起，其中火灾104起、抢险救援22起、社会救助6起，火灾四项指标均比上年有所下降，无人员伤亡，未发生有影响的火灾事故。加强基础工作和实战化比武训练。做好灭火救援准备工作。熟悉重点单位262家次、演练131家次，修订预案60家次。开展实战化岗位大练兵。常态化开展5000米负重跑、全员实装操法训练和负重十楼训练。组织开展山岳救援绳索系统搭建、自救逃生、地下灭火救援、救援三脚架等贴近实战的训练。邀请长春市蓝天救援队教官来队开展绳索救援技术交流培训2次，与省蓝天救援队签订了联勤联动协议。组织全体消防指战员参加应急救护培训，全员获得救护员证。强化应急救援队伍建设。县政府投入134万元采购灭火及山岳救援器材装备，投入120万元为松江镇政府专职消防队购置1台消防车，投入70万元新建消防训练塔。在新合乡依托1辆洒水车和10名乡政府工作人员成立志愿消防队。组织全县10个行业部门所属重点单位微型消防站60余名队员开展首届微型消防站比武竞赛活动，提升应急处置能力。推动市政水源建设。2019年，新建地下消火栓10个、消防水鹤3个，与县自来水公司开展联合检查6次，集中开展水源联合维护保养4次，确保了水源的完整好用。

【获得荣誉】 2019年，安图县消防救援队先后被评为2017—2019延边州文明单位、2018年度延边州青年文明号、延边州五四红旗团支部、安图县2018年度绩效考核优胜奖、县政府集体三等功、县支持教育先进单位、县共青团工作先进单位、中国·安图第二届长白山矿泉水文化旅游节先进单位，1名干部荣膺2019年第一季度吉林好人标兵称号、1名干部荣获省消防总队优秀党务工作者、1名干部荣获省消防总队国庆70周年安保先进个人、1名干部荣获延边州优秀团干部、1名干部荣获县政府个人三等功。

（李广东）

中国人民政治协商会议安图县委员会

重要会议

【概　况】安图县政协设办公室、经济科技委员会、提案委员会、文教法制委员会、港澳台侨联络委员会、文史资料委员会，均属乡科级建制。县政协委员168名。委员中，中共党员77名，占委员总数的46%；党外委员91名，占委员总数的54%。男性委员118名，占委员总数的70%；女性委员50名，占委员总数的30%。汉族129名，占委员总数的77%；少数民族39名，占委员总数的23%。县政协机关在职工作人员21人，其中主席1人，副主席3人，秘书长1人，办公室主任1人，办公室副主任1人，各委主任5人，主任科员3人，副主任科员1人，科员1人，工勤4人。

【党组会议】县政协全年召开15次党组会议，就学习传达上级会议精神、"不忘初心、牢记使命"主题教育、助力扶贫等事宜进行了研究部署。

【主席会议】县政协全年召开12次主席办公会，传达、学习有关文件，研究落实重点工作，研究视察调研报告，研究工作计划、总结等相关工作。

【常委会议】县政协全年召开6次常委会议。3月12日，召开县政协十三届十二次常委会议，协商通过《县政协常委会2019年工作要点》；协商通过《安图县政协委员履职考核办法》；协商通过《有关专委会人事变动事宜》；协商通过《各专委会2019年工作计划》；集体学习脱贫攻坚知识。6月25日，召开县政协十三届十三次常委会议，协商通过《关于安图县物业管理情况的调研报告（审议稿）》；协商通过委员调整事项。9月17日，召开县政协十三届十四次常委会议，传达学习全国地方政协工作经验交流会议和吉林省地方政协工作经验交流会议精神；协商通过《安图县朝鲜族教育情况调研报告》；协商通过《关于我县巾帼创业创新情况的调研报告》。12月10日，召开县政协十三届十五次常委会议，协商通过年会召开时间；协商通过《政协安图县第十三届委员会常委会工作报告（审议稿）》；协商通过《政协安图县第十三届委员会关于三次会议以来提案工作情况的报告（审议稿）》；协商通过十三届委员会第四次会议议程、日程（草案）；协商通过十三届委员会第四次会议选举办法（草案）；协商通过十三届委员会第四次会议表彰名单；协商通过各专委会界别重新划分事宜；协商通过关于拟对政协委员进行调整情况的说明。12月16日，召开县政协十三届十六次常委会议，协商通过县委组织部人事拟调整事宜；协商通过县委统战部人事拟调整事宜。12月17日，召开县政协十三届十七次常委会议，听取会议期间各组讨论情况。

【全体会议】政协安图县第十三届委员会第四次

会议，于2019年12月16—18日在县文化中心举行，会期3天。会议听取并讨论县委书记韩长发同志重要讲话；听取并审议《县政协第十三届委员会常务委员工作报告》；听取并审议《县政协第十三届委员会第三次会议以来提案工作情况的报告》；列席县第十八届人民代表大会第四次会议，听取并讨论县人民政府工作报告及其他报告、选举事宜；表彰“优秀委员”“脱贫攻坚先进委员”“优秀提案”“承办提案先进单位”；听取《县政协十三届委员会第四次会议提案征集情况的报告》；讨论并通过县政协十三届委员会第四次会议决议。

政治协商

【调研活动】 围绕安图县巾帼创业创新、县朝鲜族教育发展、物业管理等课题开展了调研。

【视察活动】 围绕全县体育设施使用情况、红色旅游发展情况、全县扫黑除恶专项斗争、双目峰口岸建设、民营经济发展、村卫生室建设及村医配备情况、侨胞之家建设情况等课题开展了视察。

【协商议政】 聚焦非林地人参发展和民族宗教工作，开展了专题协商议政活动，并形成协商议政专题报告，供县委县政府决策参考。

【委员管理】 采取专家讲座、红色教育等方式，开展委员培训。严格执行《委员履职考核管理办法》，强化结果运用，对6名履职不力的委员进行劝退处理，评选王松元等“优秀委员”9名、山宇等“脱贫攻坚先进委员”12名、《关于加强居民小区物业规范化管理的建议》等“优秀提案”6件、县扶贫办等“承办提案先进单位”5个。

提案交办

【提案工作】 全年共征集提案120件，经审查，立案85件，转社情民意16件，并案提案5件，不予以立案14件。遴选出《关于加强和规范基层社会福利中心管理的建议》《关于鼓励毕业青年返乡创业的建议》等8件重点提案。全部协商办理完毕，满意度达95%。

【文史工作】 搜集整理安图县和刘建封文史资料。以庆祝新中国成立70周年为主题，结合庆祝建县110周年，编撰出版《刘建封传》，整理完成第一部《安图县志》白话文版。讲述安图故事10余场。在中国红色旅游网媒体平台上发表文史作品40篇。

重要活动

【外联交流】 举办上海知青下乡50周年重返安图金点子·我为家乡添光彩活动，通过座谈研讨、个别协商等方式，宣传推介安图优惠政策、优势资源和优特产品。强化对上沟通联系，配合省州政协开展民族团结进步、中医发展等调研视察10余次，收集意见建议。加强对外交流协作，接待浙江、山西、贵州、辽宁、内蒙古等省、市、县政协考察调研20余次。

【脱贫攻坚】 党组班子成员常态化进村入户，逐项查改问题不足，帮助解决实际问题。聚焦发挥智力密集优势，创新开展常委会专项视察活动，围绕改进监督检查方式、发挥村级组织战斗堡垒作用等方面提出意见建议；就村卫生室和村医配备情况开展界别视察工作，意见建议得到采纳。聚焦发挥人才荟萃优势，制发倡议书，出台助力脱贫攻坚“1+8”行动方案，动员广大委员采取多种方式积极投身主战场，累计募集资金30余万元，帮助发展庭院经济、完善基础设施，开展捐资助学、扶贫义诊、送文化送科技下乡和关爱孤寡老人、留守儿童等活动20余次，参与招商引资中国好乡村组委会吉房子项目开工建设，协助对接东北师范大学人文学院校县合作项目正式签约，参与推进中国工农红军王德泰红军小学项目建设。

【宣传报道】 加强与《延边晨报》、州政协网站等新闻媒体沟通，及时宣传报道重要会议、重要活动，累计刊发各类文稿50余篇，接受新闻报道30余次，其中“1+8”行动征稿获吉林省“政协好新闻”奖。

（张海文）

纪检监察

行政管理

【概　况】 安图县纪委监委机关设14个内设机构和机关党总支。14个内设机构分别是：办公室，组织部（纪检监察干部监督室），宣传部，信访室，案件监督管理室，党风政风监督室，第一、二、三、四、五、六、七纪检监察室，案件审理室。派驻纪检监察组8个，分别为派驻县市场监督管理局纪检监察组、派驻县卫生健康局纪检监察组、派驻县农业农村局纪检监察组、派驻县自然资源局纪检监察组、派驻县住房和城乡建设局纪检监察组、派驻县交通运输局纪检监察组、派驻县教育局纪检监察组、派驻县财政局纪检监察组，巡察机构设有巡察办和第一、二巡察组。行政编制核定75名（纪委监委41名、巡察机构7名、纪检监察组24名、安图经济开发区纪检监察工作委员会3名），实有53人；工勤事业编制1名，实有1人。直属事业单位核定事业编制17名，实有12人。

【深化体制改革】 认真履行协助党委职责和监督专责，落实下级纪委“两为主一报告”、派驻机构“三为主一报告”要求，推动“两个责任”贯通协同。制定县、乡两级纪委绩效考核办法，激励全县纪检监察干部忠诚履职尽责。制定下发县纪委监委“三定方案”，部门主要职责、内设机构和部门间职责分工全面优化。实现执纪执法贯通、有效衔接司法，全县立案调查非中共党员监察对象案件27件28人，完成指定管辖案件9件。深入推进派驻机构改革，设立派驻纪检监察组8个、派出纪检监察工作委员会2个，实现对63个县直机关派驻监督和监察监督全覆盖。稳步推进乡（镇、街道）派出监察办公室建设，向9个乡（镇）分别派出乡镇监察办公室，实现了对基层行使公权力人员的监察全覆盖。

纪律检查

【践行“两个维护”】 把深入学习贯彻习近平新时代中国特色社会主义思想作为首要的、长期的政治任务，持续跟进学习习近平总书记重要讲话和指示批示精神，贯彻落实省州纪委监委和县委部署要求，做到深学细悟、细照笃行。扎实开展“不忘初心、牢记使命”主题教育，贯通运用学习教育、调查研究、检视问题、整改落实四项重点措施，把践行党的初心使命落实到具体工作中。把各级党组织和党员干部执行政治纪律和政治规矩的情况，作为监督重点，加强对党的十九大精神和党章党规党纪执行情况的监督检查，督促全县党员干部切实增强纪律意识和规矩意识。加强对党中央重大决策部署和习近平总书记重要指示批示精神贯彻落实情况的监督检查，督促各级党组织把“两个维护”落到实处。督促清查整治

"大棚房"、违建别墅，及时发现问题，并跟踪督促整改；监督推动减税降费、农村饮水安全、危房改造、雨露计划、基本医疗保障等政策落地落实。开展人防系统腐败问题专项整治，严肃查处违纪违法问题，推动人防系统完善权力监管机制。

【站稳人民立场】 开展扶贫领域腐败和作风问题专项治理，围绕中央脱贫攻坚政策落实落细开展监督检查，扎实推动中央专项巡视、国家脱贫攻坚成效考核反馈问题整改工作，中央第八巡视组移交的3批3件扶贫领域问题线索已全部按期办结。全县查处扶贫领域违纪违法问题18件18人，通报曝光5期12起16人。建立扶贫领域村级组织责任清单，梳理制定《安图县村级组织项目或资金使用监管流程图》。深入开展扫黑除恶专项行动，深挖彻查涉黑涉恶腐败及背后的"保护伞""关系网"。公安机关办理的涉黑涉恶案件，全部查出"保护伞"或失职失责公职人员。全年立案查处涉黑涉恶腐败和"保护伞"问题23件，处分16人，移送司法机关1人。深入开展民生领域专项整治，牵头会同26个县直部门，对漠视群众利益的4大类14项具体问题进行集中整治，推动整改问题42个，查处群众身边腐败和作风问题53件53人。开展林草系统腐败和作风问题专项整治，处置问题线索9件，立案4人。

【夯实监督专责】 组织开展政治生态调研，全面掌握政治生态情况，精准作出分析研判。综合运用听取汇报、个别谈话、检查抽查、列席会议等多种监督形式，把监督融入日常、化为经常。严把党风廉政意见回复关，出具干部廉政审查意见2351人次。对69名新任职乡科级领导干部进行廉政谈话。坚持把纪律和规矩挺在前面，积极践行监督执纪"四种形态"。严格实行"一案双查"，开展精准问责，全县查处问责案件27件，处分27人。在严肃问责追责的同时，贯彻落实容错免责和澄清激励机制，为3名受到失实举报的党员领导干部予以澄清正名。

【持续巩固反腐败斗争压倒性胜利】 聚焦"关键少数"，紧盯重点领域、重点部门和重点环节。全县立案136件，给予党纪政务处分131人，其中乡科级干部28人，采取留置措施3人，移送审查起诉9人。深化以案促改，督促发案单位召开集中警示教育大会、民主生活会，警醒反思、排查整改、建章立制，达到查处一案、规范一域的良好效果。梳理筛选近年来查处的违纪违法案例，进行深入剖析，编印了基层党员干部警示教育读本《安图县扶贫领域违纪违法问题典型案例选编》，拍摄了警示教育专题片《恣意的权力》，用身边事教育身边人。组织召开新任职乡科级领导干部警示教育会议和全县警示教育大会，引导党员干部知敬畏、存戒惧、守底线。高度重视办案安全工作，严格履行"走读式"谈话手续，按干部管理权限，规范审批流程，做到事前风险评估、事中有效管控、事后开展回访。全年开展"走读式"谈话96人次，实现安全文明办案"零事故"。

党风廉政建设

【强化正风肃纪】 坚持抓节点、抓重点，不断转变监督方式，加强对中央八项规定精神落实情况的监督检查，持之以恒纠治"四风"。充分发挥主责部门作用，推动县财政局、县机关事务服务中心等部门加强对"三公经费"支出、公车管理使用、办公用房使用等方面的日常监管。集中整治形式主义、官僚主义，并纳入主题教育专项整治任务，全县查处形式主义、官僚主义问题42件，处理42人。深入开展领导干部利用名贵特产类特殊资源谋取私利问题、违规公款定制购买烟酒问题、排查整治"天价烟"背后"四风"问题等专项整治活动，探索建立了整治"四风"问题"五个一"长效机制，即明察暗访发现一批、约谈提醒告诫一批、查处问责震慑一批、警示教育警醒一批、健全制度防范一批。全年共受理违反中央八项规定精神问题线索22件，给予党纪处分8人，组织处理14人，点名道姓通报曝光4期11起16人次。

【加强自身建设】 扎实开展全员培训，组织集中学习16期，累计培训782人次，参加上级纪委组织的培训52人次。积极开展主题党日活动和文体活动。配强干部队伍，按照岗位实际需求，通过公开招考、选调等方式调入10人。县纪委监委推荐提拔干部6人，系统内轮岗交流5人。全委干部平均年龄42岁，大学以上学历占95.4%，法律及公安专业占44.6%。经常开展纪检监察干部谈心谈话，加强干部思想状况分析，及时掌握干部思想动态，帮助解决实际困难，消除干部后顾之忧。坚持用"正反两方面典型"教育干部加强自身建设，严格监督管理，不护短、不遮掩、不手软，坚决防止"灯下黑"。

【坚守政治定位】 完成对县住建局党组等20个党组织的常规巡察，发现问题189个，移交问题线索18件；同步开展人防系统专项巡察，移交问题线索4件。完成巡察全覆盖任务的61.76%，实现时间过半任务过半目标。强化巡察整改，深化成果运用，制定《关于加强县委巡察整改工作的意见》，对县委第三轮和第四轮常规巡察整改情况进行督导检查，巡察发现的145个问题，已全部整改完成，被巡察部门建立完善规章制度106项。强化巡察创新，制定出台了《县委巡察机构与相关部门工作协作机制》《巡察工作人才库管理办法》，兼职巡察队伍建设方面工作获得省委巡视办认可，相关工作做法在《吉林巡视巡察》内刊刊发。

（王　浩）

群众团体

安图县总工会

【概　况】 安图县总工会是群团组织机构。内设办公室、财务部、女工部，加挂宣传教育和网络工作部、权益保障部、基层工作部、劳动和法律部、组织部、经费审查委员会办公室。人员编制4名，其中行政编制1名。另聘任职业化主席7名，公益性岗位2名。

【组织建设】 基层工会159个，其中独立基层工会148个，联合基层工会7个，涵盖单位305个，有职工数12562人，会员数11607人。改进会员发展和会籍管理工作。推进网上入会，推行会员实名制管理，建立会员组织关系随劳动关系流动机制。年初制定下发《安图县总工会关于推进基层工会组织和工会会员实名制管理工作实施方案》，年末全县80%基层工会进入实名数据库中。扶持基层工会活动。2019年以来，县总工会多次深入基层工会开展调研，以多种形式听取基层工会职工会员想法。各基层工会全年累计开展各种形式活动200余次，县总工会结合单位实际情况，对有困难的50多家基层工会给予资金支持，帮助基层工会顺利开展各种职工文体活动。

【宣传教育】 党组全年专题研究意识形态工作4次，把意识形态工作作为党建工作重点以及领导班子、领导干部民主生活会和述职报告的重要内容；同时狠抓落实党建工作目标责任，明确工作目标，加强制度建设；在深入调研的基础上，对不合时宜的制度进行了修改，全部做到制度上墙；抓党建工作信息上报，2019年度共上报信息20余条，被县级采用10余条、州级采用2条。2019年安图县总工会获得州级文明单位称号。把控劳模申报机制。严格落实省办公厅关于《劳模评选通知》的要求，认真识别上报人员材料，坚持向一线职工、专业技术人员和科教人员倾斜。县总工会共评选出3名省级劳模，分别来自金海发药业、长白山统一矿泉水有限公司及县教育系统。并于2019年9月20日在长春接受荣誉表彰。

【党建工作】 围绕学习宣传贯彻习近平新时代中国特色社会主义思想和党的十九大精神主线，继续开展机关阅读活动，保证每人一本《习近平谈治国理政》（第二卷），要求全体机关干部每月至少开展两次自学。9月中旬开展“不忘初心、牢记使命”主题教育工作，自活动开展以来，安图县总工会始终把学习教育、调查研究、检视问题、整改落实贯穿整个过程，牢牢把握“守初心、担使命，找差距、抓落实”的总要求，扎实开展主题教育专项整治工作，坚持学原文、读原著、悟原理，解读党章、《准则》、《条例》，从严、从实、从细、从快狠抓整改落实，支部严格按照时间节点完成“九个一”工作和三项活动，切实把主题教育不断引向深入。为进一步探索党建机制创新工作，县总工会党组制定《安图县总工会严格党的组织生活制度汇编》手册，要求全体干部职工严格执行此项制度；抓好班子建设，建立了党建工作责任制，实行党员领导干部“一岗双责”制度，进一步明确了党组成员的职责分工和任务要求，同时，将属于本部门职能范围的目标任务、重点工作、重点项目分解到党员干部，把组织协调推进的责任落实到党员干部，定期督促检查，及时分析情况，协调解决问题，落实推进措施；支部积极开展党组织学习讨论活动，共新发展2名积极分子，并组织参加培训；加强经常性的党务管理工作，注重做好党员发展、党费收缴和流动党员管理等工作。开展警示教育活动，组织召开党风廉政建设专题会议12次，学习典型案例通报12次，观看廉政警示教育片3部。推进《廉政准则》的学习，对反腐倡廉工作任务进行分解，并纳入单位各科室目标管理，党组书记和班子成员在认真学习把握《廉政准则》相关规定的基础上，作出了书面庄严承诺：严格遵守党员领导干部廉洁从政各项规定。健全了党内民主生活制度，开展谈心活动，广泛征求意见。组织召开组织生活会，开展批评与自我批评。

【劳动竞赛】 联合县应急管理局开展“安康杯”竞赛，共有7家企业10个班组参与其中，经过推荐审批，长白山统一矿泉水有限公司获得了省优秀班组称号。推进职工文化建设。5月，安图县同心圆·总工会庆“五一”“联通杯”排球友谊赛在安图县体育馆隆重开幕，共有10支代表队参赛，活动涵盖乡镇政府、教育系统、非公企业及国企。8月，安图县总工会与县矿泉水管理局在二道白河镇全民健身中心共同举办安图县第三届“天泉杯”矿泉水系统职工排球赛，来自统一、恒大、三江、雅客等的10支代表队120多名运动员参加比赛，二道白河镇政府、长涛矿泉、恒大矿泉代表队分获前三名。

【权益维护】 开展《吉林省企业工资集体协商条例》宣传活动。通过举办《条例》集中宣传系列活动仪式、发放宣传册、在企业显著位置悬挂宣传标语等多种形式展开宣传活动，推动《条例》在全县的全面落实。启动工资集体协商“百日要约”行动，加大工资集体协商工作力度，2019年以来共签订工资集体合同52份，涵盖企业174家，覆盖职工3585人，签订率75%。其中，行业集体合同1份，覆盖企业11个，覆盖职工294人；区域合同6份，覆盖企业118个，覆盖职工517人；单独企业合同45份，覆盖职工2774人。

【劳模管理】 做好各级困难劳模“三金”的摸底申报工作。2019年县总工会经过仔细调查摸底，向县财政争取“三金”补助共计6.8万元，为劳模解决了后顾之忧。

【职工帮扶】 开展系列送温暖活动。3月，县人力资源和社会保障局、县扶贫办、县总工会、县妇联联合开展了以“促进转移就业，支持返乡创业，助力增收脱贫”为主题的“春风行动”招聘系列活动，为求职者提供职业介绍、就业维权、返乡创业、农民工法律援助、计划生育、工伤、医疗保险等法律、法规政策咨询等多项服务；7月开展了送清凉活动，慰问了在高温下坚守工作岗位的交警、环卫、公交及县重点工程等企事业的一线职工，为他们送上价值3000元的用品；开展“金秋助学”活动，共对8名困难职工（农民工）子女进行救助，发放助学资金2.25万元；9月县总工会对安图县特困劳模进行了一次全面的摸底排查，将2名特殊困难劳模上报到州总工会，共获得生活救助慰问金1.8万元；在两节期间，继续开展了以“心系职工情，温暖进万家”为主题的送温暖活动。县委、县人大、县政府、县政协、县纪委监委主要领导分别带队慰问15名困难劳模、困难职工。县总工会安排资金慰问，每人2000元，共计3万元。

【脱贫攻坚】 县工会将本单位的会议桌椅赠送给青山村村部，替换了老旧的桌椅。9月，县总工会联合县电视台、青山村村民拍摄了关于扶贫工作的微视频，并报送吉林省总工会参评全国职工微影视大赛，在2000多部作品中脱颖而出，荣获“中国梦、劳动美”第六届全国职工微影视大赛铜奖和特别影片奖。2019年推动发展青山村“双经济”，发展庭院养殖（养鹅，每户10只，贫困户20只）和种植（果树，每户8棵，贫困户12棵），由驻村单位出资3000元租1公顷地种植苏子并提供种子和化肥，由村党支部出劳力，年末获利千元以上，发展壮大集体经济。驻村工作队与村干部组织村民定期对主道、巷子及所负责的公路沿线的垃圾实行清理和转运；工作队组织单位干部职工与村干部群众对不规整的院栅栏进行了扶正并加固；经常性地检查青山村所负责的河道卫生，发现问题及时进行清理。10月，县总工会出资为青山村路边围墙进行了整体美化。

（吴国城）

共青团安图县委员会

【概　况】 共青团安图县委员会内设办公室、基层部、组宣部。经全县团组织整合后，团县委2019年下辖42个团（工）委，179个团支部。共有注册团员2721人，团干部422个。

【基层组织建设】 实施团组织全覆盖工程。全年新建青年之家活动阵地4个，新成立非公团组织30家。

【青少年思想道德建设】 抓住雷锋日、青年节、儿童节等重要节点，开展主题队课集中展示、特别主题团队日、仪式教育等特色纪念活动。

【志愿者服务】 以“三五”“五四”“六一”等节日为契机，开展各类志愿服务活动，完成2019中国（安图）同心圆“八吉双创”龙泉村美丽乡村文化旅游节、安图县建县110周年庆典暨中国·安图第二届长白山矿泉水文化旅游节、2019年“四山一湖”越野赛、“保护母亲河·助理河长制青年护河志愿行动”等各类志愿服务活动30余次，参与人数600余人次，累计开展各类活动百余次，参与志愿者1000余人次。

【青年就业创业】 组织开展“创青春”青年创业大讲堂，培训人数88人。联合商务部门，推进“互联网+”创业模式，在农村青年中开展电商培训3次。承接暑期“扬帆计划”“返家乡”社会实践等多项大学生到机关企事业单位锻炼实习工作，累计对接进机关乡镇实习大学生20人。

【助力脱贫攻坚】 组织“助力脱贫攻坚·青年志愿者在行动”暨纪念五四运动100周年系列活动启动仪式，先后开展健康义诊、村屯环境卫生整治、青年志愿者护河行动等志愿服务10余次，参与人数120余人次。组建助力脱贫青年攻坚队。分别从助力农忙、文化惠民、环境整治、志愿服务、卫生医疗、爱心结对等多个方面开展助力脱贫系列活动40余次，参与活动的团员青年600余人次。

【快递业从业青年权益维护服务月】 1月21日晚，安图团县委开展“共青团与人大代表、政协委员面对面”座谈会暨“致敬美好生活创造者、守护者”关爱快递小哥活动。来自邮政快递、京东快递、中通快递、圆通快递等快递业的20名青年代表以及部分青年志愿者参与。

【情暖冬日·温情关爱】 1月31日，共青团安图县委开展情暖冬日·温情关爱活动，将认领到的微心愿物品进行分类、整理和装箱后为留守儿童和贫困青少年送去新年的第一份祝福。

【学雷锋志愿服务】 3月5日，全县基层团组织团员青年开展志愿服务系列活动。

【召开十六届五次全委（扩大）会议】 3月22日上午，共青团安图县十六届五次全委（扩大）会议在县委党校一楼报告厅召开。团县委第十六届委员会常委、委员，各乡镇团委书记、社区团工委书记、县直机关企事业单位团书记，各学校团委书记、大队辅导员等共计80余人参加了会议。

【助力脱贫攻坚 青年志愿者在行动】 4月19日，共青团安图县委员会联合县卫生健康局、县消防救援大队、亮兵镇党委等部门，组织120余名青年志愿者，在亮兵镇新胜村组织开展了以“助力脱贫攻坚 青年志愿者在行动”为主题的纪念五四运动100周年系列活动启动仪式。县委副书记朴君峰，州发改委副主任金国范，县委常委、统战部部长李云，县委常委、宣传部部长金东源参加了此次活动。

【助力脱贫攻坚 文化志愿者在行动】 4月25日，安图团县委联合县文化广播电视和旅游局、松江镇党委在松江镇文昌村开展“助力脱贫攻坚 文化志愿者在行动”暨纪念五四运动100周年系列活动。团县委书记孟星延、松江镇党委副书记张丹华、团县委副书记郑乘龙、文化馆副馆长李松、团县委基层部副部长李拓，以及来自全县文化战线的40余名青年志愿者以及文昌村党员干部群众参加了活动。

【中国少年先锋队安图县第四次代表大会】 5月29日上午，中国少年先锋队安图县第四次代表大会在安图县文化中心开幕。县委书记韩长发，县人大主任吴星臣，县政协主席刘志良，县委副书记朴君峰，县委常委、统战部部长李云，县政府副县长董振国，县教育局局长李升满等县级及部门领导出席开幕式。此外，特别邀请了团州委副书记、州少工委主任郑晓光莅临大会。大会由团县委书记孟星延主持，来自全县少先队员代表和少先队工作者代表、县直机关代表近200人参加大会。

【助力美丽乡村文化旅游节】 6月27日，安图团县委组织20余名青年志愿者参加了2019年中国（安图）同心圆“八吉双创”龙泉村美丽乡村文化旅游节志愿服务活动。

【“青春心向党·建功新时代”特别主题团日】 安图团县委于5月7日在两江中学、松江中学开展了“青春心向党·建功新时代”主题团日活动。来自各乡镇、教育局、各中学的分管领导、校长、团委书记、团员、青年代表等300余人参加了本次活动。

【青春心向党 建功新时代】 7月，共青团安图县委组织开展了以“青春心向党 建功新时代”为主题的纪念五四运动100周年图片展活动。参加此次展览的有共青团安图县委全体机关干部、县人才学院全体学员、县优秀青年代表等60余人。

【安青驿站暑期支教扶智活动】 团县委“安青驿站”组织开展了暑期支教扶智活动，来自吉林农业科技学院的6人的支教团赴安图县亮兵镇中心学校进行支教。

【“创青春”青年创业大讲堂】 8月8—9日，共青团安图县委组织县返乡创业人才协会举办“创青春”青年创业大讲堂系列活动。活动分为创业政策解读、青年交流会、创业现场教学等多项内容，共有88位创业青年参与本次活动。

【安图县青年攻坚队助力脱贫系列活动启动仪式】 10月17日，共青团安图县委在县职教中心隆重举行“安图县青年攻坚队助力脱贫系列活动启动仪式”。县委常委统战部部长李云、县人大常委会副主任金哲虎、县政协副主席黄明镇出席本次活动。

【青年攻坚队助力农忙活动】 10月18日以来，共青团安图县委组织全县9支乡镇青年攻坚分队，分别深入9个乡（镇），全面参与助力秋收。

【“青春有约，缘定安图”联谊会】 11月9日，安图团县委组织开展了“青春有约，缘定安图”安图县单身青年联谊会活动。来自各乡镇政府、驻村工作队、机关单位、人才学院、消防救援大队、公安、高铁等企事业单位的40余名单身青年参加了本次活动。

【助力脱贫文化惠民周】 11月28日、29日，团县委联合县妇联、县文广旅局组织青年文化攻坚分队分别深入万宝镇古城村、太平村、新兴村和新合乡十骑村，开展助力脱贫文化惠民周系列活动。团县委书记孟星延、县妇联主席全美英出席活动。

【获得荣誉】 集体荣誉：安图一中杨洋同学被评为吉林省优秀共青团员；共青团安图县委员会被评为“全州精神文明先进单位”；明月镇团委、安图公安局团委被评为延边州五四红旗团委；安图县消防救援大队团总队、安图广播电视台团支部、安图人民法院团支部、安图县财政局团支部被评为延边州五四红旗团支部；安图县文化馆、安图县公安局刑侦大队、安图县消防大队被评为延边州青年文明号单位。个人荣誉：刘浩、祝滨滨、吴剑宇、张卿鹏被评为延边州优秀团干部；相宇轩、冯永强、施晓宇被评为延边州优秀团干部；吕春晶、金日俊、施晓宇3人被评为延边州青年岗位能手；杨松峰被追授为“延边州五四奖章”；安图县安全生产监察大队荣获延边州安全生产示范岗。

（张　慧）

安图县妇女联合会

【概　况】 安图县妇女联合会内设组织宣传部、权益部、妇女发展部、家庭儿童部和办公室，并承担着县政府妇女儿童工作委员会办公室工作。下设乡镇妇联9个，社区妇联4个，县直各局、企业系统妇委会58个，行政村妇联组织180个。

【妇女组织建设】 2019年，县妇联为深化基层妇联组织改革，提升全县“妇女之家”建设水平，以“百花齐放”原则，让基层充分结合本地实际，打造富有特色的“妇女微家”，并在全县全面铺开“星级妇女之家”创建工作，184个社区、村“妇女之家”全部创建至三星级以上。

【妇女儿童维权】 2019年，县妇联开展“三八”维权周活动，举办法律知识讲座16场，发放法律宣传单8000份。推进妇女儿童公共法律服务工作，在实体平台提供50次法律咨询，其中婚姻家庭纠纷咨询调解数量28件。开展“巾帼携手·与法同行”公共法律服务巡讲活动，讲解《中华人民共和国妇女权益保障法》《中华人民共和国婚姻法》和《中华人民共和国劳动法》及相关司法解释中有关妇女权益保护方面的法律知识。

【民生帮扶】 开展关爱帮扶。县妇联为贫困户发放医疗药品、母亲邮包、爱心衣物等物资价值近10万元，为安图县50名春蕾女童和孤儿争取救助金11.2万元，为44名智障学生和贫困学生送去精美书包和学习用品，为10名贫困学生送去助学金8000元。开展“爱起奉城·情系安图”两地妇联结对帮扶活动，争取到爱心帮扶物资价值50万元，帮扶资金21万元。协调争取延边州妇联政府购买服务项目，申报“呵护花蕾 绽放梦想”关爱雏菊心理健康项目资金5万元。健康帮扶。组织农村妇女2000人免费筛查“两癌”，争取“两癌”救助金5万元，为安图县两名患癌贫困妇女发放两癌救助专项基金。开展女性安康组合保险宣传行动，为先进妇女工作者48人赠送健康保险价值2万元，参保金额30万元。思想帮扶。认真做好入户走访工作，向贫困群众宣传党的惠民政策、鼓励群众学习技能，凭自己一技之长增收致富。助力脱贫攻坚。举办“巾帼暖人心·双扶促脱贫”“爱心衣加衣·脱贫暖人心”等物资发放活动，发放脱贫物资价值95万元。举办脱贫巾帼攻坚队授旗仪式暨巾帼宣誓大会，组建204支攻坚队，队员1500人，开展环境整治300次、政策宣讲200次、关爱帮扶200次。助推创业创新。举办“绣出精彩人生”——手工苏绣、“吉林巧姐”民俗手工食品制作、美容美妆等培训班，培训140人次，帮助妇女学习创业技能，使贫困妇女掌握脱贫致富技能。全县基层妇联组织联合开展手工、厨师等技能培训491人次。举办巾帼巧姐秀美食作品展示活动。

【精神文明建设】 注重典型宣传。召开纪念“三八”国际劳动妇女节109周年表彰大会暨“巾帼筑梦创辉煌·出彩女性展华章”风采展示会，表彰“巾帼脱贫攻坚先进个人”、“巾帼全域旅游之星”、“美丽庭院、干净人家”、“家庭礼仪之星”、“巾帼文明窗口礼仪之星”等八类典型78人。在“安图妇联”微信公众平台开设“妇联改革·基层执委她服务”“巾帼风采·魅力芳华”等专栏，宣传各类妇女先进典型50人。加强线上线下宣传。精心谋划、组织省、州、县“三八红旗集体”、“巾帼建功文明岗”女职工、妇女群众等300人拍摄“巾帼心向党·礼赞新中国”专题片，为新中国成立70周年献礼。全年利用微信平台推送各级妇联信息200条。家庭引领文化。2019年，县妇联推荐4户家庭分别获得省州“最美家庭”荣誉。举办“携手新时代·弘扬好家风”专题讲座，组织全县妇联干部120人聆听县“最美家庭故事”，传递家庭美德正能量。联合县关工委、县教育局、团县委在万宝镇古城村、新合乡寒葱沟村等村屯开展“五老弘扬好家教好家风”主题宣讲活动。开展家风家教主题宣传月活动，组织全县家庭成员给母亲写一封信，征集30封。开展“我家最美一瞬间”短视频展示活动，举办“阅读丰底蕴·雅言启人生”线上亲子阅读活动，并在安图妇联公众微信号宣传推广。提供精神文化服务。联合县委组织部举办“相约幸福·情定安图——缘来就是你”安图县首届优秀人才联谊会，组织单身青年90人参加活动，并建立“鹊桥会”长效机制，搭建安图县干部和人才沟通交流桥梁。安图县蒲公英女子学苑开班，开设“花样母亲魅力绽放”插花艺术培训班，组织县内副科以上女领导干部参加。联合县直机关党工委等8个部门举办安图县“巾帼庆五一·并肩战脱贫”排球联赛，参赛人员300人。安图县省妇女十三大代表和各级妇联主席开展学习宣传会议精神活动50次。

“携手新时代·弘扬好家风”巡讲活动

妇联　提供

【妇女创业就业】 2019年，县妇联针对女企业家、女致富带头人、女能人发展中的资金短缺问题，联合农村商业银行下发巾帼创业贷款通知，优先推荐、优先办理，为创业妇女747人发放巾帼贷款8848.2万元。推荐两家企业参加延边州2019年创业创新“她”空间项目路演大赛，荣获州级巾帼创业就业孵化基地，获得奖励资金1万元。启动“春风行动”，与就业、扶贫部门联合开办专场招聘会、就业需求指导会，招聘会现场发放宣传单3000份，充分利用“牵手”家政服务中心为贫困妇女142人安排家政服务工作，解决待业妇女就业难问题。

苏绣培训班　　妇联　提供

【获得荣誉】 安图县妇联推选朴京顺家庭荣获2018—2019年度吉林省“最美家庭”。安图县妇联推选刘晓娟、刘微微、金红花家庭荣获2019年度延边州“延边好人·最美家庭”。安图县妇联荣获中国·安图第二届长白山矿泉水文化旅游节先进单位。安图县妇联全美英荣获中国·安图第二届长白山矿泉水文化旅游节先进个人。安图县妇联成红荣获2018年度卫生健康综合治理先进个人。安图县妇联推荐管培兰荣获延边州最美“吉林大姐”荣誉称号。安图县妇联申顺荣获吉林省“巾帼建功”先进个人。

（马诗晴）

安图县科学技术协会

【概　况】 安图县科学技术协会内设办公室、组宣部（青少部）、科普部（农村、街道部）、学会部（企业部），下辖事业单位科技馆（股级），所属乡镇科协9个，街道科协3个。县科协人员编制4名，在职人员2人；科技馆人员编制5名，在职人员5人。

【科普基础建设】 在明月镇福林村建成1个标准化科普示范基地，投资20万元建设了室外科普电子屏1个，购进科普图书3000册、书柜6个、阅览桌6张、椅子12把，购买了6台科普电脑，建设了电子阅览室1个，建设科普中国乡村e站1座，设立科普示范基地牌1个，在示范基地室内制作了相关制度并上墙。第二个科普示范基地建设项目也已经启动，地点在松江镇松花村，名称是安图县黑果栽培科普示范基地。已经购进电脑、投影仪和阅览桌10张、椅子20把，建设科普中国乡村e站1座，建设科普中国互动点播频道2个，5个科普宣传展架和科普示范基地标识牌等正在建设中。新开通“科普中国”互动点播频道布点6个。总投资5万元。播放点分别为明月镇长兴村委会、万宝镇兴农村委会、永庆乡富强村委会、松江镇板石村委会、松江松花村殊君旅游合作社、两江镇西江村委会。新建“科普中国”乡村e站2个。两江镇东江村科普e站和亮兵镇东明村科普e站已建成使用。新建“科普中国”校园e站1个。松江镇中心小学校园e站已安装运行。

【科普活动】 全年开展科普活动12次。联合县委宣传部、县直机关党工委组织全县干部群众参加2019年全国科学素质竞赛。6月，承办“2019年吉林省青少年科技辅导员培训”，培训为期4天，全省150余名科技辅导员参加了培训。7月开展了“省级专家服务基层”活动。邀请吉林农业大学园艺学院院长王连君、教授马贵龙到安图县，为2个乡（镇）5个扶贫项目进行了把脉开方。7月还开展了安图县科协扶贫启智活动——走进永庆乡马鞍山村。8月，开展了“大手拉小手”科普助力扶贫启智活动——走进松花村，周边村屯的学生参加了活动。10月，与县教育局联合主办安图县青少年国防科技船模竞技比赛。11月，联合县供销合作社联合社、畜牧总站到明月镇、亮兵镇、新合乡有关村屯开展了养蜂技术培训咨询活动。2019年，在第十九届中国青少年机器人竞赛吉林赛区竞赛机器人创意比赛项目中荣获二等奖2项；在第34届吉林省青少年科技创新大赛中获得一等奖3项；第三届吉林省青少年益智科技竞赛中获得三等奖2项；在第二十七届青少年科技艺术大赛中获得特等奖2项、一等奖10项。

【科协改革情况】 科协系统综合改革按照县委深改办部署推进。安图县科学技术协会第七次代表大会于2019年10月25日闭幕。选举产生安图县科协第七届委员会委员35名，常委17名，选举产生专职主席1名、专职副主席1名、兼职副主席5名（其中挂职副主席1名），秘书长1名。乡镇和街道科协组织正在逐步完善中。科协参照公务员管理工作已完成。科协三定方案已经上报县委编办。

【获得荣誉】 表彰类：集体荣誉有2项，科协荣获吉林省青少年第二十七届科技艺术大赛优秀组织单位；荣获延边州2019年全民科学素质网络竞赛先进集体。个人荣誉有1项，冯凯被评为吉林省青少年第二十七届科技艺术大赛优秀组织工作者。

（王珊珊）

安图县归国华侨联合会

【概　况】安图县侨联内设综合科、宣传科、联络科。主要职能是负责海外联谊工作和有关单位的联络交流，负责与海外侨胞及社团的联系。2019年，人员编制4名，实有3人。

【侨情调查】夯实侨务工作基础。2019年6月起，对安图县居住在海外的华侨华人情况进行调查摸底，按照不同领域进行分类，建立完善基础台账。截至2019年末，安图县籍出国人员2874人，大部分散居于韩国、日本、美国、俄罗斯、新加坡等国家。

【维护归侨侨眷合法权益】以送法"进企业、进社区、进机关"及法制宣传月等活动为载体，利用广播、电视、报纸及张贴悬挂宣传标语等形式，宣传《中华人民共和国归侨侨眷权益保护法》等相关法律法规。做好涉侨信访工作，全年接访1人次，接访过程中做到有记录、有结果、有反馈，耐心解释。

【脱贫攻坚】通过组织入户走访慰问，掌握和了解贫困户存在的主要困难、致贫原因等情况，为贫困户投入发展庭院经济资金1500元。组织开展环境卫生整治活动，投入购买围栏资金5000元。中秋节前夕，联合县委统战部走访贫困户49户，送去食品价值8036元。

【建好"侨胞之家"】2019年，争取为侨服务费1.4万元。截至2019年末，全县有5家省级侨胞之家。建立社区"侨胞之家"，通过社区侨务负责人主动靠前工作，及时了解侨界群众的热点、难点问题，做好化解矛盾、理顺关系工作。利用网络、标语板报等形式，在社区组织开展"侨法宣传"系列活动。通过"送温暖、献爱心"等活动，开展对辖区涉侨弱势群体的帮扶救助，节前走访慰问困难归侨侨眷，积极为贫困归侨侨眷争取扶持政策，在生产经营方面争取资金支持。按照中国侨联"组织起来、活动起来"的要求，社区侨务工作领导小组把工作立足点放在加强与归侨侨眷联系沟通上，以传统节日为载体，搭建联谊平台，丰富联谊内容。在吉林省侨联组织开展的"侨心永向党，奋进新时代——吉林省侨联'侨胞之家'庆祝中华人民共和国成立70周年系列活动"中，社区"侨胞之家"推荐书画作品3幅；推荐吉林省"侨胞之家"红旗单位1个。

【搭建归侨侨眷联谊平台】画好侨界"同心圆"。通过定期召开归侨侨眷代表人士联谊会，凝聚侨心，汇集侨智，依托联谊会平台不断发展壮大会员队伍，将侨务政策宣传好、侨务工作落实好。

（孙洪波）

安图县工商业联合会

【概　况】安图县工商业联合会隶属于安图县委群团序列，国家行政机关正科级建制单位；2019年有人员编制2名；共有会员274人，非驻会副主席18人，商会副会长16人，常委34人，执委100人。

【思想政治】结合"不忘初心、牢记使命"主题教育，以庆祝新中国成立70周年为契机，开展"不忘初心、牢记使命"系列活动。7月21—26日，组织8名民营企业家参加"不忘初心、牢记使命"理想信念教育厦门大学培训班，学习厦门企业发展先进经验。9月21日，组织安图县民营企业家32人参加了州工商联在延边歌舞团举办的全州民营企业家"热爱祖国、奉献延边"文艺会演，荣获优秀组织奖。10月15日，组织15名民营企业家到二道东北抗联干部学院参观、学习。11月18日，组织12名民营企业家参加延边州民营企业家"不忘初心、牢记使命"素质提升专题培训。组织会员20人次参加了2次"州政协大讲堂"的学习培训。2019年获得州工商联"延边州先进县（市）工商联"称号。

【参政议政】会员提交政协提案和社情民意16

份，组织会员参与“同心圆 · 金点子”论坛。

【经济服务】 在州工商联的支持下，争取到延边辽宁商会与3个重点贫困村签订村企帮扶框架协议，协调县内7家企业与6个重点贫困村签订村企帮扶框架协议。延边辽宁商会为万宝镇前进村、东安村、明月镇红星村分别捐助1000元物资；温州商务宾馆在元旦、“七一”等节假日期间，为明月镇凤岩村捐助价值4000元生活物资和日用商品，免费发放给村民。

【服务会员】 参加州工商联组织的“一带一路”建设情况调研，走访省内外相关地区学习先进发展经验；带领优秀企业家参加县政协组织的赴宁波市考察民营经济发展的调研；对符合条件的非公经济代表人士积极推荐进行政治安排，推荐政协委员候选人1人，推荐4名优秀会员加入延边州工商联青年企业家商会，吸纳10名高质量会员入会。组织会员企业参加省工商联“123工程”法治惠企宣讲暨“法律三进”普法公益巡讲；与税务部门开展了“减税降费”宣讲活动；与检察院开展了“检察护航民企发展”交流活动；协调法院组织企业旁听经济案件审理。

【脱贫攻坚】 开展定点包保、帮扶腰团村工作，开展村容村貌整治、助推发展庭院经济、定期走访慰问、国家扶贫日专题活动等。资助腰团村5000元用于购买鸡心果树苗，发展农户庭院经济，增加收入来源；安图县鼎力装饰工程有限公司为腰团村制作广告牌、提供涂料，美化村容村貌；第三组、第四组企业家成员自发组织为腰团村捐赠价值7000元的生活用品。组织企业家苏立烨、高峰、巩振强、林海刚、赵明等百余人次到腰团村进行卫生环境整治十多次。

（金贞娟）

安图县文学艺术界联合会

【协会发展】 安图文联摄影家协会2019年共开展采风活动9次，其中组织拍摄了安图春节安图秧歌民俗舞展演、延边金达莱采风活动、安图2019义务植树活动、安图春季万人长跑活动、走进春天梨花园活动、走进美丽乡村龙泉村活动、走进石门镇第二届酱文化节活动、走进秋天兰家大峡谷活动等。1月，完成了首届中国安图长白山沐雪之冬全民冰雪旅游季冰雪题材摄影展；1月19日，组织会员开展了文化惠民活动，为农民拍摄全家福；1月20日，会同延边州摄影家协会、龙井及珲春摄影家共52人深入向阳村、魔界开展安图县摄影家协会摄影基地挂牌仪式，并组织开展了摄影创作活动；组织会员积极参加2018年全球摄影网“森特安图杯”国际摄影大赛，并参加县里邀请的康泰森摄影讲座活动；组织参加州摄影家协会会员大会，荣获延边州文化惠民先进集体，刘丽君、蔡永南获先进个人；5月1—3日，配合延边摄影家协会主席团成员、各县市摄影家协会主席团成员，组织会员开展了“寻觅春天”摄影活动，采风团走进向阳村、红石石峰、六人沟村、两江大集开展创作活动；6月30日，组织会员参加了安图县脱贫攻坚公益跑暨红石石峰杯乡村山野马拉松拍摄活动；8月12—14日，配合省曲艺团到片砬子村、六人沟、向阳村、第二福利院开展文艺下基层活动，拍摄文化惠民作品；8月18日，配合大庆摄影家协会一行10人深入六人沟、雪山飞湖、魔界、红石石峰摄影创作；8月23日组织会员参加“大美两江，发现之旅”雪山飞湖文化旅游节，并组织摄影展览，会员共60幅作品参展；9月5日，安图县摄影家协会与韩国九里市摄影家协会结为友好协会，开展了摄影交流活动；9月7日，组织参加“长白明珠，大美安图”中国安图第二届长白山矿泉水文化旅游节，并组织摄影展览，会员作品45幅参展。孙立刚的作品《逆行的英雄》入围全球摄影网第十届手机摄影大赛；在全球摄影网安图县社会主义新农村大赛中，会员张在全的作品获银奖，孙立刚的作品获铜奖，在2018年全球摄影网"森特安图杯"国际摄影大赛中，孙立刚的作品《逆行的英雄，爱的坚守》获优秀奖；在全球摄影网"伟大祖国，美丽安图"全国摄影大赛中，孙立刚的《红色安图》获银奖，延边摄影家协会州展中，吴一夔、孙立刚、蔡永南、李永新、刘丽君、车传志、王志英、梁超、田启富、张在全的作品入展；在首届"一带一路"国家摄影大赛中，岳希洪荣获"金丝路"金牌摄影师奖；在2019中国延边韩国东海国际摄影交流展上，孙立刚、蔡永南的作品参展；在六鼎山第三届华夏金鸡奖评选中，岳希洪荣获第三届华夏艺术金鸡奖创作成就奖，吴一夔荣获金鸡奖，蔡永南荣获一鸣惊人奖；在吉林省第二十届摄影艺术展览中，陈化鑫的作品《百年油坊》荣获风光类银奖，孙立刚的作品《逆行的英雄，爱的坚守》获优秀奖；在长白山第二届摄影艺术展览中岳希洪、吴一夔、孙立刚、李永新、蔡永南、王志英的作品入展；在韩国九里市摄影大展中，孙立刚、李永新、刘丽君、车传志、王志艳、王志英、倪毓、张在全、陈芳、陈海军、李兴勇、梁桂芳、刘清洋、孙宏业、石艳丽、田启富的作品入展。诗词学会在2019年多次参加省州举办的采风和联谊活动。3月，参加了延边诗词学会《碧野芬芳》会员作品集发行式即三八诗词吟诵会活动，王志祥等会员在此活动上获得优秀会员和佳作奖。5月，参加省诗词学会举办的吉林第三届贡梨文化节活动。2019年，经过学会推荐，吴永和会员和宗玉柱会员加入了中华诗词学会，晋级为国家级诗词学会会员。书法家协会参加县庆110年书法摄影展，举办中华人民共和国成立70周年书画展，协助老年书画研究会举办延边州工作现场会。年初和县直党工委、图书馆举办送文化送春联下乡活动。作家协会于2019年在天池、百花园和各类报纸发表作品40余篇。

【主要活动】 9—10月，举办安图县建县110周年书法摄影剪纸展。摄影展区：建县110周年摄影展共展出风光、人文、生物生态摄影作品90余幅。书画展区：包括王松林老师和李炯国主席等22位县内书画家共计23幅作品。作品均是为中华人民共和国成立70周年和建县110周年专门创作的。剪纸展区：汤慧明是非物质文化遗产代表性传承人，在全国各项比赛中屡获殊荣，2018年成为吉林省唯一入围中国非物质文化遗产剪纸决赛的选手。受邀参加了济南全国"非遗"博览会，他在原有满族剪纸的基础上尝试了很多创新，作品根植地方文化，反映长白山、朝鲜族、安图地方特色，成为一张安图的文化名片。9月5日，安图县文学艺术界联合会主席唐晓伟，韩民国京畿道九里市艺术文化团体总联合会韩国摄影作家协会九里支部的代表签订合作协议。7月21—23日，配合省文联音乐家协会安图座谈、采风活动。10月15—17日，配合省文联进行文艺扶贫歌曲创作暨汇报音乐会相关视频录制工作。11月1日，成立安图县松花贡玉（琥珀木）文化研究会。

（汤文明）

安图县残疾人联合会

【概　况】 安图县残疾人联合会设教育就业科、康复科、组宣科、维权科和综合科，下属事业单位有安图县残疾人康复服务中心。2019年，有工作人员12人。其中参照公务员管理人员8人，其他事业编制人员4人。

【残疾人扶贫和社会保障】 为全县864户建档立卡贫困户开展种养殖项目，投入资金111万元。争取国家、省、州三级资金84.8万元，为212户贫困残疾人家庭进行家居无障碍改造。为残疾人52人发放机动车燃油补贴1.35万元。全年为6642人发放生活补贴，为3075人发放护理补贴。发放扶残助学金11.6万元，惠及残疾学生及残疾人子女25人。为8个托养服务机构发放9万元阳光家园资金，受益残疾人60人。投入资金31万元建立兴华社区残疾人日间照料站和第二福利中心残疾人日间照料站。开展东西部协作项目，落实72万元项目资金，在8个乡（镇）36个村建立村级残疾人日间照料站，建档立卡贫困残疾人414人受益。全县12个残疾人扶贫就业基地投入扶持资金48万元。在元旦、春节期间，走访慰问贫困残疾人家庭400户，发放慰问金20万元。

争取各级资金为残疾人发放康复器材及辅助器具
残联　提供

【残疾人教育就业】 投入资金2.8万元，举办全县残疾人农村实用技术培训,9个乡（镇）484人，其中建档立卡贫困残疾人380人；投入资金1.7万元，开展为期3天的技术培训，培训有创业就业意愿的优秀残疾人68人；投入资金15.84万元，组织致富带头人和农村贫困残疾人44人到培训学校学习。投入资金13.6万元，开展为期30天的残疾人面点、电焊、计算机培训，培训残疾人21人。

【残疾人康复】 白内障手术23例；精神残疾人免费服药370人、救助住院9人；发放各类残疾人辅助器具1309件；依托县残疾人康复服务中心为残疾人提供康复训练3756人次；转介到上级康复机构的残疾儿童14人。全年残疾人康复服务率93.83%。推动“全国残疾预防综合试验区创建试点工作”，重点干预项目完成：产前筛查诊断7例、0—6岁残疾儿童筛查诊断5例、残疾评定1100例、残疾报告141例；开展大型宣传活动6次，开展项目培训4次。

【残疾人文体宣传】 加强残疾人证核发管理和换发工作，全年办理新证和换发旧证2839件。开展残疾人基本服务状况和需求信息数据动态更新工作，举办培训班1期，培训各级残疾人工作者300人。完成对1.18万人调查录入。指导残疾人五类协会开展工作，开展各类活动10场次。组织运动员48人参加全州第二十一届运动会（残疾人组）24个项目的竞赛，并荣获团体第三名。开展残疾人康复体育进家庭服务，免费为建档立卡贫困户中重度残疾人463人，发放仰卧板、握力器等康复体育器材961件。成立残疾人文体活动中心，购置坐式排球架、坐式排球网、坐式排球、音响设备等活动设施。满足残疾人文体活动需求，有3个村获批省级新时代残疾人文体活动示范点。

【残疾人维权】 利用“12385”残疾人维权热线，接待反映各类诉求的残疾人，全年接待来信来访99件，办结率100%，无集体上访、越级上访等重大信访案件发生。

【脱贫攻坚】 为新丰村争取文体活动经费2万元。指导村发展庭院经济，为村民发放鸡雏、菜苗。全体机关干部集中整治新丰村环境卫生，清理村道杂草2000米，粉刷围墙200米，并定期到贫困户家中打扫卫生。2019年春节前，走访22户贫困户和24户残疾人户，为其购买米、面、油、水果等。为村部实施基础设施改造。

（田　田）

安图县红十字会

【概　况】 安图县红十字会设综合科，核定人员编制3名。

【红十字会会员与志愿者队伍建设】 不断壮大红十字会员和志愿者队伍，与全县基层红十字会签订《安图县2019年度社区、乡镇红十字会工作目标责任书》，传播志愿服务理念，广泛动员群众参与志愿服务。在县红十字会官方网站、政府大厅滚动屏幕发布公告，面向机关、社区、乡镇发出倡议，招募红十字志愿者。组织志愿者参加义务劳动、帮困、助学、宣传等活动。

【社会救助】 投入救助款物 35.13 万元，受益 936 户。筹集 11.2 万元款物，开展“博爱送万家”活动，救助全县因病、因灾、因伤等原因导致贫困群众 370 人。多次联系宁波市红十字会，签订东西部协作框架协议书，争取到价值 434.6 万元的棉被、衣服、鞋等物资，发放到全县 180 个行政村的贫困户手中。开展“精准扶贫光明行”活动，为 41 名家庭经济困难的白内障患者提供免费手术治疗。积极为白血病患儿、先天性心脏病患儿争取中国红十字基金会的“小天使基金”和“天使阳光基金”；为肿瘤患者争取“吉林省肿瘤救助基金”。全年申报先天性心脏病患儿 1 人（正在审核中），成功为患者 17 人争取“吉林省肿瘤救助基金”，并入院治疗。

【营林村脱贫攻坚】 开展“应急救护健康教育扶贫送下乡”活动，提高贫困户的自救、互救能力。为贫困户发放家庭箱、大米、豆油、棉衣棉被等价值 1.14 万元的物资。争取中国红十字博爱家园项目资金 40 万元，15 万元（硬件建设）为营林村新建避险文化广场；5 万元（软件建设）在松江镇营林村成立村级红十字服务站；博爱家园项目资金 20 万元（生计金），委托给石门何盛粮米加工厂，收益分红 1.68 万元，贫困户每户分红 1400 元。投入 2 万元为营林村购买垃圾箱 146 个。

【品牌贫困助学活动】 争取助学资金 6.55 万元，开展“博爱甬城助学”“圆梦助学”等一系列品牌助学活动，救助全县贫困学生 65 人。

【红十字应急救护培训】 加强对红十字应急救护师资队伍的建设，推动应急救护健康教育扶

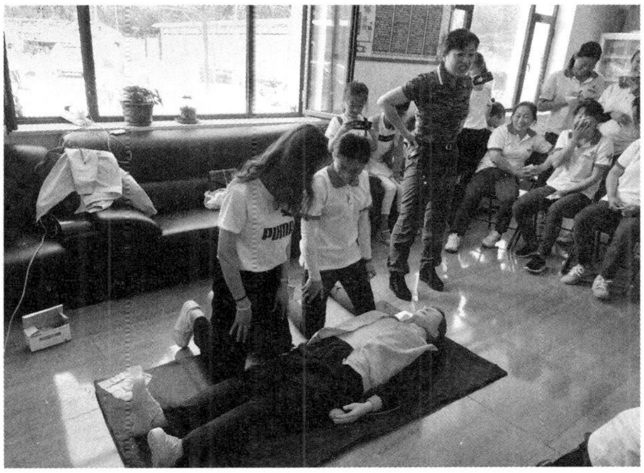

开展应急救护培训　　县红十字会　提供

贫“五进”（进社区、进农村、进企业、进机关、进校园）活动。全年举办应急救护员培训班 6 期，培训救护员 200 人；普及型救护培训 40 期，培训 2000 人。

【“三献”工作】 利用各类纪念日，开展“三献”［无偿献血、捐献造血干细胞和遗体（器官）捐献］知识普及，发放“三献”宣传单，设立宣传板等形式多样的宣传活动。2019 年，遗体捐献志愿登记 1 人，器官捐献登记 1 人，造血干细胞采样人数 20 人。12 月 11 日，安图县造血干细胞捐献志愿者张学文在吉林大学一院成功捐献造血干细胞，成功挽救白血病患者 1 人。为安图县第二例成功捐献的志愿者。

【红十字会宣传】 以“世界红十字日”“世界急救日”等为契机，动员基层开展 10 多次应急救护演练、医疗救助、防震逃生演练，入户发放防灾减灾和“三献”宣传单，发放宣传材料 2000 份，参与人数 1000 人。

【志愿服务】 县红十字会开展志愿服务活动 4 次，基层开展志愿服务 20 次，开展免费接送高考考生、红十字精神传播、应急救护培训、自救互救知识传播、宣传“三献”工作、环境整治等活动。

（李长松）

法　治

政法委及综治

【概　况】 中共安图县委政法委员会设5个职能科室和1个事业单位：办公室、综治科、维稳执法监督科、队伍建设指导科、反邪教协调科和县法学会。2019年，有人员编制16名，其中行政编制13名，事业编制3名。

【防控风险】 完善党政军警民“五位一体”合力治边机制、应急处置机制，定期召开边境安全管控联席会议，联合开展清理整治专项行动，保持无涉边案件或重大涉外问题发生；完善情报信息的组织领导、收集研判、预警预测等工作体系建设，收集上报各类情报信息79份。配合州里开展专项行动，严厉打击各种敌对势力的渗透、破坏活动和边境违法犯罪活动。

【社会治理】 扫黑除恶专项斗争深入开展。坚决扛起政治责任，开展“一案一整治”、重点行业领域监管漏洞自查整治、十大行业乱象专项整治、黄赌毒专项整治、农村社区及行业监管领域从业人员潜在涉黑涉恶风险评估、深化扫黑除恶宣传等工作；落实省扫黑除恶第六调研指导组反馈意见整改、落实中央扫黑除恶第13督导组反馈问题整改以及中央扫黑除恶第13督导组“回头看”反馈问题整改等工作。截至2019年末，全县打掉恶势力团伙1个，破获按恶势力团伙方向侦办的案件2起，进入审查起诉阶段。全县的治安刑事案件出警率同比下降30%。社会矛盾化解工作不断延伸。加快推进两个“一站式”建设，构建立案前多元化解和立案后“分调裁审”相结合的解纷模式。在案件审查的同时进行分流，对案情简单、标的额较小的案件，由特邀调解员先就地调解，成功调解85件。政法机关相互建立诉调对接平台，先行司法调解，调解成功后直接司法确认，调解不成的就地网上立案，已委托调解158件，其中调解成功110件，成功率69.6%。在全县各乡镇、社区、村设立矛盾调处法律服务工作室180个，百姓说事点232个，调解各类纠纷2800余件，调解成功率98%。重点人员管控进一步加强。严格落实严重精神障碍患者“以奖代补”政策，监护人25人较好地履行看护管理责任。在全县开展“三类”人员排查，手机定位排查出社区矫正“四涉”人员19人、安置帮教“四涉”人员1人，实

安图县2019年1月28日全县扫黑除恶专项斗争工作会议
政法委　提供

行社区矫正安全稳定日报告制度。

【法治服务】 推进依法治县进程。围绕新中国成立70周年、脱贫攻坚、扫黑除恶等重点工作，开展主题法治宣传活动。截至2019年末，组织送法进村屯法治宣传活动200余次，发放宣传资料2万余份，发放普法宣传制品800余件。落实司法体制改革任务。通过召开专题会议，研究改革方案和年度改革任务台账，确定改革任务6项，已全部完成。县检察院将试点期8个部门改为5个内设部门；完善法官、检察官员额管理，全县有37名法官、检察官入额，员额比例37.8%；县法院制定出台《专业法官会议工作规则（试行）》，推进审判管理和监督科学化规范化；县公安局成立案件管理中心，建立7项规章制度，持续规范案件管理；县司法局发挥人民调解在矛盾纠纷多元化解机制中的基础性作用，推动建立个人人民调解工作室，已在万宝司法所建立“老潘人民调解工作室”，在安图县企业联合会建立“老郑人民调解工作室”。提升法律服务保障能力。以落实《延边州政法机关依法保障促进民营企业健康发展四十条意见》为载体，与民营企业建立长期法律服务关系，帮助民营企业签订合同进行提前审查，落实便民利民措施。截至2019年末，全县政法单位走访民营企业22家，征求意见建议18条，开展法律宣传、咨询10余次，帮助民营企业依法维权2次，发放宣传材料1000余份，执结涉民营企业案件21件，执结执行到位标的额304.79万元。

【队伍建设】 思想政治教育。以深入学习贯彻党的十九届四中全会精神及“不忘初心、牢记使命”主题教育为主线，落实“三会一课”，开展红色路线教育、案例警示教育、爱国主义教育、先进榜样学习等活动。贯彻落实党的十九大精神和依法治国的总体要求。党风廉政教育。落实“两个责任”，结合全县政法系统开展“政法队伍纪律作风整顿年”活动，开展了警务用车治理、警容警纪整顿、执法作风整顿等专项治理。按计划完成机构改革工作，重新确定“三定”方案，将原县社会治安综合治理委员会及其办公室、县维护稳定工作领导小组及其办公室的有关职责交由安图县委政法委承担，划入原县防范和处理邪教问题领导小组办公室的有关职责，相应划入2名行政编制。

（申　琳）

法治政府建设

【概　况】 根据吉发〔2018〕44号文件和吉厅字〔2019〕42号文件的相关内容要求，县政府法制办工作职能划入司法局，县司法局承担了原法制办职能。

【法制建设】 2019年，安图县司法局充分发挥重大行政决策中政府法律顾问的作用，为长兴水利枢纽工程、安图县城市环境卫生作业、金恒牧业养殖场资产评估、长春市高丽王朝食品有限责任公司解除合同等重大事项提供法律服务。全年共提出具体合法性审查意见20余次。在全县开展了行政执法主体资格确认工作及证明事项清理工作和复核确认规范工作。2019年，共审查通过17个行政执法部门的行政执法检查计划68份，办理行政裁决1件，行政复议案件2件，行政、民事应诉案件5件。组织召开了安图县2019年度初任行政执法人员培训会。

（李旭东）

公　安

【概　况】 安图县公安局位于安图县明月镇明月路213号。2019年有在编民警282人。局机关内设机构有政工监督室、指挥中心、警务保障室、网安大队、督察大队、法制大队、国保大队、治安大队、巡警大队、控申室、经文保大队、禁毒大队、出入境管理大队、经侦大队、刑警大队、交警大队、户政管理大队、看守所、拘留所、林业分局。共下设10个派出所，分别是明月派出所、九龙派出所、石门派出所、新合派出所、亮兵派出所、万宝派出所、永庆派出所、松江派出所、两江派出所、二道派出所。

【安保维稳】 2019年，安图县公安局以新中国成立70周年大庆安保维稳工作为主线，以扫黑除恶专项斗争为龙头，主动作为，完成了各项工作任务。全年共有5个集体和23人立功受奖，安图县公安局被县委、县政府评为2019年安图县“中国体育彩票”春季万人长跑活动优秀组织奖、“中国·安图第二届长白山矿泉水文化旅游节”突出贡献奖；刑侦大队被延边州创建青年文明号组织委员会评为2017—2018年度延边州“青年文明号”；18人荣记州局三等功，5人荣记州局嘉奖，1人被评为全省公安机关“放管服”和“只跑一次”改革成绩突出个人；完成了“两节”“两会”“五四运动”100周年、“世界园艺博览会”、“亚洲文明对话大会”、“八一”、北戴河暑期警卫、澳门回归20周年庆典等节点安保维稳任务。确保了“2019延吉国际马拉松赛”、建县110周年庆典暨中国—安图第二届长白山矿泉水文化旅游节、安图“四山一湖”野外马拉松赛以及“1916”“1917”等大型安保警卫工作的绝对安全。

【扫黑除恶】 获取各类案件线索169条，其中查实20条、查否33条、正在核查52条、移交有关部门64条。先后打掉了3个恶势力犯罪团伙，破获刑事案件28起，采取强制措施47人。辗转3省7地、行程数万公里，打掉了跨省制售假药犯罪团伙，抓获团伙成员11人，破获制售假药案1起，带破盗窃案29起，扣押假药13852盒、成瓶假药7瓶、假药包装盒19495个。在“扫黑除恶”重点治乱攻坚行动中，破获涉赌刑事案件3起、食药环犯罪案件4起，采取强制措施22人。查处涉赌、涉毒行政案件7起，处罚17人。打掉黑旅店2家、处罚2人。发现行业领域监管问题14个，发送风险提示函5件。形成“一案三查”报告32份，向县纪委监委移交“保护伞”线索1条、一般线索9条。

深化思想认识。切实履行工作职责，将扫黑除恶专项斗争作为一项重大政治任务，列入重要议事日程。召开专题会议进行研究，结合实际精心制定工作方案。召开动员会议进行宣传动员，传达各级扫黑除恶专项斗争会议精神，部署局机关扫黑除恶专项行动。加强线索摸排。把排查线索、摸清底数作为开展扫黑除恶专项斗争的重要基础，各科室进一步拓宽群众信访举报渠道，通过来访、来信、接待、网上信访案件进行认真摸排，收集涉黑涉恶案件线索。加大宣传力度。继续加大宣传力度，多角度、多形式、全方位推动扫黑除恶专项斗争宣传工作。建立长效机制。对具体工作中存在的问题，研究整改方案，强化整改措施，及时抓紧整改，做到立行立改、边整改边落实；对已基本完成的整改任务，适时组织“回头看”。通过整改落实，总结工作经验，建立健全并规范相关制度，逐步建立扫黑除恶专项斗争长效机制。

【防范打击犯罪】 共立刑侦管辖案件122起，破获68起，破案率为55.7%，其中，立现案74起，破案34起，破案率为45.9%。1月9日，成功侦破“2001.5.3”长兴乡西北村原村主任被杀案，抓获漂白身份、潜逃18年的犯罪嫌疑人，打响了2019年全州命案积案攻坚行动的第一枪。6月9日，快侦快破石门镇榆树川村工地故意杀人案，抓获犯罪嫌疑人，保持了连续13年命案全破的良好势头。9月24日，侦破了涉案100余万元的特大诈骗案，抓获犯罪嫌疑人。破获金融领域犯罪案件4起，采取强制措施7人。侦破“中普金融”“德融天下”2起非法吸收公众存款案，抓获主要犯罪嫌疑人2人。破获涉赌刑事案件5起，采取强制措施15人。破获危险驾驶案31起、交通肇事案 7 起，采取刑事强制措施 38 人。“昆仑”行动破获食药环刑事案件 16 起，采取强制措施 26 人。“禁毒 2019 两打两控”专项行动破获毒品刑事案件 1 起，抓获犯罪嫌疑人 6 人，缴获冰毒 75.53 克。查获吸毒人员 48 人，其中强制隔离戒毒 2 人。全年抓获网上逃犯 66 人。先后抓获网上逃犯 33 人，其中本地 8 人。挪用公款 151 万元、潜逃 17 年的网上逃犯，变造海关出口货物报关单、骗取国家出口退税 1178 万元的历年网逃，串通投标、涉案 1000 余万元的网上逃犯等重大在册目标逃犯相继被抓获或投案自首；破获电信诈骗案件 7 起、妨害信用卡管理案件 1 起，采取刑事强制措施 27 人；录入套路贷平台案件 15 起，逮捕 5 人。

【公安行政管理】 受理行政案件 435 起，查结 267 起，查结率为 61.4%。开展“缉枪治爆”专项行动，收缴非法枪支、弹药、管制刀具。加强行业场所治安管理，查处涉黄涉赌行政案件 9 起、处罚 24 人，查处不认真落实实名制特种行业 30 家、停业整顿 1 家。以交通、消防、治安三大领域为重点，开展经常性安全检查，发现整改安全隐患 2679 处，限期整改 145 处。开展校园防暴处突演练 2 次、防欺凌法制宣传 36 场，整改校园安全隐患 153 处，推动校园视频监控接入公安指挥平台、一键式报警装置全部安装启用。16 家加油（气）站全部进入三级常态防范目标，散装汽油购销实名制达到 100%。开展春运、中华人民共和国成立 70 周年交通安保攻坚战、冬季交通安全大整治以及“逢十”“逢周末”整治酒驾醉驾等集中统一行动，查处道路交通违法 41637 起，其中酒驾醉驾 332 起、涉牌涉证 1437 起、超员超速超载 9155 起，行政拘留 34 人，采取刑事强制措施 31 人。组织开展交通安全宣传“七进”活动 40 余场次，推送宣传提示信息 2134 条。全年累计投入巡逻执勤警力 1.27 万人次，现场抓获违法犯罪嫌疑人 11 人，移送案件 113 起，解决群众纠纷 136 起，救助群众 251 起，处置其他警情 92 起。监管民警忠诚履职，加强在押人员日常监管和监所安全检查，完成了累计 356 名收押人员、83 名已判决人员的监管和投改任务。年内，户政、交警、出入境等窗口部门共为群众办理“只跑一次”业务 5.3 万余件，为边远群众上门办理牌证照 400 余个。

【警务综合保障】 完成了“一村一警”工程建设，招录专职辅警 120 名、兼职辅警 60 名；对驻村辅警开展了 3 批次集中轮训。2019 年，全县驻村辅警协助更新补录实有人口信息 30228 户，参与化解矛盾纠纷 423 起，开展河道巡查 1425 次，制止非法捕鱼行为 6 起，阻止向河道倾倒垃圾 46 次，协查各类案件 13 起，协助抓获网上逃犯 1 人、“三非”人员 1 人，参与处置了松江镇兴隆村村民集体妨害公务案。落实“三实信息”常态化核查和矛盾纠纷滚动排查机制，核查暂住人口 5049 人、境外人员 227 人、重点人口 616 人、出租房屋 1216 户、单位场所 3092 家，排查化解矛盾纠纷 613 起。完成视频监控点位“一机一档”注册任务 1170 台，向州局平台推送 1148 台，推送率为 98.1%。录入案（事）件 163 起。投资 300 万元，完成交警万宝中队改扩建工程，升级了科目一考场，建成了交通指挥中心，新增停车泊位 496 个、校园警示牌 8 块、震荡减速带 4 条、斑马线 3 处、避让行人字样 38 处、限速标识 80 个、公路区间测速 1 处。投资 122 万元，购置运兵车 2 台、卫星电话 21 部。加强刑侦基础工作，采集指纹信息 2755 份、DNA 信息 1785 份、手机卡信息 966 份，勘验刑事现场 89 起，刑事技术直接破案 12 起。舆情反制 2722 条。强化虚拟社会管控，上报网络情报信息 1500 余条、网络热点舆情 3000 余条，开展舆情引导 55 次。“净网 2019”协助抓获违法犯罪嫌疑人 121 人。

【队伍建设】 组织开展了“迎新春文艺会演”和乒乓球、台球、足球、篮球、书法等文体比赛活动。新招录的32名公务员、7名事业编人员全部充实到一线。慰问贫困民警和因公负伤、大病住院民警31人次，发放慰问金11万元；为378名民警、辅警办理了大病保险、住院保险和意外伤害保险；为全局工作人员、离退休干部及烈士家属进行了年度体检，为5名民警申请工会互助金6000元。开展了“传承2019清明祭英烈”和“烈士纪念日”活动。在“践行新使命、忠诚保大庆”实践活动中，开展了重温入党誓词活动，走访慰问了建局第一人何光并向其转交了“庆祝中华人民共和国成立70周年”纪念章。开展“不忘初心、牢记使命”主题教育活动，组织收看庆祝新中国成立70周年大会盛况，开展理论学习研讨、知识竞赛、演讲比赛、廉政警示教育、对照党章找差距、专题民主生活会、支部组织生活会等一系列活动。加强枪支应用射击等教育训练活动，提高队伍实战能力。加强公安宣传工作，在媒体发稿406件。

公安局领导走访慰问贫困群众　　公安局　提供

【脱贫攻坚】 投入4万元为矿山村硬化煎饼厂地面、修复了水毁农田路，购买电冰箱、热水器，制作了宣传牌和标识牌；走访慰问矿山村、新立村部分贫困户，发放慰问金2340元；投入9862元，对新立村自来水和照明用电进行维修改造；投入20余万元，帮助矿山村、崇山村完成了围栏改造。组织包保民警开展了助农春耕、村居环境整治、庭院经济建设、助农秋收等帮扶活动。

（凤雅迪）

检　察

【概　况】 2019年，安图县人民检察院有政法专项编39名，实有33人，工勤人员6人。党组成员5人，检察委员会委员9人，员额检察官14人，辅助人员13人，行政人员3人，司法警察3人，检察文员7人。全院干警中，汉族33人；朝鲜族6人，占总人数的15%；满族1人；女干警13人，占总数的33%。

【刑事检察】 全年批准逮捕各类犯罪嫌疑人127人，提起公诉173件226人。持续严惩故意杀人、故意伤害、非法拘禁等侵犯公民人身权利犯罪，提起公诉18件34人。坚决惩治盗窃、诈骗、敲诈勒索等多发性侵财犯罪，提起公诉28件32人。依法打击开设赌场、寻衅滋事、妨害公务等扰乱公共秩序犯罪，提起公诉50件80人。

【扫黑除恶专项斗争】 加强与侦查机关、审判机关和司法行政机关的协作配合，建立案件通报、信息共享和会商研判等工作机制，主动推进侦捕、侦诉协调，适时开展提前介入工作，坚决依法打击黑恶势力犯罪。批准逮捕涉恶犯罪嫌疑人8人，以恶势力犯罪提起公诉2件20人。注重深挖彻查，在办理马某某等5人涉恶案件过程中，提供线索并引导侦查机关破获诈骗犯罪案件2件12人。办案中注重“破网打伞”，发现并向有关部门移送问题线索9件。

【三大攻坚战】 助力防范金融风险，严厉打击破坏金融管理秩序犯罪，批准逮捕非法吸收公众存款案件3件5人、骗取贷款案件1件3人；助力污染防治，将生态环境保护和恢复性司法理念贯彻到履职全过程，探索生态司法保护和修复模式，坚持打击与修复并重，全年共提起公诉非法占用农用地案件9件10人，盗伐林木案件10件10人，滥伐林木案件4件6人；助力精准脱贫，开展定点扶贫工作，帮扶明月镇永新村贫困人口全部脱贫。贯彻《检察机关国家司法救助工作支持脱贫攻坚的实施意见》，将因案致贫返贫的刑事案件被害人或其近亲属纳入司法救助范畴。在县委政法委的支持下，向因案致贫的被害人宋某某家属发放了司法救助金。

【控告申诉检察】 构建“12309”检察服务中心，完善实体、热线、网络三大平台，提供“一站式”服务。对外公开重要案件信息99件、法律文书182份、案件程序信息337件。举办检察开放日活动，邀请社会各界人士走进检察院，了解检察工作。践行新时代“枫桥经验”，重在化解矛盾、案结事了。将“群众来信件件有回复”制度作为一项重要任务抓实、抓好。群众来信全部做到“七日内程序性回复，三个月内办理过程或结果答复”。落实“检察长接待日”制度，共接待来访群众50余人次。对不符合条件的申诉案件，耐心释疑解惑，做好息诉罢访工作，继续保持涉检进省进京上访“零”记录。

【公益诉讼检察】 以行政公益诉讼为中心，加强与行政单位的沟通协作，针对县内16家砂场的整改情况开展全面走访“回头看”。对生态环境和资源保护领域损害国家利益或社会公共利益的行为，及时发出诉前检察建议，提起刑事附带民事公益诉讼1件、行政公益诉讼1件。开展“保障千家万户舌尖上的安全”公益诉讼专项监督。

【未成年人检察】 制定《安图县人民检察院监督落实“一号检察建议”、开展“扫黄打非·护苗2019”专项行动工作方案》，会同团县委、县教育局、全县各中小学及幼儿园负责人召开座谈会，推动构建一体化保护学生工作制度；落实“法治教育从娃娃抓起”，全体党组成员兼任中小学法治副校长；结合办案，对受害和犯罪未成年人开展心理辅导、关护帮教，安排未成年犯罪嫌疑人亲情会见。

【刑事法律监督】 贯彻落实宽严相济刑事政策，对涉嫌犯罪但无逮捕必要的决定不批准逮捕38人，对犯罪情节轻微、依法可不判处刑罚的决定不起诉14人。落实认罪认罚从宽制度，10月以来，适用认罪认罚提起公诉31件36人，分别占同期提起公诉案件和人数的86%、73.5%。加强对刑事立案、侦查、审判活动的监督，督促侦查机关立案5件、撤案3件；对侦查机关违法取证、适用强制措施不当等提出书面纠正意见18件。

【民事审判监督】 协调公安凝聚打击犯罪合力，将办理虚假诉讼案件作为做强民事检察工作的着力点。全年提请抗诉10件，提出检察建议13件，不支持监督申请息诉2件。

【刑罚执行和监管活动监督】 提高羁押必要性审查案件的质量和效果，经审查对2名没有羁押必要的犯罪嫌疑人提出改变强制措施。加强监管场所的监督力度，完善监管监督程序。促进社区矫正人员监管措施落实到位，2019年，有社区矫正人员163人，无漏管脱管现象。贯彻落实《依法做好特赦部分服刑犯法律监督工作的通知》，向县司法局发送特赦检察意见书，特赦解除社区矫正罪犯1人。

【队伍专业化建设】 根据《县级人民检察院内设机构改革方案》，坚持扁平化管理与专业化建设相结合，将原有8个部门改为5个内设部门。落实司法责任制，坚持“谁办案谁负责、谁决定谁负责”。深化全员教育培训，加大案例式研讨力度，开展全领域岗位练兵，参加多层次业务竞赛。

（丛学知）

法 院

【概 况】 2019年，安图县人民法院内设政治部（审务督查室）、综合办公室、审判管理办公室（研究室）、立案庭、刑事审判庭、民事审判庭、行政审判庭、执行局、司法警察大队、二道人民法庭10个职能机构。政法专项编制69名，实有61人，工勤及员额管理人员9人。其中，本科或相当于本科以上学历的57人，占全院总人数的81.4%；员额内法官24人，其中一级法官16人、二级法官5人、三级法官2人、四级法官1人。全年共受理各类案件4137件，审（执）结3678件，结案率88.91%，收、结案量较2018年同期分别增长了15.72%和22.36%，法官人均结案159.91件，同比增长了21.68%。

【刑事审判】 全年共受理刑事案件244件，审结221件，结案率90.57%。坚持依法严惩涉黑涉恶犯罪，组建专业合议庭，建立了线索摸排、联合审查及台账管理制度，落实提前介入、会商及“一案三查”“一案一整治”要求，依法审理了涉恶案件1件，在审1件。加大对非法占用农用地罪、盗伐林木罪、滥伐林木罪惩处力度，制定三种罪名量刑规则，提升环境资源行业乱象整治的司法参与、保障作用。落实刑事诉讼制度改革及庭审实质化“三项规程”。

【民商事审判】 全年共受理民商事案件2308件，审结2008件，结案率87%。依法服务三大攻坚战，妥善审理了涉高铁、高速公路项目农民工劳务合同纠纷，以及安图县资金互助会、明月小额贷款公司等系列案件。对“套路贷”“高利贷”案件，依法不予支持超出人民银行基准利率的利息，维护金融秩序。出台《关于对经济确有困难民营企业提供司法救助的规定（试行）》，将民营企业纳入救助范围，简化申请流程，企业只需提交书面申请，即可享受诉讼费减、免、缓交，已为3家民营企业12件案件实行缓交诉讼费20万元。在二道法庭设立速裁组，强化对长白山旅游的司法服务保障。

【行政审判】 全年共受理行政诉讼和非诉执行案件102件，结案102件，结案率100%。服务保障“放管服”改革，探索创新诉前实质性化解行政争议新路径，已成功调解6件。组建环境资源专业化审判团队，实行“三审合一”归口审理模式，自8月组建以来，共审理环资类案件26件，以惩罚和修复并重的方式，增强对环境资源的司法保护力度。发布行政白皮书2件、司法建议10件。

【执行工作】 全年共受理执行案件1427件，执结1292件，执结率90.54%。强化便民服务，在全州率先成立集接待、告知、送达、拍卖评估议价等功能于一体的执行事务中心，自3月成立以来，共接待当事人277人次，接待约谈864人次。变革执行模式，应用“图安”点对点系统查询741次，查询到房产361处、工资10万元、林地36处2732亩。遏制规避执行行为，2019年拘留失信被执行人16人，限制高消费596人，列入失信“黑名单”273人，在高压之下主动履行22人76.84万元。

【立案审查及涉诉信访】 贯彻立案登记制要求，借助协同机制实现了诉讼事项跨区域远程办理，向敦化、延吉等地法院移交立案申请6件，为黑龙江、武汉等地当事人办理立案11件，依托电子法院网上立案970件。对生活确有困难的21名当事人实行了减、免、缓交诉讼费41万元。落实院领导带头接访制度，化解上级法院交办的3件信访积案，全年未产生进京访、激烈访、集体访事件。

【队伍建设工作】 参加国家、省法官学院培训22

陪审员宣誓　　县人民法院　提供

次 56 人次，撰写专业论文 4 篇、案例 24 篇、调研文章 10 篇，参与了国家级司法大数据课题研究，并荣获一等奖。在“加强管理年”活动中，建立内部督查制度，轮值领导带头督查 8 次，发布督查通报 9 期。运用钉钉软件强化考勤管理，严肃清理在编不在岗人员，规范文化标识和文化布设，建立了审判、队伍、政务管理制度 11 项。

【党建工作】 学习贯彻《中国共产党政法工作条例》，落实“三重一大”和党组议事规则，自觉接受派驻纪检监察组监督。规范党员培养流程，新发展党员 2 名。将主题教育作为推动法院高质量发展的内生动力，组织开展大学习、研讨交流、检视问题等工作，抓好“九个一”措施和三项活动，4 个支部共进行学习交流 26 次；讲党课 7 次；党员干部自查剖析、征求意见共查摆问题 69 条；开展了学习李庆军先进事迹、学唱誓词、清扫卫生、助秋收等主题党日、志愿服务和实事好事；与新合村、马鞍山村开展“支部联支部”活动 2 次。班子成员走访调查 21 次，形成了调研报告 6 篇，解决了突出问题 7 个。应用传统媒体与新兴媒体宣传工作成果，在各级媒体刊发稿件 140 篇，其中被省级以上媒体转载报道 84 篇；与县电视台联合制作了 14 期《法院之窗》普法栏目；在“国家宪法日”等节点组织普法宣传，开展普法“六走进”活动 17 次、公众开放日活动 6 次；创作了歌曲、音乐短片、小品等文艺作品。

升国旗　　县人民法院　提供

【推进阳光司法】 加强四大公开平台建设，在中国审判流程信息网公开案件 2068 件，公开率 100%；庭审直播案件 650 件，占案件总量的 24%；裁判文书上网 3198 篇。开展卷宗评查 2710 件。推进电子诉讼应用，借助电子法院、智慧庭审系统实现网上阅卷、证据交换、网上开庭、电子送达等功能，以信息技术驱动司法公开、强化司法服务。

送锦旗　　县人民法院　提供

【智慧法院建设】 调配运用内部资源，探索事务性工作与审判业务工作相分离的管理模式，将以往由承办法官自行送达的法律文书统一由送达组集中送达，已实现送达 1106 件。对首次执行案件实行集约化分段管理，速执团队、终本团队、查控专员、网拍专员协同配合、各司其职。在二道白河镇组建速执组，依托执距短的优势集中查询、快速查控。继续推进电子卷宗随案同步生成、深度应用及全流程网上办案办公，将司法辅助事务进行社会化外包，为法官减负。

【司法体制改革】 坚持扁平化管理和专业化建设相结合，将 13 个内设机构精简为 8 个，补选员额法官 2 人，退出 3 人。优化法庭布局，新增 4 个巡回审判点，形成了覆盖 9 个乡（镇）的诉讼服务网络。建立专业法官会议规则和法官绩效考核体系，落实院（庭）长带头审理重大、疑难案件，年初以来，入额院领导共受理各类案件171件，办结145件，结案率84.8%。

【**脱贫攻坚**】 投入扶贫资金41万元，为新合村购买苗木、鸡雏，为马鞍山全村更换围栏，改善居住条件。发展竹柳、杨木种植和庭院经济项目，全年实现增收20余万元。

【**代表联络工作**】 自觉接受监督，全年向代表、委员推送工作专刊8期，邀请观摩庭审20人次，亲历执行现场6人次，11名代表委员陪审案件64件。

【**获得荣誉**】 集体荣誉：执行局获得全省法院二等功集体；二道人民法庭获得全州法院三等功集体。个人荣誉：金永日获全州法院三等功个人；朴秀兰获全州“建一流队伍，创一流业绩”活动先进个人和安图县“三八红旗手”；史佳媛、栗中萌、王越、洪书颖、胡征光、朴秀兰、丁元利、于爽江、王乙鑫、曹振宏、乔祥林获全县优秀公务员。

（肖亚男）

司法行政

【**概　况**】 安图县司法局设公共法律服务科、普法依法治理科、社区矫正办公室、综合科、政治处，下设13个司法所，3个直属事业单位（法律援助中心、公证处、社区矫正教育中心）。根据吉发〔2018〕44号文件和吉厅字〔2019〕42号文件的相关内容要求，县政府法制办工作职能划入司法局，县司法局承担了原法制办职能。县司法局有人员编制78名，其中政法专项编制53名、事业编制25名。实有在编人员67人，其中政法专项编制43人、事业编制22人。有社区矫正公益岗位33人。

【**社区矫正**】 建立司法行政机关与监狱定期例会制度，进行沟通协调执法衔接、派驻民警管理、学习交流等工作。2019年，监狱警察到安图县司法局参与刑罚执行一体化建设工作7次，参与集中点验50人次。做好社区矫正基础保障工作。签订《政府购买社会组织公共服务项目合同》，购买敦化市温馨心理咨询工作室服务项目，为全县社区矫正人员建立心理矫治档案。截至2019年末，敦化市心理咨询协会理事长郑冬伟为社区服刑人员授课3次。

【**安置帮教**】 走进延吉监狱开展“情系高墙 延伸帮教 迎新春 送关爱”亲情帮教活动，向安图籍服刑人员发放5000余元生活用品；组织开展刑满释放人员排查、走访、帮扶专项活动，对611名在册安置帮教人员进行逐一排查走访，发放救助资金共计3500元。截至2019年末，全县累计接收社区服刑人员1390人，累计解除社区服刑人员1238人，在册152人，2019年接回重点刑满释放人员1人。

【**社区戒毒（康复）**】 推进社区戒毒（康复）网格化管理，2019年有在册社区戒毒（康复）人员30人。

【**矛盾纠纷排查**】 组织开展矛盾纠纷“大排查、大调处、促和谐、迎国庆”专项活动；落实经费保障，制定出台《安图县司法局关于人民调解案件“以案定补”管理办法（试行）》文件，并报备县纪委、县政法委；坚持和发展枫桥经验，组织全县人民调解员枫桥经验培训会，制定下发《安图县司法局坚持发展“枫桥经验”实现矛盾不上交三年行动方案》。全年共开展矛盾纠纷排查712次，调解案件2341件，司法确认案件8件，调解率100%，调解成功率98%。

【**扫黑除恶专项斗争**】 在全县开展社区矫正、安置帮教、社区戒毒“三类”人员排查及涉黑涉恶线索摸排工作，对排查出的19名社区矫正“四涉”人员、1名安置帮教“四涉”人员，排查出社区矫正人员（原村级“两委”班子成员）及公职人员17人、安置帮教1人进行重点监管，排查2条线索已上报县扫黑办；建立健全律师办理涉

1 月 10 日，安图县司法局扫黑除恶工作推进会议
李旭东　摄

黑涉恶案件请示报告制度，集体研究制度、检查督导、档案管理等各项制度，要求代理涉黑涉恶案件必须提前报请县局扫黑办，指导律师规范做好涉黑涉恶案件辩护代理工作。2019 年，代理涉黑涉恶案件 2 件，已上报县扫黑办；先后在安图电视台、微信公众号、法律服务微信群等多个平台推送扫黑除恶应知应会知识，全年发布宣传报道 9 篇。发放扫黑除恶宣传手提袋 1 万个，印制发放扫黑除恶宣传挂图 500 张，制作悬挂扫黑除恶宣传展板 8 个，悬挂扫黑除恶宣传条幅 80 条，印发扫黑除恶宣传单 5000 张；在微信公众号、微信群等新媒体平台推送扫黑除恶知识信息 3 条；出动宣传车辆 300 余台次，深入村屯开展流动宣传 200 余次；在公交站点设立扫黑除恶法治宣传站牌 12 个。

【服务保障和改善民生】 推进落实“三抓”部署服务企业发展“123”工程活动，开展“走进千家商会、服务万户企业”和“守护白山松水、法律服务在行动”专项行动，为全县 30 个民营企业、中小微企业签约仪式提供法律服务。做好《延边州政法机关依法保障促进民营企业健康发展四十条意见》的学习培训和宣传工作，组建法律服务团队。开通农民工法律援助绿色通道及农民工法律服务热线“0433-5612348”，截至 2019 年末，受理农民工欠薪案件 52 件，已办结 36 件，取得欠薪款 45 万元。与县人力资源和社会保障局联合设立农民工法律援助工作站，指派专人负责做好农民工的法律咨询、接待和案件的分流工作。2019 年，共受理法律援助案件 238 件，其中刑事案件 9 件，民事案件 229 件。

【法律服务行业】 公证工作稳步推进。严格执行上级“只跑一次”有关规定，为中小企业保全送达，2019 年，共办理各类公证案件 1873 件。律师和基层法律服务监督工作规范有序。完成 2018 年度的律师事务所、律师的年度考核及本年度的注册初审工作，延吉城途律师事务所进驻安图；2019 年，明月法律服务所代理诉讼事务 50 件，各律师事务所代理诉讼事务 133 件。

【普法依法治理】 开展以宪法为核心的主题法治宣传活动。联合县委宣传部下发《2019 年宪法宣传周暨“12・4”法治宣传活动方案》，组织开展宪法进乡村、宪法进军营、宪法进社区等 7 个主题日宣传活动。制定下发《安图县司法局加强基层法治文化阵地建设实施方案》，为 9 个乡（镇）司法所制作安装法治宣传栏和宣传展板；投资 150 万元，在县博览城设立户外法治宣传电子显示屏，建立法治文化教育传播阵地。继续推进法治文化建设“一村一品”工程，整合资源，在明月镇永胜村打造宪法法治文化活动基地 1 处；在石门镇龙兴村、明月镇二青村打造法治文化长廊 2 座，共 70 余延长米；大桥村等 3 个村屯被评为省级民主法治示范村，龙兴村等 8 个村屯被评为州级民主法治示范村。围绕新中国成立 70 周年、脱贫攻坚、扫黑除恶等重要节点，开展主题法治宣传活动，截至 2019 年末，组织送法进村屯法治宣传活动 500 余次，发放宣传资料 3 万份，发放普法宣传手提袋、宣传毛巾 1 万件。联合县关工委开展“五老”法治宣讲团法治进校园宣讲 20 余次，受教育师生 1000 余人；组织全县副科级以上领导法律知识干部考试 1 次，参考人员 480 余人。筹划设立全面依法治县委员会四个协调小组，拟制《中共安图县委全面依法治县委员会工作规则》等3个工作规则制度，召开安图县全面依法治县委员会第一次会议；加强法治政府建设，在全县开展法治政府建设示范创建活动，督导各部门开展营造法治化营商环境活动。

【脱贫攻坚】 2019年，安图县司法局协调松江镇政府、县水电办争取巷道5.3千米、边沟6.5千米建设项目；投入2.6万元对双丰村进行绿化、美化，种植李子树、海棠树等树木1500余棵，播种花籽约5千克；投入4万元，为全村主干路两侧建设铁皮板杖子1300米；建设水井及2553米供水管网改造项目；投入4000元购置水泵1座，解决羊草屯安全饮水问题。全年共开展“支部连支部，共建促脱贫”活动14次，环境卫生整治30余次。在元旦、春节、老人节、中秋节等重要节日开展入户走访慰问，慰问物资总投入1万余元；联系红十字会、民政、爱心企业，为全村送去物资5000余元。

【党风廉政暨队伍建设】 加强党的制度建设。严明党的政治纪律和政治规矩，认真落实“三会一课”、民主生活会、组织生活会、民主评议党员等制度。加大机关党建宣传力度。运用新时代“e支部”等平台，宣传机关党建工作，发布热点新闻40余条。安图县司法局获2019年度全州政法宣传工作先进单位。抓好思想政治组织建设。制订《2019年理论学习计划》，全年组织学习习近平新时代中国特色社会主义思想和党的十九届四中全会精神、学习《中国共产党政法工作条例》、总体国家安全观、《党章》《准则》《条例》等材料38篇，参加700余人次。抓好党风廉政建设。签订“一岗双责”责任书。认真落实党风廉政建设“两个责任”、《安图县“一把手”“五个不直接分管”制度》和中央八项规定，深入开展侵害群众利益专项整治工作。组织召开安图县司法局队伍纪律作风整顿年活动启动会，开展自查整改，推进纪律作风建设。根据县委第二巡视组第五轮巡查工作相关要求，对近三年工作进

11月4日，安图县司法局“不忘初心、牢记使命”理论中心组学习（扩大）会　　李旭东　摄

行全部自查，认真梳理6个方面12项30个具体问题，细化巡察组意见建议18条，制定整改措施51项，按照要求完成任务清单。抓实意识形态工作。落实意识形态工作责任制和“一岗双责”责任，通过民主生活会、组织生活会、党课报告会、观看警示教育片等形式抓好专题学习，将意识形态工作落实到工作和学习中。加强舆论引导，充分利用法治安图建设微信公众号和安图司法行政微博等新媒体宣传媒介，开展习近平新时代中国特色社会主义思想、党的十九届四中全会精神和“12·4”宪法宣传活动。开展“不忘初心、牢记使命”主题教育。按照县委工作部署，制定《司法局“不忘初心、牢记使命”主题教育实施方案》，成立组织领导机构，召开了动员会议。坚持把学习教育贯穿活动始终。局班子成员全面动员、全员参与，牢牢把深入学习贯彻习近平总书记“不忘初心、牢记使命”重要论述精神贯穿主题教育的始终，坚持学以致用、用以促学，开展集中学习15次，集中研讨11次，学习16个篇目的领导讲话及文件，组织观看《永不消失的电波》《警醒2》《郑德荣》等专题片4次。广泛听取意见。采取设置征求意见箱、对外公布征求意见电话、开通官方微博、召开座谈会等多种方式广泛、深入听取群众意见建议，发放征求意见表、征求意见函62份。累计入户走访89次，

收集意见建议6条，解决群众法律诉求25件，办理惠民实事16件（基础设施建设类4件、扶持产业发展类2件、群众诉求类10件）。围绕“九个一”工作抓实支部学习教育。采取“2+10+1”考学方式，开展主题教育知识竞赛、“支部连支部”助秋收、助卫生、助脱贫、领导班子专题党课领学等活动；结合庆祝新中国成立70周年，开展传承红色基因，坚守初心使命专题活动；组织党员积极参加志愿服务，为身边群众办一件实事好事；集中开展爱国主义教育专题学习研讨活动、“不忘初心、牢记使命”诵读比赛活动。

（李旭东）

军　事

安图县人民武装部

【思想政治建设】 依托“学习平台”微信群及时跟进学习习近平重要讲话和各类会议精神，推动学习教育落实。开展第二批主题教育。理论学习每月有学习计划、有资料汇编、有个人笔记。政治教育有到课记录、参加人员齐、有补课登记。组织民兵教育教案编写和课程录制工作，安图县人民武装部“一部一课”被省军区评为精品微课。设计制作灯箱宣传栏，国庆期间制作条幅彩旗。

【战备训练】 加强军地协作配合，组织县国安、公安、边境、民政、经济、应急管理、退役军人事务管理等部门，协调军地联合修订完成多种应对突发情况准备的预案。编实配强民兵队伍，组织完成人基干民兵和普通民兵编兵任务，达到民兵调整改革要求。分两批完成了年度民兵训练任务，跟进组织课目考核，表彰先进激励斗志，安图县民兵参加军分区拉动和军事训练考核，排名第二。在节日期间组织民兵值班分队进行应急演练，如期完成民兵应急物资采购和战备储备。民兵应急分队参加省军区检查考评，12 分钟齐装满员，人员出动率 90%。积极推动边防委机构设置改革，第一家移交完成边防经费账户和工程档案资料。

【国防动员建设】 完成征兵任务。开展潜力调查，完成 6 个方面 102 项重点数据、7 个方面 202 项基础数据调查统计任务，共采集数据信息 7 项 4365 条。联合县委组织部共同做好专武干部考察任职工作。组织 4 名专武干部分 2 批参加省军区履职能力培训。协助驻军单位做好随军未就业家属补助审核发放工作。协助退役军人事务管理局完成迎接双拥创城考评工作。

【依法从严治军】 严格落实安全保密管理规定，规范涉密文件载体管理和手机网络使用，严格落实车辆审批使用制度，加强车辆保养维护，定期检查营房电路和食品安全，普及安全常识。利用传达学习纠治违规喝酒、违规使用网络等违规违纪违法案件通报开展警示教育，发放房间保密须知手册。组织干部职工开展政治考核、进行实名登记、社会关系采集，参加社团情况排查、持有枪弹保障物品排查。协调落实好领导干部个人事项报告和请假制度。参加社会招聘文职人员资格审核工作。协助做好安图籍官兵参加重大任务政治考核工作。

【抓建基层】 多次组织乡镇召开现场办公会，统一标准落实责任。贯彻落实大庆现场会和军分区小型办公会精神，完成 9 个乡（镇）武装部软硬件建设和 5 个民兵应急排器材库建设。协调镇党委重新调整新屯村党组织。帮建村党支部建设。改建厂房、购置设备，帮建米酒糖稀加工项目，已开工投产。结合春节慰问，走访新屯村 7 户贫困户，发放慰问金 3500 元。结合扶贫日活动，组织干部职工为村民捐赠 37 件衣物。团职干部与 3 名贫困学生结对助学，捐赠部分学习用品并资助 2100 元现金。开展“爱心献功臣”活动，协调医疗队到新屯村送医送药，进行巡诊。组织干部职工多次进村入户开展环境清理整治。利用迎接军委扶贫工作检查契机，完善相关软件、资料。

【党建工作】 研究制定《党委议事规则》。协调召开主题教育专题民主生活会。推进巡视巡察反馈问题整改，建立问题清单，明确分工时限，跟踪抓好落实。组织开展肃清郭徐房张全面清理清查。严格按照规定标准收缴并足额上交党费。到军分区进行纪律警示教育授课。3 次参加军委国防动员部工作抽调，完成明察暗访、政治巡察、线索核查任务。

【后勤保障】 严格落实经费物资管理制度，结合实际翔实编报年度决算，科学制定经费预算，从严控制经费开支，加强物资装备清点管理。做好机关日常、民兵训练、新兵训练等时点的后勤伙食保障。

（赵家林）

武警安图县中队

【概　况】 中国人民武装警察部队延边支队执勤一大队安图中队（以下简称武警中队）隶属武警延边支队。

【政治思想】 抓好授课后的小课串讲。专题授课辅导后，开展有针对性的小课串讲，并配合开展好课后的讨论活动，深化主题教育成果。做好日常的宣传引导。针对部分官兵中对主题教育存在的错误认识，坚持把主题教育和经常性随机教育紧密结合起来，做好官兵的思想引导。利用好身边的典型，激励官兵的积极性。

【军事训练】 训练中，突出“三个重点”（以干部和后勤人员为重点人员，以官兵体能和专勤专训为重点内容，以勤杂人员和外出学习人员以及病休缺课人员的补训为重点环节），坚持“三个明确”（明确干部和后勤人员参加军事训练的时间，明确干部和后勤人员的训练方法，明确干部和后勤人员所要达到的目标），狠抓“三率”（到课率、补课率、优秀率）落实，开展“五小练兵”（小块时间、小块场地、小教员、小型练兵、处置小情况）活动，实现“训练八落实”的相关要求，同时做好军事训练中的思想政治工作。

【执勤战备】 结合每月经常性思想政治教育和在国内外形势变化、重大政策出台和勤务调整、士兵补退、重大节日等时机，中队适时进行执勤战备教育。加强落实执勤战备制度，增加查勤次数，规范四哨动作和情况处置训练。武警中队结合驻地周边实际情况开展执勤方案演练、执勤技能考核。另外与当地公安局组成的联勤武装巡逻小组，处置多起危害社会秩序事件。

【后勤保障】 由于武警中队营房重修，受环境限制各项设施建设不完全，无法广泛开展农副业生产，武警中队侧重于营区绿化美化、卫生防疫、后勤战备等基础建设，并加强后勤人员培训工作。

（李成琦）

安图县人防办

【概　况】 安图县人民防空办公室主要履行战时防空、平时防灾一体化综合协调、救援救助和组织指挥等职能，接受军地双重领导。2014 年，机构合并到安图县住建局，挂人民防空办公室牌子，设立人防管理办公室。下属事业单位人防工程管理中心机构改革时一同并入。

【人民防空工程建设和维护管理】 2019 年，开发利用人防工程 2 项，实现平战结合收入 92 万元，解决就业岗位 100 多个。2019 年，人防审批实行人防结建许可联审联批制度，县自然资源局、房产、住建局等部门未经人防审核，不得办理相关手续，规范了结建审批程序，杜绝了漏批现象。

县住建局还下发了《关于规范安图县人防工程质量监督职权的通知》，将人防工程质量监督纳入住建局质量监督站管辖范围，缓解了人防工程质量监督力量不足的问题，为今后更好地开展人防结建工程奠定了扎实基础。

【指挥通信】 完成项目建设总额为77.6万元的全县警报系统升级改造工作。建设完成后，覆盖率、完好率达100%。升级改造后的警报系统依据地形地貌、人口分布及防灾减灾的需求，并结合人口密度、建筑物高度及音响覆盖效果，在商业区、居民区、学校、干路河道两侧等地方合理系统布局。该项目于9月18日前建设完成，质量达到建设标准，投入使用。

完成人防专业队信息核查整组工作。2019年根据县人武部要求，重新对专业队进行信息核查整组，为战时防空、平时防灾做好充分准备。

【人防知识宣传教育】 开展人防宣传教育工作。一是博览城人防宣传长廊宣传。利用博览城群众参与度高的特点，推动人防阵地宣传建设，普及人防知识，提高群众抵御风险的能力。二是在五中开展应急综合演练，提高师生应对突发事件的应急反应能力，提升风险防范意识。三是利用多媒体系统播放人防知识宣传片及多部爱国主义题材影片，提升人防宣传教育成果，丰富群众文化生活及提高爱国意识。四是在9月18日上午9：18分进行警报器试鸣，警示民众勿忘国耻，珍爱和平，居安思危。

【帮扶工作】 继续开展精准帮扶工作。一是投入3.6万元帮助村部改善办公条件。二是投入0.6万元养殖黑蜂，提高帮扶户造血功能。三是在人防商场设立扶贫柜台，帮助销售特色产品，扩大销售渠道。四是丰富群众文化生活，开展“三八”节感恩演出。五是开展扶贫慰问走访活动，送去牛奶、肉、鱼等生活物资，提高生活质量。全年共投入资金4.76万元。六是更换村内围栏，美化环境。七是逐户走访，完善明白卡、帮扶手册、基本情况表等基础信息收集，严格根据实际情况制订“一户一策”帮扶计划，并完善“一户一档”信息资料，规范档案管理。八是开展环境卫生整治，提升生活品质和幸福指数。由于工作成绩突出，小沙河驻村服务队被县政府授予“优秀驻村工作队”称号。

（金　青）

经济管理

国民经济与社会发展

【概　况】安图县发展和改革局作为县政府综合经济部门，主要负责组织实施全县国民经济和社会发展、规划重大项目建设等工作。机构改革后，下设重点项目服务中心、粮油品质卫生检验监测站2个事业单位，内设办公室、国民经济综合科、固定资产投资科、社会发展科、农村经济发展科、产业协调科、价格与收费管理科、价格综合调控科、粮食储备科、能源和物资储备科、行政审批办公室11个科室。2019年，先后荣获全州精神文明建设工作先进单位等荣誉称号。

【党建工作】严格落实“三会一课”等组织生活，开展“不忘初心，牢记使命”主题教育。贯彻执行民主集中制，坚持集体领导下的个人分工负责制。坚决履行从严治党主体责任，深入贯彻落实党风廉政建设有关规定，切实加强领导，将党风廉政建设和反腐败工作细化分解，形成“一把手”亲自抓、班子成员配合抓的工作格局。

【脱贫攻坚】脱贫攻坚以来，安图县发展和改革局争取到位资金突破8亿元，其中涉农项目13个，累计到位资金4976万元。协调对接国开行，落实贷款资金近2亿元，助力安图县脱贫攻坚工作。争取的45.54兆瓦光伏扶贫项目已成为安图县重要的扶贫支柱产业。包村工作中，争取到位资金600余万元，改善村内道路、亮化、排水、护堤及围栏等基础设施。投入近万元帮助贫困户发展庭院经济。

【项目资金】全年累计争取到位资金项目20个，资金14189万元，助力安图县经济和社会事业建设。2019年实施5000万元以上项目34个，总投资188亿元。固定资产投资完成33亿元，增长19%。红丰矿泉水小镇成功经验在全国推广。提前启动“十四五”重大项目谋划工作，初步梳理出超千万元项目163个，总投资477亿元。其中，马鞍山抽水蓄能电站完成选点规划编制，双目峰口岸基础设施建设项目完成可研编制工作。

【经济运行监测】做好经济运行季度分析及国民经济和社会发展计划报告。根据全县经济社会发展情况，编制完成《安图县“十三五”规划实施情况中期评估及部分指标调整方案（草案）的报告》，经县人大常委会议审议通过。

【服务业重点项目】发挥服务业攻坚牵头部门作用，加快推进服务业重点项目建设，2019年实施安图县3000万元以上重点服务业项目13个。

（管延良）

审　计

【概　况】安图县审计局内设机构有：法制科、财政金融审计科、农业审计科、投资审计科、行政事业审计科、社保审计科、经济责任审计科、党办和办公室。2019年，全局共完成审计项目21个，其中本级预算及其他财政审计项目1个，财政财务收支和经济责任审计项目16个，重大政策措施落实情况跟踪审计1个；永庆乡自然资源资产离任审计1个；专项审计调查2个。审计查出管理不规范金额1438万元、违规金额141万元、上缴财政141万元。

【同级预算执行审计】 2019年，全局以促进深化财政管理改革和提高财政资金使用绩效为根本目标，开展预算执行审计工作。完成了对县财政局的审计工作。

【经济责任审计】 2019年，安图县审计局认真贯彻落实中央两办《党政主要领导干部和国有企业领导人员经济责任审计规定》，深化经济责任审计，重点关注领导干部贯彻落实法律法规和宏观经济政策情况、重大经济决策情况、履行国有资产管理职责及廉洁自律情况等。安图县审计局先后对农业局、环保局、财政局、宣传部、残联、永庆乡政府、机关事务管理局、医保局、政府办公室、卫生计划局、文化广电新闻出版局、水利局、民宗局、政协等主要负责人进行了经济责任审计，针对被审计单位财政财务收支及资产管理方面存在的问题和薄弱环节提出了整改意见和建议，上报审计结果报告16篇。在审计中注重将部门单位落实中央八项规定精神和省、州、县具体规定作为经济责任审计的重要内容。

【上级统一组织审计】 围绕简政放权、放管结合、优化服务的"放管服"政策，执行重大政策措施跟踪审计，促进相关政策措施落实。围绕统一组织项目，派出审计组对各相关单位开展跟踪审计，提出审计建议。"放管服"、扶贫项目资金等方面的审计监督，发挥了审计保障作用。

【专项审计调查】 坚持"依法审计、服务大局、围绕中心、突出重点、求真务实"的工作方针，认真履行审计监督职责。重点关注清欠工作落实情况，残疾人就业保障金征收、管理使用情况。

【脱贫攻坚】 积极筹措1.69万元资金采购鸡苗1300只，帮助36户贫困户开展土鸡养殖项目；投资4320元为包保村寒葱沟村购置收割机械、风力灭火机、打草机及工作制服，解决农民秋收困难的问题；帮助寒葱沟村建设灵芝大棚3座，并组织人员进行灵芝种植技术培训；集中整治村庄环境卫生，投入1.63万元维修村民围栏328米，铺设草坪700平方米。

（张银花）

统　计

【概　况】 安图县统计局内设3个科室和1个下派机构，即办公室、综合统计科、社会经济统计科和延边州统计局下派机构：延边州统计局普查中心安图分中心。2019年，县统计局有工作人员21人。其中，行政编制人员12人，州事业编制人员4人，合同制人员4人，员额（地方）1人。

【统计服务】 加强新常态下经济运行监测工作。新常态下用新的心态、新的理念和新的状态，发挥统计优势，以提高统计服务科学决策的能力和统计分析研究水平为重点，进一步加强具有前瞻性的调查和分析研究，加强对发展目标的跟踪监测，寻找数据规律，及时从统计角度做出定量和定性分析，为各级党政领导当好参谋。丰富统计主打产品。继续为党政领导提供优质统计服务，相继出版了《统计公报》《统计月报》《领导干部手册》《安图县主要经济指标在全州的位次》。同时，进一步规范统计产品出品过程，完善产品目录，丰富和细化统计数据，增强产品的针对性和实用性。

【经济普查】 抓好普查现场登记和审核工作。为确保全县第四次经济普查数据质量，县统计局要求局内相关专业人员深入普查对象，查实每一个指标，对普查中出现的拒报、瞒报、漏报等问题多次召开工作推进会议，逐个问题攻关，逐个问题解决。做好对国务院第四次经济普查办公室事后质量检查组的迎检工作。县统计局组织全局干部职工再次对全县四经普数据进行核查。经国务院第四次经济普查办公室检查组为期两天的检查，对安图县政府在第四次经济普查工作中取得的成绩表示认可。

【法治建设】 以《中华人民共和国统计法》为教材，制定《2019年安图县统计局学法工作计划》，突出抓好领导干部的依法统计工作意识、内部干部职工自律意识。对全部“四上企业”统计人员及一部分劳动工资统计人员进行为期两天的统计法培训，并进行了现场考试。

【脱贫攻坚】 2019年，安图县统计局主要领导30余次带队到帮扶村调研、研究帮扶措施和设计帮扶项目。先后投入10.7万元，完成村内办公桌椅更换、文体设施改造、政策宣传、“两节”期间慰问等扶贫工作。同时，机关5名帮扶责任人到结对帮扶的5户贫困户中走访慰问130余次，电话慰问140余次。

（王宇明）

物　价

【概　况】 2019年机构改革后，价格监督检查局部分职能并入县发改局，形成价格与收费管理科、价格综合调控科两个科室。

【价格管理】 制定、审核、审批权限范围内的行政事业和经营性收费项目及收费价格；制定、公布县内价格管理收费目录；负责组织实施本级定价权限内的成本监审、成本调查；对行政事业收费单位、相关行业、企业实行价格政策指导；协调处理价格争议。健全完善民生价格信息发布，定期对26种主要副食品价格变动情况向全县人民播报。启动了价格联动机制，对全县享受国家定期抚恤补助的对象发放价格临时补贴307万余元。

【价格监测、分析与预警】 对重要商品和服务价格的变动情况进行监测、公布；对重要商品和服务价格，以及相关成本与市场供求的变动情况，实施价格预测、预警，并及时提出调控建议。负责对价格调节资金的管理和使用，运用价格调节资金调节市场供求，稳定市场物价。

【价格认定】 对违纪案件中价格进行认定；对行政诉讼、行政处罚等行政工作中的价格进行认定。2019年认定案例148件，鉴证标的总金额1302万元。贯彻落实减税降费政策，完成全县41个收费单位的年度收费情况网上直报、审核工作。制定出台用水、供水工程有关政策，推进农村水价改革。

（管延良）

市场监督管理

【概　况】 安图县市场监督管理局设办公室、党办、人事科、财务科、法规科、科技与信息科、经济合同科、商广科、价格监督检查和反不正当竞争科、综合规划科、行政审批办、执法稽查科、食品生产科、食品流通科、食品药品安全协调科、药品科、质量发展与产品质量安全监督管理科、特设科、餐饮监督科、化妆品监督管理科、医疗器械科、信用监督管理科、民营经济发展促进科、网络交易监督管理科24个内设机构；新安分局、明安分局、万宝分局、松江分局、二道分局5个派出机构；检测中心1个局属事业单位。负责安图县境内市场领域的监督管理。2019年，在编人员141人，其中行政编制人员79人，工勤编制人员9人，参公编制人员6人，事业编制人员47人。

【食品安全量化分级管理】 继续推进明厨亮灶及量化分级管理工作，对餐饮业加大宣传、推进力度，要求2019年新办证的餐饮服务单位明厨亮灶率 100%。截至 2019 年末，安图县共有明厨亮灶 587 家，占总数的 66%。继续推进食品安全量化分级管理，依法实施动态管理，现有 A 级店 18 家、B 级店 525 家、C 级店 261 家。量化分级率 100%。

【食品抽检】 以“双随机、一公开”为基本手段、以重点监管为补充、以信用监管为基础、以产业创新鼓励新兴产业发展为重心，制定“你选我测”的检测工作方案。县市监局以及县广播电视台微信公众号上设置“你选我测”投票页面，列出与百姓生活密切相关的最常见和季节性食品消费热点等食品种类，作为投票活动备选项供网民选择。此外，在人大代表、政协委员、学校、社区等范围进行问卷调查，确定公众关注度最高的几类食品品种作为每月活动抽检品种。

【扫黑除恶专项斗争】 立足自身市场监管职能，多措并举，对安图县的食品及保健食品（直销）经营单位、药品经营单位、特种设备使用单位等各类经营商户进行排查。在市场行业乱象排查中发现 77 家经营单位存在问题，60 家已整改完毕，9 家未整改完成，8 家已关门停业。综合运用户外广告、横幅、LED 电子显示屏等传统宣传载体以及新闻媒体、微信工作群等平台，通过发放传单、公布举报电话及邮箱等形式，引导经营者、消费者积极举报反映问题线索。指导沿街辖区 41 户经营主体有 LED 电子显示屏的门店滚动播放宣传标语，张贴、悬挂各类宣传标语 32 条，永久粘贴展板 3850 份，发放安图县群众举报黑恶势力犯罪线索奖励办法宣传单 2.35 万份，张贴扫黑除恶奖励通告 500 份，竖立大型户外广告牌 6 块，设立 20 个举报信箱，利用新闻媒体宣传安图县市场监督管理局扫黑除恶专项斗争工作重点及措施 1 次。

【10 蒸吨以下燃煤锅炉注销整改】 贯彻落实中央环保督察专项整治行动，全面治理县内违反《大气污染防治行动计划》的 2014 年以来违规新注册 10 蒸吨以下燃煤锅炉 18 台，2019 年 6 月提前完成违规注册锅炉注销 17 台，更正注册信息 1 台，全部完成 18 台锅炉整改任务，已进入销号阶段。另外，县市场监督管理局以环保督察为发力点，举一反三，全面摸排县域锅炉，工作中发现未注册的锅炉 13 台，已完成改造 7 台，拆除 3 台，查封 3 台。

【助推农村品牌建设】 安图县市监局已向国家商标局申请各类商标 220 件，已获得商标注册证的普通商标 210 余件。2019 年，新增地理标志证明商标 2 件。截至 2019 年末，有地理标志证明商标 6 件，同时还对“安图林蛙”“安图林蛙油”等进行论证和撰写，上报国家商标局，并将一批具有安图历史特点、有一定知名度的产品纳入地理标志商标储备库中。利用“广农对接”活动帮扶企业 7 家，每年为企业增加收入 20% 左右，节省广告费用 140 万元，带动村屯人员近千人，扶持各类市场主体申请认领注册商标 40 余件。

【重点民生产品质量检查】 对县内强检计量器具使用单位进行强检计量器具网上预约培训，培训次数 2 次，70 余家单位参加培训；抽检工业产品获证企业 9 家，合格率 100%；抽检服装、电器、煤炭等流通领域企业 54 家 86 批次产品，不合格 28 批次，其中 1 批次正在处理中。全年共立案计

开展 2020 年元旦、春节期间流通环节食品安全专项整治　　代萌娇　摄

量、质量、检验检测案等案件29件，结案29件，罚没共计89544元。

【"个转企"工作】 完成新增"个转企"30户，主要集中在教育和批发零售业，分别占比46.67%和36.67%，注册资本1394万元，完成目标任务10户的300%。

【"证照分离"改革】 通过精简审批材料，优化程序条件，完善准入服务，实现食品经营许可时限由20个工作日至10个工作日的减半压缩。截至2019年末，安图县市监局"证照分离"双告知认领率93.76%，认领事项511件；整体处理率98.73%，整体处理事项545件，有效辅助了事中事后监管全覆盖工作。

【药品零售企业执业药师证书"挂证"行为整治工作】 通过文件通知、召开约谈会和现场检查等形式，截至2019年末，已检查43家药品经营企业，检查发现有15家药品经营企业违反执业药师在岗和处方药销售规定，已责令改正15家，查处不凭处方销售处方药1家，罚款1000元。

【校园及校园周边食品安全监管】 对全县学校及幼儿园食堂开展专项监督检查。对校园周边餐饮单位严格规范经营行为，对新申请的校园周边餐饮店严格按照食品经营许可要求进行审核。对无证经营的单位，教育指导退市，拒不改正的下达责令整改通知书，要求限期整改。

【获得荣誉】 二道白河镇长胜村驻村工作队被评为2018年度全县脱贫攻坚先进驻村工作队；松江分局在集贸市场整治行动中荣获安图县松江镇人民政府书面感谢；松江镇东山村驻村工作队在松江镇"春季百日大会战"工作中被评为"脱贫攻坚工作满意度先进村"；二道分局在二道白河镇2019年度党委政府中心工作中被评为"优秀站办所"；永庆乡朝阳村被评为2018年度脱贫攻坚先进村；局长姜则辛被延边州革命老区建设促进会评为"支持老区建设和老区工作先进个人"；松江镇东山村驻村队长代方军被评为2018年度优秀驻村党建书记；常悦被共青团安图县委员会评为2018年度优秀团干部；刘伟超、郑世权、于洪志、李香华在中国·安图第二届长白山矿泉水文化旅游节活动中被评为"突出贡献个人"；刘林、车文学、沈昌民、赵俊秀、常悦5人在中国·安图第二届长白山矿泉水文化旅游节活动中被评为"先进个人"；"双随机、一公开"工作荣获政数局通报表扬。

（王文靖）

自然资源管理

【概　况】 安图县自然资源局担负着全县土地与矿产资源、资产管理的重任。2019年，有干部职工111人，内设6个职能科室，直属9个自然资源分局（所）、6个事业单位。

【机构改革】 安图县自然资源局于2019年3月7日正式挂牌。有6个内设机构：综合科（法规科）、自然资源调查监测和确权登记科（安图县测绘地理信息管理办公室）、自然资源开发利用和所有者权益科、国土空间规划和用途管制科、国土空间生态修复和耕地保护科、地质矿产管理科。另设行政审批办公室、直属机关党委。

【规划调整】 协调省州政府和省州自然资源部门，完成了4个乡（镇）6个县重点项目的土地利用总体规划调整工作。分别是：两江镇：步长集团中国好乡村旅游开发项目；石门镇：义和园生态养殖项目和杏鲍菇深加工项目；新合乡：步长集团中国好乡村旅游开发项目；明月镇：颐膳园项目和乡村旅游项目。

【农用地转用征收】 共完成5个政府批次：安图县人民政府2019年第一批次建设用地（县招商引资杏鲍菇项目）；安图县人民政府2019年第三批次建设用地（木易溪谷项目）；安图县人民政府2019年第三批次建设用地（伊利矿泉水项目）；安图县人民政府2019年第八批次建设用地（县

招商引资杏鲍菇项目）；安图县人民政府2019年第五批次建设用地（松江镇污水处理厂项目）。3个单独选址：安图县昌盛光伏科技有限公司集中式光伏扶贫项目、明安村6兆瓦分布式光伏扶贫项目、新安村1.3兆瓦分布式光伏扶贫项目。共计上报省厅农用地转用项目8件，用地总面积44.2547公顷。

【永久基本农田储备区划定】 完成了永久基本农田储备划定工作（文本、图件、表格、数据库建设工作）。

【规划审批】 严格执行"一书两证"制度，城区核发建设项目选址意见书15件，建设用地规划许可证24件，建设工程规划许可证18件，审批建筑面积26.25万平方米，建设用地面积47.09万平方米，工程验收14件，验收面积15.93万平方米；乡镇核发建设项目选址意见书28项，建设用地规划许可证15件，建设工程规划许可证9件，乡村建设规划许可证2件，审批建筑面积17.97万平方米，建设用地面积49.3万平方米，工程验收15项，验收面积8.24万平方米。

【土地收购储备】 共收储土地20宗，总面积为90.16公顷，其中新增土地面积54.18公顷，存量土地面积35.98公顷；挂牌出让15宗，面积39.27公顷；全部已经缴纳出让金；划拨土地14宗，面积17.15公顷；租赁土地2宗，面积14公顷；办理协议出让9件，总面积4.88公顷。

【不动产登记】 共办理各类登记业务5013笔，颁发不动产权证书4151本，不动产登记证明1133本，做出权籍调查110份，不动产公告177个，上门服务共计200余次，"无籍房"登记发证15个小区2260余户。

【全国第三次土地调查】 安图县第三次国土调查已通过国家级核查。

【土地整治】 完成了12个项目的补充耕地挂钩工作，共计补充耕地面积35.86公顷，其中补充旱田22.14公顷，补充水田13.72公顷。

【地质灾害防治】 共排查出全县范围内地质灾害隐患点42处，其中重点隐患点28处，类型包括泥石流、崩塌、滑坡、不稳定斜坡4种类型。

【土地执法百日攻坚专项行动】 共排查违法违规案件55件。其中，已立案查处41件，收缴罚款金额72.7万元，拆除建（构）筑物面积12747平方米，退还土地面积9.74公顷。非立案处理14件，拆除建（构）筑物面积4670平方米。

【"大棚房"清理整治行动】 共上报"另案查处"30个，已立案查处28个，非立案处理2个。完成了国家下发的161个"大棚房"问题疑似图斑的核查工作。

【违建别墅的核查及整改】 完成了省厅下发的安图县辖区内共计32个疑似违建别墅图斑的核查工作。经安图县违建别墅问题清查整治专项行动领导小组对疑似图斑及各成员单位上报的疑似图斑研究认定，安图县确定违建别墅问题5处，已全部拆除完毕。

【脱贫攻坚】 为明月镇城东村投入10万余元投资果园建设，总面积约1.6公顷，种植果树3000余株。为松江镇黄泥村栽植红叶李350棵，榆叶梅20棵，栽植萱草7000棵。争取黄泥村养老大院项目落地。争取了黄泥村柏油路项目，项目投资120多万元。新建路灯53盏。实施了边沟、桥涵、高标准农田、柏油路、路灯、整村靓化（粉刷外墙）、铁栅栏等基础设施项目，共计投入800余万元。在两江镇北大阴子村基础设施建设上，两年多共计协调或投入资金750万元，新建村道6.6千米、高标准农田道6.6千米、路灯86盏、农户新大门108个、栅栏5820米、农户外墙粉刷13600平方米、候车亭3个、村大门1个。从发展庭院种植、养殖入手，投入资金为全村农户购买了果树苗、鸡苗及鸡网。帮助全村43户农户进行了庭院地面的硬化。

【扫黑除恶】 共设立警示宣传牌151处、横幅45条，发放宣传单近万份，张贴海报、发放宣传手册2000余份，公开举报电话、举报电子邮箱和举报地址。对所辖区域的行政村开展了全面摸排，共摸排全县1108名村民、15家企业。共移送涉嫌涉黑涉恶线索8件，配合公安局办理案件3件。

【生态文明建设】 开展生态保护红线评估工作，调出总面积878.37平方千米，调入总面积137.6平方千米，调整后的红线面积2957.46平方千米，占安图县面积比例39.78%。

（刘思岑）

经济开发

扶贫开发

【概　况】 安图县下辖7个镇2个乡、180个行政村，面积7444平方千米，总人口21万人、农业人口98566人。2002年，经国务院扶贫开发领导小组确认为国家扶贫开发重点县。经过动态调整，全县共有贫困村80个，建档立卡贫困人口5376户9490人。按照脱贫攻坚序时进度，贫困村有序退出，2017年退出30个、2018年退出32个、2019年退出18个；建档立卡贫困人口有序脱贫，2016年脱贫1748人、2017年脱贫2642人、2018年脱贫2120人、2019年脱贫2951人，全县综合贫困发生率已降至0.03%，各项指标符合贫困县退出标准。

【工作责任落实】 全年组织召开脱贫攻坚领导小组会议11次，工作调度会15次，制定了《安图县摘帽会战实施方案》《2019年贫困县摘帽任务分解实施方案》等22个方案，抽调行业部门分管领导进行集中办公，变单兵作战为集团作战；实行县级领导、部门负责人、乡镇党委书记“9+12+15”驻村工作日和驻村纪律“十不准”等措施。结合中央巡视问题整改，组织实施了百日攻坚大走访活动，坚持问题在一线解决。利用1个月的时间对全县所有行政村进行了走访，共访谈村干部360人；查阅档案1760份；走访群众5628户（贫困户1969户、非贫困户3659户）；集中力量解决“三率一度”、基础工作、项目管理、政策宣传等短板问题。

【资金投入和管理】 通过“靠、放、调”，整合使用涉农资金，全年整合使用涉农资金37706.3万元，产业项目37个，基础设施234个，其他项目1个。坚持资金管理与项目监管齐抓并重，制定《安图县基础设施类扶贫项目管理办法》，实行“六制”（项目责任制、合同管理制、项目监理制、竣工验收制、档案登记制、政务公开制），实现扶贫项目全过程、全周期管理。坚持“资金跟着项目走，监管跟着资金走”，实行专户管理、专款专用，加强检查监督审计。建立扶贫项目库，实行村上报、乡镇审核、扶贫部门审批的申报机制，成立项目论证工作组。

【扶贫产业项目】 以实施县级统筹项目为引领，实施总投资3.76亿元的45.54兆瓦光伏扶贫项目，已实现收益4100万元，累计发放2000余万元；实施中投资6000万元的年产2000万袋木耳菌棒生产基地，已完成项目主体建设，项目收益已实现贫困人口全覆盖，并可持续帮扶20年以上。在推广“一村一品”特色农业产业项目的基础上，引导贫困村发展小种植、小养殖项目，累计建成“四小”项目413个，实现收益2300余万元。

【“三保障”和饮水安全】 落实危房改造政策。组织多轮次农村危房排查“回头看”，由住建部门联系第三方对每个疑似危房进行鉴定，实行一房一档管理；严格执行农户自愿申请、村民会议或村民代表会议民主评议、乡（镇）审核、村镇两级公示和县级审批等认定程序，全年完成改造农村危房83户，其中建档立卡贫困户66户，完成“旱改厕”1077户，其中建档立卡贫困户293户。创新教育扶贫措施。落实各学段政策及救助政策，推进薄弱校改造，新改扩建幼儿园、农村危旧校舍8个。加强乡村教师队伍建设，推进优质教育资源共享；与宁波市奉化区教育局结对帮扶，进行教学交流，完成职业教育培训104人；开展贫困学生社会实践等活动，让每个贫困家庭孩子都享有公平有质量的教育，实现无一人因贫辍学、无一户因学致贫。提升医疗扶贫水平。构筑健康扶贫基本医疗保险、大病保险、医疗救助、大病兜底、一事一议“五道防线”，推行“先诊疗、后付费”模式及看病“120”、服务“111”模式，县级住院治疗报销比例已达90%；全县160个村级卫生室实现标准化，村医配备覆盖率100%。强化安全饮水保障。累计投入5173万元实施安全饮水220处工程，180个行政村均已达标。

【农村“双基”建设】 围绕改善农村生产生活条件，2019年投资59817万元，实施道路桥梁基础设施项目236个，新建桥梁25座，新建道路67千米，实施小流域治理31处。建设安全生命防护工程17.896千米，总投资345.38千米。开展了农村人居环境整治三年行动，将每月第二周设为“环境整治周”，组织县、乡、村干部深入村屯开展农村环境治理工作。创新设立了乡村环境整治“红黑榜”，引导农民强化环保意识。

【社会帮扶】 全年接收宁波市、奉化区社会帮扶资金和物资共计1435.03万元。与宁波市党工委完成300个贫困户微心愿认领。对接省、州直包保部门开展帮扶，截至10月底，各级包保单位领导到村调研10010人次，帮扶责任人入户走访贫困户49179人次，为民解困办实事2088件。包保单位直接投入帮扶资金1576.7万元，协调落实资金9145.6万元，完成基础设施类项目131个，产业类项目110个。资助困难学生152人，举办213期培训班，共计培训5267人次，帮助劳务就业314人。动员民营企业、社会组织等社会力量参与扶贫，全年募集社会帮扶资金776万元。对接宁波市奉化区，定期开展互访交流，利用对口援建资金投资5030万元，实施项目10个，已建成4个。在安图经济开发区设立宁波产业园，并开工建设投资2.58亿元的年产3万吨杏鲍菇项目，项目建成投产后可为贫困群众提供就业岗位500个，预计年消耗秸秆4万吨，产值可达2.1亿元，拉动周边乡镇农民脱贫增收。

【行业扶贫】 宣传返乡创业优惠政策，通过开展“春风行动”等活动，累计吸引1625人返乡，成功创业1168人。依托森林管护、“河长制”政策，选聘922名贫困人口担任护林员、河道保洁员，年人均增收8000元以上。推行“一张网”养老保险政策，享受政策建档立卡贫困户为5187人，贫困人口新农合、新农保参保率均达100%。

（梁国荣）

经济开发区

【概　况】 开发区管理委员会前身为安图县工业集中区管委会，是2005年8月由安图县编制委员会批准成立，11月在省政府开发办备案。2012年晋升为省级开发区。内设党政办公室、经济发展局、财政局、企业服务局、规划建设局和安全生产监督管理办公室6个机构。总规划面积434公顷，其中，县城东部（区块一）115公顷、石门镇北山村（区块二）319公顷。区块一：东至长兴河河东村东段，南至东环城路，西至吉林两江水力发电有限公司办公楼，北至大砬子村西段；区块二：东至石门镇镜城大桥，南至布尔哈通河镜城村段，西至吉珲客运专线变电所，北至302

国道北山村段。

【土地利用】 截至2019年末，开发区已利用土地178.9公顷，其中工业开发区121.9公顷，商住开发11.1公顷，基础设施开发41.9公顷，其他4公顷；开发区未利用土地251.1公顷。

【基础设施建设】 2019年，投入各类资金1.02亿元，新上各类基础设施工程14项，续建工程16项。园区66千伏变电站及配套输电线路投入使用，供水管线全面通水；新铺设通信光缆3300米，污水、给水、供热、供汽管线3550米，安装环网柜3座，铺装道路1.55万平方米，园区水、电、路、通信等基础设施全部到位。总投资1.27亿元的集中供热建成并投入使用，总投资9300万元的污水处理厂完成建设，通过省环保厅验收，环评限批实现破题。总投资5900万元的科创服务中心主体竣工，标准化厂房配套服务设施全部到位，被省工信厅认定为“省级创业孵化基地”。

【招商引资】 截至2019年末，园区税源类共23个，已开工18个。其中2019年新引进项目7个，分别为总投资2.58亿元的吉林益隆长白山实业有限公司食用菌综合加工示范园厂房建设项目、总投资1.8亿元的安图吉蕴生物科技有限公司黑参系列产品加工厂房建设项目、总投资2000万元的延边馥鑫雨松茸科技食品有限公司长白山松茸酱、松茸饮料系列产品研发加工生产及销售项目、总投资5000万元的浙拖奔野（安图）拖拉机制造有限公司年产1.5万台拖拉机整机项目、总投资3200万元的安图县顺达钙业有限公司年产10万吨重质碳酸钙粉加工项目、总投资1600万元的安图丰裕达食品有限公司苏籽加工项目、总投资1500万元的安图众得利包装制品有限公司EPS板材加工项目。

【经济运行】 2019年，区内共落户企业110户，全年实现地区生产总值4.07亿元；工业总产值14.04亿元；县属规模以上工业总产值12.38亿元；规模以上工业增加值3.69亿元；全口径财政收入3.52亿元。

（张晓荣）

长白山矿泉水饮用水水源保护

【概　况】 2013年3月正式批复成立安图县长白山天然矿泉水饮用水水源保护区管理局，为副县级建制。安图县长白山天然矿泉水饮用水水源保护区管理局负责吉林长白山天然矿泉水饮用水水源保护区的保护与治理工作、负责辖区内水源保护和可持续发展利用和研究工作、负责矿泉水开发利用工作。编制18名，实有工作人员16人。

【矿泉水重点项目】 2013—2019年，累计完成投资48亿元，建成厂房面积24万平方米。2019年1—12月，实现产量60万吨。

【矿泉水产业发展】 安图县2019年有安图恒大长白山矿泉水公司、延边农心矿泉饮料公司、长白山统一企业（吉林）矿泉水有限公司、延边州雅客长白山矿泉水有限公司、吉林省三江长白山泉饮品有限公司等5家矿泉水企业建成投产，总产能300万吨。1—12月，矿泉水产量60万吨，产值9亿元，小镇实际缴税1.1亿元。伊利集团年产100万吨矿泉水项目于9月7日举行开工庆典，12月底前完成土地平整、临时用房建设；康乃尔集团年产150万吨矿泉水项目解决了探矿权无法办理瓶颈，组件上报至省自然资源厅；长涛矿泉水项目开始办理采矿权；星岛矿泉水项目推进输水管线林地审批；恒大包材厂完成厂房建设和设备安装。

【园区重点项目】 规划投资20亿元，建设道路、排水排污、供电、高速互通、铁路货运中心、矿泉水检测中心、博物馆以及天泉观光塔、冰泉水上乐园、矿泉瓶体雕塑群、矿泉艺术岛等地标性建筑，已陆续开工建设，已完成红丰大街改造、污水管网铺设，正在建设货运中心、检测中心以及外环路等工程，预计三年内全部完工。

【产业宣传和品牌创建】 完善和规范中国天然矿泉水生态原产地品牌示范区、国家级出口食品质量安全示范区和全国知名品牌示范区3个国家级示范区制度和工作，获评中国矿泉城发展建设优秀单位、吉林省矿泉特色小镇等荣誉。中国质量认证中心对“安图长白山天然矿泉水”进行区域品牌价值，价值评估为21.19亿元。2月3日，红丰矿泉水小镇（园区中心区）被吉林省人民政府列入吉林省第一批特色产业小镇目录。7月2日，红丰矿泉水小镇建设经验在全国推广。9月，在安图第二届矿泉水文化旅游节活动中，县矿泉水管理局举办了矿泉水体验之旅活动、安图长白山天然矿泉水指数启动仪式、伊利矿泉水项目开工庆典及中国安图第三届矿泉水文化高端论坛。

【获得荣誉】 2月3日，红丰矿泉水小镇（园区中心区）被吉林省人民政府列入吉林省第一批特色产业小镇目录。3月，延边州革命老区建设促进会颁发支持革命老区建设工作先进单位。7月2日，红丰矿泉水小镇建设经验被国家发改委在全国推广。9月12日，县委、县政府颁发矿泉水文化旅游节特殊贡献奖。

（季红瑾）

财政　税务

财　政

【财政收支】 2019年，全县公共预算全口径收入完成58675万元，同比增长3.44%。其中一般公共预算收入完成30474万元，同比增长5.02%。在一般公共预算收入中，税收收入完成16211万元，同比增长6.55%，占一般公共预算收入的53.20%。全县公共预算财政支出32.16亿元，同比下降22.97%。全县政府性基金预算收入完成13835万元，同比下降40.95%。全县政府性基金支出完成19861万元，同比下降26.59%。

【支持打好三大攻坚战】 防范化解政府债务风险。全年争取再融资债券7841万元，支出率100%；做好政府新增债券申报工作，争取一般债券额度1.4亿元，安排用于棚户区改造、长兴水利枢纽工程和垃圾处理等项目。支持打赢脱贫攻坚战。整合财政涉农资金36477万元，支持安图县脱贫攻坚各项工作。助力打好污染防治攻坚战。按照“生态优先、绿色发展”总体要求，坚决扛起生态文明建设和生态环境保护的政治责任，拨付环保方面资金6962万元，用于集中供热改造、整治城乡环境卫生、加快污水管网建设等。另外，拨付扫黑除恶专项斗争工作经费413万元。

【服务经济发展】 落实减税降费政策。全县免征各项税费5535万元。支持企业发展。通过财政奖补、财政贴息等措施，支持企业创新发展。创优营商环境。开展“三问三送”和重点企业走访联系活动，开展减税降费调研，鼓励企业用好政策，实现降本增效。落实招商引资、工业转型升级等政策。

【规范财政管理】 委托州财政评审建设项目200个，项目总提报金额4.5亿元，审减1470万元，审减率为3.2%。受理政府采购项目80宗，全年政府采购总额9495万元，节约资金315万元，节约率为3.3%。开展行政事业单位资产系统计提折旧，完成行政事业单位国有资产财务决算和分析。做好“惠农补贴”发放工作，发放资金9365万元。分两期对450人次进行财政支农政策培训。落实“政府过紧日子”要求，预算单位公用经费缩减10%。启动非税收入电子票据改革试点工作，5家预算单位上线第三代票据系统。

【脱贫攻坚】 重新选派3名优秀干部担任驻村人员。栽种苗木花卉2万株，清理木耳菌袋5万余袋，开展除草、秋收等义务劳动8次，投放垃圾箱67个。免费发放鸡雏950只，帮助富余劳动力转移就业1人。投入资金118万元，实施台前村小流域治理项目；协调水利局，维修水西村蓄水池和泵房，解决了定时供水问题；为水西村和龙兴村新建围栏和围墙各300米，协调捐赠资金8万元。

（瞿世龙）

国家税务总局安图县税务局

【概　况】 国家税务总局安图县税务局内设19个科室，辖2个副科级建制单位分别是明月税务分局、城区税务分局。2019年，全局有在职干部职工146人。其中朝鲜族35人，占在职干部总数的24%；满族4人，蒙古族1人，汉族106人，占在职干部总数的76%；党员95人，占在职干部总数的65.1%；团员29人，占在职干部总数的19.9%。

【税收收入】 全年实现组织收入4.5708亿元，同比增收1880万元，增长4.3%。其中中央级收入2.0022亿元，同比减收418万元，下降2.1%；地方级收入2.5686亿元，同比增收2298万元，增长9.8%。

【税收征管】 优化征管流程，完善征管制度及方式，完成了金税三期并库工作。加强税收风险管理，堵塞征管漏洞，建立健全风险管理机制和风险预估机制，定期召开风险管理会议，组织风险管理培训。加强风险防控，防止新欠发生。2019年清理陈欠1735.6万元，新欠290.7万元。落实支持小微企业发展的普惠性政策，根据不同行业、不同规模纳税人适用不同政策特点，“靶向”服务。做好发票管理工作，继续推行有奖电子普通发票，推行增值税发票管理系统2.0版顺利运行。做好与出口企业的沟通工作，优化退税服务。加强企业所得税汇算清缴管理，完成汇算清缴1680户，缴纳所得税额2978.63万元，申报享受各项企业所得税优惠103户，优惠金额1858.07万元。

【深化改革】 落实好减税降费政策，加大宣传工作力度，举办纳税人学堂六期，培训纳税人1000余户，上门辅导1194户、专题宣讲80户，落实“一封信”宣传发放工作，发送短信提醒纳税人8669条，召开“减税降费惠民生”座谈会，利用网络进行在线培训答疑，发布解答减税降费政策500余次。全年向地方政府、各部门汇报减税降费工作情况45次。在政府常务会上举办县长税课，与财政局联合开展“三问三送”调研走访活动。全年减税降费金额为4345万元。加强社保和非税收入征收管理，进一步完善和规范网格化管理模式，做好征收、宣传、告知等工作，畅通城乡居民两险征收渠道。加大社保费知识培训。全年共组织非税收入1461万元，社会保险费收入9858万元。

【纳税服务】 全年开展集中学习不断提升窗口工作人员素质，纳税服务业务考试获全州团体第一名；通过利用纳税人学堂组织开展政策辅导13次，通过短信、微信、税企QQ群、邮寄宣传资料等方式，共发送11700余条信息，征求意见20余条。

【法制建设】 推进依法行政体制机制建设。落实“三项制度”，聚焦税费改革政策落地、重点行业税收管理、重大税收执法风险等问题，开展税收执法督察。全年组织核实516条疑点，并对检查出的问题及时通知相关部门，共同研究整改，分析原因，制定防范措施。

【扫黑除恶】 成立扫黑除恶专项斗争工作领导小组，将扫黑除恶工作放在与税收工作同等重要的地位，做到同部署、同安排、同落实、同检查。全年召开扫黑除恶专项斗争工作专题会、推进会9次，累计发放《线索征集公告》905份，在税务登记环节批量排查11004户登记信息，在税款征收环节按户排查6户欠税企业，组织欠税企业集体约谈2次，全年组织入库1386万元。

【党建工作】 实施党建“12345工程”。开展“不忘初心、牢记使命”主题教育，做到党委理论学习中心组和“三会一课”必学、各类主题培训必训，打造安图县税务局特有的“品牌工程”，即“同心共读一句话”“同心共上一堂课”“同心共走一条路”“同心共唱一首歌”。陆续开展了经典金句诵读；党委成员和书记上党课；“重走抗联路，传承红色精神”；“我和我的祖国”微视频拍摄等系列活动。以支部为堡垒，开展支部共建、主题党日活动。与社区签署党建联盟协议，开展“税务巾帼心向党，建功奋进新时代”；“三八”妇女节；“不忘初心、牢记使命”迎“七一”红歌会活动等。每月组织党员干部到包保村开展环境卫生整治工作，扶持帮扶村发展养鸡、果树种植等庭院经济，帮助10名学生申请助学金，经常入户走访，送去生活必需品。协调和帮助3个村新建围栏，维修东林村道下涵洞2处，铺设村部广场草坪砖，安装国旗杆和公告栏。全年累计投入扶贫资金17.9万元，6个包保村均已顺利实现脱贫目标。

（郭建华）

金融

安图县金融服务中心

【概　况】 安图县金融服务中心成立于2017年3月1日，隶属于安图县政府的直属事业单位，副科级建制。核定部门领导职数1名，正职1名（副科级）。核定全额拨款事业编制5名。内设综合科、金融服务管理科（资本市场科、信用体系建设科、发展规划科）2个职能科室。

【防范和处置非法集资风险】 加强非法集资风险监测预警，对辖内民间投融资中介机构、网络借贷平台及其他高风险行业企业进行日常监测及常态化风险排查。加强重大风险事件处置化解，牵头组织对安图县资金互助会非法吸收公众存款案集资参与人进行2次集资款清退。

【防范化解互联网金融风险】 对辖内P2P网贷机构进行摸底排查，约谈本地注册网贷机构负责人，引导其主动注销，并持续跟踪督促。1月，在安图县注册的P2P网贷机构已全部注销。

【防范地方法人金融机构风险】 会同人民银行、银保监等部门，做好地方法人银行机构不良贷款的监测。

【地方类金融机构风险管控】 牵头组织对小额贷款公司等十类地方金融业态进行专项排查清理，督促金涌财富等2家非正常经营企业注销，推动万丰和蓝海2家小贷公司主动退出试点经营资格。

【扶贫小额信贷政策落实】 1—10月，各承贷银行累计为313户建档立卡贫困户发放扶贫小额贷款1292.4万元。

【金融产业扶贫】 引导金融机构以支持产业扶贫为重点，加强对龙头企业、新型农业经营主体等帮扶主体的信贷支持。组织召开安图县2019年产业扶贫项目融资需求对接会，精准对接全县26个产业扶贫项目。

【银企对接】 收集企业融资需求信息并推介给各银行机构。定期收集全县重大项目融资需求信息，利用省、州金融服务平台进行对外发布。2019年，共收集汇总了全县18家企业、26个产业扶贫项目的融资需求信息，组织安图农商行、邮储银行、农业银行3家金融机构进行了对接。

【企业上市挂牌培育】 建立县级拟上市挂牌后备企业资源库，认真筛选后备上市企业，充实壮大安图县企业上市、挂牌后备资源。2019年，共甄选5家企业纳入县级后备企业资源库，推荐成达玻璃、佳沃农业2家企业纳入省、州级拟上市挂牌企业后备资源库。组织入库企业参加省金融办组织的各类上市挂牌培训2次。

（王　晶）

中国人民银行安图县支行

【概　况】 中国人民银行安图县支行位于安图

县明月镇明安街131号。内设部室4个，分别是管理部、货币金银管理部、营业部、办公室。2019年有员工29人。其中党员15人，占全员51.72%。大学本科14人，占全员48.28%。中级职称15人，占全员51.72%。截至年末，全辖人民币各项存款余额为1591205万元（其中长白山地区各项存款余额为629295万元，占39.55%），比年初增加105739万元，增长7.12%。其中，储蓄存款余额为1022725万元，比年初增加99622万元，增长10.79%。各项贷款余额1024506万元（长白山地区各项贷款余额为362533万元），比年初增加55591万元，增长5.74%。

【货币政策】 全年安图支行向安图农商行分别投放一年期支小再贷款2.5亿元、一年期扶贫再贷款2亿元，其中支小再贷款利率采用优惠利率2.75%、扶贫再贷款采用优惠利率1.75%，合计降低小微企业、农户、贫困户融资成本约1200余万元。

【金融精准扶贫】 指导使用扶贫再贷款的安图农商行积极调整放贷周期，充分利用扶贫再贷款发放扶贫小额信用贷款，并在再贷款的使用期限等条件上给予支持。自2018年安图农商行发放扶贫小额信用贷款以来，利用扶贫再贷款向建档立卡贫困户累计发放扶贫小额信用贷款1214万元，为贫困户脱贫致富提供了金融支持。加强与县扶贫办、金融办的协调工作机制，推进扶贫小额信贷工作开展。2019年以来，先后三次召开扶贫小额信贷联席工作会议，对2019年扶贫小额信贷工作进行了具体部署和安排，明确了2019年扶贫小额信贷发放任务，进一步规范办理流程，对省扶贫办反馈的2018年扶贫小额信贷工作存在的问题及时开展整改工作。截至年末，安图辖区扶贫小额贷款余额为673.2万元，未产生不良贷款。落实扶贫小额贷款贴息工作，已为2015年、2016年发生扶贫小额信贷的建档立卡贫困户贴息52617642元（2015年25295222元、2016年27322420元）。组织扶贫小额信贷承贷行并联合扶贫办、金融办等部门采取多种方式继续深入开展扶贫小额信贷政策宣传活动。2019年共开展各类宣传活动20余次，参与人数近300人次，发放各类宣传手册2000余份。

【金融管理】 做好常规金融风险监测工作。严格按上级行要求执行好金融风险监测定期报告制度、重大事项报告制度、地方法人机构监测专员制度，切实掌控辖内金融风险状况及底数。结合辖内经济金融运行状况，加强金融安全风险预警。做好重点领域风险防控和应对处置。重点加强对辖区法人机构的资产管理业务、同业业务发展及潜在风险的排查。密切关注银行业资产质量、盈利能力和流动性、同业务、表外业务、创新业务等风险状况，加强对高风险银行机构的风险分析。做好相关监管规则的落实工作。按照《关于规范金融机构资产管理业务的指导意见》（银发〔2018〕106号）的文件要求，敦促辖内法人机构按要求制度上报过渡期内的整改计划。监督法人机构实施整改计划，按照时间表压缩存量资管产品规模，在上级行部署下进行考核。稳步推进央行金融机构评级工作。按照《中国人民银行关于印发〈央行金融机构评级管理办法（试行）〉的通知》（银发〔2017〕298号）的要求，按季开展央行金融机构评级工作。配合上级行对辖内法人机构开展了央行评级现场核查工作。加强"三级保护网"建设，继续做好农村金融消费权益保护工作。继续依托惠农金融服务室，开展金融消费知识普及和金融消费疑问解答。发挥农村金融机构金融消费纠纷处理主体作用，要求各涉农金融机构营业网点重视金融消费权益保护工作，及时处理农村地区金融消费纠纷。

【金融服务】 在支付结算方面。全年共办理发行基金支取及缴存业务670笔，大额汇兑业务96笔，财政性存款业务252笔，一般性存款采集业务108笔，再贷款发放及归还业务（包括常备借贷便利）22 笔，表外业务 284 笔。普调金融机构准备金率 2 次，调整农村商业银行准备金率 3 次。在国库服务与管理方面。截至年末，安图县完成各级预算收入 78995 万元，同比减收 5729 万元，降低 6.76%。办理预算支出业务 22886 笔，金额 340060 万元；办理退库业务 1109 笔，金额 1098.75 万元。在征信管理方面。3 月，安图县支行网点征信自助查询机正式上线。截至年末，安图辖区共计查询成功个人信用报告 5834 笔，其中安图网点自助查询机查询数量为 2507 笔、长白山自助查询机查询数量为 2902 笔；查询企业信用报告 117 笔；司法查询 8 笔，涉及企业 11 个、自然人 50 人，其中扫黑除恶专项斗争司法查询 6 笔，办理机构信用代码证 149 笔。在货币金银管理方面。截至年末，安图支库共投放现金 907456 千元，同比减少 145622 千元，下降 13.83%；回笼现金 531542 千元，较上年同期减少 59738 千元，下降 10.1%；净投放 375914 千元，较上年同期减少 85884 千元，下降 18.6%。全年调拨共调拨 26 次，其中调入 15 次（含保管品 3 次），金额合计 431990 千元；调出 11 次，金额合计 83402 千元。创新反假宣传方式，开展“反假知识进乡村”活动，通过传授反假货币知识，发放反假宣传品等形式，对农村群众进行了宣传。截至年末，安图县共收缴假人民币 910 张，比 2018 年增加 111 张，增长 13.89%；面额合计 86160 元，比上年同期增加 22520 元，增长 35.39%。

【亮点及创新工作】 长白山金融便民流动服务站对长白山旅游区金融服务功能进一步增强。截至年末，个人信用报告查询 2902 笔。已经达到安图县支行征集查询总业务量的二分之一。为长白山地区广大居民、企业查询个人征信报告和开展支付结算业务提供了便利，还对当地金融机构开展综合执法检查，有效行使金融监管职能。

（李孟起）

中国工商银行安图支行

【概　况】 中国工商银行股份有限公司安图支行设综合管理部、营业室、市场营销部，在岗人员 23 人。主要办理人民币存款、贷款、结算、理财业务；办理票据贴现；代理发行金融债券；代理发行、销售政府债券；代理收付款项；代理基金及代理保险业务。办理外汇存款；外汇汇款；外汇兑换；国际结算等业务。

【财务收支及利润】 收入：12 月末，利息收入 462.08 万元，同比减少 527.06 万元；中间业务收入 120.43 万元，同比减收 20.26 万元；辖内往来收入 1312.13 万元，同比减少 1.71 万元。支出：12 月末，利息支出 522.79 万元，同比增加 122.65 万元；营业费用 373.16 万元，同比增加 35.2 万元，辖内往来支出 279.78 万元，同比减少 320.59 万元。利润：12 月末，实现营业利润 594.82 万元，同比减少 450.05 万元；税后利润 439.92 万元，同比减少 334.27 万元。

【存　款】 12 月末，各项存款余额 4.46 亿元，比年初增加 512 万元，比同期增加 512 万元。日均余额 4.70 亿元，比年初增加 2875 万元，比同期减少 4243 万元。12 月末，储蓄存款余额 3.28 亿元，比年初增加 5713 万元，比同期增加 5713 万元。日均余额 3.35 亿元，比年初增加 6406 万元，比同期增加 7762 万元。12 月末，对公存款余额 1.18 亿元，比年初减少 5201 万元，比同期减少 5201 万元。对公存款日均余额 1.35 亿元，比年初减少 3531 万元，比同期减少 1.2 亿元。

【贷　款】 公司贷款。12 月末，公司贷款余额为零，安图恒大矿泉水公司贷款已经全部还清，无新增公司贷款。个人贷款。12 月末，个人贷款余额 2393 万元，比年初减少 517 万元。其中个人住房类贷款余额为 1983 万元，较年初减少 327 万元；个人消费类贷款余额为 384 万元，较年初减少 206 万元；个人经营类贷款余额为 26 万元，较年初增加7万元。

【金融产品】借记卡。12月末，新开3803张，同比少增673张。个人客户43982户，比年初增加2499户，其中有效客户31757户，比年初增加2085户；其中：资产5万—20万元的1233户，增加5户；资产20万—100万元的585户，增加97户；资产100万—500万元的45户，增加8户；资产500万—800万元的0户，减少1户；资产800万元以上的2户，增加2户。私人银行。12月末，新增2户，时点资产1757万元，日均资产1517万元。网络金融。12月末，全年电子银行业务笔数786946笔；交易笔数323610笔，交易金额14.84亿元。

【外汇业务】个人境外汇款。截至12月末，完成34.56万美元，比同期减少64万美元。结售汇量。12月末，完成199.25万美元，同比减少158万美元。

【理财保险业务】12月末，全年销售各类理财产品3.77亿元，余额1.39亿元。其中：保本理财产品6595元，同比增加380万元，余额926万元；结构性存款5489万元，余额2321万元；销售期次理财产品6775万元，同比减少4363万元，余额4275万元；灵通快线1.78亿元，同比增加8691万元，余额5362万元；步步为赢205万元，同比减少184万元，余额4万元。代理基金销售844万元，同比增加639万元，余额1057万元。代理保险356万元，同比增加151万元，余额2210万元。

【中间业务】12月末，全年实现中间业务收入120.43万元，比上年同期减收20.26万元。其中：结算代理理财业务收入119.30万元，比上年同期减收19.90万元；资产管理业务收入8.49万元，比上年同期减收24.07万元；投资银行业务收入0.54万元，比上年同期增收0.2万元；私人银行业务收入0.44万元，比上年同期减收2.73万元；信用卡业务收入3.68万元，与上年同期持平；实物贵金属业务收入2.50万元，比上年同期减收0.12万元。

【助力小微企业发展】走访民企，加大对小微企业的金融支持力度，走访及电话回访民企85户。对于其他企业，开展定向营销。种植、养殖业以农担贷为主；纳税信用记录良好的小型客户，以纳税信用贷款为切入点；经营状况良好，注册企业网上银行的企业，以网贷通和经营快贷为主。加强对公存款维护营销。采取维护存量、挖掘潜力、拓展新户措施。

【扫黑除恶宣传】组织员工学习，了解相关知识和要求。加强宣传。在营业场所实施“面对面”宣传，发放宣传单和通过LED进行宣传。

【职工之家建设】“三八”国际妇女节组织本行文体活动，参加了州行组织的气排球比赛和长跑比赛等活动。继续做好职工之家建设，在原有乒乓球、排球等设施的基础上，新购置多功能健身器，为员工健身提供场所和器械。

【党建工作】通过开展“党建共建谋发展、携手共进谱新篇”主题活动，与安图县兴华社区开展共建活动。在3月8日国际妇女节当日，和安图县兴华社区共同谋划，与社区干部和居民共计100多人，开展座谈交流。通过TPP宣传讲解防范金融诈骗和非法集资知识，开展金融知识有奖问答等。被省行授予“党建共建”主题活动优秀基层党组织荣誉称号。开展“不忘初心、牢记使命”主题教育，组织学习、征求意见、调查研究、检视问题、对照党章党规找差距、班子成员讲党课等。

【风险防范】开展警示教育、员工异常行为排查、案件风险隐患专项排查，落实隐患整改，提升风险防控能力。加强对客户经理检查管理，严防“飞单”等违规业务；强化柜员业务操作管理，严防差错事故。

（姜新生）

中国农业银行安图支行

【概　况】中国农业银行安图支行2019年有员工60人，下辖4个网点，其中：营业室1个、分理处3个（含乡镇网点1个）。截至12月末，全行各项存款余额79250万元，比年初下降4369万元，其中：对公存款余额14181万元，较年初下降10，935万元；个人存款余额65069万元，比年初增加6566万元。

【储蓄存款】开展“大行德广 伴你成长，金钥匙春天行动”服务活动，补充完善分配激励机制。提高窗口服务水平。对全部网点进行规范化服务导入工作，统一了网点规范服务标准，并对各网点软、硬件设施及形象标识进行了规范。

【社会职责】在包保贫困村东北村建立“新时代党建共建实践示范基地”，明确责任清单并公示上墙，开展支部联合学习、金融及扶贫知识宣传培训、村容村貌治理、支持产业发展、扶贫慰问等丰富多样的党建共建活动。年初以来，开展扶贫培训3场，开展党建共建活动2次；协调政府落实村容村貌环境治理等项目4项；申请捐赠扶贫资金2万元，建设大棚葡萄种植项目。2019年共支持和带动建档立卡贫困人口1236人；组织开展“非法集资、非法放贷、金融诈骗”专项斗争及宣传教育工作。参加“3・15”消费者权益日、“普及金融知识万里行”“知识产权保护”等宣传教育活动。在全辖范围内开展“扫黑除恶”专项斗争工作、涉黑涉恶“一案一整治”工作，制定方案，向当地银监局、人民银行报送案件线索2条，专项报告16份，接受当地银监局专项检查2次。

【服务“三农”】围绕“服务‘三农’、做强县域”战略定位，提升“三农”金融服务效能。在贷款投放上，以服务实体经济为抓手，早安排、早动手，加强农户贷款业务发展，到年末农户贷款余额实现4944万元。

（卢彦林）

中国建设银行安图支行

【概　况】中国建设银行股份有限公司安图支行，位于明月镇明月路43号（新址），隶属于中国建设银行股份有限公司延边分行。内设行长室、综合部、客户服务部、营业部。2019年末，全行在职员工24人，中级以上职称11人。

【存款情况】截至年末，一般性存款余额60513万元，全年新增6462万元。其中对公存款余额26189万元；全年新增973万元；对私存款余额34324万元，全年新增5489万元。

【贷款情况】各项贷款余额17631万元。其中：对公贷款余额达5368万元；个人贷款余额余额12263万元。

【经营成果】截至年末，安图建行账面净利润915万元，人均利润38万元。

【突出贡献】截至年末，分别对吉林海沟黄金矿业有限责任公司等企业提供了信贷支持，同时支持个人住房及消费类贷款。发放普惠金融小微快贷40户；承办供电、供热、供水、代缴费等业务。

【党建工作】开展“两学一做”学习活动，不忘初心，牢记使命，用习近平新时代中国特色社会主义思想武装头脑。严格落实“两个责任”。

【风险防范】开展“双基”教育活动。通过多种形式开展警示教育，做到操作规范、稳健经营。年初签订了《党风廉政建设及案件防控责任书》。配合主管部门定期举行“防抢、防火、防盗”等应急演练；定期开展各项业务风险排查和员工行为排查活动；强化安保措施，加大安全管理力度。

（焦安然）

中国农业发展银行安图支行

【概　况】中国农业发展银行安图县支行内设办公室、信贷业务部、会计结算部3个职能部门。

2019年，全行在职职工18人。

【经营成果】 截至年末，各项存款余额2.84亿元，比年初减少7167万元。各项贷款余额9.81亿元，比2018年增加1.76亿元。存贷轧差，中国农业发展银行安图县支行信贷净投放6.97亿元，比2018年增加2.47亿元。全年实现各项收入4454万元，支出3060万元，全年盈利1394万元。

【队伍建设】 按季度制定《党员积分管理日常行为考核卡》，党员积分考核采取季度评价与年度评议相结合的方式，注重考核党员的日常行为表现。开展"不忘初心、牢记使命"主题教育学习，组织全行干部职工认真学习习近平新时代中国特色社会主义思想，原原本本、逐篇通读《习近平关于"不忘初心、牢记使命"重要论述选编》等系列书目以及领导讲话、党章党规和党的十九届四中全会精神。认真开展党风廉政建设教育学习，及时学习上级行转发的党风廉政建设学习材料，并组织全员学习相关条例和准则，开展党纪政纪条规教育，熟悉党的政治纪律、组织纪律、财经纪律等具体规定。

【突出贡献】 截至年末，中国农业发展银行安图县支行为安图县棚户区改造累计投放3.71亿元，完善城区道路路网及区政系统，荣获2019年度支持县域经济突出贡献奖。

（商兆婷）

安图县农村商业银行

【概　况】 吉林安图农村商业银行股份有限公司设14个部室，即人事办公室、公司金融部、"三农"金融部、审查统计中心、金融市场部、合规风险部、会计结算部、科技信息部、电子银行部、安全保卫部、党群工作部、计划财务部、稽核审计部、纪律检查部。辖有20个营业网点，其中营业部1个、支行5个、分理处9个、储蓄所5个。截至年末，有员工253人。

【存款业务】 截至年末，各项存款41.02亿元，市场份额占比45.84%。

【贷款业务】 截至年末，各项贷款37.74亿元，市场份额占比57.01%。

【利　润】 2019年实现利润总额7860万元，净利润6401万元，较2018年分别增盈1287万元和798万元。

【纳　税】 2019年度，纳税2866万元，同比增加102万元，增幅3.69%。

【经营指标】 截至年末，资本充足率20.09%，不良贷款率1.85%，拨备覆盖率156.31%，贷款损失准备充足率431.32%，资产利润率0.88%，资本利润率7.41%，成本收入比52.52%，流动性比例40.17%，优质流动性资产充足率133.21%。主要监管指标全部达标。

【化解流动性风险】 截至年末，各项存款41.02亿元，较年初增加4.14亿元，市场份额占比46.08%，同比上升0.74个百分点。截至年末，资产总额69.99亿元，较年初下降11.56亿元，其中债券投资22.43亿元，占资产总额32.05%。资金业务杠杆倍数、同业负债率、回购杠杆率三项指标均达到监管标准。年初，本行债券投资余额36.78亿元，占资产总额的45%，债券资产占比高，流动性风险压力大。为了化解流动性风险，安图农商行聘请专业债券顾问机构进行咨询，精准把握减持节点和债券种类，果断减持，全年减持债券14.31亿元。2019年，安图农商行争取人民银行再贷款5.15亿元，其中扶贫再贷款2亿元，支小再贷款3.15亿元。再贷款资金全部投放于贫困农户、农业主体和小微企业。为了应对存贷比居高不下的态势，制定了存量贷款压降政策，对大额域外贷款和弱担保贷款，到期能够收回的收回，到期不能收回的压降20%。截至年末，净压缩存量弱担保贷款4.06亿元。扣除利用再贷款资金置换的存量贷款3.6亿元，实际存贷比为83.21%。积极与人民银行沟通，争取流动性支持。通过申请，安图农商行可根据资金市场变化随时向人行申请常备借贷便利5亿元。

【主业支农扶微】 截至年末，各项贷款37.73亿元，较年初增加2.84亿元，市场份额占比56.7%，同比上升0.42个百分点。2019年，围绕“新三农”和“大零售”市场战略，支持备春耕生产，加大“三农”信贷投入，对重点区域、重点客户特别是种养大户、家庭农场、龙头企业等新型农业经营主体、重点产品增加投放。全年累计发放涉农贷款14.87亿元。持续加大中小微企业信贷扶持力度，通过“金融访民企百日行动”“金融支持民营经济发展政策推进落实月专项行动”“走进民营和小微企业金融服务专项行动”等一系列专项行动，开展“链式”金融服务，推广“人民币循环额度借款”“民贸民品贴息贷款”“缴税贷”“无还本续贷”等特色产品。常态化对企业进行走访，并对企业进行名单制管理，推行“专人负责、专人服务、专人跟进”的“三专”服务，通过减成本、减手续、减时间，为小微企业送去实实在在的金融支撑。全年累计发放中小微企业贷款20.22亿元，同比增加1.23亿元。

【风险处置】 以省联社深入开展风险排查为契机，对全部风险资产进行梳理，摸清风险资产底数。突出董事长是风险处置第一责任人的主体地位，亲自部署、亲自作战，对500万元（含）以上的存量贷款业务及所有同业投资业务进行逐户排查。分类、分层、分户精准施策，逐笔落实债务主体、原责任人、清收责任人、管理责任人、清收方向和清收任务。借助公安、法院等各方力量，掌握风险处置主动权，利用现行的各种处置方法，用好各项政策，把不良贷款降到最低水平。截至年末，账面不良贷款6992万元，较年初净下降248万元，全年累计清收账面不良贷款1836万元，完成年计划的41.10%。

【脱贫攻坚】 目标群体扶持。全年共向建档立卡贫困户发放扶贫小额贷款286笔，金额1138万元，约占全县金融机构扶贫小额贷款总量的90%；向贫困村农户发放贷款116笔，贷款金额507万元，以上贷款采取基准利率发放，减轻了贫困人口利息支出，累计让利75.3万元。产业扶贫。支持农业产业化的“龙头企业＋贫困户”“小微企业＋贫困户”等的生产经营模式，对贫困户入股、安置贫困户工作以及与贫困户签订产品订单的涉农企业、小微企业优先给予贷款支持，在风险可控的前提下，降低贷款准入条件。全年累计发放扶贫企业贷款2.04亿元，企业带动贫困人口就业344人次。消费扶贫。将消费扶贫纳入结对帮扶工作内容之一，单位食堂优先采购贫困户自产自销产品，在同等条件下，倡导员工优先采购贫困村产品。通过开展服务＋消费扶贫牵手行动，累计向包保贫困村投入各项设施及消费扶贫60余万元。

【获得荣誉】 获得2019年县域突出贡献奖单。

（尹永梅）

邮政储蓄银行安图支行

【概　况】 中国邮政储蓄银行股份有限公司安图县支行于2008年4月10日成立，位于安图县明月镇瓮声街7号，隶属于中国邮政储蓄银行股份有限公司延边州分行，内设综合管理部、公司业务部、个人金融部、直属营业部、两江镇支行、长白山支行。2019年，有员工51人。

【个人金融业务】 截至年末，安图县支行个人储蓄存款6.69亿元，比2018年增长7046万元；保险销售完成2326万元；全行理财日均保有量1.78亿元；信用卡完成发卡2184张；手机银行完成2433个。从2001年起为全县离退休人员代发养老金，已经代理19年，平均每月代发2.5万人，每年累计发放30万人次。

【信贷业务】 安图县支行加快信贷产品创新，推出扶贫小额贷款、粮食直补金贷款、土地收益流转贷款、再就业贷款、农户联保贷款、商户联保贷款、小额信用贷款、个人商务贷款、小企业贷款、小水电贷款、个人消费贷款、一手房、二手房贷款、汽车贷款。截至年末，各类贷款投放合计 18.38 亿元，2019 放款新增 1.86 亿元，结存余额 3.46 亿元，其中个人经营性贷款累计投放 14.58 亿元，结存金额 1.96 亿元，发放农户贷款累计投放 4.98 亿元，新增 0.65 亿元，结存余额 0.6 亿元；商务贷款累计投放 7.34 亿元，新增 0.72 亿元，结存金额 0.9 亿元；消费类贷款累计投放金额 3.79 亿元，新增 0.3 亿元，结存 1.49 亿元。截至 2019 年末，累计发放扶贫小额贷款 77 笔 336.5 万元，贷款结余 34 笔 158 万元，不良率 0%。

【公司业务】 截至年末，公司存款到达余额为 3.67 亿元，比 2018 年增长 7954 万元，比 2018 年增长 27.56%。

【风险管理】 2019 年，安图县支行注重加强合规管理和风险防控。认真开展扫黑除恶专项斗争工作，开展全行职工扫黑除恶专项排查。全行网点通过 LED、悬挂条幅、宣传画、发放宣传册等方式，向客户宣传扫黑除恶知识。全行以加强制度建设和制度执行为主线，强化内控管理和案防管理。

（王　琨）

中国人民财产保险股份有限公司安图支公司

【概　况】 中国人民财产保险股份有限公司安图支公司贯彻落实集团“3411”工程要求，2019 年全险种实现保费收入 1990.8 万元。

【电商服务】 8 月，通过落地化转型方式，成立电商呼叫部、车商服务部，通过落地化商业模式创新推动业务发展、拓宽业务覆盖，实现车辆保费增收 23 万元。

【脱贫攻坚】 中国人民财险保险股份有限公司安图支公司包保帮扶安图县永庆乡立新村，美化村容村貌捐赠 2 万元购买板杖子，捐赠鸡雏 520 只，为贫困户祝华阶修缮房屋捐赠 4000 元。

（孙海峰）

中国人寿保险股份有限公司安图支公司

【概　况】 中国人寿安图支公司是隶属于中国人寿保险股份有限公司的地市（县）级分支机构。内设经理室、副经理室、综合管理部、客户服务中心、营销发展部、收展发展部、机构业务部，下辖 4 个营销服务部，2019 年职工人数 56 人，营销服务人员 327 人。

【经营成果】 截至年末，安图支公司保费收取 9168.19 万元，同比增长 9%，营业利润 4919 万元。保单红利支出 205 万元。理赔案件处理 1280 件，赔付金额 633 万元，其中农合意外 389 件，赔付金额 235 万元，涉及死亡给付、伤残给付、医疗给付、满期给付、年金给付、赔款支出 6 项。新型农村合作医疗二次补偿案件处理 1577 件，补偿金额 528 万元。

【风险防范】 严格执行规章制度及各项业务操作流程，增加日常监督、检查和整改工作，层层签订岗位责任及预防犯罪《承诺书》。建立大额交易日报制，防范预防反洗钱交易。

（董夕雪）

生态环境建设

生态环境监测

【概　况】 延边州生态环境局安图县分局为延边州生态环境局的派出机构，主要负责辖区内生态问题的统筹协调和监督管理、减排目标的落实、环境污染防治和生态环境准入的监督管理及辖区内生态环境保护综合行政执法。延边州生态环境局安图县分局设办公室、环境审批办公室、环境管理科、生态宣教科、环保督察整改办公室，下辖2个事业单位：环境监察大队和环境保护监测站。在职职工31人，其中公务员编制人员4人，事业编制人员25人，工勤编制人员2人。

【挂牌组建】 8月1日，延边州生态环境局安图县分局正式挂牌组建。

【环保督察】 中央督察交办安图县案件50件，整改销号38件，完成率76%。中央生态环境保护督察反馈安图县整改任务24项，完成率48%。中央生态环境保护督察“回头看”交办信访案件237件，已销号225件，完成率94.9%。中央环保督察“回头看”反馈7项整改任务，正按要求推进整改。省级环保督察交办案件53件，整改完成44件，完成率83%。

【建设项目审批】 2019年，审批项目96件，其中环境影响报告书1个、报告表项目27个、填报登记表项目68个。严格按照“只跑一次”的要求，重新梳理生态环境行政审批事项权责及其法律、法规依据，缩短审批事项流程，简化办事程序，方便办事群众。

生态环境治理

【水污染防治】 对全县入河排污口进行全面摸排清查，投资22.3万元对三处入河排污口进行整治。根据生态环境部要求，完成畜禽养殖禁养区划定情况排查。总投资1588万元的污水处理厂提标改造工程稳步推进中。

【大气污染防治】 开展大气污染防治工作。制定实施计划和行动方案；争取106万元资金用于企业锅炉改造，完成6台小散锅炉联网归并工作；成立秸秆禁烧工作领导小组，制定秸秆禁烧实施方案和包保方案，与乡镇、相关部门签订责任书，层层压实责任；监督6家大型餐饮企业安装油烟净化装置；完成污水处理厂和集中供热排污许可核发工作；联合商务局对全县加油站地下油罐现状进行排查，并监督6家企业进行整改。

【土壤污染防治】 推进全国第二次污染源普查，共获得污染源信息514条；完成蓄电池场地修复系统录入、公示、档案整理工作；开展全口径重金属企业排查工作，筛查出9家企业为土壤环境重点监管企业；完成荒沟岭铬渣堆放场地环境调查和风险评估，编制完成评估报告；制定《安图县2019年农村环境综合整治工作方案》，申请专项资金330万元，完成11个行政村的环境整治任务；开展固体废物调查和申报登记工作，安图县固废处置率达95%。

【环境监测】 完成富尔河水质自动监测站站房建设工作，并顺利通过省厅验收；建设完成安图县空气质量监测预警系统；开展污染源监测等8个方面监测工作，获得水、气、声、降雨、土壤监测数据9954个；全年无酸雨现象，空气优良天数达到350天以上；饮用水源地水质达标率为100%。

【环境监察】 以全县各企事业单位为检查对象，检查环境风险隐患和环境保护方面情况，全年出动执法人员700余人次，执法车辆300余台次，检查企事业单位192家，随机抽查企事业单位80家，配合上级部门检查18家，联合检查6家，验收建设项目6家。发现环境违法问题8个，下达整改通知书8个，查封扣押1家，罚款金额61.5万元，对各类突发环境问题查处到位、整改到位。开展专项行动9次，制定具体工作方案5个。联合县相关部门，会同白河林业局开展自然保护区绿盾行动，共发现问题23个，完成整治20个，正在推进整改3个。

【环境信访】 通过接访、约访、下访，解决突出环境问题，化解矛盾纠纷，维护群众合法权益。2019年，处理信访案件86件，案件处理率100%，结案率98%。2019年，没有存在历史遗留信访问题、没有越级上访、进京上访等重大的信访事件。

生态环境保护

【生态环境宣传教育】 以“国家安全日”、“宪法宣传日”、“扫黑除恶行动”、“6·5”世界环境日、“食药品安全”等活动为契机，开展法律宣传和环保宣传进企业、进机关、进社区、进农村、进学校活动，共发放知识手册500余本、宣传单2000余张，悬挂条幅10副，制作展板20块。向省州县报送工作信息210条次。

【党风廉政建设】 落实“一岗双责”“三重一大”制度和落实干部选拔任用制度。严格落实党组织学习制度，制订学习计划，结合主题教育活动，深入贯彻落实会议精神，共开展集中学习18次，开展主题党日活动15次，查找出问题56个，并制定整改措施及整改时限，责任明确到人。

生态环境宣传教育活动　　宣传部　提供

生态环境宣传教育活动　　宣传部　提供

【脱贫攻坚】 局班子通过深入贫困户调研、走访、慰问贫困户，汇总存在的问题，定期召开脱贫攻坚专题会议，认真研究解决方案。积极申报养老大院建设项目，争取维修资金10万元，协助村委会申请新村部建设资金112万元，合同已签订完毕。截至2019年底，全局包保村贫困户为1户1人，一张网兜底。

【扫黑除恶】 全年召开党组会议12次，制定方案、机制10个，立案3个，处罚3家，移交线索1条。

（赵静兰）

农　业

种植业

【概　况】 2019年，农民人均纯收入11476元，同比增长14.7%。全县农作物总播种面积为51942公顷。粮食作物46165公顷。其中大豆面积为20984公顷，玉米面积为23019公顷，水稻面积为2162公顷，经济作物面积5020公顷。

（邱志举）

【农业产业化发展】 培育新型经营主体。安图县2019年注册家庭农场总量达到706家，合作社总量达到779家，经营耕地面积总计19424公顷。基本覆盖人参、水稻、蔬菜、蓝莓、苏子、黑果等主导特色农产品。全县无公害、绿色、有机农产品认证达到76个，无公害农产品认证面积达17305公顷，其中大田无公害常规作物种植面积15790公顷、其他无公害蔬菜种植面积1515公顷。培育州级以上龙头企业达到42家。

【种植业结构调整】 继续开展10万亩耕地轮作任务，开展“粮食生产功能区和重要农产品生产保护区”划定工作，划定面积45.01万亩。2019年安图县共有蔬菜棚膜1500亩，其中温室大棚501亩、冷棚999亩。

【质量监督管理】 加强农产品监管。抓好农业投入品监管，落实农产品合格证制度，以农产品生产企业、农民专业合作社、家庭农场列为试行主体，对生产的蔬菜、水果、畜禽、禽蛋、养殖水产品出具合格证。2019年已发放合格证120份。

【生态农业建设】 开展安图县“国家有机产品认证示范县”创建工作和省级现代农业产业园安图县休闲农业与乡村旅游现代农业产业园创建工作。

【种子管理】 农业综合执法队共计出动车辆362台次、执法人员1260人次，在安图县范围内检查9个乡（镇）的农资市场68家经营店进行监督检查，查处种子标签不合格（不规范）案例3起，涉案种子2000余千克，非法经营农药案件1起。共计罚没金额1.36万元。

（邱志举）

农业机械化

【农机化安全生产】 全年完成年检拖拉机5000台，新车落籍600余台，培训考核驾驶员110人，发放反光贴5000余张。

【“两新”推广】 推广高效能插秧机18台、联合收割机122台，检修农业机械1.8万台（套）。保护性耕作免耕播种4.1万亩，秋季农机深松整地2.68万亩。

【农机购置补贴】 全年使用补贴资金1276.388万元，共补贴农机具724台（套），受益农户648户。

【农机管理】 全县农业机械总动力31万千瓦；农用拖拉机保有量达到11526台，其中大中型拖拉机8071台。共完成机耕67万亩、机播66万亩、机收56.7万亩，全县农业机械化率达到86%。

（邱志举）

林 业

安图县林业局

【概 况】 安图县林业局机关行政科室分别为综合科、森林草原防火和安全生产科、生态保护修复科、森林资源管理科、直属机关党委和行政审批办公室；所属事业单位分别为乡村林业管理站、森林火灾预防中心、资源法规监督办、草原站、国有林总场；9个林业工作站，林业站编制69人、实有64人。7个国有林场，分别为石门国有林场、福兴国有林场、福满国有林场、明月国有林场、东清国有林场、大沙河国有林场、松江国有林场，全部为企业性质林场。国有林场共有职工541人，其中，在岗职工342人，待岗职工199人。离退休职工291人。2019年，安图县林业局实现林业总产值19.2亿元，其中国有产值2264万元，乡村产值2.38亿元，家庭经济收入1129万元。

【林地、林木资源】 安图县境内分布着白河、八家子、和龙、大石头林业局和安图森林经营局等5个森工企业局。县林业局经营总面积17.05万公顷，其中林地面积10.98万公顷、非林地面积3.94万公顷。

【野生动、植物资源】 安图县林区内有野生动植物资源2200多种，其中药用植物800多种，野生动物500多种，山野菜、食用菌上百种。

【党风廉政建设】 落实“两个责任”，实行党风廉政建设和反腐败工作定期例会制度，层层签订“党风廉政建设一岗双责责任书”，制定廉政约谈、机关作风、财务管理、公车使用等一系列规章制度。严格执行年度重点项目上报审批、公开招投标要求，推进社会领域预防腐败工作。

【山水林田湖草】 2019年，计划完成山水林田湖草项目造林260公顷，实际完成381.45公顷；完成山水林田湖草项目森林抚育修枝、割灌除草1276公顷。

【木材生产】 2019年，木材生产7076立方木。其中国有1790立方米、民营5286立方米。

【病虫害防治】 全年林业有害生物成灾率控制在2‰，无公害防治率89%左右，灾害测报准确率92%，种苗产地检疫率100%。

【森林资源管护】 彻底遏制安图县违法违规种参问题。2019年，安图县所有违法违规参地共810.58公顷已全部下山，并进行了还林，部分还林达不到标准的将在2020年春季完成补植工作。受理中央环保督察举报案件11件，已全部销号；省环保督察举报案件8件，6件销号，2件正在办理中；中央环保督察“回头看”举报案件6件，已销号4件，2件正在办理中。组织开展“绿卫2019森林草原执法”“林区违建别墅问题清查整治”“绿盾2019打击整治非法侵占林地、乱砍盗伐、破坏野生动物资源犯罪行动”“今冬明春严厉打击破坏森林资源违法犯罪”等专项行动，截至2019年末，查处破坏森林资源案件63起。对国有林管护员和集体林生态护林员实行动态管理，严格执行《林业管护员管理办法》《建档立卡贫困人口生态护林员管理办法》等制度，加强日常考核，实现规范管理。

【生态建设】 完成山水林田湖草项目造林386公顷，完成迹地更新造林61.34公顷；完成毁林复耕造林补植690.13公顷；乡村公路绿化101.84千米；江河两岸绿化7.2千米；新建省级绿化村屯2个，县级绿化村屯24个。

【脱贫攻坚】 安图林业局包保永庆乡富强村、高城村和二道白河镇长白村，总计84户142人，2019年已全部脱贫。2019年，在全县继续选聘贫困人口作为生态护林员，生态护林员总人数600

人，年人均工资由6000元增至8000元，助其直接脱贫。成立生态扶贫工作领导小组，牵头全县生态扶贫工作的协调、调度。因地制宜组织实施生态扶贫项目，带动3个包保村发展了8公顷蓝靛果产业扶贫基地；与明月镇政府合作建设20公顷蓝靛果产业扶贫项目，已向明月镇缴纳12万元的产业分红，并将继续合作为明月镇分红；与县扶贫办合作利用松江镇光伏基地，建设30公顷大榛子产业扶贫项目，林业局已投入资金82.5万元，所得收益投入全县扶贫工作。争取总投资5528.3万元的山水林田湖草生态保护修复项目，完成防火林道维修132千米，在交通上为周边贫困户日常农事活动提供便利，完成森林抚育1276公顷，项目实施过程中组织松江等4个林场周边村屯贫困户、低保户和困难户60余人参与森林抚育工程务工，带动贫困户增收。

【林业经济转型发展】 新建蓝靛果种苗繁育基地大棚6栋，繁育蓝靛果苗约20万株；探索建设林果示范园1.2公顷，种植蓝靛果、桑葚、软枣猕猴桃和瓜类等21个品种；新建福兴林场蓝靛果基地20公顷；松江林场红小豆基地14公顷；石门林场地栽木耳4万袋；明月林场刺嫩芽苗圃1.3公顷，刺嫩芽山地移栽10公顷；东清林场林下参3万棵，返魂草苗木0.2公顷，林业多种经营产业稳步推进。

【扫黑除恶】 林业局党组始终把扫黑除恶专项斗争作为一项重大政治任务，先后召开动员会议2次、工作部署推进会议5次、专题会议7次，开展扫黑除恶集体约谈2次、干部职工应知应会知识集中测试1次。设立扫黑除恶局领导联系点制度，班子成员深入基层场站调研、督导、征集问题线索65次。把扫黑除恶工作经费纳入预算，优先给予保障。压实工作责任，与各场站签订扫黑除恶专项斗争责任状，组织党员干部签订扫黑除恶专项斗争公开承诺书。开展扫黑除恶"百日会战""涉黑涉恶案件一案一整治""重点行业领域监管漏洞整治""对黄赌毒和黑恶势力听之任之、失职失责甚至包庇纵容、充当'保护伞'专项整治"等专项行动，侦办森林刑事案件33起、破案27起，破获历年积案3起，刑拘9人、取保13人、逮捕3人、移送起诉21起25人，拆除9个违章建筑，恢复鱼池1座，比2018年案件下降72%。

【森林防火】 超前谋划部署，严格值班调度，加大瞭望、巡查力度和密度，无较大森林火灾及重大人员伤亡事故，增援边境灭火1次，延边帽儿山灭火1次。加强防火宣传，布设防火旗阵50余处，悬挂防火旗8000余面，出动宣传车75台次，悬挂宣传横幅120条，设定固定防火宣传牌28块，应急演练2次，拉动演练1次，利用各乡镇大集日组织开展了"移风易俗、文明祭扫"、禁烧秸秆等为主题的大型宣传活动，利用防火宣传展板、致学生家长一封信等方式进入校园进行防火宣传，形成良好的舆论氛围。在2019年3月，被评为全县连续40年无重大森林火灾突出贡献单位。

【获得荣誉】 1月，安图县林业局被延边州人民政府评为"2018年度安全生产工作目标责任制考核先进单位"（生产科）；安图县林业局明月林场被延边州人民政府评为"2018年度安全生产工作目标责任制考核先进单位"。2月，安图县林业局被安图县脱贫攻坚工作领导小组评为"2018年度脱贫攻坚行业扶贫先进单位"；安图县林业局长白村驻村工作队被中共安图县脱贫攻坚驻村干部委员会评为"2018年度脱贫攻坚先进驻村工作队"。3月，安图县林业局东清林场被吉林省绿化委员会评为"最美林场"；安图县林业局防火办被安图县人民政府评为"全县连续40年无重大森林火灾突出贡献单位"；安图县林业局明月林场被安图县人民政府评为"全县连续40年无重大森林火灾模范单位"；安图县林业局大沙河林场被安图县人民政府评为"全县连续40年无重大森林火灾先进单位”；安图县林业局东清林场被安图县人民政府评为“全县连续40年无重大森林火灾先进单位”；安图县林业局福满林场被安图县人民政府评为“全县连续40年无重大森林火灾先进单位”；安图县林业局明月镇林业工作站被安图县人民政府评为“全县连续40年无重大森林火灾先进单位”；安图县林业局万宝镇林业工作站被安图县人民政府评为“全县连续40年无重大森林火灾模范单位”。4月，安图县林学会被吉林省林学会评为“2018年度全省林学会工作先进集体”；安图县林业局被安图县人民政府评为2019年安图县“中国体育彩票”春季万人长跑活动 精神文明奖；安图县林业局王浩被吉林省林学会评为“全省先进林学会工作者”。8月，安图县新合乡林业工作站被国家林业和草原局评选为“保护森林和野生动植物资源先进单位（新合乡林业工作站）”。10月，安图县被中国林业产业联合会评选为“全国森林康养基地试点建设县（市、区）”；安图县林业局张昌伟被中共吉林省委组织部、吉林省人力资源和社会保障厅吉林省扶贫开发办公室评选为“全省事业单位脱贫攻坚个人嘉奖”。11月，安图县林业局（孔香华）被县主题教育办、文广旅局评为“不忘初心、牢记使命主题演讲比赛三等奖”；安图县林业局获得A类表扬；“双随机、一公开”“互联网+监管”工作受表扬；E支部推广工作受表扬。12月，安图县林业局被吉林省林业和草原局评为“2019年吉林林业网十佳信息报送单位”；安图县林业局王浩被吉林省林业和草原局评为“2019年吉林林业网优秀信息联络员”。

（许嘉峰）

安图森林经营局

【概　况】 安图森林经营局位于吉林省延边朝鲜族自治州中部，地理坐标：北纬43°05′—43°24′，东经128°38′—129°18′。南北宽38千米，东西长53千米。东部与大兴沟林业局、汪清县林业局相邻；东南与延吉市林业局相接；西南与安图县林业局相连；北部以哈尔巴岭为界，与大石头林业局接壤。全局经营区总面积109266公顷，局址位于安图县明月镇境内。

【企业运营情况】 全年实现林业总产值35450万元，完成计划的100%；实现工业总产值240万元，完成计划的104.5%；全民创业产值14314万元。

【企业管理】 项目管理方面：安图森林经营局管护用房建设试点项目。项目计划投资238.4万元，实际投资223.75万元，该项目已完成全部建设内容，进入项目竣工验收阶段；林火监测系统建设项目。该项目委托吉林林业勘察设计研究院编制完成项目可研，2019年5月，由吉林省林业和草原局下达项目投资计划，项目总投资785.54万元。其中争取中央预算内投资500万元，项目征占林地审批和招投标工作已经完成；珍稀林木培育项目。项目总投资60万元，全部为中央预算内林业基本建设投资，主要是在东明林场进行特殊及珍稀林木培育面积533亩，已完成作业地块的设计工作；森林生态旅游项目建设。与正投资建设仙峰森林公园滑雪场项目的延边仙峰蔷薇文化旅游发展有限公司多次接洽，就在其景区周围开发熊乐园项目进行协商，双方已达成共识，签订20年旅游开发经营合作合同。安全生产方面：细化指标任务，落实主体责任，公司与所属各基层单位分别签订《安全生产目标管理责任书》，召开2019年安委会扩大会议4次，开展安全生产隐患大排查72次，查出隐患12项，已全部整改完成，整改率100%。

【生态建设】 完善了林地、林下、河长制等资源管理制度，制定了网格化森林资源管护模式，健全了森林资源巡护长效机制，严厉打击了毁林犯罪和侵占蚕食林地等违法犯罪行为。落实中央环保督察相关要求，核查出问题地块10个，其中查处7个，移交森林公安局正在侦办3个。

【民生工程】 筹集5万余元开展“两节”送温暖活动；为公司全体女职工和24名历年来获州级以上劳动模范表彰人员进行了健康体检；出资10万元为公司一线职工注射森脑疫苗；出资38万元为公司930人进行了健康体检；自2019年7月开始，将工龄工资由5元/年增长到10元/年，人均工龄工资增长120元/月；自2019年11月开始，每人每月增加工资500元，增加“五险一金”月缴费175元；出资86.7万元用于新建长兴林场办公用房，出资27万元用于三道林场食堂改造。

（周伟男）

畜牧业

【概　况】 畜牧兽医局设办公室、兽医药政科、信息产业科、草原饲料科。行政编制10名，实有10人。全额事业编制75名，实有70人（其中工勤1人）。动物卫生监督所（检疫站）、畜禽定点屠宰管理办公室编制13名，实有14人。动物疫病预防控制中心编制6名，实有6人。畜牧站编制8名、实有8人。草原管理站编制3名，实有3人。9个乡镇设畜牧兽医工作站编制46名，实有39人。专业技术人员69人、工勤1人。其中：高级13人、中级22人、助理34人。

【畜牧业养殖品种】 猪：品种本地黑猪、长白、汉普夏、大约克夏、杜洛克优良种公猪。牛：品种有延边黄牛、延黄牛。引进夏洛来、利木赞、德国黄、西门塔尔优良种公牛冷冻精液改良本地牛。羊：品种绵羊、山羊。绵羊是引进的小尾寒羊。山羊有沙能奶山羊、沙能羊。鸡：品种本地鸡，引进迪卡、海赛克斯、海兰、罗曼、依利沙等。鸭：品种本地鸭、北京鸭、康贝尔鸭。鹅：品种本地鹅、东北白鹅、雁鹅、朗德鹅。蜂：品种松丹一号、松丹二号、白山6号、蜜胶一号、东北黑蜂、喀尔巴阡蜂、卡尼鄂拉、黄环系。鹿：品种：梅花鹿、马鹿。犬：本地犬、观赏犬、宠物犬，品种杂。

【重点项目】 长白山光明谷生养生养老基地项目。完成投资7600万元。绿色种养殖及旅游服务中心工程完成不动产证办理；养生养老健康管理中心完成二次结构砌筑工程；信息化研发及培训中心已完成基础施工。吉林颐膳源健康产业发展有限公司林蛙综合加工销售项目，累计完成投资4000万元。安图义和园生态农业有限公司绿色养殖循环经济项目。已完成项目用地土地流转、可行性研究报告、环境影响报告、水土保持报告、土地利用总体规划评估报告、土地利用总体规划修改报告手续。

【争取资金】 资金到位376.16万元，其中农业生产发展资金35万元、省级乡村振兴专项资金（畜牧部分）179万元、动物防疫补助经费12万元、中央动物防疫补助经费及升级配套资金105.11万元、生猪调出大县奖励资金43万元、中央动物防疫补助经费及省级配套资金2.05万元。

【重点工作】 蜜蜂发展6.5万群；生猪发展5.1万头；黄牛发展4.8万头；家禽发展49万只；鹿发展0.2万头。牧业产值3亿元，农民人均畜牧业收入2300元。畜禽死亡率控制在猪2.9%、牛0.7%、羊1.3%、禽5%以下，全年无一起重大动物疫病发生。

【脱贫攻坚】 开展集中走访慰问6次，集中环境卫生综合整治6次。投入扶贫资金3万元修建了铁杖子，走访同时送去了大米、白面、粽子、月饼等，折合人民币3万元。主要领导每月下基层12天，结对帮扶干部每月走访2次。投资142万元的畜牧业养殖扶贫示范项目，标准化蛋鸡养殖场，年末贫困户人均分红1000元。贫困户蜜蜂、延边黄牛养殖技术培训12次，培训人数600人次。

【扫黑除恶】 检查兽药饲料经营企业40家次，屠宰场30场次；制作扫黑除恶宣传展板10块，悬挂横幅2条。

【**环保督察**】 完成13家规模养殖场粪污处理设施配套，全县畜禽粪污处理设施配套率80%，利用率73%。

【**畜牧产业化**】 备案养殖及无公害企业进行安全生产检查4次，畜产品质量安全专项整治行动2次，畜产品瘦肉精定期抽检4次，检查养殖场128场次，尿样406份监测，尿样监测结果全部为阴性，合格率100%。印制发放畜产品质量安全类宣传资料800份。

【**动物免疫**】 畜禽免疫：猪瘟免疫8.01万头、猪口蹄疫免疫5.28万头、猪蓝耳病免疫4.26万头、牛口蹄疫免疫4.91万头、羊口蹄疫免疫1.07万头、鸡新城疫免疫43.06万羽、禽流感免疫43.77万羽（鸡、鸭、鹅）、布病免疫4.66万只（牛、羊）。猪口蹄疫疫苗27.7万毫升，牛口蹄疫疫苗24.3万毫升，蓝耳病疫苗8.6万毫升，禽流感疫苗34.4万毫升，猪瘟疫苗12.8万头份，小反刍和山羊痘二联疫苗26.8万头份，布病疫苗17.8万头份。

【**疫情监测**】 监测禽流感H5、H7血清样品1290份，免疫合格1148份，合格率为89%；新城疫监测360份，监测合格数331份，合格率91.9%。口蹄疫免疫监测采集血清样品1350份，同步监测口蹄疫O型和A型。猪血清样品480份，合格率为88.96%；牛血清样品780份，合格率为86.28%；羊血清样品90份，合格率为84.44%。猪瘟监测360份，合格率88.06%。布病监测360份，经检测360份血清全部为阴性。猪蓝耳病监测以规模场及屠宰场监测区域为主，监测360份，合格率88.33%。“非洲猪瘟”监测以屠宰场抽检及规模猪场监测区域为主，监测300份，规模场6户，监测数180份；屠宰场4个，监测数120份，均为阴性。配合省一季度监测采样牛场1户牛血清30份；猪场猪血清30份，粪便10份，环境样品10份；无害化处理厂环境样品10份；猪屠宰场1个，采集颌下淋巴结30份；禽交易市场1个，采集血清30份；禽养殖场1个，蛋清30份，鸡咽喉、泄殖腔拭子30对；O–P液14份。其他采样、送样工作，共完成送样猪血清120份，猪抗凝血50份，猪颌下淋巴结90份；牛血清120份，羊60份，O–P液240份。

【**流行病学调查**】 抽查规模场47个，散养户480家，对口蹄疫、猪瘟、禽流感、新城疫进行流行病学调查，调查数量：猪13865头，牛、羊1894头，鹿836头，无疫情发生情况。

【**防疫培训**】 动物防疫人员培训2次，培训人数450次。

【**动物卫生监督、检疫与屠宰**】 生猪出栏32040头，检疫31002头，检疫率96.8%；牛出栏6639头，检疫6475头，检疫率97.5%；羊出栏5294只，检疫5284只，检疫率99.8%；禽出栏276430羽，检疫276430羽，检疫率100%。生猪屠宰27239头，牛羊6912头。执法检查127人次，出动车辆38台次。对明月镇、松江镇、两江镇监督检查26次，其他6个乡（镇）监督检查19次。“四类场所”检查51次，监督检查91人次。立案1起，结案1起，处罚1000元。

【**畜产品质量安全**】 发放畜产品质量安全宣传单600份，悬挂条幅20条。巡回宣讲5次，接受群众咨询200人次。养殖档案填写培训49人。养殖场“瘦肉精”抽检138场次，尿样406份，尿样检测阴性，合格率100%。

【**繁殖与品种改良**】 完成标准化繁育改良站建设1个。发放冻精19150剂，黄牛冷配3400头。

【**蜜蜂养殖**】 蜂群发展6.5万群，养蜂户1200户，蜂蜜2345吨、巢蜜5万盒、王浆10.5吨、花粉16.75吨、蜂胶3.35吨。品种蜂王发放50只。组织培训10次，培训人数580人次。

【**粪污资源利用**】 粪污资源化利用培训50人。规模养殖场户粪污处理下达“三单”31份，其中告知单29份、反馈单1份、提示单1份。备案畜禽规模养殖场34家，参加考核16家，达到粪污处理设施配套标准建设养殖场 12 家，畜禽粪污处理设施配套率 75%。

【污染源普查】 污染源普查规模化养殖场 47 家，其中：生猪 21 户，肉牛 15 户，蛋鸡 6 户，肉鸡 5 户，普查数据通过审核。

【获得荣誉】 2 月，张鹏获得 2018 年度“优秀第一书记”称号。10 月，张鹏获得吉林省事业单位脱贫攻坚个人嘉奖。李云龙、秦海波、魏金安、宋金金获得 2019 年度全省动物卫生监督工作先进。

2019 年生产数据一览表

表 2

种类	出栏肉猪	出栏肉牛	出栏肉羊	马出栏数	家禽出栏数	犬出栏数	兔出栏数	肉类总产量	其中						
									猪肉	牛肉	羊肉	马肉	禽肉	犬肉	兔肉
单位	头	头	只	匹	只	条	只	吨	吨	吨	吨	吨	吨	吨	吨
数量	27153	9339	5142	108	209920	5480	0	3963.31	2117.8	1395.9	73.1	13.4	376.51	82.23	0
种类	奶类	其中		绵羊毛	蜂蜜	禽蛋	鹿茸	大牲畜年末存栏			牛	其中奶牛	马	驴	骡
		羊奶	牛奶												
单位	吨	吨	吨	千克	吨	吨	千克	头			头	头	匹	匹	匹
数量	0	0	0	2600	3937.26	4621.5	2141.1	36273			35550	0	679	44	0
种类	生猪	其中	羊	其中		鹿	梅花鹿	蜂		家禽			兔	肉犬	
		母猪		山羊	绵羊										
单位	头	头	只	只	只	只	只	箱		千只			只	条	
数量	30751	3187	10719	9302	1417	1765	1765	65621		495.3			0	12111	
效益	畜牧业产值（现行价）		猪		大牲畜		羊	家禽的饲养		活的家禽产品		其他动物饲养	畜牧业收入		
单位	万元		万元		万元		万元	万元		万元		万元	万元		
数量	30000														

（郭乐圣）

渔 业

【概　况】 2019 年 8 月 2 日，水利局渔政职能合并至农业农村局农业生产科。

【渔政管理】 保护和合理开发利用渔业资源，指导水产健康养殖和水产品加工流通，组织水生动植物病害防控。承办重大涉外渔业纠纷处理工作。按分工维护管辖水域渔业权益。组织渔业水域生态环境及水生野生动植物保护，监督管理渔政渔港。指导渔业安全生产。

【渔政执法】 结合渔业专项整治活动，禁渔期和禁渔区内发放宣传单 3000 余份，开展渔政执法工作 72 次，发现问题 8 个，制止非法电鱼、捕鱼行为 8 起。共开展抽检苗种场、养殖场、销售经营市场 3 次，抽检合格率达到 100%。

（邱志举）

条。安图66千伏变电站现有主变2台，总容量4万千伏安，66千伏线路4条、10千伏线路11条。东丰66千伏变电站现有主变1台，总容量6300千伏安，10千伏线路3条。石门66千伏变电站现有主变1台，总容量1.6万千伏安，66千伏线路2条、10千伏线路4条。

【人力资源】 国网吉林省电力有限公司安图县供电分公司设置6类班组，分别为营业班、用电检查班、客户经理班、输配电运维班、配电抢修班、变电运维班。截至年末，国网吉林省电力有限公司安图县供电分公司有在职职工68人，其中具有大学专科及以上人员48人，中级及以上专业技术资格人员6人，高级工及以上职业资格人员35人。

【电网建设和发展】 11月29日，安图县经济开发区1座石门66千伏变电站，4条10千伏疏通线路正式投运，同时本次疏通工程包括1条10千伏联络线路，将石门变与安图变联系起来；4月25日，国网安图县供电公司共产党员服务队员与奉化小草电力志愿服务队联合成立了奉化·安图小草扶贫支援联盟，开展“平安亮万家”活动。深入偏远安图县石门镇村庄，为贫困户进行屋内年久失修线路及开关插座免费更换修理。

【经营管理】 未发生人身轻伤及以上事件（包括本企业发包、承包、分包的工程现场）；未发生有责任的八级及以上电网、设备事件和一般火灾事件；未发生一般电气误操作未遂事件；未发生违章事件；未发生一般交通事件和一般火灾事件；未发生八级及以上信息系统事件；未发生突发事件、安全事件迟报、漏报、瞒报情况；未发生其他对公司和社会造成影响的安全事件。售电量：售电量完成19101万千瓦时，同比减少125万千瓦时。线损率：综合线损率完成1.58%，完成1.58%年计划指标。电费回收：2019年应收电费11066万元，实收电费11066万元，电费回收率100%，实现了第21个结零年。

【安全生产】 落实安全生产责任制。严格按照《国家电网公司安全工作规定》要求，每月组织召开安全网例会，协调解决安全工作存在的问题；建立健全分公司各专业、各班组安全责任清单，根据《安全职责规范》和《安全责任清单》，完成清单宣贯、培训。加强到岗到位管理管理，规范作业人员安全行为，杜绝习惯性违章，严格执行防触电、防感应电、防高坠、防误操作等各项安全措施；国网安图县供电公司于6月开展主题为“防风险、除隐患、遏事故”的“安全生产月”活动；加强应急相关技能培训，以应急救援和现场处置技能为重点，开展应急技能培训，分公司组织各班组利用每周班组安全活动完成对应急预案和现场处置方案的学习；深化营销管理，按照省公司《营销典型作业现场安全操作手册》要求，严格营销作业现场、业扩报装、用电检查等安全管理，营销专业每次新装报表及时将工作计划报予配电专业，严格执行工作票、操作票，杜绝无计划作业。严格执行安全管理制度。根据上级部门下发的营销安全管理规定，严格执行各类工作票，确保安全工器具齐全，保护人身设备安全，未发生人身及设备事故。在东丰变设立了营销模拟培训基地，编制现场典型作业评分标准，按照典型现场作业安全操作流程，对营销一线员工进行安全技能测评。把营销员工的安全行为模拟测评和营销安全知识考评有机结合起来，作为员工绩效考核评价标准。

【营销工作】 加强营销台区线损管理，开展异损台区专项治理，全年治理异损台区11个，台区线损合格率完成97.71%。完成75处13版终端上行2G通信模块更换为4G全网通通信模块工作，更换HPLC单相智能表26块、三相表5块，提升采集成功率。开展了营销党支部与兴华社区联创活动，推进服务进社区，建立与社区互动微信群，到社区进行补签用户费控协议，宣传网格化综合服务，普及用电安全知识及缴费方法。2019年，共走访社区用户6500余户，补签费控协议680余户。深挖潜在新能源替代客户，福利院新上电锅炉630千伏安供热面积6000平方米，北安市场新上两台630千伏安电锅炉供热面积37500平方米，跟进开发区新项目用电情况，开发区钢化玻璃厂新上地源热泵容量1250千伏安，供热面积8000平方米。完成对重要电力客户的节前检查工作，完成高考中考期间保供电工作。对大砬子村、丰兴村、石门山村、安坪村等的用电安全隐患进行排查，排查统计后对存在安全隐患的106个计量箱进行了安装，待线路改造完成后进行接引，对缺锁的357个计量箱进行补锁，对大棚用户进线电缆存在破裂或绝缘实效的进行热缩管重塑处理，对存在老化的电缆进行更换，对存在裸露的线头进行胶布绝缘处理。对金山花园小区进行了规范化治理，对计量箱内智能表进行重新固定，将原有挂钩摘除，用扎带进行固定。对箱体内有过载痕迹的开关和裸露的电线进行处理。建立金山花园小区低压电缆走向图、金山花园小区低压台区沿布图。为金山花园小区826户客户更新用电信息台账（抄表段编号、用户编号、户名、用电地址、电能表资产编号、箱体位置）。同时为用户制作客户信息标签，对应贴在电表前，方便客户查看自家电表使用情况。清除电表箱体上的各类广告信息，对计量箱体内的杂物、灰尘进行清理。

【优质服务】 提升班组优质服务。建立了专职台区、线损责任人并对每名网格协助员分配相应网格服务员，客户经理进行了区域划分，并明确了各自的分工责任，宣传网格化综合服务，普及用电安全知识及缴费方法。根据各自职责更好地服务用户。强化服务质量。针对各服务区域制作了客户经理服务服务卡，联系名片，对小区单位等地区进行张贴，对各自的服务区域发放客户经理联系卡，解决用户的线上缴费、咨询、解答业务。强化规范报装服务管理。落实省公司业扩报装管理规定，业扩报装“实行一站式服务”，业扩报装线上受理率100%。强化修理服务质量，开展多次优质服务学习活动。优化电力营商环境，精简办电资料，简化方案审批，继续推进“只跑一次”。构建营销服务管理长效机制，严格把控业扩时限，满足“两个文件”中对平均接电时间压的要求，合理发起工单，避免因提前送电，导致积压电量，引起超容稽查工单。业务归档资料完整，符合要求。强化服务质量，提高业务素质，对员工进行服务理念教育、服务行为、业务知识等方面的培训。

【党建工作】 落实“旗帜领航·三年登高”计划和“五大工程”，2个党支部开展“专业＋一线”党支部联创，推行党建与业务工作深度融合。开展“抗联路上见初心”等系列红色教育主题活动。推进廉政建设和反腐败工作，严格落实“两个责任”和“一岗双责”，层层压实管党治党责任。举办“燃烧我的卡路里”健身活动以及“金达莱杯台球赛”活动，通过州2017—2019年度精神文明建设先进单位评选。组织10名青年员工参加州公司健身舞大赛，荣获“激情活力奖”。1名女职工参加“风采闪动延电”职工综合文艺秀，摘得银话筒奖。配电运检班荣获2018年度国网公司先进班组。增派两名同志驻村开展扶贫工作，解决贫困户难题。

（李东国）

水力发电

【概　况】 国网吉林省新能源集团有限公司两江水电分公司是国网吉林省新能源集团有限公司所属的中型电力企业。所经营的两江水电站位于吉林省延边朝鲜族自治州安图县两江镇境内，松花江的主要支流二道松花江上游，水库总库容2.1亿立方米，大坝坝高56.6米，总装机容量为3台2万千瓦机组共6万千瓦，年设计发电量1.93亿千瓦时。电站以发电为主，是延边朝鲜族自治州目前最大的水力发电企业。公司总资产为3.3137亿元，2019年有员工69人。公司下设6个职能部门，即：综合管理部、财务资产部、党委党建部、安全生产部、发电设备部、水工运维部。

【经济指标完成情况】 公司全年完成发电量1.7001亿千瓦时，上网电量1.793亿千瓦时，实现销售收入7920.34万元，净利润3411.58万元、上缴税金1277万元，公司继续保持了安全稳定的良好形势，连续实现了第20个安全年目标。

【生产运行】 在公司推行岗前“五分钟”思考法，开工前“五分钟”安全再确认；安全风险“四色”管理；根据国网公司“十不干”针对电网层面对于水电略显不足的特点，增加“不安全、不生产”的内容，作为其补充；针对结构性缺员，尤其是生产一线业务和技术力量薄弱，大型复杂作业采取“五固定”（固定工作票签发人、固定工作票负责人、固定工作票许可人、固定操作人和固定工作班成员）工作措施等。开展全员作风整顿，抓好阶段重点工作，抓现场管控，抓应急管理，抓信访稳定。

【创新发展】 针对公司历史问题繁多、创新能力不足、结构性缺员、能力不均衡等问题，2019年进一步解放思想，推行技术创新、管理创新、改革创新，国网吉林省新能源集团有限公司两江水电分公司取得两项国家实用新型专利；一人取得中国企业联合会颁发的企业管理咨询师证书；获得省公司管理创新成果三等奖1项；获得吉林省电力科学技术进步二等奖1项；获得“东北电力系统职工技术创新成果”三等奖1项。把握自身优势的独特性。合理安排机组运行方式，降低好税率，增加发电量350万千瓦时；复核水轮机运转特性曲线，按照不同工况运行情况下优化机组出力，预计每年可新增发电量190万千瓦时。在集团公司先行先试成立职工建言献策中心，搭建企业与职工沟通的桥梁。

【指标控制】 截至12月25日，年累计完成16909万千瓦时，比上年同期18511万千瓦时少发1602万千瓦时，厂用电率累计完成3.67%。

【安全生产】 落实安全生产主体责任。实行“监”“管”分离。推进大修技改工程。完成雪山湖大坝安全监测及定检工作。做好防汛和汛前准备工作。加强应急演练，应对突发状况。

【体制机制创新】 研究解决制约公司发展的深层次矛盾和问题、畅通业务流程，优化业绩考核体系，实现薪酬与绩效的量化结合。从严、从实、从细抓管理。制定出台了《考勤细则》《旅差费指导意见》《档案借阅指导意见》《关于印发特殊贡献绩效考核奖励实施意见的通知》《关于加强快递业务管理的通知》等，进一步规范了管理。

【党建工作】 抓责任制落实。公司党委年初制定了《2019年党建工作要点》，落实了党建责任清单。抓理论武装。学习内容以党的十九大精神和习近平新时代中国特色社会主义思想、党章党规为重点。通过“三会一课”等载体，以集中学习、个人学习有机结合。组织党员干部积极参与“新时代e支部”“学习强国”等网络平台。将主题党日活动与脱贫攻坚、传承英烈精神弘扬爱国情怀等工作有机结合。抓先锋模范作用。“吕清森共产党服务队”深入结对帮扶片砬子村开展服务活动。针对农户安全用电需求，安全用电知识对村民进行讲解，一家一户排查安全用电隐患，为贫困家庭和孤寡老人检查修理电器、线路。开展“不忘初心、牢记使命”主题教育。成立主题教育领导小组及工作机构，围绕集团公司“守初心、担使命、找差距、抓落实”的总体要求，以深化理论学习为基础，督促党支部以深入检视问题为契机，推进各项工作。抓党风廉政建设，加强党员干部廉洁自律教育。制订了学习计划，坚持政治学习、廉政教育和党委中心组集中学习日活动。加强作风建设，坚决整治“四风”突出问题。组织党员参加廉政吉林全面从严治党知识答题，加强党员干部廉洁自律教育。

（徐鸿茹）

地方水电

【概　况】2019年，吉林省地方水电有限公司安图分公司电网工程建设共完成投资6133万元；购、售电量首次双双突破3亿千瓦时，其中购电量完成33853.4万千瓦时，售电量完成30180万千瓦时，全年提成电费6924.8万元，上缴税金1605万元，实现全年安全生产无事故。

【220千伏敦白客专外部供电工程】敦白客专外部供电工程是敦化至白河铁路客运专线的一项外部供电工程，电压等级为220千伏，由变电工程、送电工程和调控中心三部分组成，其中，新建220千伏沙河变电所1座，扩建和龙变、明月变两个220千伏间隔；新建220千伏线路279公里，66千伏线路45千米；新建调控中心1座；工程建设工期为24个月；概算总投资66288万元，其中企业自有资金占40%、银行贷款占60%。220千伏沙河变电站位于安图县松江镇南道村，松江镇东南约6.5千米处。新建沙河变电站，按智能站设计，远期规划建设3×120兆伏安主变压器，本期建设2×120兆伏安有载调压变压器。220千伏侧远期规划出线8回，本期出线6回，采用双母线单分段接线方式。66千伏侧远期规划出线16回，本期出线5回，采用双母线接线方式。沙河变本期安装66千伏电容器2组，容量为2×10Mvar，预留2套20Mvar并联电容器组。本变电站自动化系统采用一体化监控系统、为分层分布式，由站控层、间隔层和过程层构成。变电站自动化系统统一组网，采用DL/T860通信标准；变电站内信息具有共享性，保护故障信息、远动信息、微机防误系统不重复采集，支撑调控一体、运维一体，处于国内先进水平。敦白客专外部供电工程线路工程以220千伏沙河变电站为核心呈辐射状布局，新建220千伏线路6条，总长272.5千米；66千伏线路3条，总长42.4千米，横跨安图、和龙、龙井3个县（市）的行政区域。线路工程设计应用“两型三新”的设计理念，即资源节约型、环境友好型，新技术、新材料、新工艺。集成应用紧凑型、同塔多回、全方位长短腿、原状土基础、新型导线、节能金具、高强钢、索道运输、悬空展放引导绳等新技术、新材料、新工艺。220千伏调控中心在白河供电所原址兴建。该中心包括生产用房、办公用房、设备用房、服务用房和附属用房，占地面积4438平方米，总建筑面积5548.56平方米。调控中心的主要功能是对安图地方电网的管理、调度、通信、应急指挥与业务办理，在满足220千伏电铁自动化系统调度的需求的同时，实现省级调度、地方调度对牵引站及辖区内220千伏及以下电网的调度指挥管理。

【301电站66千伏电流互感器完成更新】4月19日，吉林省地方水电有限公司安图分公司组织生产、安全、调度、变电等相关专业人员，对301电站66千伏电流互感器更新改造进行验收，验收相关人员一致认为，301电站更新后的电流互感器接线和设备配置合理，联网线路、开关场地验收合格，相关设备试验合格，计量及保护装置符合要求，安装工艺符合有关标准规范，相关保护计算整定合理，符合并网准入条件，准予投入运行。

【与国网实现两点联网】吉林省地方水电有限公司安图分公司向延边国网供电公司提出，利用66千伏松江至两江电站输电线路与国网220千伏电网连接，采用分网分段运行方式输送上下网电量的方案，双方经过多次沟通协调达成共识。10月31日，吉林省地方水电有限公司安图分公司与延边国网供电公司签订了联网协议。通过分时段两点上网分网运行方式，66千伏电压基本保持在

66—67千伏之间，10千伏电压保持在10—10.7千伏之间，解决了安图地方电网在供电质量、输送瓶颈等方面的难题。

【5家小水电站改变结算方式】 12月26日，地方水电安图分公司与国网延边供电公司以及地方电网区域内的延边东电茂霖水能奶头河发电有限公司、长白山保护开发区华龙水电有限公司、安图县三零三电站有限公司、安图天正光明发电有限公司、安图县冰山水力发电有限公司5家小水电发电企业签订协议，改变了原来的购售电关系和结算方式，把原属于国网延边供电公司用户的该5家发电企业，变更为地方水电安图分公司用户，其全部发电量由地方水电安图分公司全部购入并结算。同时，国网延边供电公司与上述5家发电企业解除了购售电合同关系。

（张明先）

工 业

经济开发管理

【概　况】 开发区管理委员会前身为安图县工业集中区管委会，是2005年8月由安图县编制委员会批准成立，11月在省政府开发办备案。2012年晋升为省级开发区。2019年有领导4人（1正3副），内设党政办公室、经济发展局、财政局、企业服务局、规划建设局和安全生产监督管理办公室6个机构。总规划面积434公顷，其中县城东部（区块一）115公顷、石门镇北山村（区块二）319公顷。区块一：东至长兴河河东村东段，南至东环城路，西至吉林两江水力发电有限公司办公楼，北至大砬子村西段；区块二：东至石门镇镜城大桥，南至布尔哈通河镜城村段，西至吉珲客运专线变电所，北至302国道北山村段。2017年，开发区主要负责石门镇北山村区域的基础设施建设、招商引资和项目服务工作。县城东部已经调整为城市发展用地，目前暂不做工业开发。

【土地利用】 截至2019年，开发区已利用土地178.9公顷，其中工业开发区121.9公顷、商住开发11.1公顷、基础设施开发41.9公顷、其他4公顷；开发区未利用土地251.1公顷。

【基础设施建设】 2019年，投入各类资金1.02亿元，新上各类基础设施工程14项，续建工程16项。园区66千伏变电站及配套输电线路投入使用，供水管线全面通水；新铺设通信光缆3300米，污水、给水、供热、供汽管线3550米，安装环网柜3座，铺装道路1.55万平方米，园区水、电、路、通信等基础设施全部到位。总投资1.27亿元的集中供热建成并投入使用，总投资9300万元的污水处理厂完成建设，通过省环保厅验收，环评限批实现破题。总投资5900万元的科创服务中心主体竣工，标准化厂房配套服务设施全部到位，被省工信厅认定为“省级创业孵化基地”。开发区已成为全县基础设施最完整，配套设施最完备，服务设施最完善的经济发展平台。

【招商引资】 截至2019年，园区税源类共23个，已开工18个。其中2019年新引进项目7个，分别为总投资2.58亿元的吉林益隆长白山实业有限公司食用菌综合加工示范园厂房建设项目、总投资1.8亿元的安图吉蕴生物科技有限公司黑参系列产品加工厂房建设项目、总投资2000万元的延边馥鑫雨松茸科技食品有限公司长白山松茸酱、松茸饮料系列产品研发加工生产及销售项目、总投资5000万元的浙拖奔野（安图）拖拉机制造有限公司年产1.5万台拖拉机整机项目、总投资3200万元的安图县顺达钙业有限公司年产10万吨重质碳酸钙粉加工项目、总投资1600万元的安图丰裕达食品有限公司苏籽加工项目、总投资1500万元的安图众得利包装制品有限公司EPS板材加工项目。

【经济运行】 2019年，区内共落户企业110户，全年实现地区生产总值4.07亿元；工业总产值14.04亿元；县属规模以上工业总产值12.38亿元；规模以上工业增加值3.69亿元；全口径财政收入3.52亿元。

（张晓荣）

矿泉水管理

【概　况】 2013年3月正式批复成立了安图县长白山天然矿泉水饮用水水源保护区管理局，为副县级建制。主要负责吉林长白山天然矿泉水饮用水水源保护区的保护与治理工作、负责辖区内水源保护和可持续发展利用和研究工作、负责矿泉水开发利用工作。编制18名，实有工作人员16名。

【重点项目】 依托丰富的矿泉水资源，安图县加快开发步伐，截至2019年，先后引进恒大、统一、农心、雅客、长白山泉、伊利等11户国内外知名品牌企业，累计完成投资48亿元，建成厂房面积24万平方米。

【矿泉水产业发展】 安图县现有安图恒大长白山矿泉水有限公司、延边农心矿泉饮料有限公司、长白山统一企业（吉林）矿泉水有限公司、延边州雅客长白山矿泉水有限公司、吉林省三江长白山泉饮品有限公司5家矿泉水企业建成投产，总产能300万吨。2019年末，实现矿泉水产量实现60万吨，产值9亿元，实际缴税1.1亿元。伊利集团年产100万吨矿泉水项目于2019年9月7日举行开工庆典，年底前可完成土地平整、临时用房建设；康乃尔集团年产150万吨矿泉水项目解决了探矿权无法办理瓶颈，组件上报至省自然资源厅；长涛矿泉水项目开始办理采矿权；星岛矿泉水项目推进输水管线林地审批；恒大包材厂完成厂房建设和设备安装。

【园区重点项目推进】 以打造产业集聚、功能完备、科技领先、环境优美的世界一流矿泉水小镇为目标，高标准制定《红丰矿泉水小镇发展规划》，并依托安图汇泽长白山实业发展有限公司全程参与小镇的基础建设和运行管理，建立了政企合作共赢的运行机制。规划投资20亿元，建设道路、排水排污、供电、高速互通、铁路货运中心、矿泉水检测中心、博物馆以及天泉观光塔、冰泉水上乐园、矿泉瓶体雕塑群、矿泉艺术岛等地标性建筑，现已陆续开工建设，已完成红丰大街改造、污水管网铺设，正在建设货运中心、检测中心以及外环路等工程，预计三年内全部完工。

【水源保护】 2012年，省政府批复成立吉林长白山天然矿泉水安图饮用水水源保护区，安图县设实行“三级”防护。2016年5月27日，吉林省第十二届人民代表大会常务委员会第二十七次会议批准了《延边朝鲜族自治州天然矿泉水水源环境保护条例》，2016年6月16日，条例正式颁布实施。2018年，联合安图县国土局、林业局、水利局等部门开展普法宣传行动，贯彻实施《延边朝鲜族自治州天然矿泉水水源环境保护条例》。

【产业宣传和品牌创建】 不断完善和规范中国天然矿泉水生态原产地品牌示范区、国家级出口食品质量安全示范区和全国知名品牌示范区3个国家级示范区制度和工作，获评中国矿泉城发展建设优秀单位、吉林省矿泉特色小镇等荣誉。中国质量认证中心对“安图长白山天然矿泉水”进行区域品牌价值，价值评估为21.19亿元人民币，品牌建设工作实现新突破。2019年2月3日，红丰矿泉水小镇（园区中心区）被吉林省人民政府列入吉林省第一批特色产业小镇目录。7月2日，红丰矿泉水小镇建设经验在全国推广。

2019年9月，安图第二届矿泉水文化旅游节取得了圆满成功。在安图第二届矿泉水文化旅游节活动中，县矿泉水管理局成功举办了矿泉水体验之旅活动、安图长白山天然矿泉水指数启动仪式、伊利矿泉水项目开工庆典及中国安图第三届矿泉水文化高端论坛。系列活动均得到了社会各界的一致赞扬，为安图矿泉水产业提供了新思维、新理念，对于打造全省乃至全国的矿泉水品牌，实现整体行业产业水平提升有着深远影响。有效扩大了安图矿泉水的品牌影响力。

【获得奖项】 2019年2月3日红丰矿泉水小镇（园区中心区）被吉林省人民政府列入吉林省第一批特色产业小镇目录，2019年3月，延边州革命老区建设促进会颁发支持革命老区建设工作先进单位，2019年7月2日，红三矿泉水小镇建设经验被国家发改委在全国推广，2019年9月12日荣获县委、县政府颁发的“矿泉水文化旅游节特殊贡献奖”。

（季红瑾）

经济运行

【概　况】 2019年3月由于机构改革，安图县工信局、安图县科技局、安图县商务局三个部门合并。安图县工信局根据安图县委、县政府“三定方案”的要求，内设9个科室：中小企业科、运行监测协调办公室（体制改革科）、科学技术科、内外贸易科、电子商务科、安全科、投资科、行政审批办公室和党委办公室。主要负责全县工业经济运行、中小企业和企业技改投资，全县社会发展领域科技发展规划和计划，国内外贸易发展规划、监测分析市场运行及供求关系、县内进出口贸易企业及相关行业管理、服务工作，全县电子商务服务体系建设、电子商务项目组织和管理工作，口岸、开发开放，主管行业领域的安全生产管理、监管、执法、全县铁路监护、道口管理、核应急等工作。党委下设9个基层组织，其中在册党员215人。

【双目峰口岸建设】 投资50万元，完成双目峰临时口岸联检房维修改造工作，翻修出入境通道护栏，新增五间联检部门功能办公室，临时口岸场区地面硬化，联检大厅墙面地面翻新，生活区改造等，基本满足临时口岸的通关要求。委托北京国研文化传媒集团股份有限公司编制完成《安图中朝边境经济合作区建设与双目峰口岸发展模式研究》，对双目峰口岸的战略环境、发展定位、发展规模、中朝经贸合作的相关内容与业务、口岸辅助功能等进行了深入研究。12月26日，被国务院批准为中朝双边常年开放公路客货运输口岸。

【重点项目】 推进重点续建项目4个、拟建项目3个。金钰矿业双桥沟金、伊利石黏土矿项目选厂和尾矿库正在办理图审。采矿部分完成井巷开拓2920米；飞达石材花岗岩开发项目完成部分矿体剥离和采矿区初期建设；广泰旭阳金矿项目与海沟金矿进行合作，由海沟金矿收购。已完成信息甄别、项目考查、审查论证、立项、资源储量核实及评价、尽职调查及可行性研究、审计、矿权评估、资产评估、评审备案等环节，只待中国黄金集团公司复核。成达玻璃搬迁改造建设项目已于9月底试生产。佰山东北（延边）木业产权招商项目总投资1.5亿元，目前正在进行资产拍卖。飞运矿业有限公司年产4万立方米石材绿色循环综合利用项目完成部分设备安装以及调试。金龙铁矿重新启动项目已完成环评手续办理，正在办理2号库安评手续。

【招商引资】 2019年共洽谈税源类项目3个，全部为超千万元项目。投资1.5亿元的佰山木业重新启动项目，正在协助投资方解决资金问题。投资2000万的金龙经贸重新启动生产项目，正在办理安评手续。投资3000万元的安图县现代建设材料有限公司搬迁改造项目，正在洽谈推进前期。

（朱　静）

【民营经济】 民营企业户数1994户，同比增长8.9%；个体工商户10061户，同比增长2.7%，农民合作社810户，同比增长5.1%。民营企业上缴税金25998万元，占总税收收入的59.3%。组织召开银企对接会，搭建企业与银行对接平台。安图县工信局于5月28日召开中小微企业和银行对接会，邀请了县金融办、县返乡创业中心主要负责人；人民银行安图分行、工商银行安图分行等6家金融机构主要负责人及13家中小微企业代表出席参加。重点推动银行和中小微企业沟通合作，搭建融资平台，使企业了解和掌握信贷流程，银行方面可以得到企业的贷款需求和经营现状等信息，最终实现银行和企业共赢发展。本次对接会协调帮助成达玻璃钢化有限公司在农村商业银行成功贷款1500万元。

（贾　雷）

【安全生产】 加大企业安全生产监督检查力度，每月至少开展1—2次安全检查。开展“防风险保平安迎大庆”消防安全专项行动、成品油专项整治、成品油经营企业年检、道口监管检查、汛期安全检查等系列安全及专项检查20余次，检查企业户数70余户，出动执法车辆40余台次，出动执法人员60余人次。检查中共下发限期整改3个（其中松江市场为挂牌督办），立即整改20多个，松江市场已摘牌并通过验收，其余全部整改完毕。排查的同时还与工信、商贸流通企业签订了安全生产责任书。

（姜春植）

商　贸

招商服务

【概　况】根据省委、省政府《关于市县机构改革的总体意见》和《关于安图县部分事业单位调整事宜的批复》（吉委编事字〔2019〕85号）规定，为适应社会公益服务事业发展的需要，设立安图县招商服务中心，为正科级，隶属于安图县人民政府直属的公益一类事业单位。2019年7月18日，将安图县经济技术合作中心更名为安图县招商服务中心。原安图县经济技术合作中心的债权债务由安图县招商服务中心承担。安图县招商服务中心内设机构5个，分别是综合科、服务审批科、项目科、信息科、投资促进科。全局核定事业编制14名。

【主要工作】截至年末，共拜访企业105家、商协会18家、省政府驻外办事处3个，重点对接了伊利石、矿泉水、旅游和农特产品等资源及产业项目，共接待中亚民生智慧芯控股集团有限公司（香港）、六合国际、大连金石滩、天津森特集团、浙江康喜乒嘉投资有限公司、国药肽谷、吉蕴生物科技有限公司等30批次企业考察团，接待人次100多人次。其中，安图县签约项目15个，计划总投资27.17亿元，分别是投资7.44亿元伊利矿泉水项目、总投资2.58亿元年产3万吨杏鲍菇项目、总投资1.8亿元年产1000吨红参、黑参及人参制品项目、总投资4.5亿长白山雪岭旅游生态小镇项目、总投资4.3亿元森图·长白山全球摄影文化艺术城项目、总投资1.45亿元安图县木易溪谷康养度假景区项目、总投资1.6亿元中国健康好乡村项目、总投资2.5亿元安图百花谷朝鲜族百年部落项目、总投资0.3亿元松茸系列产品加工及销售项目、总投资0.7亿元年产瓦楞纸箱1.5亿只项目和4个总部经济项目。

（邵志刚）

商业服务

【对外贸易】2019年安图县外贸进出口额实现4.41亿元，同比增长15.57%。其中安图县进出口龙头企业延边天池矿泉饮料有限公司，2019年实现进出口额3.76亿元，同比增长10.64%，占全县外贸进出口总额85%。吉林丰裕达贸易有限公司2019年实现进出口额3357万元，占全县外贸进出口总额7.6%。吉林益隆长白山实业有限公司2019年实现进出口额1239万元，占全县外贸进出口总额2.8%。其他外贸企业进出口额共占全县总额4.6%。

【市场流通】2019年安图县社会消费品零售总额同比增长3.5%。其中批发业零售额同比增长23.7%；零售业零售额增长2.4%；餐饮业零售额增长5.9%；住宿业零售额增长3.6%。新增2户限上企业。

（郭晓双）

【电子商务】 完成县域电子商务公共服务平台“安 e 生活”的搭建并投入使用。完成县域重要农产品溯源体系建设，实现为县内 6 户农产品生产加工企业提供产品质量追溯服务。完成县域物流集配仓储中心办公场所及场地维修改造工作，达到物流快递企业使用标准，并引进邮政、四通一达等入驻，开展农村物流体系整合。1—12 月，安图县电子商务交易额 24.86 亿元，同比增速 18.95%；网络零售额 7.22 亿元，同比增速 26.36%；农产品网络零售额 1.51 亿元，同比增速 18.85%；周期内网商数量 5910 家。

（吴　昊）

粮食流通

【概　况】 2019 年 3 月，根据机构改革文件要求，安图县粮食局合并至安图县发改局，成立粮食储备科。9 月，原粮食局下属企业吉林安图国家粮食储备库按照产权制度改革文件要求，将管理权由原中国储备粮管理集团有限公司吉林分公司转交至安图县发改局。

【粮油管理】 2019 年度，向上争取资金 325 万元用于安图县粮食企业硬件设施完善、基建项目改造；开展各项行政、安全检查工作，全年共开展各项检查 23 次；开展“只跑一次”改革工作，推进“双随机一公开”工作；协调县内各职能部门完成粮食安全省长责任制工作；完成 2018 年度社会粮油供需平衡数据分析工作，开展农户余粮调查工作，开展各类粮食相关统计工作；完成军粮供应工作，全年共销售军粮 52 吨，保障安图县驻地部队粮食供应。

（管延良）

烟草专卖

【概　况】 安图县烟草专卖局（分公司）成立于 1984 年 9 月 24 日，是集行政管理和卷烟经营双重职能于一体的政企合一单位，设党建办公室、卷烟营销办公室、配送送货部、专卖监督管理办公室、综合办公室及二道服务站 6 个部门，负责全县及长白山管委会池北区、延吉三道湾镇共 900 多户卷烟零售商户的卷烟专卖管理和服务营销工作。2019 年有员工 37 人，其中，无固定期员工 21 人，固定期限 4 人，劳务派遣 12 人。2019 年卷烟总销 7132 箱，同比增销 131 箱，增长 1.87%，完成年度计划的 101.89%。其中一、二类卷烟 2205 箱，同比增销 170 箱，增长 8.37%，占比 30.92%；“长白山”品牌销售 2350 箱，同比增销 230 箱，增长 10.82%，占比 32.95%。实现卷烟销售毛利（不含）4347 万元，同比增加 355 万元，增长 8.9%，实现卷烟单箱销售收入（不含税）15298 元，同比增加 1174 元，增长 8.31%。

【法治宣传】 安图县局（分公司）利用“3 · 15”消费者权益法活动日、“6 · 29”《中华人民共和国烟草专卖法》宣传日及“12 · 4”法治宣传日，通过现场设立展台、现场解答、发放宣传单等方式，宣传涉烟法律法规。2019 年组织法律活动共出动人员 20 人次，设立宣传咨询服务点共 3 个，发放宣传资料 900 余份，接受消费者咨询 300 余次。“3 · 15”在当地工商等部门的监督下集中销毁非法卷烟共计 548.5 条，标值 11.5 万元。

【执法检查】 2019 年共查办各类违法案件 18 起，查扣卷烟 9.168 万支，案值 9.4558 万元。其中万元以上案件 3 起，总案值 7.756074 万元，罚没收入 635.79 元。

【依法行政】 安图县局（分公司）在每个商户设立监督服务卡，公开“三员”电话及省州局投诉电话，公开了“12313”举报电话，监督“三员”工作情况。

【脱贫攻坚】 累计到村开展帮扶工作 100 多人次，送去慰问品、协调、购买物资折合人民币 3 万余元。通过入户走访、发放政策宣传手册，扶贫政策上墙等多样形式，向全村建档立卡贫困户进行宣传扶贫相关政策。组织协调、参与亮兵村组织的闹元宵、庆“三八”、庆“七一”等文体活动。组织开展“五好家庭”评选活动、“干净人家”评选活动，并对其进行挂牌表彰。根据贫困户的实际，因户施策、因人设岗。为村里的留守儿童争取助学金5520元，为独居老人整理烧材、院落卫生清洁等，看望患有重疾的贫困户、为残疾人贫困户办理慢病医疗、协调县医院、残联等相关部门为92岁老人进行残疾人申请等。联合其他帮扶单位为亮兵村争取资金3800元资金，购买垃圾箱22个。

（赵 焕）

盐业专卖

【概 况】 根据吉林省盐业集团有限公司〔2018〕23号文件规定于2019年10月由安图县盐务管理局改制为吉林盐业集团安图有限公司。改制后主要工作职能是负责全县各类用盐市场的供应工作，保障全县食用盐安全和盐业市场稳定，改制后内设经理室、办公室、化验室、生产销售部、二道经销部5个科室。2019年人员编制7人（安图4人、二道3人）。占地面积3790平方米，有效仓容1500吨，储存能力2000吨，二道占地面积6995平方米，有效仓容1000吨，储存能力800吨。企业总资产166万元。全县食盐零售网点1120户，行业及小工业用盐户13户。

【生产经营】 全年商品盐购进619吨，销售商品盐655吨。其中销售民用食盐431吨（绿色食盐291吨、泡菜盐118吨、多品种盐22吨），行业及小工业用盐145吨，畜牧盐79吨。

【食盐储备】 为应对食盐供应突发事件，省公司建立了食盐储备制度，确定了安图储备60吨的储备规模，为保障应急供应奠定了物质基础。

【宣传活动】 5月15日，会同县卫生局、疾控中心开展“第二十六届防治碘缺乏病日宣传活动”，宣传主题是“每天一点碘，健康多一点”，发放宣传单1000张，食用碘盐健康手册200本。

【企业管理】 按照《吉林盐业集团各项管理程序规范标准考核细则》要求，对企业现场管理、计划管理、服务管理等各个环节进行梳理，逐项分解。按照省集团公司的部署，进行了盐业集团经营机制改革。积极参加省公司组织的推进流程化管理及财务管理培训班。

（孙延利）

供销合作

【概 况】 安图县供销合作社设4个科室，分别是：合作指导科、业务科、综合科 、办公室。编制10名，实有10人。下辖4个基层社（即明月镇供销社、永庆乡供销社、松江供销社和两江供销社）和3户靠挂企业。

【综合改革】 2019年开放办社一家，筹划组建合作社联合社1家，协助一家农民专业合作社争取国家科技发展计划项目50万元。配合县政法委、金融办对全县农民专业合作社进行金融诈骗、扫黑除恶等进一步摸排调查和相关知识的宣传，牵头市监局、农业农村局开展清理“空壳社”活动，已清理177家农民合作社。

【合作经济组织】 2019年新发展农民专业合作社47家，入社社员357人，入股资金3600万元。完成县政府与县供销联社签订的2019年新发展农民专业合作社30家的任务。截至年末，全县共发展农民专业合作社850家，入社社员1.55万人，股金总额10亿元，带动农户2.23万户。组织申报国家级示范社1家，全县示范社已达到5家。

【电子商务】 筹建的电子商务APP平台运营正常，依托“安图e家”在7个乡镇建立公益平台，2000余家各类经济组织在微信平台进行技术咨询和产品交易等活动。截至年末，经对8家农民专业合作社进行调查，在微信平台里实现各类农特产品交易额达千万元。此外，已与全国供销总社“供销e家”实现平台对接，已将部分优质产品上传，实现安图农特产品网上展示与销售。4种农特产品在宁波8个展示展销中心的延边农特产品展销专柜进行展示、销售；组织40余家农民专业合作社分别参加长春、宁波农博会、延吉第一届农业·食品博览会及延边州扶贫农产品展销会，实现农产品销售30余万元，订单50余万元。组织14家合作社参加延甬东西部协作农产品对接洽谈会，达成近千万元的采购意向。完成县政府与县供销联社签订的全年3次组织农民专业合作社参加各类农博会的任务。

【农资供应】 截至年末，社属3家农资企业销售化肥近1万吨，农药200吨，有机肥500吨。

【东西部对接】 年内两次组织人员到宁波市供销社、宁波市奉化区供销社进行对接洽谈，已有6种产品在宁波市8个县（市、区）的农产品展示展销中心上架销售；与宁波市电商公司对接，将安图县十余种农特产品推荐给电商公司，由电商公司负责线上销售。

【指标完成情况】 在主要经济指标、综合服务业营业额指标、服务体系建设指标、农产品购进总额、新型职业农民培训等各方面完成全年任务90%以上。

（王新荣）

石油销售

【概　况】 中国石油天然气股份有限公司吉林延边销售分公司安图经营处（以下简称“中油安图经营处”），1998年上划中国石油天然气集团公司，2001年9月正式更名为中国石油天然气股份有限公司吉林延边销售分公司安图经营处。有员工84人，资产型加油站8座。2019年，成品油销售总量实现4.1万吨，资产型加油站纯枪量实现3.4万吨。

【成品油保障供应】 通过开展“支农到一线、送油到村屯”活动，主动把农民朋友需要的油品送到田间地头，以站为单位划分8个网格区块，建立完善网格化营销客户档案，所属8个网格长已走访137个村屯、1037户农户和571户油肥大户，确保了全县农业生产的能源供应。

【安全管理】 把安全环保工作摆在首位，全年安全环保等级事故为零，无不稳定因素发生。组织开展各类安全检查活动，并及时整改检查出的安全隐患，全员签订《安全环保责任书》。联合县公安局、特警大队开展了一次加油站防恐怖袭击应急演练，参加了一次全县消防灭火演练，在全县微型消防站比武竞赛中荣获了团体第一名和两个单项第一名、第二名的成绩。开展“安全生产月”活动，组织加油站防汛抗灾，强化承包商作业现场监管。

【加油站管理】 强化对站经理管理能力和员工服务水平的提高，由各岗位每月对加油站进行检查考核，组织了12次400余人次的业务知识、安全常识和开口营销培训，学习合规管理。组织全员学习相关资料及案件，以座谈会的形式培训，让基层员工了解合规经营对企业发展的重要性，对违规套现、虚开发票带来的危害性及严重性有了深刻的认识。

【党群工作】 抓好党的十九大精神学习。全年理论学习中心组集体学习研讨不少于12次。坚持民主集中制，严格执行《“三重一大”决策制度实施细则》。在完善组织建设基础上，重点抓好基本队伍建设。开展员工思想动态调查分析，注重人文关怀和心理疏导，把解决思想问题与解决实际问题相结合。健全宣传工作管理制度，加强通讯员队伍建设，完善培训及考评体系。加大对网络舆情、新闻媒体的监测力度，防范新闻危机。

（李乐乐）

旅游业

【全域旅游】 9个乡镇12个行政村申报创建乡村旅游示范村，集中精力打造了松花村、奶头山村两个示范点。长白山历史文化园和大关东文化园被评为AAAAA级乡村旅游经营单位，松花村成功荣获延边州乡村旅游示范村称号，获得奖励资金500万元。同时，按照“一村一特色”的思路，统筹打造了“中国朝鲜族第一村”红旗村、“中国朝鲜族第一酱村”茶条村、“长白山景观摄影基地”六人沟村、“满族风情体验地”东清村、“东北抗联二军成立地”寒葱沟村等一批特色鲜明的乡村旅游景点。指导延边农心矿泉饮料有限公司申报全省工业旅游示范点，省文旅厅验收评定组对该项目进行了验收；开展招商引资工作。研究制定安图县旅游项目招商引资优惠政策，编印《安图县旅游招商指南》。协助推进长白山宝石小镇恐龙部落生态旅游项目、两江镇永红村旅游项目开发。改造及新增旅游景区、乡村旅游区（点）旅游厕所66座。新增旅游标识牌24个。安图县迎宾门工程已完成主体建设。争取省文旅厅配套资金100万元，用于安图游客服务中心建设，主体工程建设已完成。初步完成安图智慧旅游及大数据中心框架建设，酒店、饭店、景区、车辆等互联互通，为游客提供便捷服务。举办了“5·19”中国旅游日，美丽乡村文化旅游节，安图乡村旅游天津专题推介会，“春满桃源·花开东方”奉化、安图、珲春三地旅游情定上海滩暨奉化水蜜桃文化节发布会，中国·安图长白山沐雪之冬——2019年松江镇向阳村第二届年猪文化旅游节，安图县同心圆“八吉”“双创”龙泉村美丽乡村文化旅游节，二道白河镇“长白山第一村”风景区开业仪式暨奶头山村第二届美食节，“大美两江·发现之旅”两江镇雪山飞湖旅游节，安图·石门第二届酱文化旅游节，中国·安图第二届长白山矿泉水文化旅游节、文化旅游项目推介会等活动。通过编印发放宣传册、拍摄安图文化旅游宣传片、制作文化旅游短视频等方式全力讲好安图故事、传递好安图声音，提升安图旅游影响力和美誉度。

【项目建设】 松江镇农民体育健身工程，投资50万元，项目已完工；安图县滑冰场工程，占地总面积3000平方米，建设面积2015平方米，附属用房107平方米，总投资174万元，该项目已完成；社区笼式足球场项目，占地总面积800平方米，总投资30万元，该项目已完成；运动休闲特色小镇（迎月山、吐月山）工程，总投资600万元，该项目已完成；总投资1.5亿元的长白山光明谷养生养老基地建设项目，累计投资7900万元，绿色种养殖及旅游服务中心工程完成不动产证办理，养生养老健康管理中心已完成主体验收，信息化研发及培训中心已完成施工机械设备进场和工人临建搭设。总投资2.2亿元的“四山三河”生态公园项目，累计投资6200万元，已完成合页坝建设及布尔哈通河清淤，长兴河生态岛正在收尾。总投资1.8亿元的长白山恒达国际温泉度假区项目，已完成项目备案，正在办理土地审批手续。总投资3.5亿元的长白山冰雪部落一期冰雪体验区项目，正在办理施工许可手续。总投资8500万元的安图维也纳国际温泉酒店项目，已投资4500万元，建成酒店主体工程。总投资5000万元的安图朝鲜人家旅游服务区项目，已投资3000万元，建成主体工程。总投资3400万元的长白山冰雪部落配套设施（一期）项目，已投资2050万元，建成滑雪博物馆、室内训练馆主体工程。总投资5000万元的百花谷朝鲜族百年部落项目，已投资5000万元，于11月完工，实现当年开工当年运营。总投资1.6亿元的中国健康好乡村吉房子项目，已投资300万元，完成9栋民宿主体工程。总投资1200万元的五虎山旅游景区配套设施建设项目，已投资278万元，完成停车场、综合用房及2千米木栈道建设。

（何　丹）

城乡建设

城市建设

【概　况】 安图县住房和城乡建设局是县政府实施城乡建设与管理的职能部门。内设审计财务科、综合科、城乡建设科、工程质量监督安全生产科、住房保障和法规科、人防管理办公室、行政审批办公室、直属机关党委办公室，以及消防科，共9个科室。下辖11个事业单位：人民防空办公室、市政设施管理中心、城建收费管理中心、建筑业管理中心、乡镇建设管理总站、环境卫生管理中心、园林管理中心、供热燃气管理中心、建筑工程质量监督站、墙材革新与建筑节能管理中心、房屋征收经办中心。2个国有企业：自来水公司、生活污水处理厂。

【乡镇建设管理】 2019年，安图县有建制镇9个，行政村180个。安图县乡镇建设管理总站和9个乡镇基层村镇站所核定事业编制30名，实有28人。副高3人、中级5人。主要工作：开展与实施年度危房改造工作。完成农村危房改造83户。农村生活垃圾、农村生活污水治理。安图县已启动农村生活垃圾治理工作，在全县9个乡镇建设15座垃圾转运站，完善180个行政村生活垃圾收集点。完成整治县内非正规垃圾堆放点万宝镇1处、新合乡2处。

【工程质量监督】 建筑工地方面：全年共监管建筑工程27项，共325857平方米，其中接转工程17项，共227438平方米，市政工程8项，接转2项。全年共组织专项检查6次（包括涉及危化品、消防、危大工程、重大节日期间“百日攻坚”、安全月活动、国庆期间大决战），共下达整改单48份，排查安全隐患210条，共整改207条。全年共以局红头形式转发上级文件25份，印发文件11份。

【墙材革新与建筑节能管理中心】 安图县墙材革新与建筑节能管理中心是隶属于县住房和城乡建设局所属的事业单位，是安图县墙材革新的管理机构，负责全县墙材革新与建筑节能管理服务工作。核定安图县墙材革新与建筑节能管理中心全额拨款事业编制5名。人员结构比例：行政管理岗位1名，专业技术岗位4名。设有科室2个，实有6人，核定领导职数1名，实有2人。副高3人，中级2人。

【新型墙材与禁止使用实心黏土砖】 2019年，安图县有规模新型墙体材料生产企业5家。全线生产能力13680万块标砖，年新型墙材实际产量3556.8万块标砖，通过省级新型墙材产品认定企业5家。安图县城区继续巩固禁止使用实心黏土砖成果，新型墙材施工应用率100%。

【绿色建筑工作】 截至年末，安图县新建公共建筑和棚户区改造工程按绿色建筑标准建造，并通过设计、施工图审查等程序加以落实，累计完成获得一星绿色建筑设计评价标识项目18项，标识面积157516.43平方米。

【行业监管】 2019年，组织开展对5家新型墙体材料生产企业和施工企业的质量、安全进行专项监督检查。

【市政设施管理】 2019年市政基础设施改造累计完成投资1.3亿元。改造道路面积5.5万平方米，铺设污水管线5.7千米，污水井446座，铺设雨水管线4.4千米，雨水井247座，边石0.7万米。

【供热燃气管理】 2019年已全部完成小散锅炉联网归并至县集中供热公司，城区供热由集中供热公司负责。采暖面积达到251万平方米，无人值守换热站58座。县城共有供热管网36.65千米，其中一次网长度为17.98千米、二次网长度为18.67千米。

【建筑工程质量监督】 2019年新建工程有26项、建筑面积298232平方米，造价113315万元，市政工程9项，总造价7114万元。共进行竣工备案32项，备案面积356838.26平方米。2019年建设工程质量监督覆盖率100%。建设工程竣工验收备案合格率100%。

【环境卫生管理】 2019年，安图县环境卫生管理中心有职工87人（其中副高级职称2名、中级职称1名、初级职称25名、普工59人），环卫专用车50辆，有垃圾填埋处理场1座，有公共厕所61座，其中水冲式13座、环保生态型公厕36座，垃圾转运站9座，其中城区5座、乡镇4座。

【房屋征收】 房屋征收经办中心在编人员9人，在岗5人，内设主任1人，副主任2人，财务2人，科员4人，主要承担全县国有土地上房屋征收与补偿的具体工作。协助房屋征收部门开展房屋征收方案的拟定工作、被征收房屋情况的调查登记、房屋征收补偿事宜的协商、房屋征收补偿档案的建立和管理等工作。2019年，国有土地上房屋征收运行项目共16个地块，征收房屋总户数约4252户，征收房屋面积约29万平方米。现已完成征收3773户，剩余479户正处于积极协商过程中，现已完成2019年棚改征收700户指标任务。

【消防科】 贯彻落实国家和省州关于建设工程消防设计审查验收相关政策和法律法规，拟定规章制度，组织实施辖区内建设工程消防设计审查、消防验收及备案抽查工作，组织开展对辖区内已申报消防设计审查的建设工程施工过程中的工地消防安全检查、消防工程质量检查、组织或参与建设工程施工过程中的消防事故调查处理工作。

（金　青）

城市管理行政执法

【概　况】 2019年6月24日，经县委机构编制委员会办公室审核后，经批准正式设立安图县城市管理综合行政执法大队，正科级建制，为安图县人民政府直属的公益一类事业单位。安图县城市管理综合行政执法大队设置14个内设机构。分别是：办公室（财务科）、政工科、督查科、指挥中心（应急办公室、机动中队）、法制控申科、广告和行政审批科（小广告清理办公室）、综合行政执法办公室、施工管理中队、规划监察中队、社区业务指导办公室、明安社区中队、

九龙社区中队、瓮声社区中队、兴华社区中队。有全额拨款事业编制31名，所需编制从安图县园林管理处划转2名（带在编2人），从安图县食品化妆品稽查分局划转2名（带在编2人），从安图县机动事业编制中划转25名。调整后，安图县城市管理综合行政执法大队执行全额拨款事业编制51名。

【主要工作】 2月19日，安图县城市管理综合行政执法大队为避免县内燃放孔明灯造成安全隐患，特别在元宵节期间对燃放孔明灯行为进行了专项夜查整治。3月11日，大队制定并印发《安图县城市管理综合行政执法大队2019年度考评办法》和《安图县城市管理综合行政执法大队执法人员行为规范》。3月19日，安图县城市管理

综合行政执法大队完成2019年大队中层以上干部“一岗双责责任书”签订工作。3月20日，根据延边州住房和城乡建设局《关于进一步加强建筑垃圾管理工作的通知》文件要求，由大队牵头，召开与会单位有运输公司、建筑公司、县住建局、县城建处、县公安局等相关部门的安图县城区建筑垃圾管理工作专项会议。3月20日，大队召开2019年渣土运输行业专项治理工作会议，并与各运输企业及施工单位负责人分别签订了《安图县城市建筑施工现场管理责任状》。4月16日，大队全体成员分别到县城区内各街道及门市摊点发放“扫黑除恶”宣传单，同时进行扫黑除恶线索登记摸排。4月21日，完成安图县天和早、夜市临时摊位的画线工作。4月22日，大队对全城区范围内的汽修店进行摸排登记，对商家擅自占用主干道、人行道进行修车、洗车作业以及乱堆放等方面责令当事人立即停止占道行为并清理现场。4月28日，大队聘请吉林经纬拍卖有限公司，在九龙社区会议室，组织早夜市市场公开拍卖，完成早夜市市场摊位的划分工作。5月6日开始，开展了城区小区乱象专项整治行动。制定了《县城区老旧小区乱象专项整治行动方案》。5月9日，安图县“规范使用市面用语物工作专题会议”在县城市综合行政执法大队四楼会议室召开，县民宗局、城市管理综合行政执法大队相关负责人和全县各美广社负责人参加会议。会后出台了《安图县城区楼体大型广告和门店牌匾设置规范》。5月17—19日，报名参加安图县“巾帼庆五一，并肩战脱贫”排球联赛，并获得组织得力奖。6月，完成县纪委移交中央督导扫黑办举报案件，针对当事人擅自在兴华村设置建筑垃圾处理场并乱收费一案，经调查，情况属实，已对两家涉案施工单位给予行政处罚。6月17日开始，大队市容管理科开展为期三个月的牌匾整治专项工作，对县内具有安全风险和不符合市容管理规定的牌匾均予以拆除。6月28日，大队全体党员、共青团员、入党积极分子来到安图县明月镇寒葱沟参观东北抗日联军第二军纪念馆爱国主义教育基地。7月2日开始，安图县城市管理综合行政执法大队指挥中心开展为期半年的校园周边、公园广场周边市容环境治理工作，针对摆摊设点、流动商贩、公园广场内占道经营行为进行执法，对不听劝阻的，采取暂扣经营工具和物品、上限处罚等措施，依法进行强制取缔。8月15日，开展了全面清理非法占用停车设施、设置障碍物等专项整治行动，对城市主干道，次干道、巷道内长期停放的“僵尸车”、报废车进行了摸排，共发现违法僵尸车停放7处，共10辆。9月2日，按照《安图县人民政府关于长兴水利枢纽工程征地涉及搬迁人口的通告》精神，安图县城市管理综合行政执法大队执法人员来到庆农村，帮助庆农村贫困户进行搬迁工作。9月29日，组织大队全体党员到寒葱沟东北抗日联军第二军纪念馆爱国主义教育基地参观，进行党性锤炼。10月2日，安图县城市管理综合行政执法大队开展了为期三个月的城区违规广告牌匾及橱窗广告的集中清理行动。10月16日，大队组织全体党员及工作人员27人到庆农村开展环境卫生大清扫活动。10月25日，县城市管理综合行政执法大队按照县委县政府的统一部署，依法对县内“聚鑫尚城二期”工程中正在建设的部分违法建筑进行强制拆除。经查该违建经查不符合城市规划许可范围，占用了消防通道地段，存在严重的安全隐患，属违法建设。11月11日，大队为包保村庆农村村部改善供暖环境，全体队员集资6000余元为该村部购买锅炉。11月22日，安图县城市管理综合行政执法大队联合县自然资源局、社区、公安局、电视台等相关部门，针对安图县铁路新楼小区内6家未经批准私搭乱建处进行强制拆除。12月2日，安图县城市管理综合行政执法大队联合县公安局、市场监督管理局和消防大队等部门，针对中心大市场和东市场，影响市容市貌的商家外溢、占道经营、卫生脏乱等“顽疾”问题，开展了专项强制清除执法行动。

（张　玉）

自来水生产供应

【概　况】安图县自来水公司成立于1966年，隶属安图县住建局。在册职工81人，有高级职称人员1人。公司下设制水部、营业部、维修工程部、后勤部4个职能部门。有1座净水厂、13座泵站，日供水能力1.6万吨，镇内主管网总长57千米。2019年供水总量547万吨，出厂水综合合格率98%、管网水水质综合率98%以上；设备完好率在98%以上，管网维修及时率100%。

【主要工作】为解决安图县城区二次供水设施陈旧、管网老化以及二次供水存在的安全隐患等问题，改造新建完成南环路安装阀门DN600–1座、DN400–5座；铺设管道1200米。地下消火栓48座，维修维护消防水源38处。新增疾控中心、阳关御景、客运站、月好百货大楼、老镇政府、安图县救灾物资储备库等区域管网1583米；老旧管网改造完成884米；阳关御景一期、二期，人和丽湾、疾控中心等水表安装638块。

（金　青）

生活污水处理

【概　况】安图县污水处理厂厂址位于中心城区东南部，安华纺织厂旧址东北侧，距市中心3千米，距布尔哈通河30米，2019年有职工23人，隶属吉林省安图县住房和城乡建设局。设计规模为近期日处理污水1.5万吨，远期达到日处理污水3万吨能力。项目计划总投资6917.95万元，竣工验收决算总投资为7568.21万元。规划拟用面积3.06公顷，实际划拨1.9公顷国有土地用于建设。设计规模为日处理污水1.5万吨。主要建设污水处理厂二级处理设施及19.65千米污水截流管网。安图县城污水处理厂二级处理设施采用水解池+CASS生化反应池工艺，出水采用紫外线消毒，新型脱臭剂除臭，污泥经浓缩脱水后外运垃圾处理场进行卫生填埋。安图污水处理工程于2009年1月立项，开展前期工作；2010年9月完成招标工作；2011年4月开工建设，2012年8月竣工，并于当年12月通过环保验收，2014年12月完成土建验收。安图县污水处理厂的污水处理主要以安图县城区城市生活污水为主，设计服务范围为中心城区人口7.5万人，设计日处理1.5万吨，2019年已经满负荷运行日处理量1.4万吨，最高日处理平均水量1.55万吨，日产污泥2吨，污泥经离心脱水及稳定化处理后，全部运往垃圾处理场进行卫生填埋。2019年1—12月安图县污水处理厂应运行365天，实际共运行351天（其中提标改造CASS池停产14天），出水COD、氨氮、总氮、总磷每两小时监测一次，在线数据每十分钟上传至省、州监测平台。出水COD、氨氮、总氮、总磷、pH、粪大肠杆菌、生化需氧量、石油类、悬浮物、色度、总汞、总镉、总铬、六价铬、总砷、总铅、阴离子表面活性剂、动植物油和烷基汞19项指标委托第三方资质单位每月监测一次，全年出水水质均达到《城镇污水处理厂污染物排放标准》一级B类标准。截至年末，安图县污水处理厂累计处理454.72万吨，累计产生脱水干泥并转运填埋处理612吨。处理率为92.28%。2019年运行费用支出300余万元，污水收费120万元。2019年安图县污水处理厂日处理1.4万吨，平均每天进水COD浓度为120毫克/升，氨氮浓度为12毫克/升，出水COD浓度为33毫克/升，氨氮浓度为4.5毫克/升。排放水质执行《城镇污水处理厂污染物排放标准》（GB18918–2002）一级B标准。2019年全年累计处理污水454.72万吨，卫生填埋处理612吨污泥。安图县生活污水处理厂现有的城镇污水处理厂设施为 CASS 工艺，排放标准为一级 B，根据《水污染防治行动计划》(国发〔2015〕17 号) 要求，2020 年前达到相应排放标准或再生水利用要求，城市污水处理设施全面达到一级 A 排放标准。污水处理厂出水水质也存在提标至一级 A 的客观需求，需要增加处理设施。新增曝气生物滤池 + 砂率深度处理系统、增加投药系统、改造紫外线消毒处理系统、新增提升泵房、扩建污泥处理设施等。工程占地 1 公顷，投资 2250 万元。根据中央环保督察反馈问题整改意见，提标改造工程截至年末已完成中间提升水池土建部分，完成总磷、总氮在线设备安装，完成紫外线消毒设备安装。截至年末安图县（明月镇）污水处理厂提标改造工程，已投资 2222 万元，新建土建工程完成 95%，维修改造土建完成 20%。新建系统安装完成 90%，新建系统设备已进厂 98%。改造部分完成 70%，已完成通水，进行单体设备调试，正在进行工艺调试将出水水质处理至一级 A 标准。

（金　青）

房产管理

【概　况】 安图县房屋产权管理中心是行使管理全县房屋产权和执行住房制度改革的职能部门，正科级建制。内设办公室、房屋产权交易科、审查缮证科、物业开发办、财会科及二道房产分局，所属事业单位有住房保障管理中心。2019 年有干部职工 48 人，其中党员 28 人。

【房屋产权交易】 房屋登记服务工作。根据县政府“只跑一次”文件会议精神，年初中心将集体土地房屋登记服务整合到县政务大厅窗口。全年办理各项业务近 1.17 万件。工作中，针对老、弱、病、残等特殊人群，采取由当事人或家属现场和电话预约方式上门服务，对申请人材料不齐全的一次性进行告知，避免了走“冤枉路”和多次往返。

【物业管理】 多次组织物业企业召开工作部署会，及时传达省、州、县关于小区物业管理的文件会议精神，同时就推进使用物业服务合同范本，加强小区卫生清理、退出小区要求等事项进行安排。加强对物业服务小区进行“扫黑除恶”摸排和违法违规行为宣传，制作了宣传条幅、设置了举报信箱和电话，在 17 个物业服务小区悬挂宣传，张贴违法违规举报公告 40 多份。落实县政府出台的小区乱象整治方案，及时组织物业企业进行摸排、通知和劝阻整改，协助清除违建 55 处 643 平方米，恢复绿地 600 平方米。

【市场安全】 对全县 3 家在建在售的房地产开发企业和 10 家中介机构，进行了房地产市场乱象清理整治检查。争取资金开发了商品房交易网签备案系统，并已投入使用。制定了扫黑除恶和房地产领域非法集资两项方案，出动 30 余人次在居民小区、售楼处、中介机构进行扫黑除恶与防范房地产领域非法集资宣传，悬挂条幅 42 条，覆盖 9 个乡镇，发放宣传单 1800 余份。同时设立了举报信箱、电话，对线索进行摸排。制定了《冬春安全整治工作实施方案》，成立了安全整治工作领导小组，并组织社区、物业服务企业召开安全整治动员大会，明确单位工作任务和职责。

【住房保障】 全年新增住房保障对象 20 户，对已分配的完全政府产权廉租房进行入户核查，对住房保障对象住房需求进行调查。全年共向困难家庭发放租赁补贴 950 户 237 万元。

（隋彦国）

交通运输

铁路

安图站

【概　况】 安图站位于吉林省安图明月镇境内，本站中心里程位于长图线自长春站起409千米202米处，隶属于沈阳铁路局集团有限公司延吉车务段管辖。在技术作业上为中间站，在业务性质上为客、货运营业站，按工作量为三等站，主要担负普速列车客运、货物快运和列车到发、会让等工作。下设行车班组、客运班组2个班组，在职干部、职工39人。货运业务隶属于沈阳铁路局集团有限公司吉林货运中心管辖，办理货物快运及货物整车发送、到达作业。

【设备设施】 安图站主要设备设施有，到发线4条，调车线2条，货物线3条，在用专用线1条，牵出线2条。客运旅客站台2座，面积9968平方米；有候车室1座，面积534平方米；货物仓库3座，面积1312平方米；货场2座，面积5.75万平方米。2019年办理发送、到达旅客列车6对，可到达青岛、北京、大连、营口、沈阳、长春、香坊，办理上行货物列车12列，办理下行货物列车10列，可发送货物至全国各地。经沈阳铁路局批准，2014年，安图站在原有基础上对旅客候车、客运站台及办公环境设施进行了改造。安图站可办理快速货物运输、旅客行李包裹发送和到达、旅客出行及全国各地普速、高铁车站车票的发售和网上订票的取票业务。

【旅客运输】 2019年，发送旅客人数7.9万人，客运收入573.9万元。

（蔺洪江）

安图西站

【概　况】 安图西站位于安图县明月镇龙安路，长珲城际线中间站。于2015年9月建成通车。本站中心里程位于长图线自长春站起361千米处，长珲城际线中间站。隶属于中国铁路沈阳局集团有限公司延吉车务段管辖。占地面积8100平方米，建筑面积2998平方米。按业务性质为客专站，按业务量为三等站。2019年有在职职工41人。

【设备设施】 安图西车站为封闭车站，站内一侧为2.5米高砖砌混凝土围墙，另一侧为1.7米白钢护栏；站内设有进出通道、方便门5处，消防通道大门1处，日常锁闭，由责任单位管理。站区内线路有效长度：一道546米、二道539米、三道546米、四道558米。长春侧道岔有1、3、5、7号四组道岔；珲春侧有2、4、6、8、10号五组道岔。安图西站主要设到发线4条，段管线3条，安全线1条；站台2个，站台雨棚2个。其中站台为高站台，站台高度均为1.3米，长450米、宽9米；雨棚长度298米。安图西站有客运旅客站台2个450米、候车室1座814平方米、贵宾室1处55平方米、综控室1处88平方米、配电室5处。

站区有车站、电务、供电、通信等机构值班室。

【旅客运输】 全年发送客流量 51 万人次，年客运收入 2632 万元。

（王　聪）

公　路

【概　况】 安图县交通运输局位于县城明月镇明安街 209 号，安图县人民政府组成部门，正科级建制单位。2019 年 3 月机构改革县批内设综合科（人事科）、综合规划科（公路管理科、运输管理科）、建设管理科（工程质量监督科）、财务审计科（会计核算中心）、行政审批办公室（安全生产监督科、执法监督科）、直属机关党委，公务员编制 9 名，实有 8 人，机关工勤编 2 人。履行县辖公路建设规划、公路工程建设管理、公路（湖泊内河）运输管理、城市公交汽车运输管理、公路养护及路政管理、交通战备、交通行政执法职能。下辖事业单位交通运输管理所（副科）、地方海事处（副科）、公路管理段、公路工程建设管理中心、公共交通发展服务中心。事业单位编制 81 名，实有在职职工 61 人。行业业务管辖民营企业吉林吉和运输集团有限公司、万宝公路养护有限责任公司、龙吉公路养护有限公司，合同从业人员 147 人。设局党组、局直属机关党委，辖 1 个总支、7 个党支部、党员 73 人。

【县域公路现状】 县境内拥有公路总里程 2002.64 千米。其中，高速公路 45.8 千米、国道 130.20 千米、省道 127.05 千米、县道 115.62 千米、乡道 311.82 千米、村道 434.44 千米、屯道 652.46 千米、专用公路 185.25 千米。全县 9 个乡镇 180 个行政村全部通了标准四级公路，通路面硬化率 100%。县境国道 G302 珲阿公路与 G12 长珲高速公路、吉珲高速铁路并行，高速公路、国道、省道、县道构成公路交通网络主框架，农村公路辐射县域乡镇村屯。

【公路工程建设】 向上争取资金，抓好工程建设，助力脱贫攻坚，共向上争取资金 1.1 亿元。完成综合客运枢纽建设项目主体工程交工验收工作，并获得省、州示范工地荣誉称号。完成永庆至两江至二道白河公路永庆至两江段改造工程交竣工验收工作，并顺利通车使用。完成珲阿线延吉至安图段改建工程北山至龙山段项目立项审批工作。完成涉及龙蒲高速建设松长联络线终点处的电力设施改迁工作及影响两江服务区施工的两栋房屋的拆迁，共计支付征拆款 906 万元。同时协调施工企业签订了农村道路损坏修复协议。完成 2018 年续建项目奉阳桥、凤岩一号桥、大坝桥、六人沟桥、矿山 2 号桥、矿山 3 号桥、新合村桥 7 座危桥建设项目竣工验收工作。建设农村公路“畅返不畅”100.77 千米；建设安全生命防护工程 17.9 千米，标志牌、凸面镜等基础施工全部完成建设任务；5 座危桥改造工程已全部开工建设，正在进行基础及预制梁施工。

【公路养护与管理】 完成人工除雪 89900 平方米，处理冰湖 56 处，撒防滑料 857386 平方米，清理垃圾 2743 立方米，整修路肩 56250 平方米，整修边坡 18240 平方米，清理塌方 479 立方米，桥涵清淤 1272 立方米，刷新示警桩 5754 根，种植花卉 116000 株，清扫路面 1990000 平方米，清理边沟 438.09 千米，处理灌缝 463.419 千米，处理坑槽 16225.77 平方米。协调省级、州处及施工单位完成了水库路段路面水收集系统的上报和建设工作，总计收集池 23 座，投资 500 余万元。完成全县农村公路春季路面灌缝 7.3 万延长米，处理路面病害 600 平方米；完成了白河铁路 3 处防抛网维修工程；完成了校车安全隐患处理工程及明月镇区域 13 个路段安全隐患处理工程；完成了四好农村公路建设 9 条线路 49.25 示范路建设；完成了 302 国道——青林路段圆管涵、盖板涵改建工程。修复了珲阿、龙东、绥东、松露线公路标志共23处，修复损坏波形护栏29处；清理三小五堆31处；清理违章广告条幅69处、各类非公路标志53处。利用擎天柱广告牌1处，非公路标志作固定路政管理宣传4处，宣传悬挂横幅39处，张贴、散发宣传单300余份，出动宣传车6车次。路产损坏案件18起，破案10起，结案10起，收缴路产赔补偿费15.9万元。争取预防性养护工程33.156千米，投资850万元。国省干线以省公路管理局为主体，县公路管理部门依责行使管理职能，以专养发包并签订养护合同方式由专业养护公司养护。农村公路养护县交通运输公路管理部门负责行业管理、乡（镇）人民政府为主体。县公路管理部门依据《中华人民共和国公路法》《中华人民共和国公路安全保护条例》《吉林省公路条例》行使管理。

【公路交通运输管理】 县辖安图公路客运总站、石门、亮兵、长兴、福满、新合、万宝、永庆、松江、三道、两江、大兴川12个公路客运站。2019年春运期间，共投入客运班车92台，公交车辆23台，安全运送旅客19.5万人次。2019年稽查科出动执法车辆120台次，稽查人员410人次，查获黑车3辆，处理违法违规26起。开展安全检查和安全隐患排查21次，发现安全隐患11处。对检查中发现存在隐患的企业开出整改通知书，责令整改，整改合格率100%。县交通运输管理所依据《中华人民共和国道路运输条例》行使道路运政管理。

【湖泊内河运输管理】 县域有明月湖（水库，明月县城居民饮水源），湖内无船舶和漂浮物。龙顺雪山飞湖（两江水电站，旅游景区），设临时码头4个，有海事执法船1艘、水上巴士1艘、快艇7艘、气垫船1艘、渔政执法船1艘、画舫船1艘、“1400”船1艘、12人快艇1艘、23米双体船1艘。内河设有森林峡谷、古洞河、奶头河3个漂流站，森林峡谷站漂流河道长3千米、宽10米，古洞河站漂流河道长5千米、宽20米，奶头河站漂流河道长2.5千米、宽5米。县地方海事处依据《中华人民共和国内河管理条例》行使湖泊内河管理。

【城市公交运输管理】 县城明月镇有大型公交营运线路3条和环城，线路总里程33千米，大型公交车8台。小型公交汽车营运线路5条，小型公交汽车33台。明月镇城区大公交车站点54个，候车亭24个，智能化站牌12个。大公交实行“无人售票”公有制运营管理。小型公交汽车实行个人车辆承包线路按月向公交公司交纳承包费管理。县交通运输管理所依据《吉林省城市公共客运管理条例》行使城市公交运营管理。

【脱贫攻坚】 安图县交通运输局包保亮兵东明村、新胜村、松江三道白河村、石门北山村4个帮扶村，东明村和北山村被评为县千村示范村，四个帮扶村累计投入物款287.6万元。

组织开展春节文艺会演和有奖知识问答活动，为参演的群众发放各类礼品；开展春季大走访活动，帮扶责任人走访贫困户，送去各类物资；利用清明节契机开展缅怀先烈祭扫烈士碑活动；组织局机关党员干部入村开展环境卫生整治工作；帮助村民做好春耕生产工作；举办以“不忘初心、牢记使命”为主题的迎国庆支部连支部趣味文体运动会等活动。

【交通安全生产】 做好抗雪保通工作。组织应对2019年初强暴雪灾害，协调运管、公路等相关单位开展道路巡查，调配人力物力开展国省干线和乡道路抗雪除冰保通工。2019年冬季，安图县交通运输局共出动除雪防滑工作人员693人次，除雪机械242台班，使用融雪剂206.5吨，使用防滑料1332立方米。开展安全隐患排查，强化环境综合治理。开展春运期间道路客运交通安全隐患排查和环境综合整治。开展“安全生产攻坚行动”，对全县道路运输、施工现场、“两客一危”企业等进行安全生产隐患大排查大整改，全行业共排查企业45家次，共排查出一般隐患12处，已经整改12处，整改率100%，全行业安全生产形势稳定，没有发生安全生产事故。集中开展扫黑除恶专项斗争工作。结合《安图县开展集中整治十大行业乱象专项行动方案》，自4月中旬至5月底，在全县交通运输行业集中开展整治“黑车”乱象专项行动。2019年以来，安图县交通运输局治理黑车共出动执法车辆70台次，执法人数210人次，联合执法5次，检查车辆1100台，开展专题会议8次，群众举报扫黑除恶线索1起。查扣非法营运车辆“黑车”3台，对每台“黑车”处以罚款1万元。

【获得荣誉】 1月，吉和运输集团公司被州政府评为2018年度安全生产工作目标责任制考核先进集体。2月，综合客运枢纽站获延边州住房和城乡建设局2018年度延边州建筑施工现场州级标准化示范工地。3月，公路管理段被吉林省绿化委员会评为“最美生态公路”荣誉称号。4月，安图综合客运枢纽站工程项目获吉林省住房和城乡建设厅2018年度省级标准化管理示范工地流动奖牌。9月，交通运输局被安图县委、县政府评为中国·安图第二届长白山矿泉水文化旅游节先进单位。12月，延州“四好农村路”发〔2019〕18号文件，2019年“四好农村路”工作年终督导考核情况的通报中交通运输局被延州“四好农村公路”工作领导小组评为第二名。

（乔炳来）

邮政　通信

邮　政

【概　况】 2019年，中国邮政集团公司吉林省安图县分公司设一室四部，即综合办公室、市场营销部、金融业务部、渠道平台部、集邮与文化传媒部，下辖4个城镇支局、14个农村支局。公司共有干部职工137人，其中从业人员135人，保留关系人员2人。从业人员中有大学本科47名、大学专科44名、中专15名、高中18名、初中及以下11名。

【普遍服务和特殊服务义务】 累计服务客户110万人次。安图邮政14个代理金融网点，共设置17个ATM自助设备，2个存折取款机，为用户提供便利服务。安图邮政把代发养老金作为一项服务民生的政治任务常抓不懈，将普惠金融的服务遍及全县角落，惠及7000余户养老金用户。进一步加强邮税合作，面向城乡零散个体客户引流，全县共计有15个自营网点，开办了双代税业务。推进"三进"工程，使邮政服务进社区、进校园、进商户。利用邮政的网络优势，把化肥等农资产品及时配送到农民手中。安图邮政走访农户1158户，配送化肥924吨。邀请农业技术专家为县内各村屯农民授课，讲解农业栽培技术。累计授课66场，累计到场农民约2000人。

【平台服务功能】 2019年新增邮乐购站点3家，累计133家，重点打造60家，其中翻牌29家，电脑设备7家，全县累计翻牌29家，下单掌柜80家。

【幸福邮政建设】 为一名困难职工申请《金秋助学》补助3000元，为一名职工申报了互助保险补助4000元。

（王　宁）

通　信

中国联合网络通信有限公司安图县分公司

【概　况】 中国联合网络通信有限公司安图县分公司设1部3中心、8个生产班组、3个农村中心局。公司2019年有合同制员工95人、其他从业人员30人。

【网络建设】 面向5G，集中资源为5G做好前期准备工作。完善郊区、农村和重点交通干线的网络覆盖。对新建驻地网小区FTTH全量接入，提升网络健壮性。

【经营管理】 安图县联通公司已由基础电信运营商向云网一体化+应用+服务+集成的综合型、互联网化公司转型，在智慧城市、智慧河长、智慧园区、智慧口岸等领域进行转变。落实集团全面实施聚焦战略，创新合作发展，持续培育壮大"互联网+"发展新动能。

（丛玲玲）

中国移动通信集团吉林有限公司安图分公司

【概　况】 中国移动通信集团吉林有限公司安图分公司成立于2000年，前身是安图县邮电局，2005年正式更名为中国移动通信集团吉林有限公司安图分公司。公司经营的主要业务有移动话音、移动数据、家庭宽带、集团专线、IP电话和多媒体业务。2019年，安图移动公司现有职能部门3个、生产班组10个，公司现有员工59人。

【市场运营】 2019年安图移动4G用户数8万余户，移动互联网家庭宽带用户数1万余户，营业收入5000万余元。开通集团和互联网专线700余条，为全县400余家政府企事业单位提供集团和互联网专线服务。安图移动公司现有2个自有营业厅，分布在明月镇和二道白河镇，重新设立了县内移动主要代理商10余个。

【网络建设】 截至2019年末，安图移动公司共有4G基站300余个。安图县9个乡镇及95%村屯已实现4G网络覆盖。

【脱贫攻坚】 派驻3名员工到安坪村进行驻村帮扶工作，向上争取扶贫资金，2019年向省公司申请4500元扶贫资金，为村民购置了鸡雏。在春节前夕，组织党员捐款为贫困村民购买大米和豆油。2019年底帮助安坪村完成脱贫摘帽工作。

（袁　野）

中国电信集团公司吉林省安图县电信分公司

【概　况】 中国电信集团有限公司安图分公司内设4部，下辖二道营业部，有员工29人。主要经营国内、国际固定电话业务、移动通信业务和数据传输、互联网、无线宽带接入和宽带应用等增值电信业务。光缆线路总长5000千米，建有100余个基站，本地电话装机总容量3000门。

【电信资费检查】 中国电信安图分公司按照中国电信吉林省公司的整体部署，开展清理规范收费专项检查，未查出擅自收费情况，现行套餐均已报备，实体营业厅公示资费。

【客户信息安全】 中国电信安图分公司积极响应中国电信集团及省公司《用户信息安全管理》相关要求部署安排，在全州范围内开展信息安全检查自查、整治工作，杜绝客户信息资料泄漏。

【优化服务】 安图电信分公司对自有营业厅及卖场全面改造，用户休息等候区从单纯等待改造为用户边体验边等待；手机终端柜台从传统封闭柜台变为立体、开放柜台，用户还可在卖场内通过自助缴费终端进行查询、选号、缴费等服务，实现多元服务模式。在提升卖场硬件环境的同时，安图电信分公司制定服务规范标准，加强卖场工作人员服务礼仪培训，提高营业服务质量。2012年，中国电信推出由“5个10000”（电话10000、网上10000、掌上10000、QQ10000、微博10000）组成的服务体系。建立安图电信客户服务微博，通过微博在线咨询回复、投诉处理、发布信息、开展活动、收集意见，应用新型社交媒体增强客户沟通和互动。

（孙巧莹）

科　技

科技管理

【科技项目工作】 2019年组织申报5个科技项目，其中省级项目4个州级项目1个，其中1个省级科技项目通过审批，获批科技扶持资金50万元；1个州级科技项目已通过审批，获批科技扶持资金8万元。

【"12396"平台建设】 实施"12396"科技项目，启动"12396"科技信息服务平台。建立覆盖全县9个乡镇、3个社区、75个行政村的综合农村科技网络服务体系，搭建包括网络信息服务、视频资讯服务、热线电话服务三大类服务平台。

【创新创业平台建设】 支持星创天地建设。2019年为"魁健北茶星创天地"和"恒源蒲公英星创天地"完成国家级星创天地备案工作。

【组织企业参赛获奖】 5月20日，安图选手参加了吉林省科普讲解大赛，获得了州级预选赛优秀奖。组织8家企业报名参加"华瑞参业杯"创新创业大赛，安图工信局获得"组织奖"。

【高新技术企业申报】 2019年，组织县域相关企业参加全州高新技术企业培训班，通过筛选，组织并推荐县域3家企业（国药肽谷有限公司、吉林三龙环保科技有限公司、吉林省东信画展科技有限公司）申报高新技术企业，已全部获得审批。

【培训工作】 选聘11名本土科技特派员，组建科技特派员产业扶贫技术专家组，实现了科技特派员80个贫困村全覆盖，开展2019年度贫困村技术推广、种植和养殖方面的

继续开展"三区"人才工作，争取到来自省内各大院校的16名专家，2020年将针对安图县食用菌栽培、瓜果种植、经济动物养殖等方面开展科技培训和科技指导。

（张　睿）

青少年科技辅导员培训　　科协　提供

地震检测与服务

【地震监测预报】 加强地震观测基础设施建设与管理。对观测站的内部和外部环境进行了提升和改造。地震水井观测站实行全封闭管理。悬挂地震水井观测站标牌、警示牌，内部配备办公桌、电脑、电话等办公设备；安排专人在观测站居住管理，维护观测环境，定期检查、及时发现问题

并处理仪器故障，保证观测仪器的正常运行，确保观测数据连续可靠。2019 年，有 5 个地震宏观观测点，在各乡镇社区建立健全了“三网一员”（地震宏观测报网、地震灾情速报网、地震知识宣传网、防震减灾助理员）工作体系，确保监测预报工作正常运转。

【地震灾害防御】 通过县内各部门的电子滚动屏幕，电视台播放防震减灾专题宣传片，到乡镇社区、教育等部门发放宣传单，宣传防震减灾科普知识。

【地震应急救援】 设立应急避难场所指示标志牌，避难场所 10 处，面积 17.6 万平方米，可容纳 11.65 万人。县防震减灾成员单位定期开展应急演练活动。

防灾减灾演练　　　　应急管理局　提供

【获得荣誉】 2019 年度在吉林省市（州）、县防震减灾工作考核中，安图县应急管理局被评为 2019 年度吉林省县（区）级地震机构防震减灾工作考核二等奖；为安图县朝鲜族学校申报了吉林省防震减灾科普示范学校批准并挂牌；为安图县九龙社区申报国家级综合防灾减灾示范社区逐级申报已获批准，2020 年为九龙社区颁牌。

（郭景春）

气象检测与服务

【概　况】 安图县气象局设综合管理办公室、应急与减灾科、台站管理科 3 个内设机构，气象台、气象服务中心、人影作业大队 3 个直属业务机构。2019 年，在职职工 6 人，其中国家参公管理编制 3 人、国家事业编制 3 人。

【决策气象服务】 全年发布各类气象决策服务材料 340 期，其中《重要气象信息》15 期、《气象信息》125 期、《气象灾害预警》200 期。节假日《气象服务专报》25 期，春耕春播、蓝莓采摘、大田、秋收、两江电站等《气象服务专报》23 期，重大活动《气象服务专报》6 期。

【党建工作】 成立党风廉政建设领导小组，严格落实“两个责任”与“一岗双责”。坚持“三重一大”事项班子集体民主决策，自觉遵守中央八项规定。5 月，与吉林省气象台党支部结对共建，对后续人才培养和业务服务能力提升奠定良好基础。9 月，全面开展“不忘初心、牢记使命”主题教育。开展观看《大会师》革命传统教育并且撰写心得体会、开展形势政策教育和廉政教育。文化、社会活动。全年积极组织开展“绿色”清明节及缅怀先烈、国家安全教育日普法宣传、“科技强国 气象万千”气象科技周、“礼仪延边”宣传活动、“我与宪法微视频”、笔谈千字文、绿化美化办公环境、五四青年节气象志愿者清捡垃圾、“5·12”防灾减灾日现场宣传、“文明实践·志愿吉林”科普宣传、政府信息公开条例宣传、2019 年全国科普日气象科普宣传、2019 年老人节座谈会等活动。“3·23”县朝鲜族学校师生 70 余人走进气象局、青少年活动中心“小记者班”师生 30 余人走进气象局和县人社局机关干部气象科普主题党日活动。同时联合社区开展传承雷锋精神助学活动。通过电视台开展朝汉双语气象防灾减灾科普宣传。

【脱贫攻坚】 以“支部连支部、共建促脱贫”活动为抓手，与扶贫村共同开展庆“三八”节、“助春耕”、庆“七一”、“欢度老人节”、“迎国庆，守初心，重走抗联路”主题党日、“不忘初心，助力秋收”等活动。开展帮扶责任人入户走访、环境卫生大整治、产业项目扶贫、各项帮扶慰问活动。刘贺同获得“2018年度优秀驻村工作队队长”荣誉称号，扶贫村在松江镇“春季百日大会战中”授予“环境卫生整治先进村”。在10月15日扶贫村所在松江镇政府“夏日百日会战”脱贫攻坚表彰大会上，获得“因户设岗工作先进村”和“自主脱贫九条工作先进村”两荣誉称号。

【气象服务保障】 强化气象防灾减灾工作。在地方机构改革过渡期抓好部门对接，及时与县应急管理局等部门衔接相关业务，督促县人民政府办公室印发《关于进一步加强气象灾害防御工作的通知》，明确各乡镇和防灾减灾成员单位职责，明确气象防灾减灾负责人及联络员，同时推动“国突”平台预警向乡镇一级延伸。汛期，建立安图气象信息QQ发布群，包括县委办、县委宣传部、应急管理局、政府办、电视台等相关负责人，实现预警信息等气象材料一键式发布，同时联合安图发布官方微博，安图新闻等平台实现实时提醒。做好两江电站专业气象服务保障，与防汛、两江电站联合开展“2019年雪山湖防汛应急演练”，与应急管理局等部门联合开展安全应急演练，强化部门间联防联动。完成全省基层气象防灾减灾标准化建设现场会，按照中国气象局要求在现场会展示了“六个一”，完成安图县气象防灾减灾作战图上墙展示，同时制作了沙盘。年初在全县经济工作会议暨绩效考核表彰大会上，安图县气象局荣获“服务县域贡献奖”称号。人影和森林防火服务。全年组织万宝镇、松江镇、亮兵镇、石门镇及移动人影作业点开展人影增雨（雪）作业10次、人影防雹作业14次，累计发射火箭弹52枚；年内受龙浦高速建设影响，协调县交通局对松江镇人影作业点迁站。在春季森林防火期加强与县防火办的每日会商，防火期加强与县防火办协作，强化森林防火等级会商。3月，安图县气象局被安图县人民政府授予“全县连续40年无重大森林火灾模范单位”，1名职工被授予“森林防火先进个人”。在春耕春播以及农业灾害发生期深入农田调查，开展直通式气象服务，与农业局专家会商，制作发布农业气象服务专题指导产品，联合县农技总站开展新型农业经营主体下乡培训；在石门镜城水稻基地和万宝蓝莓专业农场基地安装农田小气候监测仪；在安图县第三小学建立气象科普教育基地。

【防雷监管】 认真履行防雷安全监管职责，严格落实“双随机、一公开”监管。签订安图县防雷装置检测业务委托书，委托第三方对县域内易燃易爆、人员密集场所等开展常规检测业务；年内“双随机、一公开”监管工作受到县政数局发文通报表扬；内部认真做好定期及节假日安全生产排查工作。

【基建项目】 完成2017年、2018年基建项目收尾工作、做好各项材料归档，完成2018年基建项目省局验收。

（徐婷婷）

教　育

行政管理

【概　况】 安图县教育局履行组织实施全县中小学（幼儿园）、农村成人、民办教育机构的教育教学、校舍建设、教学设施、学校安全等方面的行政管理职能。内设党组办公室、行政办公室、教育督导室、人事科、基础教育科、学前教育科、职成教育科、民族教育科、基建办公室、招生办公室、计划财务科、安全科、法制科、体卫艺科、行政审批办公室、工会、内审科、教育技术装备科。直属单位有教师进修学校、青少年活动中心、后勤管理中心、校车公司、关工委、教育信息中心。

【教育督导】 2 月 25 日，对全县各学校、幼儿园开学条件保障及安全风险防控工作落实情况进行了检查。3 月 14 日，安图县 2019 年度教育督导工作会议召开。3 月 15 日，安图县 2019 年度教育工作会议召开。3 月 19—25 日，县教育督导委员会办公室联合县市场管理监督所、县疾控中心、校车公司，会同学校后勤管理中心、教育局基础教育科、学前教育科、安全科、法制科、体卫艺科等相关部门和科室于对全县各中小学校、幼儿园进行了一次综合性联合督导检查。4 月 1—3 日，县教育督导委员会办公室对明月镇长兴幼儿园、明月镇福兴中心幼儿园、亮兵镇中心幼儿园、新合中心幼儿园、马长岭小学幼儿班、明月份镇天和幼儿园、明月镇燃料幼儿园进行了规范办园行为督导评估。5 月 13 日，县政府教育督导委员会办公室组织召开迎接“迎接省政府对县政府履行教育职责情况督导评估”工作推进会。5 月 17—31 日，责任督学入责任区工作。9 月 4—5 日，县政府教育督导委员会办公室对永庆中心学校、永庆中心幼儿园、两江中学、两江小学、两江镇幼儿园、三道中学、三道小学、三道幼儿园、松江中学、松江小学、松江镇中心幼儿园、松江童心幼儿园、小沙河中心小学校、小沙河幼儿园迎接“省政府对县政府履行教育责任、推进幼儿园挂牌督导工作、幼儿园规范办园情况”督导评估准备情况进行督导检查。9 月 16 日，县政府教育督导委员会办公室一中、二中、职教中心、三中、安林中学、朝鲜族学校、第二小学、第三小学、第一幼儿园、第二幼儿园、明月镇幼儿园、第三幼儿园、春蕾幼儿园、燃料幼儿园、天河幼儿园、长兴中心学校、长兴幼儿园、亮兵中心学校、亮兵幼儿园、福兴中心学校、福兴幼儿园迎接“省政府对县政府履行教育责任、推进幼儿园挂牌督导工作、幼儿园规范办园情况”督导评估准备情况进行督导检查。10 月 9 日，州政府督导委员会督导检查组对安图县政府履行教育责任、推进幼儿园挂牌督导工作、幼儿园规范办园情况进行了督导复评。督导组抽查了职教中心、朝鲜族学校、福兴中心学校、第一幼儿园、第三幼儿园。10月21—23日，县教育督导委员会办公室对永庆中心学校、永庆幼儿园、两江中学、两江小学、两江镇中心幼儿园、小沙河小学、小沙河幼儿园、松江中学、松江小学、松江镇中心幼儿园、童心幼儿园、兴隆小学、兴隆幼儿班、马长岭小学、马长岭幼儿班、新合中心学校、新合幼儿园、一中、二中、职教中心、三中、安林中学、朝鲜族学校、第二小学、第三小学、第一幼儿园、第二幼儿园、明月镇幼儿园、第三幼儿园迎接“省政府对县政府履行教育责任、幼儿园挂牌督导情况、幼儿园规范办园情况”督导评估准备情况进行督导跟踪督查。10月23—25日，省政府督导委员会督导检查组对安图县政府履行教育责任、推进幼儿园挂牌督导工作、幼儿园规范办园情况进行了督导评估。督导组抽查了安图县新合中心学校、新合幼儿园、马长岭小学、马长岭幼儿班、安图一中、职教中小心、第二小学、第一幼儿园、第三幼儿园。11月21—29日，县政府教育督导检查组对全县各学校、幼儿园执行2019年度教育工作目标管理责任制情况进行了督导评估。

【法治教育】 3—6月，开展全县中小学“学宪法讲宪法”主题演讲比赛，采取录制光盘参加预赛，挑选优秀选手现场参加决赛的形式，共评选出一等奖3名、二等奖6名、三等奖6名、优秀奖5名、优秀组织奖3名。4月，对全县中小学、幼儿园和职教中心开展“七五”普法中期检查并下发检查通报。6月，联合关心下一代工作委员会开展法治进校园宣讲活动。11月，教育局机关开展“七五”普法考试。12月4日，通过升旗、晨读、宣誓等形式开展宪法宣传周活动。3月19日，开始对全县各学校开展治理“三乱”学生现场调查问卷，检查学生书桌教辅材料，发现问题，及时整改。4月、11月，开展了安图县教育系统“三乱”专项整治活动。7月，联合教育局扫黑除恶办公室开展了教育系统扫黑除恶乱象治理暨开展中小学校和在职教师组织参与有偿补课的专项治理行动，采取随机突查小区监控、走访社区群众和跟踪小区学生的形式严打在职教师有偿补课。5月、10月，在全校教育系统开展了非法集资和非法校园贷专项排查整治工作。做好信访工作。主动回复“民生问政平台”信息20条，回复率100%，群众来电来访16次，省长信箱转办件3件，州长信箱转办件2件，县政府转办件9件，共14件，已办结14件，结案率100%，群众满意率100%。信访案件2件，已办理2件，办结率100%。因违法、违纪处分3人。

【安全教育】 3月，召开教育系统春季安全工作会议，与学校签订各项安全责任书。开展春季学校安全工作专项检查，强化校园安全工作档案。开展“全国安全教育周”主题活动。4月，检查各校安全责任落实情况，健全“一岗双责”和“网格化管理”机制，组织学校开展消防疏散演练活动，春季森林防火专项督查。5月，开展“5·12”防震减灾系列宣传教育活动，布置防溺水工作、采用安全警示教育等形式，对学生进行防溺水事故、游泳安全的预警教育，联合综治部门开展校园周边环境综合治理工作。6月，制定下发夏季攻坚活动方案，开展防雷（电）、防暴雨山洪、泥石流等自然灾害的宣传教育活动。开展“安全生产月”活动，制定下发安图县教育系统防汛工作实施方案。8月，召开安全工作会议和干部业务培训和发证，做好秋季开学前安全工作安排部署，开展暑期校园安全和防汛工作落实情况的检查工作。9月，开展交通安全教育进校园活动，新生入学安全教育。重点对学生集中开展道路交通、防溺水、秋季防火、预防流行性疾病的安全教育。制定下发《全县教育系统秋冬会战工作方案》。10月，制定下发国庆节期间领导24小时值班值守通知，开展了秋季学校安全联合大检查，完成了州级平安校园申报的各项准备工作。进行了冬季校车专项检查。11月，制定下发了“119”消防宣传教育月活动方案。上报了州级平安校园先进学校。召开了全县教育系统安全工作会。转发了加强高铁安全宣传教育工作的通知，加强了冬季森林防火教育。12月，加强了冬季安全教育（防冻、防一氧化碳中毒），进行防雪、防冻等预防自然灾害的宣传教育，加强了校车的交通安全管理与培训。随机突查了各校寒假前安全工作部署情况和“三防”建设落实情况。

【教育宣传】 3月15日，召开全县教育信息工作会议，表彰了2018年教育信息宣传工作先进单位8个、信息宣传工作先进个人10人、优秀信息员10人。3月15日，召开了2019年教育信息工作培训会，教育总督学孙世友做了讲话。信息中心主任郑立奇、安图一中视频信息员张鑫、安图第二实验小学平面信息员孔祥萍等做了培训讲座。4月23日—25日，在永庆中心学校举办了全县第八届信息技术与课程整合大赛（小学组），全县小学11名数学教师、6名英语教师参加比赛，全县小学数学、英语教师400余人次观摩了比赛。遴选亮兵中心学校王长娥、安图第二实验小学张颖两名教师参加州电教馆于5月16—17日在敦化举办的第八届全州中小学信息技术与课程整合优质课大赛（小学组）决赛，并取得二等奖。7月8日，州教育局对安图县教育局教育信息化三年行动计划执行情况进行督导检查。10月10—11日，在安图三中举办了安图县第八届中小学教师信息技术与课程整合优质课大赛（中学组），共有6名英语教师、8名数学教师参赛。遴选出安图三中唐宽燕、亮兵中心学校王磅礴两名教师参加全州第八避信息技术与课程整合优质课大赛（中学组）决定，并取得二等奖。9月，开展了全县班班通使用技能与应用能力网络培训。开展“一师一优课、一课一名师”活动。“一师一优课”录课82节，晒课465节。教育信息化投入，2019年采购交互式一体机55套，师生电脑及办公计算机77台（套）、LED屏、打印机、网线等若干。为大兴川学校、马长岭小学、兴隆小学建设了简易录播教室各1间，为安图第二实验小学安装1套精品录播教室。12月底前，使用“薄改”项目资金600余万元，采购交互式一体105套，为安图三中、安林中学等13所学校建设AI精品录播教室13个，于寒假期间安装。信息宣传工作。共上传县委宣传部、县政府网站等平面信息106篇，上传教育资源公共服务平台信息3644篇。基层学校上传视频信息1446条，在安图电视台播出《教育之窗》节目52期共322条，向省州教育电视台（栏目）上传80条。

【教育基建】 新建工程。2019年新建工程2个，总建筑面积5450平方米，总投资1420平方米。项目分别是安图县职教中心新建学生宿舍楼工程，建筑面积2600平方米，总投资860万元，资金来源为中央560万元、省级300万元；安图县安林中学教学综合楼及附属设施建设项目，建筑面积2850平方米，总投资560万元，资金来源全部为中央资金；安林中学项目2019年年末已竣工，职教中心项目预计2020年末竣工。2019年维修改造项目8个，总建筑面积22875平方米，总投资928万元。项目分别是安图县第一中学逸夫楼维修改造工程、安图县新合乡中心学校食宿楼维修改造工程、安图县朝鲜族学校维修改造项目、安图县松江镇中学维修改造项目、安图县永庆乡中心学校维修改造项目、安图县松江镇三道幼儿园维修改造项目、安图县第一幼儿园维修改造项目、安图县松江镇沙河幼儿园维修改造项目。安图县第一中学逸夫楼维修改造工程，维修改造面积3476平方米，总投资257万元，全部竣工。安图县新合乡中心学校食宿楼维修改造工程，维修改造面积1000平方米，总投资98万元，全部竣工。安图县朝鲜族学校维修改造项目，维修改造面积7543平方米，总投资60万元，全部竣工。安图县松江镇中学维修改造项目，维修改造面积1724平方米，总投资100万元，全部竣工。安图县永庆乡中心学校维修改造项目，维修改造面积2972平方米，总投资73万元，全部竣工。安图县松江镇三道幼儿园维修改造项目，维修改造面积1800平方米，总投资100万元，全部竣工。安图县第一幼儿园维修改造项目，维修改造面积2360平方米，总投资150万元，全部竣工。安图县松江镇沙河幼儿园维修改造项目，维修改造面积2000平方米，总投资90万元，全部竣工。

【教育经费】 2019年，全县的教育经费主要来源于公共财政预算安排的教育经费、政府性基金预算安排的教育经费、社会捐赠、事业收入。

2019年教育经费收入情况一览表

表3　　　　单位：千元

年度	总计	国家财政性教育经费								民办学校中举办者投入	社会捐赠收入	事业收入	其他教育经费
		小计	公共财政预算安排的教育经费					政府性基金预算安排的教育经费					
			小计	教育事业费	基本建设拨款	教育费附加	其他经费拨款	地方教育附加	地方基金				
2019	396293	389356	388773	342215	—	—	46558	—	583	—	161	4967	—

教育概况

【小学教育】 全县小学共有21所学校，217个班级，5293名学生，教职工数847人。其中县直小学3所，66个班级，2360名学生，教职工数285名；农村小学18所，151个班级，2933名学生，教职工数562人。3月14日，组织召开了安图县中小学教学质量分析会。4月4日，在万宝马趟岭小学召开了安图县村小（教学点）教师教学竞赛活动。全县村小共计14名教师参加了本次教学竞赛，分语文、数学、英语3个学科组，共7位教师获奖。4月24日，在安图县教师进修学校，召开小学语文主题学习教学设计研磨活动，小学语文教研员、安图三小、安图二小、松江小学的教学领导和语文骨干教师参加了活动。5月10日，在安图三小举办全县小学五年级数学、英语学科竞赛，全县各学校的90名学生参赛，20人获单科前10名奖，30人获全能奖。5月16日，在安图三小，召开了安图县小学数学“拓展教学”研训活动暨宁波市奉化区域对口帮扶吉林安图扶贫协作会，宁波市奉化区教师进修学校为安图捐赠了180本题为《小学数学拓展了统编教材三年级（下册）》单元教学设计研磨活动。小学语文教研员、安图三小、安图二小、松江小学的教学领导和语文骨干教师参加了活动。11月4日，在安图县第三小学校召开安图县小学语文教学研讨会暨研磨备课活动。观看了安图县语文主题学习教改实验宣传片，4节展示课，全体四至六年级教师研磨备课并完成第六单元备课案。11月12—14日，语文、数学、英语、道法分别在三小、二小举办全县小学教师优质课大赛，全县12所小学名四学科46教师参加了竞赛，评出一等奖4名、二等奖7名、三等奖10名。11月22日，在安图二小承办了延边州教育学会小学科学专业委员会第十一届年会，共150余人参会。安图县共出课5节，上交29篇论文。

【中学教育】 全县初中共有12所学校，102个班级，3251名学生，教职工数634人。其中县直初中3所，39个班级，1289名学生，教职工数240名；农村初中9所，63个班级，1962名学生，教职工数394人；全县普通高中共有2所学校，41个班级，1856名学生，教职工数278人。3月28日，生物、地理学科组织开展了“全州青年教师基本功暨安图县选拔赛笔试竞赛”活动。14名生物教师、12名地理教师参加了选拔竞赛，分别选拔了2名教师获得了参加“全州初中生物、地理青年教师基本功大赛决赛”资格。4月2日，中学部在进修学校综合实验室组织开展了“全县初中物理教师优质课（实验操作技能）大赛”活动。全县共有23名物理教师参加本次竞赛活动。经活动评委评选，有1人获得一等奖、2人获得二等奖、3人获得三等奖。4月25日，中学部生物学科在进修学校综合实验室组织开展了“全县初中生物教师优质课（实验操作技能）大赛”活动，全县共有18人参加了竞赛。经活动评委评选，有1人获得一等奖、2人获得二等奖、3人获得三等奖。5月10日，中学部在安图三中组织开展了“2019年全县初中八年级数学、物理学科竞赛”活动。全县各初中校共有130名学生参加了竞赛。通过竞赛评选，有4名学生获得全能一等奖，11名学生获得全能二等奖，12名学生获得全能三等奖，数学、物理学科各有11名学生获得了单项奖。5月13日，中学部道德与法治学科在安图县永庆中心学校组织开展了“安图县初中《道德与法治》联片教研活动”。全县各中学的教师代表，所有特岗教师、改科教师、新任教师，及部分骨干教师、省级教学新秀共计30人参加了活动。5月31日，中学部语文学科在安林中学组织开展了“延边州初中语文主题学习研讨会”。11月6—28日，全县初中语文、数学、英语、道德与法治学科教师优质课教学大赛分别在松江中学、安图三中、安林中学开展。经过决赛，4个学科共有4人获得一等奖、8人获得二等奖、8人获得三等奖。

【民族教育】 全县有安图县朝鲜族学校和安图二中两所民族中、小学校，朝鲜族学校为九年一贯制学校，设有17个班级，学生数为314人，教职工为101人；安图二中为朝、汉联合普通高中，设有4个朝族班，学生数为102人，12个汉族班，学生数为527人，全校教职工数为124人。3月12日，邀请边一中职业生涯规划指导中心主任吴京淑教授对全县朝鲜族教师举办了“提升安图县朝鲜族教师生涯规划指导能力”培训班。4月1日，举办了延边州五所朝鲜族小学共同发展联谊会班主任经验交流会。5月15日，在安图县朝鲜族学校召开了全县朝鲜族中小学小班化教学观摩研讨会。5月22日，在安图县朝鲜族学校成功举办了生涯规划教育学科渗透教学设计与说课比赛活动。6月6日，在朝鲜族学校举办了迎端午节朝鲜族传统文化教育现场会。6月，组织了朝鲜族学生朗诵、演讲、写作等双语综合能力竞赛活动。10月23日，举办了延边州5所朝鲜族小学共同发展联谊会青年教师教学能力提升活动。11月13日，在朝鲜族学校举办了全县双语教学观摩研讨会活动。

【体育、卫生、艺术科技】 学校体育。1—2月，联合县文广新局、业余体校组织开展校园足球、速滑冬季训练营活动，并参加了延边州中小学生短道速滑、速度滑冰比赛，获得多项金牌、银牌、铜牌。1月，组织学校参加延边州中小学羽毛球（三小）、排球（三中）、篮球（松江中学、永庆中心校）寒假训练营活动；组织开展“我爱足球”安图县中小学生足球冬训检验赛活动，选拔体育教师参加省中小学冰雪项目体育师资培训班。3月，组织代表队参加延边青少年足球训练中心冬训检验比赛。4月，组织了县直中小学校5000余名师生代表教育局参加了县里举办的“中国体育彩票”春季万人长跑活动，并获得优秀组织奖。4—6月，全县校园足球联赛，共39个队伍参赛。7月，全州第八届校园足球夏令营暨“满天星”训练营启动仪式（龙井，58名），荣获延边州校园足球夏令营——小学组体育道德风尚奖、初中组铜牌；组织延边安图女子足球队参加“箐英杯”2019年长春市青少年女子足球邀请赛竞赛；组织学校参加延边州中小学羽毛球、排球、网球、篮球、乒乓球、跆拳道、田径比赛。8月，组织参加全州中小学生足球赛（龙井小、初、高3支代表队）。9月，组织参与安图县民俗文化节并荣获优秀组织奖。10月，组织代表队参加省青少年短道速滑比赛（长春），荣获U12男子组1000米金牌；全国青少年U系列滑冰赛（长春站）（青岛站）第五名、铜牌。10月，组织四所冰雪特色校教师参加中国滑冰协会百校计划暨省“冰雪进校园”启动仪式（长春）。11月，全州校园足球特色校比赛（龙井，4支代表队）。12月，组织开展全县中小学生乒乓球比赛。学校卫生。3月，对全县2019年学期初学校幼儿园各项工作进展情况进行综合性联合督导检查。4月，教育局联合卫健局组织举办全县学校、幼儿园卫生保健、传染病防控、食品安全培训暨卫生先进个人表彰会；教育局联合卫健局组织召开安图县健康技能推广项目培训会。5月，联合县红十字会开展了做好“博爱甬城 助学延边”爱心结对助学金发放工作。共计20名学生受到资助，资助金额33000元。6月，组织参加第五届全州红十字应急救护技能大赛，并在竞赛中荣获二等奖和优秀组织奖。8月，红十字博爱送万家活动，为困难户发放了3000元的救助款。11月，组织参加全国禁毒预防教育数字化平台应用培训班。12月，组织预防艾滋病系列宣传活动；安图县教育局联合安图县市场监督管理局组织开展“不忘初心、牢记使命”主题教育整治食品安全问题行动“善億·弘客隆杯”征文大赛；安图县教育局荣获全县2018年度卫生健康综合治理先进单位。艺术科技。4月，组织开展了全县中小学生科技艺术作品评选活动。总计385份作品参赛，其中99幅绘画类、22种小制作类作品获奖并参加第二十七届吉林省青少年科技艺术大赛，12名学生获得一等奖，8名学生获得二等奖，23名学生获得三等奖，15名学生获得优秀奖，总计58人次获奖；组织安图二小、安图三小、朝鲜族学校进行铃鼓操训练，并参加安图县建县110周年开幕式表演。5月，组织开展了第一批中小学美育特色学校遴选活动，经过认真遴选，将安图二小、安图三小两所学校申报为第一批中小学美育特色学校。6月，组织参加了首届“童心绘吉林 山水颂家乡”暨庆祖国七十华诞主题绘画创作活动。共有20名学生参赛，其中1人获得二等奖、2人获得三等奖、3人获得优秀奖。组织开展并参加延边州第二届儿童美术节活动。共有51人参赛。其中3人获得二等奖，13人获得优秀奖。1人获得优秀教研员。在安图文化中心组织开展了安图县第三届中小学生合唱比赛。共有12所学校参赛。其中安图二小、安图三小、安图县职业教育中心获得一等奖，朝鲜族学校、亮兵镇中心小学校、安林中学获得二等奖，永庆中心学校、松江镇中心小学校、小沙河中心小学校、三道中心小学获得优秀奖。其中安图三小在延边州第四届中小学生合唱比赛中获得二等奖，朝鲜族学校、安图二小、安林中学、安图职业教育中心获得三等奖。安图三小代表安图县参加了“庆祝新中国成立70周年”延边州第四届中小学生合唱比赛表彰暨汇报演出。9月，安图县建县110周年县庆活动。其中安图二小、安图三小、朝鲜族学校800名学生参加了开幕式铃鼓操表演。体卫艺科室到全县各校进行调研、检查、指导。11月，组织开展2019年度学校美育工作调查问卷并形成年度报告；开展了2019年安图县小学美术教师优质课教学竞赛活动。其中松江小学刘彩宏获得一等奖，安图二小郭莹爽获得二等奖。12月，组织全县音乐教师参加全州朝鲜族中小学音乐学科教师教材教法专题培训。国防教育。4月，安图县教育局获得国防科技体育教育竞赛暨全国无人机大赛工作突出贡献奖。安图三小获得吉林省青少年科技创新大赛小学组一等奖。5月，第五届中国—俄罗斯科技模型大赛“伟力杯”全国青少年无人机大赛选拔赛、全国青少年模拟飞行大赛预选赛、吉林省科技模型锦标赛。10月，安图县青少年国防科技体育船模竞技比赛。11月，在全州高中学生军训录像评比活动中获二等奖，2名教官获“优秀教官”称号；在第四届延边州青少年机器人竞赛暨第二十届中国青少年机器人竞赛（吉林赛区）选拔赛中安图三小杨迪非获得机器人创意赛一等奖，安图三小褚小松、袁守俊获得二等奖。

【职业与成人教育】 中职教育。2019年职教中心各先后荣获了吉林省教育系统先进单位、吉林省全民学习活动周先进单位、延边州第四届中小学合唱比赛第三名、延边州高中学生军训录像评比先进集体优秀奖、中国·安图第二届长白山矿泉水文化旅游节突出贡献奖、师德建设先进学校、教学改革先进单位、安图县“三八红旗集体”、安图县教育系统庆祝新中国成立70周年大合唱比赛道德风尚奖、安图县教育系统教师体育技能大赛足球第一名、安图县教育系统教师体育技能大赛游戏类“快乐大铅笔”第一名、安图县第三届中小学生合唱比赛一等奖等荣誉称号。学校起草编制了《安图县职业教育发展框架思路》，确定了安图县职业教育10年发展路线图。11月14日，举行长白山旅游职业教育集团、长白山旅游职业教育研究院、安图县社区学院挂牌仪式。学校加大建设职教园区，2019年已完成服务类专业实训基地建设项目13250平方米土建主体工程，建筑面积2860平方米的宿舍楼建设项目开工建设。继续推进吉林省现代职业教育改革发展示范学校建设，制定了计算机平面设计、旅游服务与管理、电子商务3个重点专业的人才培养方案，建设了12门精品课程，申报了5项课题，建设了校内实训室，购置了实训设备。推动办学模式改革。职教中心与安图二中和长春三艺画室合作开设了艺术（美术类）教育特长班，2019年招收了第一批20名学生。学校新增设电子商务专业、汽车整车与配件营销专业。成人教育。2019年培训工作由安图县教育局、安图县扶贫办、安图县劳动就业保障局联合开展，安图县职业教育中心具体负责培训，共计培训104人次，其中电子商务专业19人次、服装裁剪专业36人次、电焊专业49人次。由安图县职业教育中心依托职教园区、学校设备和师资力量，深入乡镇村屯展开培训。2019年贫困劳动力职业教育培训被全国终身学习活动周工作小组、中国成人教育协会被评为2019年全国“终身学习品牌项目”。民办教育。专项治理民办教育机构，加强民办教育机构管理工作。安图县成立了以主管副县长为组长的专项治理工作领导小组。并责成教育局牵头开展校外培训机构清理整顿工作。2019年安图县共组织校外培训机构联合执法17次，参加人员100多人次。2019年审批5家民办教育机构，全县合法的民办教育机构共计27家，包括民办培训机构22家（含课外辅导，艺术培训等），民办幼儿园5家。

【学前教育】 全县各级各类幼儿园共有25所，其中公办园20所（含学校附属园7所）、民办园5所。在园幼儿2223人，其中公办园1534人、民办园689人。教职工共有329人，其中公办园256人、民办园73人。全县学前三年、二年、一年9月入园率分别为88.1%、96.8%、100.4%，全县普惠性学前教育资源覆盖率100%，全县公办在园幼儿比例69%。5月，制定《安图县城镇小区配套幼儿园专项治理工作方案》，完成了摸底排查。经排查，安图县城镇全面形成了“覆盖小区、布局合理、资源充足、公益普惠”的学前教育公共服务体系，普惠性学前教育资源覆盖率100%。6月，出台《安图县公办学前教育生均公用经费拨款制度》（安财联字〔2019〕13号），标准为每生每年600元，完善了学前教育成本分担机制。8月，出台《安图县普惠性民办幼儿园经费补助制度》（安财联字〔2019〕19号），标准为每生每年200元。3月和9月，教育局组成联合检查组，对全县公办、民办幼儿园办园行为进行了检查指导，对存在的问题提出了整改意见。9月迎接州对县办园行为专项督导，10月迎接省对县办园行为专项督导。加大课程设置与实施监管力度。实行幼儿园“三个计划”（园务计划、保教工作计划、师培计划）和“四表”上报制度（一日活动作息表、户外活动安排表、功能室安排表、班级周计划表），及时提出改进意。3月15日，与督导室联合进行了《幼儿园教育工作目标管理责任制指标体系》和《班级保育和教育等级评定指标》解读，指出了全县幼儿园办园行为中的共性问题。3月、9月完成了入园率、出生人口、教师队伍、学籍录入等数据统计工作。搭建业务交流平台。3月，组织召开了全县幼儿园保教工作交流研讨会。推进“一年两个主题”质量提升活动。聚焦全县户外和区域活动质量短板。5月10日，在松江镇幼儿园组织开展了全县幼儿园室内外体育活动推进会。12月，开展全县“玩转冰雪资源”“区域材料设计”主题教研活动，着力开发了冬季北方体育游戏项目。注重幼儿习惯和能力培养。4月，组织开展了全县幼儿园大班幼儿讲故事比赛，共有25名选手参加了全县决赛，评选出一等奖5名、二等奖10名、三等奖10名和优秀指导教师奖。建立常态化家长工作机制。以全国学前教育宣传月活动为契机，开展《科学做好入学准备》宣传教育活动。5月召开全县启动仪式，各园通过三方座谈、幼儿参观小学、“科学做好入学准备和小学化危害”为主题的家长讲座、开发幼儿园幼小衔接主题课程、社会宣传等多种方式，扩大宣传影响力。6—7月，乡镇幼儿园开展新生招生动员工作，做好入园前家长教育。2019年全县学前三年入园率提高至88%。推进幼儿园课程改革。7月，开展为期两天的全县幼儿园宁波学习二次培训。10月，开展为期两天的宁波幼教讲师团赴延边州（安图县）送教活动。制定2019—2020年新一轮结对帮扶方案，省州示范园与民办园（薄弱公办园）、中心园与附属园共结成14个帮扶对子，2019年完成入园指导31次（其中民办园12次）、跟班学习39人次（其中民办园14人次）、教学共研20次（其中民办园9次）、帮扶园活动开放9次、捐赠物品108余件套（其中民办元83件），支教农村公办园2人。11月，开展乡镇中心园和民办园间互检互学活动。片区联动教研进一步完善。实行片区联动教研安排上报审批制度，组建了专业引领团队。2019年各片区共开展联动教研11次，涉及《有效备课》《家园共育》《一日活动渗透特色教育》《边讲边画在主题教学中的应用》等多个主题。推进特色教育创建工作。以课题为引领，探索实践特色教育课程，4所示范园特色教育创建工作取得成果。一幼已建构“悦美”教育课程体系，绘本教学和户外混龄区域游戏研究有新进展；二幼建立了“灵动”教育课程体系，出版了《趣味小篮球活动教师指导用书》，省级规划课题“幼儿园小篮球文化建构途径的实践研究”成功开题；松江幼儿园“绿健”教育课程成果显著，形成了玩转室内小空间和室外快乐大本营活动体系，自主创编了分年段器械操；两江幼儿园民间游戏特色课程初显成效，从环境创设、体育活动、区域活动、主题教学等多途径形成了教育经验。

教师队伍建设

【教师培训】 5月，以“立足本职，奉献青春，圆梦安图教育”为主题，开展青年教师师德演讲比赛。9月9日，开展庆祝第35个教师节表彰大会，共表彰150名先进工作者，其中优秀班主任43名、优秀教师68名、优秀老教师32名、优秀支教教师4名、优秀特岗教师3名。9月10日，延边州委州政府表彰了教育系统先进集体和先进工作者，安图县有2个单位（安图三小、两江中学）被评为州级先进集体，王虹等9名教师被评为全州教育系统先进工作者。9月，中共吉林省委、省政府表彰先进集体为安图县职业教育中心和两江镇中学，表彰先进个人为万宝镇马长岭小学陈有兰和松江镇三道中心小学王茂华。招聘方面。2019年通过事业招聘、特岗计划共招聘教师60人，分配农村学校54人，占总招聘总数的90%。其中学前教师7人、小学教师38人、初中教师13、高中教师1人、其他部门1人。音体美教师12人（音乐1人、美术4人、体育7人）。安图县出台了《中共安图县委县政府关于加快发展朝鲜族教育的实施意见》（安发〔2017〕号），加大了教育经费投入力度的同时，2019年为朝鲜族学校招聘教师3人、安图二中1人。6月，开展了对“2016年服务期满特岗教师”考核工作。9月28日，完成2016年招聘的20名特岗教师落编手续的相关工作。教师待遇方面。落实《关于支持贫困县农村教育卫生人才发展的实施意见》吉办发〔2016〕47号文件精神，制定了《安图县乡村教师支持计划（2016—2020）实施细则》。对农村教师队伍建设方面做到政策倾斜、待遇倾斜、教师补充倾斜、培训倾斜。评优指标比例分配为县直5%、乡镇7%、村小10%。2019年54名新教师补充到农村学校。按时足额发放教师工资。2019年发放乡镇工作补贴总328.668万元，发放农村生活补助总计439.82万元，专任教师职称补贴71万元，支教教师补贴34.68万元。教师交流方面。安图县出台了《安图县支教教师管理办法》（安教字〔2018〕21号），2019年教师交流98人次，占专任教师总数（1656人）的5.9%。校级领导交流9人，占全县校（园）级领导总数（97人）的9.3%。定期开展了城乡对口帮扶，组织县直学校的骨干教师、名师到农村薄弱学校进行听课、评课、讲座活动。按照中共中央办公厅、国务院办公厅《关于进一步加强东西部扶贫协作工作的指导意见》（中办发〔2016〕69号）要求，自2018年8月10日，县教育局与奉化区教育局、8所学校与奉化区学校签订了对口帮扶框架协议以来，2019年通过校长、副校长、教导主任、骨干教师特岗教师到奉化区长短期挂职培训、奉化区教育系统名优教师到安图县长期或短期支教活动、名优教师送教活动、家教专家讲座、义务教育阶段校长培训会等活动，安图县派出教师数为35人次，引入奉化区名优教师25人次，参加宁波市教育专家讲座会人数为804人次。教师培训方面。5月，开展对第一批县名师（22人）重新认定及第二批县名师选拔工作。6月，对全县第一批和第四批骨干教师开展了重新认定工作，并补选一批县骨干教师。7月，完成了上报州名校长培养对象推荐工作。职业教育中心秦元春和万宝中学王刚被列入培养对象。9月，完成了省级骨干教师重新认定（3人）和省级骨干教师培养（1人）申报工作。10月17—18日，组织初中校长、2019年认定的州骨干校长及教师进修学校初中部教研员共计22名参加州教育局组织的宁波专家讲座活动。12月24日，全州中小学校长工作交流会，15名校长参加。5月，完成了安图县五所学校副校级领导到宁波挂职学习活动及6名优秀特岗位教师为期7天的学习培训活动。还选派11名幼儿园管理人员到宁波（一周）开展了研修活动。8月13—15日，由浙江省宁波中学学生发展中心主任申屠英辉老师在县职业教育中心组织开展了以“家校合作教育”为主题的专题讲座。共组织4场讲座，参加培训人员共782人次，其中家长320人。10月15日，在第六个国家扶贫日来临之际，宁波市教育局携手黔西南州教育局、延边州教育局、丽水市教育局举行四方远程视频交流会议，安图县教育局副局长韩建友在会上作了《在交流合作中提升安图教育质量》主题交流，介绍了奉化—安图两地对口帮扶的主要成绩和对今后工作的建议。语言文字工作。安图县成立语言文字工作委员会，出台了《安图县汉语言文字工作委员会印发关于清理不规范用字工作实施方案的通知》并下设语委办，语委办办公地点在教育局，具有适应工作需要的专兼职干部及基本的办公条件等，按照省、州的要求对照国家三类城市语言文字工作评估标准规划、部署和落实工作，于1月，完成了迎接省、州相关部门的验收。结合《州教育局关于组织开展2019年中华经典诵写讲大赛系列活动的通知》（延州教师函〔2019〕3号）要求，布置全县各学校落实并上报作品（18个）工作。结合第22届“推普周”（9月16—20日）全县各学校开展一系列推广普通话活动。完成了县域内采集普通话样本418个，涉及6所学校（二小、小沙河小学、双丰小学、新合乡中心学校、亮兵中心学校）。劳资统计工作。完成对2019年度班主任费和农村专任教师职称补助统计、汇总、发放工作；完成了对20名2016年特岗教师、37名公开招聘教师的落编工作；完成了农村教师生活补助统计、上报工作；按时上报省、州、县各部门布置的各种统计报表。12月，开展2019年度教育系统工作人员年度考核工作；12月，开展2020年薪级工资、年末奖金、事业单位养老保险缴费基数上报工作。其他各项统计工作。9月，完成了统计汇总全县教职工花名册工作，全县教育系统总编制数为2366。9月，全县教职工总数为2231人。其中特岗教师（未落编）65人，在岗代课教师数为11人，实际在编在岗人数为2155人。9月18日开始，启动并完成了教师资格证注册工作（1442名教师）。完成州教育局人事处、县组织部、人社局、编办所要的相关数据统计上报工作。完成2018年教育年鉴（工会）编写工作。

【教育工会】 1月2日，邀请全国心理学专家、吉林大学心理学教授到安图县作心理健康知识讲座。全县各中小学校班主任，幼儿园班主任、保教员，校中层及以上领导，高三科任、心理健康教师、校内有心理需求的教师等32个单位735人参会聆听了讲座。在庆祝“三八”节之际，在全县教育系统开展“五好人物”评选表彰活动，评选出了“教子好母亲”“贤惠好妻子”“互敬好儿媳”“孝顺好女儿”“和谐好家庭”共计50名“五好”人物，在县文化中心予以表彰。从中选出10名事迹突出的“五好”人物在全县教育系统开展了“五好”事迹宣讲活动，分县直和乡镇4个分会场进行了10场巡回宣讲，聆听宣讲人数1698人。教育局机关成立了乒乓球、书法、国标舞、管乐、合唱5个兴趣社团组织，累计参加人员项目达112人（含兼报项），开展活动27次。7月10—12日开展了为期三天的全县教育系统“展示风、强师能”体育技能（竞技游戏项目，乒乓球，羽毛球，足、篮、排球）大赛，仅球类项目全县就有28个代表队、172个组队734人参赛。分小学组、幼教组、中学组共决出45个奖项。为中国—安图第二节矿泉水文化旅游节暨建县110周年庆祝开幕式排练大型广场舞，教育局动员县直及周边学校18个单位490名教师，二小、三小、朝校、三中、安林、职高6所学校中小学生1775名演员及100多名领队及班主任，自7月29日暑假期间开始每天早晚坚持训练，直至9月6日开幕式表演。为庆祝新中国成立70周年，9月30日在县文化中心开展“壮丽70年·唱响新时代”安图县教育系统教师合唱比赛。29个代表队1421名教职工参演参赛。3月7日，在安图县庆“三八”节表彰大会中，中共安图县委宣传部和安图县妇女联合会分别授予第二实验小学教师金强、万宝镇中学教师王德红、青少年活动中心教师刘晓娟家庭、第三中学语文组、职业教育中心“三八红旗手”“巾帼脱贫先进个人”“家庭礼仪之星”“巾帼建功文明岗”“三八红旗集体”荣誉称号。3月8日，在朝鲜族学校体育馆组织开展了以爱工作、爱家庭、爱生活为主题的“巧手庆‘三八’”劳动技能比赛活动。5月17—19日，在安图县“巾帼庆‘五一’·并肩战脱贫”排球联赛中，由教育局机关选派的10名机关干部通过9场奋战，摘取了铜牌。5月22日，在2019年度延边州“最美家庭”揭晓暨“携手新时代·弘扬好家风”事迹报告会中，第二中学教师金红花家

"不忘初心　牢记使命"主题教育活动
教育局　提供

庭和青少年活动中心刘晓娟家庭被评为州级"最美家庭"。7月29日至9月1日，组织490名教师参加县庆110周年大型广场舞《长白明珠》的排演。9月30日，组织开展了教育系统"不忘初心 牢记使命"主题教育活动暨"壮丽70年·唱响新时代"教师合唱比赛，共有28支代表队、1400余名教师参赛。佟晶等6名教师荣获优秀指挥奖，第三中学、松江小学分别荣获县直和乡镇组团体第一名。

（张秀芝）

文　化

文化新闻出版

【概　况】 根据《中共吉林省委吉林省人民政府印发〈关于市县机构改革的总体意见〉的通知》（吉发〔2018〕44 号）和《中共吉林省委办公厅吉林省人民政府办公厅关于印发〈安图县机构改革方案〉的通知》（吉厅字〔2019〕42 号），2019 年 3 月 7 日，安图县文化广电新闻出版局和安图县旅游局合并为安图县文化广播电视和旅游局。县文广旅局各系统共有编制数 98 名，县文化和旅游局机关行政编制 11 名（在编 8 人、空编 3 个）。内设机构领导职数 6 名（含直属机关党委专职副书记 1 名、行政审批办公室主任 1 名）；参照公务员管理编制数 6 个（均是文化执法大队编制）；所属事业单位编制数 81 个（文化馆占 42 个、图书馆 12 个、博物馆 5 个、体校 8 个、文化旅游信息服务中心 2 个、文化执法大队 12 个）；现实际在编在岗人数为 83 人。此外，文化馆员额管理编制数 65 个，实际在编 49 人。根据“三定方案”的通知要求结合工作实际，2019 年局机关内设机构 10 个（办公室、产业发展科、资源开发科、宣传促进科、文化事业科、行政审批科、体育科、机关党办、项目办、财会科）。下属部门 6 个（文化馆、图书馆、文物管理所、体校、执法大队、文化旅游服务中心）。

【文化工作】 文化节目。抓住重要时间节点，举办了元宵节秧歌、民俗舞展演、灯谜晚会、“送春联·送万福”书法惠民，读书节，非遗宣传日展演等文化节庆活动。提升乡镇文化站的服务功能和水平。为迎接第二次全国乡镇文化站评估定级工作，投入 50 余万元，为乡镇文化站配发 LED 显示屏、电脑、演出服装、音响等文化设备并更新文化宣传栏。加大群体文化培训力度，累计开展辅导培训 61 期，辅导人数 2000 余人次。开展文化惠民及送戏下乡活动。拨付文化建设资金 57 万元，用于开展乡镇大、中型文化体育活动及村部自娱自乐日常活动。2019 年，全县共计开展群众文化活动 865 场，其中开展大型群众文化活动 45 场，活动涉及 9 个乡镇 180 个行政村及 4 个社区，参与群众 8 万余人次。文化馆编排了以扫黑除恶、普法宣传、扶贫等为主题的文艺节

书法惠民活动　　　　县直机关党工委　提供

目，深入全县偏远的乡村开展演出活动，截至年末共演出 74 场，观众人数 3 万余人次。

【图书工作】 图书馆年接待读者 4 万人次，投入 10 万余元，补充藏书 2878 册。引进先进的图书管理系统和 RFID 自助化设备。开展世界读书日活动，举办中小学生文学、书画大赛。落实新农村建设战略部署，为全县 180 个农家书屋，更新补充各类图书 33600 册，使每个农家书屋藏书量达到平均 2000 册左右。开展“农家书屋”捐赠活动，已捐赠图书 12000 册。

【文保“非遗”工作】 文化遗产传承有序。“三仙女传说”获批省级非物质文化遗产增补项目；安图县朝鲜族学校被评为第三批省级非物质文化遗产朝鲜族鹤舞传习所；“安图隋氏铁制品制作技艺”“张氏传统皮具制作技艺”“安图松花砚雕刻”3 个项目被吉林省文化和旅游厅推荐为第一批省级传统工艺振兴目录候选项目；安图县 7 项省级“非遗”项目代表性传承人均通过了 2019 年度省级非物质文化遗产代表性传承人传习活动绩效考核。“非遗”保护中心面向全县各乡镇、学校开展了“朝鲜族鹤舞”等“非遗”传承培训活动，培训相关传承人 200 余人。

【体育工作】 组织开展“全民上冰雪”，春季万人长跑，乒乓球、校园足球联赛，乡村山野马拉松等赛事活动，组队参加州运会社会组体育舞蹈、速度滑冰、羽毛球、毽球、健身操舞大赛等项目并取得较好成绩。“四山一湖”越野赛在“东三省”取得较大影响。

【文化市场管理工作】 组织开展了文化旅游经营场所“扫黄打非”“扫黑除恶”等专项治理行动，完成县域内旅游场所的安全信息普查工作，召开了文广旅行业消防安全培训及消防约谈会 3 次，检查文化旅游经营场所 205 家次，查处收缴非法出版物 82 册，拆除反弹非法卫星地面接收设施 32 个。排查安全隐患 32 处，当场整改隐患 26 处，下达隐患限期整改通知书 6 份。

【脱贫攻坚】 根据帮扶走访工作要求，对县内 80 个贫困村文化活动室逐一检查。全县所有贫困村文化活动室达到脱贫摘帽标准要求。开展针对贫困村、贫困户家庭的文艺辅导培训活动，为 50 多个贫困村送上 70 多场精彩的文艺演出。组织推荐安图县扶贫商品到吉林省文旅扶贫超市进行展销。有 6 家企业的 8 种商品将在吉林省文旅扶贫超市进行为期一个半月的展销。遴选 5 名优秀的旅游行业致富带头人参加省、州组织的乡村旅游致富带头人培训。在党工委组织的全县驻村干部培训班上，对所有学员进行旅游扶贫知识的培训。为西韩村投入 1.4 万元购买 20 箱蜜蜂发展村集体经济；为西江村贫困户每户购买 20 只鸡雏发展庭院经济；为向阳村投入 6000 元购买李子树等树苗用于村庄绿化。组织帮扶责任人到帮扶村开展主题党日、环境整治、入户宣传扶贫政策、扫

安图县松江镇“红石石峰杯”乡村旅游马拉松赛
文广旅局　提供

文化惠民活动　　文广旅局　提供

黑除恶专项斗争政策宣传等活动，已开展各类帮扶活动30余次。在松江镇向阳村举办“红石石峰杯”乡村山野马拉松赛。

【获得荣誉】 参加2019年中央电视台春节晚会长春分会场节目录制，被评为省级先进单位；建县110周年·安图第二届长白山矿泉水文化旅游节活动中，文化馆被中共安图县委、安图县人民政府评为特殊贡献集体、文广旅局评为突出贡献集体的荣誉称号。“安图隋氏铁制品制作技艺”“张氏传统皮具制作技艺”“安图松花砚雕刻”被推荐为第一批省级传统工艺振兴目录候选项目。2019年在第二次吉林省乡镇综合文化站评估定级活动中，评为省级一级文化站5个、二级1个、三级3个。1月16日，荣获吉林省委宣传部、吉林省文化和旅游厅、吉林省广播电视局授予的《吉林省“服务农民、服务基层”文化建设先进集体》荣誉称号。5月17日，荣获延边州体育局授予的“舒华杯”延边州百日行系列活动暨2019年延边州全民健身操舞大赛《优胜奖》。6月21日，安图县荣获中国旅游研究院和中国气象局公共气象服务中心授予的《2019年避暑旅游样本城市》荣誉称号。7月15日，历史文化园景区和大关东文化园景区荣获省文旅厅授予的《AAAAA级乡村旅游经营单位》荣誉称号。10月15日，安图县荣获省文旅厅授予的《十大热搜消夏避暑城区》荣誉称号。12月21日，安图县文化广播电视和旅游局党组书记、局长杨松峰，副局长卢昌范，办公室负责人董东，四级主任科员田洪祥4人主动放弃周末休息时间，深入脱贫攻坚包保村开展帮扶工作。12月22日下午，杨松峰等4人在完成帮扶任务返程途中突遇交通事故，杨松峰、卢昌范、董东3人不幸因公殉职，为帮扶工作献出了宝贵的生命，田洪祥身负重伤。为激励广大党员干部不忘初心、牢记使命，为民奉献、履职尽责，省政府决定为因公殉职的杨松峰、卢昌范2人追记个人一等功，为田洪祥记个人一等功。省人事厅决定为董东记大功。

（何　丹）

广播电视

【概　况】 安图县融媒体中心于2019年11月8日正式挂牌。核定全额拨款事业编制60名，在编55人，员额6人。有副高级职称9人、中级职称16人、初级职称13人。签订聘用合同人员23人。全台专兼职播音员8人、制作员8人、新闻记者12人、栏目记者11人、台站值机员26人。全台设15个科室，其中包括二道转播台、松江中波台、明月电视转播台及明月中波台4个基层台站。

【频道建设】 有自办电视频道3个，分别是美丽安图、安图综合和安图信息。自办栏目8个，引进日播类节目13个。每天播发公益广告63条。每周生产自办节目185分钟。在《安图新闻》开设东西部协作、榜样自主脱贫、劳模风采等专栏共14个，围绕项目建设、脱贫攻坚、旅游节等进行重点宣传，共播出《安图新闻》284期，报道2000多条。在安图信息频道增设《玛丽和朋友们》，填补少儿节目空白；在美丽安图频道开设《残联政策解读》《健康安图》专栏；综合频道将现有的自办节目《教育之窗》《风采视界》《法院之窗》《司法天地》在原来时段重播，保留现有的《普法小剧场》《传奇》《势至全国》等10档引进节目。为配合全县全域旅游工作，安图县融媒体中心在《安图新闻》开设全域旅游、沐雪之冬等专栏。全年在全域旅游专栏累计播出19条、沐雪之冬专栏播出5条、长白明珠·圣洁安图专栏播出52条。制作播出《请您欣赏》及公益宣传短片50个。同时，为介绍安图悠久的文化历史、美丽的自然风光和淳朴的人文情怀，拍摄了《长白山下的初心》旅游宣传片。

【创新发展】 面对融媒体改革，安图县融媒体中心创新理念，推进媒体融合发展。《美丽安图》

app 和安图广电网完成内测并投入使用。建成融媒体指挥中心，利用多种用户终端，保障大屏、中屏、小屏“三屏联动”，实现统一调度、统一宣传，一次采集、多种生成、多元发布。实现各平台资源共享，多屏多发，成为整合电视、网站、“两微一端”等大数据业务的县域全媒体。加强节目分发工作。与《人民日报》、央视频、新华社现场云等 16 个平台进行对接，第一时间将安图新闻事件在各平台发布，尤其是现场云的使用，记者只需一台手机就可实现素材采集和同步回传，后方编辑人员可实时进行在线编辑和播发。

【新闻报道】 2019 年，先后在上级媒体发稿 357 篇，其中中央人民广播电台发稿 96 篇、吉林电视台发稿 48 篇、省电台 15 篇、州电视台 43 篇、州电台 155 篇。同时，繁荣精品创作，近 20 部新闻作品在全州、全省乃至全国的各项评选活动中获奖。

【台站建设】 为明月转播台和二道转播台采购地面数字电视 N+1 倒备项目，并实现自动化倒备。对松江中波台进行美化绿化，栽种海棠、丁香等树木 450 棵。

【第二届矿泉水文化旅游节宣传】 在《安图新闻》开设“长白明珠，圣洁安图”专栏，从经济社会、文化旅游、城市建设、生态建设、农业农村、党建工作 6 个方面，宣传各领域辉煌成就及在社会发展中涌现出的先进典型；制作以“长白明珠，圣洁安图”为宣传主题的公益广告和宣传标语，在 3 个频道黄金时段定时播出；开通微信版块，在《安图新闻》微信客户端，开通专版，将安图县关于矿泉水文化旅游节方面的公告、网站链接、新闻节目等进行集中展示。做好活动宣传。围绕开幕式、安图梦之夜、“四山一湖”越野赛等重大活动，安排人员做好现场解说、拍摄和切换等工作，实现电视直播和网络视频直播，网络直播点击量突破百万次。

（薛福多）

档　案

【概　况】 根据《关于印发〈安图县机构改革方案〉的通知》（安发〔2019〕1 号）文件，将县档案局的行政职能划入县委办公室，对外加挂县档案局牌子。原县档案局更名为档案馆，作为县委直属事业单位。2019 年，安图县档案馆设行政审批办公室（综合科）、业务指导科、管理科、方志编研科。核定全额拨款编制 14 名。全馆实有在职工作人员 12 人，其中有副高级职称人员 1 人。全局有大专以上学历 12 人，其中硕士研究生 1 人、本科 7 人、大专 4 人。馆舍总建筑面积 3397 平方米，其中库房建筑面积 1538 平方米。馆藏 131 个全宗单位，馆藏档案资料 20.40 万卷（件、册）。其中，档案 18.76 万卷（件）、资料 1.64 万册。

【档案业务指导】 开展集中立卷指导。完成全县 98 个机关、事业单位及乡镇档案集中立卷指导工作，推行《归档文件整理规则》。指导档案规范管理。完成万宝镇政府、执法大队、农机局、信访局、松江镇、明月镇、档案指导工作，并验收进馆。组织 4 批次专业培训和继续教育培训，完成验证发证工作。完成各单位档案统计工作，进行了业务绩效考核工作。

【档案管理与利用】 及时接收档案进馆。全年完成 16 个单位档案移交进馆。推进数字化建设。完成录入馆藏档案电子化目录 2.1 万条；修改档案软件中婚姻档案目录 7686 条、知青档案目录 578 条；补录复员军人档案 453 条；扫描照片档案 2241 张，完成全部馆藏照片档案扫描。开展档案查阅利用。至 2019 年末，接待查档 1015 人次。

【支部工作】 抓好党建工作。扎实开展“不忘初心、牢记使命”主题教育。班子成员认真学习党的十九大精神，深入学习习近平新时代中国特色社会主义思想和党的十九届四中全会精神，学习档案业务知识和相关法律法规。突出抓好学习、调研、研讨及党课、警示教育，组织馆内党员深入包保村积极开展脱贫攻坚工作。推进精神文明建设。围绕主题教育，开展理论学习提高干部素质。截至2019年末，集中学习23次，开展主题党日活动12次，领导干部讲党课5次。组织档案干部集中学习党的十九大、十九届四中全会精神，习近平新时代中国特色社会主义思想，黄大年、郑德荣先进事迹，自学《中华人民共和国档案法》《档案条例》等法律法规。落实意识形态责任，筑牢新时代意识形态安全防线。加强党风廉政建设。年初支部书记与分管领导、分管领导与各科室负责人签订“一岗双责”责任书并开展廉政提醒谈话；开展廉政党课3次，党风廉政建设落实工作检查4次，落实中央八项规定精神检查6次，进行警示教育5次。做好社会综治工作。积极开展社会治安综合治理，研究部署并协助做好扫黑除恶、平安建设工作。完善治安防控体系建设，加强人防、物防、技防工程，健全档案馆安全防火责任制、档案馆突发事件应急预案，使档案安全得到保障。做好其他各项工作。按照县委安排，较好地完成同心圆基地建设，参与统战、民宗工作调研，调研成果得到省州领导签批。根据党工委要求，保质保量做好交办的各项任务。人社、政务、环保等相关工作，逐一落到实处。

【脱贫攻坚】 建强村党支部。从驻村工作队中选出岛安村党支部组织委员，配齐配强村班子。抓好发展党员和后备干部培养工作。经过近一年培养，发展党员1名，列入近期发展对象1名。抓好村后备干部培养，培养村后备干部7人，为岛安发展筑牢基础。增加集体积累。在村扶贫资金35万元委托企业发展光伏项目，年增加分红收入2.5万元和册外地收入1.9万元的基础上，将村集体林地对外出租，为村集体增收2万元，全年村集体收入达到6.4万元。为民办事服务。开展入户走访。班子成员带头经常入户走访，慰问贫困户，帮助安装围栏、粉刷外墙等。截至11月末，累计走访贫困户、非贫困户377人次。完善村基础设施。完成岛安村自来水蓄水池维修，完成7.7万元的围栏安装，完成51万元的边沟项目建设。发展庭院经济。购置200棵果树苗，分发栽种。做好环境整治。定期入村开展村容村貌及环境卫生整治，注重发动村民，合力整治。同时，拆除15栋危旧房屋，粉刷泵房外墙，清除乱贴广告。

【创新工作】 创新建设展馆。争取县委、县政府89万元建设资金，完成安图历史展览馆建设。展馆占地面积340平方米，主题为“长白山第一县”，是目前州内县市唯一一家综合展览馆。展览馆自9月开馆至12月末，已接待5000余人次参观，被州委宣传部命名为第六批州级爱国主义教育基地。探索业务研究。围绕展馆建设地域档案文化课题进行深入研究，研究成果上报省档案学会，已经入围进入审批阶段。

（李丽群　曹海亮）

地方志

【概　况】 2019年，安图县地方志机构是安图县档案馆内设的方志编研科，方志编研科重点开展《安图年鉴（2019）》编纂、地情资料征集等工作。

【完成《安图年鉴（2019）》总纂】 3月，以县委办发文的方式启动年鉴编纂，已与出版社和印刷厂对接，进入校稿阶段。

【落实《省方志委年鉴》征稿】 按照省、州方志委的要求，完成《省地方志年鉴（2019）》安图部分文稿撰写和上报工作。

【地情资料征集】 2019年，征集资料35册。

（李丽群　曹海亮）

卫　生

卫生和计划生育

【概　况】 根据《关于印发〈安图县机构改革方案〉的通知》（安发〔2019〕1号）要求，组建县卫生健康局。将县卫生和计划生育局的职责，以及县安全生产监督管理局的职业安全健康监督管理职责，县老龄工作委员会办公室的行政职责等整合，组建县卫生健康局，作为县政府工作部门，加挂县中医药管理局牌子。县老龄工作委员会的日常工作由县卫生健康局承担。不再保留县卫生和计划生育局。县卫生健康局内设办公室、规划财务科、医政医管科（中朝医科）、防保科（县爱国卫生办公室、卫生应急办公室）、基层卫生健康科、人口监测与家庭发展科（妇幼健康科、老龄健康科）、综合监督法规科、直属机关党委、行政审批办公室9个科室。下辖2个事业（参公）单位安图县计划生育协会、安图县老龄工作委员会办公室。16个医疗卫生事业机构单位：其中全额事业单位有疾病预防控制中心、卫生监督所、妇幼保健计划生育服务中心（下设9个乡镇计划生育指导站）、结核病防治所、松江镇中心卫生院（加挂安图县松江镇妇幼保健站牌子）、永庆乡卫生院、两江镇中心卫生院、万宝镇中心卫生院、新合乡卫生院、亮兵镇卫生院、石门镇卫生院、明月镇卫生院、明月镇福兴卫生院、明月镇长兴卫生院；差额事业单位有县人民医院（加挂安图县急救中心牌子）、县中医医院（加挂安图县朝医医院牌子）。2019年，局机关行政编制15名、工勤事业编制1名，实有在岗人员16人，机关工勤1人。参公单位2所、编制8名，实有5人。所属医疗卫生事业单位编制830名，实有职工714人，其中卫生技术人员675人，卫生技术人员中高级职称92人，中级职称227人，初级职称356人；工勤33人，退休职工508人。

【党建工作】 开展主题教育。发挥行业特色，在主题教育中开展“医德医风医术”创建活动。将学习教育贯穿始终，落实“每周一学”“2+10”考学制度，观看警示教育、专家辅导等抓牢思想建设，全年共开展理论中心组学习4次，集中学习53次，报送信息199篇。强化意识形态工作，把意识形态工作摆在重要议事日程，将其纳入党组工作报告的重要内容，与重点工作同部署、同落实。规范党组织建设。认真落实“三会一课”制度，推动组织生活规范化、常态化、制度化。做好党组织换届工作，党委及所属12个党支部按照要求及时换届。建立卫生健康系统后备干部库，年内开展培训1次，严格按照干部选拔任用制度，调整任命了8名中层干部，年内发展6名新党员，按期转正5名预备党员。严抓党风廉政建设。与电视台签订合同开设《健康安图》栏目，挖掘选树先进典型。落实“两个责任”，执行各项政治制度，坚持民主生活会、述职述廉、民主评议、诫勉谈话和报告个人有关事项等制度。深化反腐倡廉教育，观看《警醒（二）》《镜鉴》等警示教育片。强化内部管理。制定出台卫生健康系统绩效考核方案及局机关干部绩效考核方案，强化考核结果运用。推进扫黑除恶专项斗争，制定行业领域社会治安排查整治方案，悬挂横幅 190 余条，LED 屏播放标语 22 块。重拳打击“非法行医”“医托”“医闹”等涉医违法犯罪行为，全年打击非法行医 2 起，治理医疗乱象 3 起，推动平安卫生建设。

【县级公立医院综合改革】 实施县级医院服务能力提升建设。2 所县级医院纳入吉林省临床检验结果互认医疗机构，加快诊疗技术创新应用。以医联体建设推进分级诊疗，组建省、县、乡三级医疗联合体。2019 年，省级医院共派出医疗专家 41 人次到安图县坐诊，诊疗患 5000 余人次。与乡镇卫生院健全远程医疗服务体系。建立规范化远程会诊室，实现信息互联、互通、互享，共远程会诊 7 人次，开展业务培训 29 次，参加培训人员达到 589 人次。

【推进中医药工作进程】 县中医医院投入专项资金 100 万元及 150 万元加强中风脑病科、远程会诊、人才培养、推广中医适宜技术及中医药特色老年健康中心建设。实施基层中医药服务能力提升工程，完成全国基层中医药工作先进单位复审工作，继续加强县中医医院 2019 年老年健康中心建设项目。

基层医疗卫生服务

【基层卫生事业发展】 基本公共卫生均等化惠民项目。截至 2019 年末，全县累计建立居民健康档案 12.99 万人，健康档案建档率 82%，累计建立电子健康档案 12.99 万人，电子档案建档率 82%，为 65 岁以上老年人提供登记管理、健康危险因素调查、一般体格检查、中医药体质辨识、疾病预

2019 年 4 月 3 日宁波二院 CT 设备捐赠仪式

卫健局　提供

防、自我保健及伤害预防，以及每年一次的免费体检服务，累计为老年人提供免费体检 7493 人，老年人健康管理率 37.18% 村医队伍建设。加强村医配备与村卫生室标准化建设。安图县 160 所标准化村卫生室，配备 134 个有执业资质的乡村医生。其余村采取卫生院派驻及邻村代管方式确保国家基本公共卫生服务和基本医疗卫生服务全覆盖。开展乡村医生在岗培训。2016—2019 年共选派出 82 名免费医学培养生到吉林卫校学习，2019 年，接收 2016 届毕业生 15 人，已全部安置到相应村卫生室。每年组织 1—2 次乡村医生培训，抽调县人民医院、县中医医院相关专家针对农村常见病、多发病、中医等适宜技术和专业知识对乡村医生集中授课。开展爱国卫生运动。组织开展春季爱国卫生月活动，制定《安图县 2019 年省级卫生县城复审工作实施方案》，召开 2019 年省级卫生县城复审工作动员会议。开展 2019 年“环境卫生整治日”活动，80 多个机关单位参加卫生清扫活动，并对活动开展情况进行通报。购买鼠药 4 吨，对县城进行集中灭鼠。根据《转发 2019 年城乡环境卫生整洁行动（2015—2020 年）专项督查方案的通知》（延州爱卫发〔2019〕5 号）文件要求，对安图县活动开展情况进行自查，并接受州人居环境考核验收。

【妇幼保健】 2019 年安图县“两癌”筛查 2000

人，筛查出乳腺癌2人，宫颈癌前病变4人，完成率100%；2019年婚检率62.56%，疾病检出率24.63%；2019年，安图县妇幼保健计划生育服务中心共计收到营养包4批次14400盒，实际发放养包11132盒，营养包有效服用率为98.1%；新生儿疾病筛查率98.88%，新生儿死亡2.26‰，婴儿死亡率3.39‰。预防艾滋病、梅毒、乙肝母婴传播，保证规范的母婴阻断，2019年艾滋病、梅毒、乙肝检测率100%，乙肝阳性产妇27人，其分娩的27名新生儿全部注射了乙肝免疫球蛋白，注射率100%。

【计划生育】 截至2019年末，安图县出生人口为355人，人口出生率为总人口的2.35‰，人口自然增长率为–2.54‰。坚持依法行政，坚决遏制违法生育行为，立案1例，因当事人情况特殊，患精神性疾病，家庭极其贫困暂未征收。落实奖扶政策。为计生失独对象制作免费体检卡，共发放免费体检卡206人，全县确认农村计划生育家庭奖励扶助对象目标人数1714人，发放资金164.54万元；确认计划生育家庭特别扶助对象396人，发放资金176.4万元；发放城镇独生子女及朝鲜族生育二孩父母退休后奖励费63.8万元。实施医养结合。开展网上办证，审批窗口落实“只跑一次”，全年共计办理证件2168件。推进医养结合，加强养老机构和内设医疗机构的管理，推进一体化的健康服务模式。

疾病预防与控制

【疾病预防与控制情况】 1月1日至12月22日，全县无甲类传染病报告，报告乙、丙类传染病14种，发病441例，发病率为196.64/10万，与2018年同期相比下降10.37%。免疫规划。全县乙肝疫苗、卡介苗、脊灰、百白破、含麻疹类、流脑、乙脑、甲肝等疫苗接种率均在98.5%。辖区内适龄儿童建证、建卡率100%，辖区内接种单位报告覆盖率100%。地方病防治工作。碘缺乏病监测：8—10岁儿童尿碘中位数为170微克/升，孕妇尿碘中位数为142.7微克/升，以上数据表明安图县达到了碘缺乏病消除标准。大骨节病监测项目。对监测村基本资料的收集，安图县原有9个病区乡镇，91个病区村，9月经排查安图县现有8个病区乡镇,84个病区村。对病区村7—12周岁1706名常住儿童进行临床检查。按吉林省地方病二所大骨节病患者治疗项目方案，选取历史老患者100人进行大骨节病治疗工作。布病防治工作。4—5月，对布病疫情的地区进行流行病学调查，本次共调查103人，其中血清学检测52人，发现阳性9人，阳性率为17.31%，经流行病学调查6名患者均无阳性体征，诊断为隐性感染者。重性精神疾病管理工作。制定重性精神疾病患者管理工作计划及严重精神障碍患者筛查工作。3月中旬对全县卫生院严重精神障碍管理进行一季度技术指导工作。6月中旬，延边州脑科医院考核组督导安图县重性精神精神疾病管理工作，整改考核中存在问题。健康危害因素监测工作。水质监测。农村饮水安全工程水质监测：130件水样经第一轮检测、第二轮复检，130件出厂水经第一轮检测、第二轮复检，合格118件，不合格12件，合格率90.77%。按照方案监测18个项目，理化指标“肉眼可见物”“氟化物”“硝酸盐（以N计）”合格率为99.23%，“铁”合格率为98.46%，“浑浊度”合格率为94.62%；微生物指标“总大肠菌群”合格率为97.69%。安图县二次供水监测任务9件，已经全部完成常规指标（30个项目）的监测工作。检测结果3件合格，合格率为33.33%；检测30个项目中“浑浊度”合格率为33.33%，“耗氧量”合格率为88.89%。健康教育。疾控中心宣传活动共发放各类宣传资料947份，展示各类横幅2条，宣传栏25块，1080人受益。全县开宣传活动共发放给类宣传资料10350份，展示各类横幅14条，利用LED屏幕 37 次，宣传栏展示 56 块，9537 人受益。

【结核病防治】 2019 年，门诊初诊人数 320 人次，收治病人 50 例，其中涂阳病人 23 例，仅阳 2 例，涂阴病人 20 例，结胸 5 例。各医疗卫生单位转诊疑似病人 141 人次，重卡 23 例，主动到位 69 人，追踪 49 人，追踪到位 22 人，追踪未到位 27 人。病人管理。全年督导 6 次，督导乡镇 65 次，访视结核病人 117 人次，全程督导服药。费用减免情况。免费拍片 97 人次，免费查痰 320 人次，随访免费查痰 208 人次。密切接触者检查 18 人。免费提供新 FDC-HREz 组 7230 片，FDC-HR 组 8520 片。

卫生执法监督

【卫生监督】 截至 2019 年 12 月 19 日，统计全县办理各类卫生许可 181 件；发放从业人员健康证明 520 件。监督工作开展情况。医疗卫生：出动执法人员 120 人次，检查网点 200 余家，2019 年度共查处非法行医案件 2 起，罚款总额 2.3 万元。吊销“医疗机构执业许可”证 1 起，超出“医疗机构执业许可证”诊疗范围 2 起，给予警告。传染病防治。出动执法人员 97 人次，检查网点 200 余家，2019 年度综合评价单位数十家（其中 1 家停业关闭，优秀 1 家、合格 8 家），在检查中 15 家医疗机构存在违法违规行为已对其进行行政处罚。餐饮具集中消毒检查。安图县 2 家消毒餐具企业，每月进行抽样检测，检测结果送至安图县卫生监督所备案，对生产的消毒餐具 10 份进行抽样送检，合格率 100%，检测结果报告单已备案，其中 1 家使用不符合国家卫生标准的洗涤剂已对其进行行政处罚。县级“双随机”。抽取单位共 28 家进行监督检查。截至 2019 年 11 月 26 日，已完成全部“双随机”任务，并在国家企业信用信息公示平台上填报并公示完毕，其中 1 家被抽查单位监督检查发现存在违法行为，并对其进行立案处罚。案件查处。行政处罚案卷共 25 起，（传染病处罚 15 起、放射卫生 1 起、医疗卫生 5 起、餐饮具消毒单位 1 起、消毒产品销售单位 1 起、公共场所 2 起）。

【卫生健康安全生产】 落实“党政同责、一岗双责、齐抓共管、失职追责”，与所属基层单位签订责任书层层分解任务，形成网格化工作格局。对县内各级各类医疗卫生机构开展安全生产督查工作，发现一般性隐患，都已整改完毕，未发现重大隐患。

【卫生健康项目建设】 松江镇中心卫生院建设项目、松江镇中心卫生院附属设施建设项目，已协同相关部门办理开工前期手续，已完成项目选址、可研、规划设计、招标公告等工作，计划于 2020 年 4 月末正式开工建设。

健康脱贫

【推进对口支援、巡回医疗】 继续落实健康扶贫“三个一批”行动计划，组织开展万名医师健康扶贫巡回医疗工作，进行 25 种大病筛查，建立诊疗台账 452 人。实施东西部医疗扶贫协作。中国科学院大学宁波华美医院、宁波市奉化区人民医院医、宁波市奉化区中医医院等 6 家医院共派出 14 名专家对口帮扶安图县，协助开展盆底康复、腹腔镜下手术治疗、细菌真菌的染色检查等项目。

【健康脱贫工程】 压紧压实责任落实。构建以党政主要领导负总责，分管领导亲自抓，部门领导具体抓，多级联动，层层抓落实的责任体系，开展领导分片逐级结对深度包保，明确责任与要求，打造健康扶贫结对包保，全县“一盘棋”。加大宣传力度。采取媒体宣传、发放宣传资料、零距离“一对一”宣传、制作“朝汉”双语健康扶贫政策音频等措施加强政策宣传，提高百姓扶贫政策知晓率。年内共制作看病“120”、服务“111”宣传立架 360 个，宣传资料近 1.3 万份。精准施策确保实效。落实贫困人口看病“120”、

2019年9月20日，开展“庆国庆，送温暖，关心关爱驻村干部”主题活动　　张　磊　摄

服务“111”政策；实施贫困人口大病专项救治，大病专项救治病种增加到25种，救治率100%；组建服务团队开展慢病签约服务工作，贫困人口签约服务覆盖率100%；完善“一人一策”，将随访手册统一放置村卫生室归档成册；落实“先诊疗、后付费”政策，做到信息“一站式”交换和及时结算。

获得荣誉

【集体荣誉】 安图县人民医院荣获“2016—2018年度全省文明单位”称号；安图县计划生育协会荣获全省“计划生育先进工作单位”称号；在2019年进一步改善医疗服务行动计划全国医院擂台赛（县域类）东北赛区中，安图县人民医院参赛的《延伸优质护理服务——医养结合》《远程医疗连出效率、智慧医院惠及百姓》案例荣获东北赛区“最具人气案例”；在2019年进一步改善医疗服务行动计划全国医院擂台赛（县域类）东北赛区中，安图县人民医院参赛的《远程医疗连出效率、智慧医院惠及百姓》案例荣获东北赛区金奖；在2019年进一步改善医疗服务行动计划全国医院擂台赛（县域类）东北赛区中，安图县人民医院参赛的《延伸优质护理服务——医养结合》案例荣获东北赛区银奖；在2019年进一步改善医疗服务行动计划全国医院擂台赛（县域类）总决赛中，安图县人民医院参赛的《延伸优质护理服务——医养结合》《远程医疗连出效率、智慧医院惠及百姓》案例荣获东北赛区三等奖；安图县人民医院被授予“2019年度基层互联网慢病管理项目优秀单位”；安图县人民医院“安图慢病管理模式”文章在健康报上发表。州级：安图县卫生健康局在2018年度安全生产工作目标责任制考核中荣获“先进单位”称号；安图县人民医院在延边州急危重症孕产妇急救演练技能竞赛中荣获优秀奖。县级：安图县卫生健康局在2019年安图县“中国体育彩票”春季万人长跑活动中荣获精神文明奖；安图县卫生健康局在中国 · 安图第二届长白山矿泉水文化旅游节中荣获突出贡献奖；安图县卫生健康局《美丽心灵》节目在中国 · 安图第二届长白山矿泉水文化旅游节“安图梦之夜”广场文艺晚会演出中评为“优秀节目”；安图县人民医院在安图县重点单位微型消防站比武竞赛中荣获第二名；安图县卫生健康局荣获2018年度脱贫攻坚行业扶贫单位先进单位；安图县卫生健康局荣获2018年度共青团工作先进单位。

【个人荣誉】 安图县人民医院卢锡顺，安图县中医医院江海晏、刘长亮，安图县妇幼保健计划生育服务中心金成默荣获全省事业单位脱贫攻坚专项奖励；安图县疾病预防控制中心全红女被吉林省预防医学会、吉林省疾病预防控制中心评为吉林省预防接种工作“优秀人物”称号；安图县人民医院云庆军荣获2019年全省脱贫攻坚创新奖；岳进福、李志义荣获全省卫生健康系统“2019年度安全生产先进个人”荣誉称号；安图县妇幼保健计划服务中心张莉荣获2019年全省母婴安全质量提升活动优质服务个人；安图县卫生健康局施晓宇评为“延边州优秀团员”称号。安图县人民医院侯连福同志在2018年度延边州企事业单位保卫工作中荣获“个人三等功”荣誉称号；安图县人民医院江长蕾在2019年延边州卫生健康系统“5 · 12”国际护士节演讲比赛中荣获优秀奖；

安图县人民医院王培花为主人公拍摄的《王培花用爱为生命护航》在第二届延边州《党员故事》微视频网上观摩交流活动中被评为“我最喜爱的《党员故事》微视频”；安图县疾病预防控制中心钱长白荣获“2018年度延边州艾滋病综合防治工作先进个人”称号；安图县疾病预防控制中心朴顺姬荣获2018年度“健康延边”促进工作先进个人称号；万宝镇中心卫生院王培梅荣获2018年度国家基本公共卫生服务工作先进个人称号；安图县卫生健康局施晓宇被评为“2017—2018年度延边州青年岗位能手”称号。

（李晓娜）

社会生活

人力资源和社会保障

【小额担保贷款】 全年受理小额担保贷款申请162笔，发放贷款109笔1552万元，带动就业321人。

【社会保障】 全年城镇职工养老保险覆盖总人数5.25万人，城乡居民基本养老保险实际参保4.54万人，失业保险参保2.12万人，纳入工伤保险统筹管理3.59万人。县属企业职工91人申报特殊工种退休。受理工伤案件114件，认定112件，不予认定2件。

【劳动关系】 全年为用人单位签订劳动合同备案215件512人。指导、督促用人单位新签订劳动合同324份。备案企业劳动合同签订率98.5%，用人单位劳动用工备案率98.6%。

【劳动监察】 全年组织“农民工工资支付情况专项检查”“用人单位遵守劳动用工和社会保险法律法规情况专项检查”等大型检查5次，常规检查、专案调查30次，排查建设项目78个。积极落实农民工工资保证金制度，收缴保证金2608万元。受理来电来访投诉举报案件115件，涉及农民工378人次，涉案金额446万元，结案率100%。

【仲裁信访】 全年接到仲裁申请208件，立案受理120件，办结案件116件，结案率96.7%。办结案件中，裁决结案65件，调解结案30件，其他方式结案21件，涉案经济标的203.31万元。接待来信来访144件，涉案经济标的25.56万元。

（李家强）

社会服务

【概　况】 安图县群众诉求受理服务中心于2017年3月正式成立，设投诉受理办公室、法律援助办公室、民事民议办公室、综合办公室、民生频道栏目组，主要通过“评理，说事，建言”平台，听民声、解民怨、调处矛盾纠纷，把问题化解在基层和萌芽状态。

【诉求受理】 2019年，县群众诉求中心受理群众诉求事项349件，接待群众567人次；日常受理312件，接待群众488人次；党政领导进社区受理37件，接待群众79人次。其中，办结346件，占99.14%；当场答复20件，占5.73%。

【社会影响】 3月，省信访局信息中心主任艾青到诉求中心调研社会治理工作情况；同月省委组织部组织二处处长王福泉一行，到诉求中心调研。7月，吉林大学行政学院许玉镇教授负责的科研团队，针对“三治融合”基层社会治理在吉林省乡村的实践土壤、落地方式以及发展路径到诉求中心进行调研。11月，中心作为吉林大学社会实践基地，为吉林大学社会治理方面提供一手素材，吉林大学行政学院在读博士秦振兴，到诉求中心开展为期一周的学习和调研。同月，州委政法委副书记金秀山一行6人到诉求中心实地调研。面向全县公开征集加强和创新社会治理工作的意见与建议，动员公众积极参与社会治理工作。安图县群众诉求中心与《延边晨报》安图专版、安图政务信息网等部门形成联动机制，构建全方位、立体式的宣传网络。

【党建工作】 2019年，县群众诉求受理服务中心成立独立党支部以来，扎实开展“不忘初心、牢记使命”主题教育，将“九个一”和“三个活动”贯穿主题教育全过程，结合党支部情况，开展形式多样的主题党日进行革命传统教育。丰富学习方式，采取集中学习、讨论交流、个人自学、领导带头讲党课等学习方式，带动全体党员积极投身学习教育，学习主题教育规定11本书目和习近平总书记讲话精神。

【脱贫攻坚】 针对帮扶的明月镇河东村实际情况，争取实施边沟项目投入资金80万元，修建边沟1800米。东西部协作1户1人到奉化务工；残疾人无障碍改造2户。协助河东村绿农多种经营专业合作社，实施“合作社+”带动模式，依托合作社成立蔬菜认领采摘园，开展蔬菜认领活动。联合融媒体中心在每月第二周环境整治周的基础上，每周三确定为帮扶单位环境整治日，入村开展环境整治；每月1日是村级环境卫生整治日；每月评选美丽庭院、干净人家等奖项。同时，包保责任人开展包保帮扶及政策宣传工作。

（李　丽）

就业服务

【就业服务】 全年实现城镇新增就业2100人，失业人员再就业1125人，就业困难人员再就业744人，城镇登记失业率1.78%，农村劳动力转移就业2.42万人次，劳务总收入5.2亿元。登记返乡人员1625人，1168人实现创业。

2019年7月16日，安图县组织第三批20名建档立卡贫困劳动力赴奉化转移就业　　　人社局　提供

2019年9月11日，奉化和安图两地人社部门在安图县人社局共同举办“甬上乐业　情定延边”劳务协作精准帮扶专场招聘会　　　人社局　提供

【人才中心】 全年实名制登记2019届离校未就业高校毕业生336人，其中已就业279人，就业率83%。招录2019年“三支一扶”大学生17人，安置2017年“三支一扶”大学生14人，接收应届高校毕业生人事档案676份，办理转出档案279件，借阅查阅档案11余人次，出具各类学生证明387份，开具调档函20份。建立就业见习基地2个，开发就业见习岗位30个，组织15名贫困学生带薪到机关和企事业单位实习。

【职业能力建设】 全年组织职业技能培训1485人次，409人参加职业技能鉴定，373人取得证书，其中初级工343人、中级工30人。组织推荐王振等9人为省级青年技术能手。

（李家强）

奉化一安图劳务协作培训班　　　　人社局　提供

社会保险

【扩面征缴】 制定安图县《企业职工养老保险扩面征缴工作推进方案》。截至12月末，新扩面参保企业36户，参保人数1099人，扩面征缴保费1065.33万元。落实兜底扶贫保障政策。按照《印发关于建立“一张网”兜底扶贫保障机制实现农村贫困人口稳定脱贫实施意见的通知》（延州办发〔2017〕38号）文件精神，组织开展“一张网”兜底扶贫相关工作。截至12月末，陆续纳入城镇职工养老保险的建档立卡贫困人员共计215人，征缴养老保险费1800.99万元。认真执行漏保职工补缴政策。贯彻落实省人社厅《关于企业职工基本养老保险参保缴费相关问题的处理意见》（吉人社办字〔2018〕43号）文件精神，做好漏保职工参保缴费业务经办工作。截至12月末，共有221人办理了参保缴费，征缴保险费1740.21万元。落实退役士兵补缴政策。按照《中共中央办公厅、国务院办公厅印发〈关于解决部分退役士兵社会保险问题的意见〉的通知》（厅字〔2019〕3号）和《中共吉林省委办公厅、吉林省人民政府办公厅印发〈吉林省关于解决部分退役士兵社会保险问题的实施意见〉的通知》（吉厅字〔2019〕60号）文件精神，及时建立“专户”，办理安图县退役军人管理部门确定的符合条件的退役士兵养老保险关系接续。截至12月末，协助安图县退役军人管理部门打印退役军人断档欠费信息表607份。

【社会保障】 按照《关于2019年调整退休人员基本养老金的通知》（吉人社联字〔2019〕85号）文件要求，7月中旬对企业退休人员的基本养老金进行了调整，调待人数27633人，月人均增加额121.45元，调整后月人均养老金为1862.68元，月增加支出273万元。继续按照《关于提高失业保险金标准的通知》（吉人社办字〔2018〕47号）文件要求，保持安图县的失业保险金标准为1110元/月。按照《关于在全省社保系统全面落实联动机制向领取失业保险金人员发放价格临时补贴工作的通知》（吉社保函〔2019〕69号）文件要求，贯彻落实“联动机制”，及时为领取失业金人员发放价格临时补贴。截至12月末，共为1707名失业人员发放临时价格补贴4.27万元。按照《关于失业保险支持企业稳定岗位有关问题的通知》（吉人社联字〔2019〕50号）文件精神，落实稳岗补贴政策。为79户企业发放补贴176.54万元。按照《关于进一步做好经营困难且恢复有望企业稳岗返还工作有关问题的通知》（吉人社联字〔2019〕143号）文件精神，为审核通过的2户企业发放经营困难且恢复有望企业稳岗返还，发放金额112.55万元。按照《关于失业保险支持参保职工提升职业技能有关问题的通知》（吉人社联字〔2017〕67号）和《关于实施失业保险支持技能提升“展翅行动”的通知》（吉人社联字〔2018〕53号）等文件要求，严格审核申领补贴条件。截至12月末，共有62人符合标准，发放补贴6.86万元。

【降费减负】 按照《国务院办公厅关于印发降低社会保险费率综合方案的通知》（国办发〔2019〕13号）和《吉林省政府办公厅关于印发吉林省落实降低社会保险费率实施方案》（吉政办发〔2019〕26号）相关要求，通过QQ工作群、微信公众号、工作窗口告知、经办大厅LED电子显示屏滚动播放、张贴宣传海报等方式完成新政策的全面宣传工作。自5月1日起，对参保单位基本养老保险缴费比例由现行的20%降至16%。截至12月末，为208户申报核定缴费基数的参保单位减负1184.83万元。

【城乡居保】 依据省局2018年2月下发的《吉林省城乡居民基本养老保险经办规程2.0版》和《吉林省城乡居民基本养老保险和城镇企业职工基本养老保险制度衔接经办规程》，严格做好城乡居保各项业务工作。按照《关于进一步解决农村社会养老保险遗留问题的通知》（吉人社联字〔2017〕84号）和省人社厅明电《关于推进解决农村社会养老保险遗留问题的紧急通知》（吉人社明电〔2018〕5号）文件要求，完成老农保清零工作。截至12月末，安图县"老农保"参保人数520人，已享受待遇46人，已并入城乡居保1人，已清退人数392人，常态化管理人员81人。按照县扶贫办部署，安图县社会保险事业管理局组建了行业扶贫工作领导小组，制定完善社会保险助力脱贫攻坚规划、组织落实各项政策措施，组织实施贫困人口建档立卡参保、代缴、发放等工作情况。截至12月末，全县建档立卡的9490名贫困人口中，有8800人已参加了基本养老保险，其中5122人参加了安图县企业职养老保险，3648人参加安图县城乡居民基本养老保险，30人异地参加了基本养老保险。城乡居保应参3648人，已参3648人，参保率100%；应代缴3011人，已代缴3011人，代缴率100%。

【机关事业单位养老保险改革】 完成准备期业务。安图县经3家联审信息采集的单位共344家，接收单位按社保经办规则合并后共计272家，准备期新增改革后成立参保单位8家，准备期系统中参保单位共计280家。截至12月末，除检、法两院省局要求上划未明确结算方式外，其余278家单位全部差额结算并结转正式期，准备期业务完成率100%。准备期全部单位差额结算基金收入合计46905.95万元、基金支出合计61397.66万元。职业年金清算有序开展。准备期业务应开展职业年金清算的单位有278家，已完成应清算职业年金单位为252家，其中，全额供款单位242家，差额供款6家，自收自支4家，已完成清算比例91%。已完成应清算职业年金单位参保人数为7206人，其中全额供款单位6606人，差额供款单位513人，自收自支单位87人。已完成清算资金金额7718.31万元，其中全额供款单位资金金额5895.1万元，差额供款单位1568.97万元，自收自支单位254.24万元。做好退休人员社保接收发放工作。依据机关保信息采集数据和企职保发放库数据进行比对，确定机关保拟接收发放的退休人员名单，提交县编办、人社、财政3家确认结果，组织开展接收工作。截至12月末，累计接收机关事业单位退休人员412人，累计发放人数3266人，发放金额16075.2万元。

【稽核工作】 截至12月末，稽核企业88户，核增保费0.2万元已全部到账。

【社会化服务】 依据国家及省关于全面取消领取社会保险待遇资格集中认证的通知要求，2019年，安图县社会保险事业管理局以全国基本养老保险参保待遇状态比对查询系统、延边州社会保险数据服务平台数据为主，结合劳动保障所核实结果，采取网上及手机自助认证、领取待遇人员业务窗口人脸识别自主认证等多种认证方式进行认证。截至12月末，企职保认证17922人，认证率为53.7%，其中通过手机自助认证6251人；城乡居保认证2264人，认证率为14.2%。管理使用延边州电话服务平台"8512333"。共接听平台咨询电话160人次。保障延边州"12345"政务服务热线工作规范有效运行。按照《延边州"12345"政务服务热线运行管理办法》要求，指定专人负责工单接收、反馈和知识库更新管理工作，自服务热线上线以来共接收4条工单，均已按时办结。做好新增及停续发工作。截至12月末，累计办理新增享受待遇人员建模2299人，累计为67人续发企职保待遇。

【工资人事】 按照省局统一要求，对7名2017年招录人员及1名2018年招录人员进行转正定级工资核定审批。对2019年度符合晋级、晋档的15名参公人员进行了工资调整，完成晋升级别和工资晋档审批工作。及时为8名退休人员办理2019年度退休调待；对8名事业编制人员进行了晋升薪级工资工作。按照省局人事处的要求，对45名参公管理人员进行2018年度岗位绩效考核备案；为2名晋升省管非领导职务人员及5名职级晋升人员进行民主测评、谈话推荐等考核手续，并向省局备案；为40名参公管理人员进行公务员职务与职级套转；将44名参公管理人员基本信息录入全国公务员管理信息系统。

【基金管理】 政务公开工作。按照财政部门要求，对安图县社会保险事业管理局2019年部门决算在政府网站进行公开，接受社会监督。做好与税务部门对账工作。按照《吉林省社会保险事业管理局 国家税务总局吉林省税务局关于调整机关事业单位社会保险费征收方式的通知》（吉社保〔2019〕51号）规定，从2019年9月1日起，机关事业单位养老保险费和事业单位失业保险费征收模式由“税务部门申报缴费”变更为“向社保部门申报并核定应缴费额”，税务部门停止申报后，安图县社会保险事业管理局与税务部门核对前期到账的单位信息及缴费金额，对无法落实的缴费数据进行清退。做好机关事业单位职业年金的归集工作。通过社银行平台实收到账的方式归集职业年金即按单精确缴费。截至12月末，归集已清算参保单位227家，归集金额6903万元，归集2019年当期参保单位151家，归集金额881万元。归集银行利息3万元。配合完成离任审计工作。按照《吉林省社会保险事业管理局审计工作的通知》（吉社保审经责通〔2019〕第10号）文件要求，配合省局审计组完成了2016年12月至2019年11月的离任审计工作，并对审计组提出的相关问题进行了整改。开展财务管理自查工作。按照《吉林省社会保险事业管理局关于开展2019年社保基金财务管理区域性督导检查工作的通知》要求，对照2019年社保基金财务管理区域性督导规范对2018—2019年基金财务管理工作5大项、18小项的财务管理工作进行了梳理，并建立问题台账逐一进行整改。

【基础管理】 完成专网备网扩容工作。配合移动公司对安图县社会保险事业管理局光纤进行重新铺设，已调通投入使用。做好信息系统的运行维护及各业务平台的后台管理工作。截至12月末，共确认处理一体化信息系统运维问题67条。做好各类档案的整理归档工作。累计接收并完成一级质检及立卷的电子业务档案8860件，整理并上架2018年度纸质业务档案170盒，接收并完成二级质检2019年度纸质业务档案18盒，接收退休人员档案1085卷，分拣、扫描、质检并上架企业退休人员档案1030卷，并编排上架形成索引目录。提供档案查询利用服务。截至12月末，共为1181人次提供各种查阅利用服务，查阅档案资料1500余卷。

【咨询窗口进驻政务大厅】 按照省政数局和省局《关于全面推动社保服务事项进驻综合性实体政务大厅开展服务的通知》（吉政数联〔2019〕10号）和省局《关于印发〈省社保系统社会保险服务事项进驻综合性实体政务大厅工作方案〉的通知》（吉社保函〔2019〕118号）文件要求，安图县社会保险事业管理局已于2019年11月完成咨询窗口进驻安图县政务大厅工作，并合理配置工作人员和服务设施。

【工伤保险经办划转】 按照州人社局、州局《关于划转工伤保险经办管理服务职能的通知》（延州人社联发〔2019〕9号）和省局《关于做好工伤保险经办管理业务对接有关事项的通知》（吉社保〔2019〕60号）文件要求：“工伤保险经办管理服务职能由原医疗保险经办机构划转到同级社会保险经办机构，工伤保险基金和业务档案一并划转。”安图县社会保险事业管理局已组织工伤保险科人员到医保机构学习相关业务，同医保经办机构进行全面对接。并按照《吉林省社保系统社会保险基金银行账户变更审批制度》（吉社保〔2019〕58号）要求，开设了工伤保险的收入户和支出户。

【党建工作】 开展“不忘初心、牢记使命”主题教育。先后开展领导班子读书班学习、对照党章找差距活动、爱国主义教育研讨交流会、对照社会保险业务开展调研活动、领导班子成员讲专题党课、主题教育朗诵比赛、主题教育知识测试、参观“伟大历程辉煌成就——庆祝中华人民共和国成立70周年大型成就展”及网上展馆等一系列活动。认真执行组织生活制度。截至12月末，召开专题研讨会1次，领导班子民主生活会2次，组织生活会2次，支部大会11次，班子成员上党课4次，党小组会议12次，主题党日活动12次。每周组织集中学习，由分管领导带头领学，并不定时随机抽查学习笔记完成情况。积极做好党员发展工作。2名发展对象成为预备党员，10名入党积极分子。加强党风廉政建设。组织党员学习《中国共产党党内监督条例》和《中国共产党纪律处分条例》等条例及章程，开展“学党纪、学法律、学《条例》、学《准则》”教育活动。按照县纪委要求，认真查找廉政风险点，签订“一岗双责”责任书。召开落实“两个责任”工作部署会议2次，组织观看窗口作风建设焦点视频、警示教育片3次。每月不定期对服务大厅窗口作风建设进行监督检查。

【脱贫攻坚】 抓党建促脱贫。开展“支部连支部”及各类主题党日活动10余次。落实政策帮扶。落实南沟村“乡村电子商务”拓展业务，电商业务店设立在南沟村百货商店内，以便更好地为群众受益使用；为南沟村积极争取林业管理部门46万元绿化项目，作为乡村振兴、美丽乡村建设重点项目，并协调部署做好后期维护协调工作；协助南沟村向县政府争取各类环保设施，共计争取铲车、翻斗车、吸污车3台大型机械设备，助力环境卫生整治攻坚战。助推产业脱贫。为南沟村招商引进安图县义和生物科技有限公司黑果树种植项目，该公司为南沟村投入黑果树苗3.5万株，共计42万元，其中3.3万株作为村民的合作种植项目，利润分红各占50%，0.2万株用于发展庭院经济，做到农户全覆盖，每户20株，3年后预计总产值百万余元。开展物质帮扶工作。投入资金6.5万余元更换了涉及农户70余户的近2000米围栏。在各项大型节日活动中提供纪念品及经费支持，职工自筹资金购买生活用品等走访慰问包保帮扶贫困户。以村为主成立党员志愿服务队，局领导和党员志愿者到包保村参加义务劳动，为行动不便的包保贫困户浇水、铲地、秋收，到家中铺路、清扫院子等。截至12月末，由于自然减员，现剩余建档立卡人数为21户27人，均已全部脱贫。

（宋常龙）

退役军人事务

【概　况】 安图县退役军人事务局于2019年3月7日正式挂牌，设综合办公室（法规科）、优抚安置科等2个职能科室，2019年6月3日安图县退役军人服务中心挂牌成立为局属事业单位。2019

2019年3月7日，安图县退役军人事务局正式挂牌成立　　退役军人事务局　提供

年，共有工作人员11人，大专以上学历11人，党员9名。

【退役军人荣誉激励和关爱】 树立模范典型。按照省、州要求，开展“吉林省首届退役军人创业英雄榜”系列主题活动、开展“吉林好人·最美退役军人”评选表彰活动、开展向时代楷模老退役军人张富清学习活动；加强特殊群体帮扶援助。根据安图县“两参”人员实际困难情况，逐步摸清人员生活现状，历时5个月，制定并出台《安图县两参人员优待方案》。

【退役军人拥军优抚】 在退役军人和其他优抚对象信息采集方面。截至12月末，采集退役军人和其他优抚对象。在为烈属、军属和退役军人等家庭悬挂光荣牌方面。按照属地管理、分级负责的原则，为全县的应挂牌家庭全部悬挂了光荣牌，居住在外地的应本人要求全部邮寄送达，县委书记、县长亲自为老复员军人的家庭悬挂光荣牌。

在“双拥共建”活动方面。按双拥办工作原则，“八一”建军节前夕开展大走访慰问活动，县级、州级领导对安图县驻县部队及重点优抚对象进行了慰问；按照省文件要求为优抚对象发放国家定期抚恤补助，截至12月末，已发放补助资金和临时医疗、住房、生活补助。

【烈士褒扬】 申报烈士纪念设施专项经费。根据安图县烈士纪念设施的实际情况，为做好纪念设施的维护、保养和扩大等工作，特向省厅申报了烈士纪念设施的专项经费。开展“传承·2019清明祭英烈”活动，全县机关、企事业单位和社会团体等共4.5万人次到烈士陵园进行祭扫。

【退役军人安置】 2019年接收转业士官。其中，1人为服役12年以上士官，1人为因公伤残八级，按照省厅要求，对转业士官进行合理安置。

【帮扶工作】 开展环境卫生大整治工作，在村中实行“路长制”，根据村里道路分布情况及居住户的特点，每条路起上不同名字（如致富路、拥军路等），并落实责任人称为“路长”，负责各自道路、边沟、围栏的整洁和卫生；2019年，栽种绿化树150棵，沿路种花卉200米，安装路灯51盏，设置垃圾桶、垃圾箱13处，卫生厕所17处；主路、巷道硬化299米，贫困户庭院硬化约70平方米，新建边沟2294延长米，围栏3500延长米，渠道衬砌石3453米，改善了村民土地灌溉难的问题。维修自来水供水系统，保护水源地，保障居民饮水安全，维持冬季长期供水稳定；利用“五一”、端午节、“七一”等节日，联合到村进行慰问和开展主题党日活动。

（王闻祖）

老龄工作

【概　况】 根据《关于印发〈安图县机构改革方案〉的通知》（安发〔2019〕1号）要求，组建县卫生健康局。将县卫生和计划生育局的职责，以及县安全生产监督管理局的职业安全健康监督管理职责，县老龄工作委员会办公室的行政职责等整合，县老龄工作委员会的日常工作由县卫生健康局承担。

【主要工作】 在春节前夕，对全县7名百岁老人走访慰问，慰问金3500元；办理《老年人优待证》121个；实施老年人免费乘车政策，2019年全县有2400多老年人享受免费乘坐市内公交车优待；为85周岁以上老年人发放敬老金，2019年全年发放敬老金199万元；围绕纪念“8·15”老人节及“九九重阳节”，开展“敬老月”系列活动。各乡镇、社区举办了形式多样的文化趣味活动，累计活动160多次，参与人数6200余人。

（李晓娜）

城市社区建设

【社区精神文明建设】 各社区成立以来，开展各式各样宣传活动及文艺会演活动。其中兴华社区以新时代文明实践所为载体，开展科教、文体、法律、卫生、道德、礼仪、先进典型评选等主题宣讲活动，宣传文明理念、传播礼仪知识、服务群众生活。社区志愿者1000余人。围绕“三关爱”“邻里守望”“五观教育”“党建+公益”等主题，定期开展形式多样的关心关爱贫困、弱势群体志愿服务活动，发放大米、白面等物品及慰问金近10万元。并发动群团组织、在职党员定期定点参与志愿服务活动。开展“最美家庭”“最美退役军人”评选推荐活动，组织召开退役军人座谈会。加大先进典型示范引领作用，评选表彰先进典型34例。其中，被延边州评选表彰2例、县评选表彰6例。2019年初，承接民政部“牵手计划”项目，依托兴华社区社会工作服务中心，充分发挥社区社工志愿者团队作用，组织开展“三阳关爱”项目志愿服务活动30余次，受益人群2000余人。2019年5月，被吉林省委宣传部评选为“吉林省优秀志愿服务组织”。瓮声社区发挥社区居民自治功能与核心作用，发挥社团组织作用，培养家园意识。加强舆论引导，增强居民参与意识。开展“邻里爱心手拉手”活动。通过互帮互助，促使居民参与社区建设。举办关爱老人送健康活动，为辖区90多位老年人开展糖尿病义诊服务。开展为辖区老人献爱心志愿服务活动，为老人义务理发，为老人义务清理卫生，为独居老人提供采购物品服务。春秋两季开展了爱国卫生大清扫、种花绿化志愿服务活动10次，参与居民1800余人次。免费为居民发放鼠药2800多小袋，组织居民开展大规模的灭鼠灭蟑活动。在社区居民中开展法治、消防、防邪教、防盗窃等宣传教育活动；先后开展“传红色文化、受感恩教育”特色夏令营，“追寻革命足迹、传承红色精神”座谈会、“重阳节登高敬老”等活动60余次；推进“两学一做”学习教育常态化制度化。组织开展集中学习28次、专题讨论4次、“主题党日”活动12次。开展“创建共产党员服务城”活动，组织党员开展“保护母亲河”环境卫生清理、扶贫帮困等主题活动20余次，组织在职党员参加“圆梦微心愿”活动1次，共计认领微心愿51个。通过微信群、QQ群推广“新时代E支部”和“安图先锋E站”手机APP的使用。创新社会治理，开展“红色物业”创建工作，针对老旧散弃小区无人管理、环境卫生脏乱差的实际，发挥党员在小区内的先锋模范作用，创新开展“红色物业”创建工作，探索4种物业管理模式。根据每个小区的实际情况和居民的需求，创新实施“菜单式”物业服务项目，实现物业服务“按需供给”。解决居民关于房顶漏水、墙皮脱落、下水道堵塞、供热管道破裂等物业方面的诉求100余件；明安社区依托“七彩志愿服务队”，结合“百站”开展惠民服务百余次。申报2019年全国学雷锋志愿服务“四个100”先进典型活动，作为延边州唯一入选社区。9月，社区工作人员赴长春参加“庆祝新中国成立70周年吉林省幸福社区电视文艺晚会”，明安社区成为延边州唯一入选社区，并获“优秀节目奖”荣誉。明安社区站前广场舞队参加州级“我爱我的祖国”健身操比赛，取得最佳表演奖及优胜奖。举办安图县“全域旅游幸福家园文化旅游节”暨明安社区花灯展活动。

【民间纠纷调解】 兴华社区：调解拖欠工资纠纷3起；邀请金融专家开展非法集资相关知识宣传活动2次。探索四级居民议事协商机制，为群众协调处理事务25件；瓮声社区：维护社会稳定工作。结合扫黑除恶摸排工作，排查辖区内非法宗教传播点，未发现非法据点。社会治安打击防范工作。特殊人群管控，对辖区内1名戒毒人员进行定期家访、每月定期尿检、参加公益劳动等方式进行帮教。对于6名矫正人员根据社区矫正实施办法通过每个月8小时的劳动、8小时的学习、每月一次思想汇报进行管理。对30名安置帮教人员（其中23名解除社区矫正人员、7名刑满释放人员）登记在册，为他们提供教育管理，就业信息等服务。开展“两清”活动，动员网格员以及治安巡逻员在全辖区内排查、清理“反宣品”40余份。安全生产、消防。联合县消防队组织居民、物业、网格员、生产经营业主开展了培训、演练等系列活动2次；以节假日、两会等重要时期为契机，开展安全生产隐患大排查活动4次，生产经营单位618家，发现楼道里存放纸盒、电动车、电瓶车等易燃易爆物品等安全隐患60处；明安社区调解居民间纠纷116起。其中邻里纠纷6件，婚姻家庭纠纷2件，物业纠纷102件，其他纠纷6件，调解成功率100%。

【社区公共事务办理】 截至2019年末，兴华社区落实民政、残联、红十字会、工会等部门的帮扶救助政策。围绕生育政策宣传、人口家庭服务体系建设等内容，改善服务，办理准生证、独生子女证等各类证件72件，城镇奖扶、特别家庭登记148人；做好弱势群体帮扶工作，发放残疾人双项补贴5285人；做好民政救助工作，新办理低保8户，为46人申请了临时救助，累计金额4.51万元，并为103名85周岁以上老人发放敬老金7.73万元；落实好劳动保障政策，加大力度宣传城乡居民全民参保政策，2019年参保率在90%以上，发放医保卡430人；办理灵活就业、求职登记、失业证等590余人次；组织慰问帮扶，开展“寒冬暖民心”等帮扶活动12次。抓实老年人工作，完善了相关档案资料，申请投入39万余元购买健身器材，组织老年人开展棋类比赛、健康义诊等活动20次；瓮声社区年内共接待办事群众2227人次，一次性办结2227件，居民电话咨询1000余次。新增低保户10户；临时性救助53户。有289人享受困难残疾人生活补贴，253人享受重度残疾人护理补贴。2019年总人口14173人（其中空挂人口2699人），育龄妇女3241人，已婚育龄妇女1810人，出生60人，死亡51人，怀孕23人。自然增长率4.04‰，出生率–0.77‰，政策生育率为100%。开展“婚育新风进万家”宣传教育活动，提高广大居民的婚育观念。拓宽居民领取避孕药具的渠道。在县医院摆放了免费发放药具自动机。开展1次大型宣传活动、4次健康知识讲座。进一步增强新生儿出生缺陷预防工作，免费发放叶酸33人，共发放叶酸184瓶。符合城镇计生一次性奖励63人，发放资金12.6万元。根据年初的幸福家庭发展计划，开展了慰问社区孤寡老人、关怀育龄妇女、关怀留守儿童活动。加强流动人口信息管理，走访流入人口197人，流出74人，在人口密集的地方成立了流动人口协会。城镇居民养老保险咨询30人、医疗保险卡发放160人、办理失业证61人、灵活就业补贴184人、新增就业人员登记791人、小微企业招聘会1次、春风行动1次。完成辖区749名残疾人状况调查，为40名贫困残疾人免费提供轮椅、手杖、座便椅、助行器、助听器、视力器具等辅助器具40多件。对升入大学的3名残疾学生和残疾家长给予资助，对10名残疾家庭进行慰问。4人申请了早夜市摊位。为残疾居民换特困证200多个，发放残疾证165个，为8名残疾居民发放残疾人机动轮椅车燃油补贴，为89名残疾人发放了残疾评定补贴；九龙社区办理社区居民的公共事务2277起；组织开展社区志愿服务活动32起。为城镇失业人员办理“就业失业登记证”54人；申请灵活就业补贴216人；办理独生子女证25个；独生子女和朝鲜族二胎奖励75人。为7个困难家庭办理了临时救助；为21名残疾人发放了拐杖等辅助器具；为3名考入大学的残疾人子女申请了扶残助学金。对辖区1134名60岁以上老人进行摸底调查，建档建册。新纳入7人低保户。

【反映社情民意】 2019年兴华社区累计召开县级党政领导进社区座谈会2期，接待群众近11余人次，受理诉求事项4件，全部解决。瓮声社区17位县级领导先后到社区参加夜谈。接待群众21人次，反映诉求8件，解决7件，待解决1件。明安社区2019年依托县级党政领导进社区及人大代表服务站平台，接待群众100余人次，解决居民关注的重点难点问题30余件，“明安社区群众诉求微信公众平台”收集选民意见20条，都已解决。以“百姓事百姓议”为宗旨，探索“自助式”物业服务管理模式加强小区治理，形成社区党委引领，联合物业企业，引导党员发挥模范作用的有力链接。九龙社区“县级党政领导进社区座谈会”接待来访群众10人次，反映问题4件解决4件。其中涉及房屋拆迁2件、自来水2件。都已解决。群众满意率100%。

【基层政权和社区建设】 为加强基层政权建设、净化基层政治生态，深入开展扫黑除恶专项斗争，安图县民政局会同相关部门集中排查和清理有前科、劣迹现任村级组织成员，排查出前科劣迹村干部43人。按照相关文件要求，在征求乡镇党委政府意见后，最终决定清除32人、留用11人。补选村组织成员93人。制定出台《进一步做好村规民约和居民公约修订完善工作实施方案》（安民联发〔2019〕25号），全县180个行政村和13个城乡社区，按照修订程序及群众需求变化以及社情民意，修订完善村规民约、居民公约和村民自治章程。

（徐利国）

慈善救助

【概　况】 2019年3月，根据《中共安图县委办公室 安图县人民政府办公室关于调整安图县民政局职能配置、内设机构和人员编制的通知》（安办字〔2019〕9号）文件，县民政局内设机构为：社会福利和慈善事业促进科（安全生产科）、社会事务科（区划地名和基层政权建设科），社会救助科、综合科。另设立行政审批办公室。

【慈善活动】 元旦、春节期间，开展“慈善救助情暖万家”活动，投入资金14万元，为530户困难家庭发放米面。9月，开展“圆梦大学”活动，争取吉林省慈善总会5.7万元，为19名困难家庭应届大学生每人发放助学金3000元；协调宁波市奉化区慈善总会，开展“圆梦大学·孟君助学金”活动，为30名困难家庭应届大学生争取助学金15万元，每人发放5000元。12月，协调宁波市慈善总会，为安图县松江镇中学争取资金10万元，用于多媒体教室购置LED屏幕。与中华浩德基金会联合救助全县朝鲜遗孤青少年，以每月以200—1200元标准，为25名贫困学生发放救助金14.5万元。全年社会各界累计捐赠资金674.57万元，为脱贫项目建设提供支持。

（崔学洙）

住房公积金管理

【概　况】 延边州住房公积金管理中心安图管理部是直属州住房公积金管理中心内设正科级单位，单位位于安图县新安路261号，以服务大厅模式对外办公，主要负责安图县区域内住房公积金的归集、缴存、提取、贷款、核算等工作，2019年有在岗人员6人。截至2019年末，全县有469个单位建立了住房公积金制度，其中正常缴存单位267个，实缴人数11088人。

【业务运行】 截至2019年末，安图管理部本年归集额1.77亿元，住房公积金累计归集总额12.11亿元。2019年职工提取住房公积金10235万元，累计提取住房公积金总额5.49亿元。2019年安图管理部共为212名职工发放个人住房贷款5009万元，累计发放贷款总额4.84亿元，共为4124户职工家庭改善住房条件提供了资金支持。

【宣传活动】 通过缴存单位工作QQ群、微信群，向各单位经办人员宣传政策。注重户外宣传政策，在安图辖区内各个出口处及人流较多的地方悬挂宣传标语条幅10个，订制二维码、公益性标语展板、扫黑除恶举报电话共15个摆放至河坝及小区内展板处。借助房地产开发企业宣传政策。组织人员上门宣传公积金贷款、提取政策，将宣传海报和具有公积金特色的宣传册200份放置各业务银行及售楼中心。以“住房公积金、用心惠民生”为主题，举办为期1个月的政策宣传月活动。活动期间，在单位门口悬挂醒目条幅、设置咨询台、发放宣传手册、摆放宣传海报，并联系安图电视台、晨报、微信平台等媒体记者进行定期采访。走入商户，为商户讲解如何开户建缴公积金，缴存公积金能给职工带来哪些好处，怎样更好地解决住房问题等相关政策。2019年，新开户8个单位，新增缴存人数35人。

【规范管理】 规范贷款工作程序。认真执行延边州住房公积金管理中心贷款操作规程和业务办理制度，对每笔贷款申请做到贷前调查，严格审查借款人信用、购房和抵押房屋情况。规范提取审核工作。提高警惕，进行业务再培训，提高识别资料真伪的鉴别能力，并且规范窗口工作人员业务操作，严格按政策规定认真审核各类提取申请，严格落实审查、审核双重把关流程。实行部门联动机制，会同税务部门共同核查窗口工作人员收取的有疑义的资料。2019年以来没有发生骗提公积金的问题。

【推进改革、创优环境】 在政务大厅内增设办公窗口。11月4日在政务服务大厅内增设1个办公窗口，为群众解答住房公积金政策相关事宜。落实扫黑除恶专项斗争。以打击住房公积金骗取、骗贷为重点，通过宣传、摸排线索、部门联动等方式，坚持源头治理、行业治理、依法治理。

（陈　岩）

乡（镇、社区）

明月镇

【概　况】 明月镇是安图县县城所在地，由原来的福兴乡、长兴乡和原明月镇合并而成。明月镇北与敦化市相邻，东北与延吉市相望，南与龙井市相邻，面积896平方千米。镇区内有45个行政村、73个自然屯；有耕地4145公顷，草原2076公顷，森林40368公顷；总人口7.5万人，其中镇区人口5.9万人、农业人口1.6万人。2019年，全镇农村经济总收入3.2亿元，增长3%；农民人均纯收入2.1万元，增长13%。

【农村基础工作】 全年发放农业支持保护补贴597万元，惠及农户3910户，发放退耕还林补贴31万元，野猪吃地补贴33万元，玉米、大豆、稻谷生产者补贴780万元，新农村建设房屋征拆迁资金315万元，土地轮作资金208万元，林地清收资金27万元。

【脱贫攻坚】 全年实现327户550人脱贫，6个贫困村出列，4年来累计实现1241户2207人脱贫、20个贫困村出列，并顺利迎接了州级初审、省级核查。利用镇以上企业，为各行政村及贫困户分红434万元。分别发放以奖代补资金和鼓励自主脱贫资金16万元，惠及24个行政村，贫困户250户483人。聘用河道保洁员286人，人均增收8400元。聘用生态护林员148人，人均增收8000元。总投资2387万元，实施30个基础设施项目，其中交通路网项目22个，水利设施项目1个，其他项目7个（亮化6个、电源安装1个），新建道路8244米，边沟13386米，桥梁7座，路灯738盏，新建堤防256米，均已完工。多轮次完成全覆盖危房鉴定工作，整改房屋476户（C级房维修348户、D级房维修128户），卫生厕所改造454户。农村生产生活用电、通信、广播电视等硬件条件已全面达标。认真落实“雨露计划”，发放助学资金11万元，惠及贫困学生73人。新农合参保率100%。“一张网”养老保险实现全覆盖。持续开展“五扶一促”、入户走访“121”、电商互联互助等活动。围绕“帮扶”促脱贫。中央政研室下派龙泉村第一书记王平堂荣获全国脱贫攻坚贡献奖。

【重大事件】 “扫黑除恶”专项斗争。截至2019年末，全镇共界定15个重点防控村、24个治乱村、6个无风险村，获取各类案件线索8条，立案1起，刑事拘留2人。落实“一村一警”工作，全镇45名辅警已经驻村上岗并开展工作。开展矛盾纠纷排查化解工作，落实维护稳定各项措施。落实安全生产责任制，全年未发生重特大安全生产和食品药品安全事故。

【美丽乡村】 落实“河长制”，投资11.5万元，组织干部群众150余人，清理河道130千米、建筑垃圾150立方米、生活垃圾432立方米、白色垃圾260立方米。开展秸秆禁烧工作，进一步提高全镇生态环境质量。严厉打击破坏森林资源违法行为，查处以往违法违规毁林种参行政案件23起，完成起参还林地块322块177.31公顷，整改233块142.22公顷。持续开展造林绿化工程，完成乡路绿化3千米、县级公路绿化2千米，义务植树6公顷15000株。打造绿化村16个（其中贫困村11个）。常态化开展环境卫生整治工作。截至年末，全镇共种植绿化树58万棵、美化花草7.9万株，面积99千米，拆除影响村容村貌危旧房屋206个。发动群众6368人次、包保单位人员4473人次，清理河道沟渠70千米，清理通村公路及村庄巷道721千米。森林防火实现连续41年无重大火灾。

【社会民生】 发放2016—2018年度农村厕所改造资金1056万元，2017—2018年度C级危房改造补助剩余资金、危房改造资金67万元，2018年D级危房改造补助资金55万元。界定城乡低保和特困供养1176户1631人，办理临时救助17人，发放临时救助资金4.2万元。冬春救助1017户1621人，发放资金24万元。发放沉降房屋补助资金119万元，惠及28人。医疗卫生健康。全镇住院患者补偿3206人次，补偿金660万元；慢病患者补偿7008人次，补偿金94万元。健康扶贫。45个行政村卫生室实现全覆盖，农村家庭医生签约服务及流动人口公共卫生健康服务均等化有序运转。城乡居民养老保险工作得到加强，为7984名群众办理了养老保险，1091名贫困人口通过“一张网”兜底保障领取了养老金。文化旅游事业。明月镇综合文化站被省文化和旅游厅评为一级乡镇综合文化站，大砬子村被县政府评为AA级景区。积极投入中华人民共和国成立70周年、安图建县110周年系列庆祝活动，累计开展群众文化体育活动15场，参与群众5000余人次。庆农村整村新建进入收官阶段。共建设安全住房23栋，完成庆农村污水处理、电网改造、路灯、围栏、仓房等基础设施建设；边沟、巷道一期基础已完成，村民新建房屋正装修陆续入住。

（山显峰）

亮兵镇

【概　况】 安图县亮兵镇位于安图县东北部，距市区15千米，地处哈尔巴岭山麓，在北纬43°06′—43°21′，东经128°38′—128°51′。东与明月镇为邻，南与福兴乡接壤，西、北两面与敦化市大石头镇为邻，以哈尔巴岭岭脊为界，南北长30千米，东西宽18千米。全镇面积331.7平方千米，占安图县总面积的4.5%。其中，耕地面积4856公顷，二轮承包发证在册面积1889公顷。草原面积2.530公顷，集体林地面积4.988公顷（不含国有林地）。2019年，亮兵镇户籍2945户，户籍人口7762人，常住1727户，常住人口4745人。低保户663户，低保人口1076人，残疾人口615人。全镇辖13个行政村26个自然屯和1个社区，主要居住着汉族、朝鲜族、满族等7个民族。农村经济总收入11068万元，农民人均纯收入10731元。全镇有党支部16个，党员454人。有各类专业合作社39家，专业农场67个。

【农村产业化建设】 2019年，亮兵镇共举办各类农技培训班12场次，发放技术资料1500余份，累计培训农民1500人次；积极推进玉米、大豆新品种试验、示范工作；为促进测土配方施肥技术的推广应用，镇推广站在13个村屯推广农作物测土配方施肥，施肥覆盖面积达200公顷。亮兵镇在抓好以往3个产业项目（总投资370.48万元，年可收益33万元）实施的基础上，动员各村农户结合实际发展庭院经济，发展农家土鸡、黄牛、蜜蜂养殖，鼓励蔬菜种植、食用菌种植等多种产业，尝试增收致富新途径，镇里在鸡雏、饲料等方面给予适当补贴，减少养殖成本，降低经营风险，激发农户自主脱贫积极性。亮兵镇“两区”划分工作在县相关部门的指导下已基本完成目标任务，相关材料已在各村公示。全镇“两区”面积共落实 37007.6 亩，其中粮食生产功能区面积 16981.2 亩，重要农产品生产功能区 20026.4 亩。

【乡村建设】 加大村屯环境卫生的整治力度。先后投入资金 30 余万元，开展大规模的环境卫生整治活动 10 余次，开展全镇范围内的秀美宜居村、美丽庭院评比 2 次。按照县委、县政府《关于开展全县环境综合整治攻坚战的实施方案》总体部署，全镇共动员和发动驻村帮扶单位 902 人次、村民 1065 人次，调动机械 101 台，清理村主道、巷道 185 千米，河道、沟渠 72570 延长米。同时、为建立村屯环境卫生整治长效机制，镇政府出台了《村级环境卫生管理制度》及《亮兵镇环境卫生综合整治工作考评办法》用于约束村级环境卫生的日常监督、管理，代表安图县迎接了州农村人居环境考核组的考评。推进河道垃圾清理工作。累计排查并清理生活垃圾 202 处 650 立方米，其中建筑垃圾 50 立方米，白色垃圾 20 立方米，畜禽粪便 60 处 30 立方米，对清理的生活垃圾全部运输到垃圾回收站，畜禽粪便及玉米秸秆等垃圾作为农家肥有效利用。亮兵镇累计调用钩机、铲车等大型机械设备 60 余台次，600 余人次参与到河道整治工作中，共计投入资金 17 万元。

【社会事业】 亮兵镇有初中 1 所、小学 3 所、幼儿园 1 所，教师总人数 80 人。镇内有卫生院 1 所，医疗服务所 12 个，医务人员 25 人。有客运站 1 个、文化站 1 个、图书室 13 个。镇内设有农村信用社，邮政局，农电所，全部为镇直事业单位。

【人民生活】 先后组织广场舞、秧歌、扇子舞、丰收节趣味运动会、全民阅读及乡土教育图片展等文体活动 60 多次，参与群众 1500 多人次。2019 年，开展了全镇校车行驶道路安全隐患排查，发现隐患，及时处理，确保校车安全行驶。申报全镇安全饮水工程实施项目，并定期对项目进度、质量等进行监督，保证全镇居民饮水安全。2019 年，全镇所有村屯的自来水合格率 100%。

【项目建设】 2019 年，实施基础设施类项目 5 个，总投资 153.6 万元。其中实施道路建设项目 1 个、路灯亮化项目 2 个、排水沟建设项目 1 个、残疾人日间照料站项目 1 个。产业项目近几年共投资 975 万元，实施了蔬菜大棚、食用菌大棚、委托经营等产业项目 10 个，各项目均能实现持续增收。

（元文泰）

石门镇

【概　况】 石门镇面积 322.3 平方千米，耕地面积 2714 公顷。下辖 1 个社区、9 个行政村、43 个自然屯。全镇总人口 9239 人。其中朝鲜族人口 6892 人、汉族人口 2347 人，农业人口 7440 人。2019 年，全镇经济总收入 8673 万元；农民人均纯收入 1.16 万元。

【农村产业化建设】 全镇各类经济作物种植面积 600 公顷。其中无公害水稻 350 公顷、蔬菜种植产业 72 公顷。种植食用菌 180 万袋。全镇黄牛存栏 6200 头，出栏 3500 头。

【乡村建设】 2019 年实施扶贫项目 14 个，总投资 716.08 万元，其中水利项目 1 个，涉及小流域治理 1 千米、护岸 1.6 千米；交通项目 5 个，涉及边沟 11 千米；公共服务设施项目 6 个，涉及路灯 756 盏；其他项目 2 个。实施东西部协作项目 3 个，为全镇 366 户贫困人口发放自主脱贫奖励

石门镇“卢城贡米”水稻种植产业项目

石门镇　提供

石门镇榆树川村危房改造项目　　　石门镇　提供

补助资金 19.9 万元；申请宁波捐赠资金 20 万元，用于崇山村围栏改造；协调对口乡镇溪口镇帮扶资金 30 万元，用于榆树川村村部建设。实施人居环境提升项目 3 个，总投资 147.6 万元，涉及围栏 9200 延长米、围墙 300 延长米、大门 6 座。

【第三产业】 全镇劳动力 4400 人，出国劳务人员 1600 人，进城从事第三产业和打工人员 530 人，年创收 5000 万元。全镇有饭店 7 家、商店 25 家、汽车农机修理部 3 家。镇内有商品农贸市场 1 个，主要经营副食、蔬菜、水果、日杂百货等。镇内设有邮政局、农村合作银行、养老院。镇内有水库 1 座、山庄 3 处。镇内建有粮油加工厂 10 个、采石场 2 个。

【社会事业】 全镇重点中学入学率 82%，小学入学率 100%。镇卫生院有医生 8 人、护士 5 人、病床 17 张。有村级卫生室 9 个。对全镇低保对象进行拉网式核查，开展农村低保家庭经济状况核查工作，开展大病救助、临时救助和慰问走访活动，共救助低保对象 27 户，救助困难群众 15 户。聘用专职保洁员 12 名，实行镇区街道"日清扫"制度和环境质量行政领导负责制。聘用生态护林员 82 名，加强防火、护林工作。打击非法侵占林地、毁林种参等行为，前期查处违法地块现已全部销号。选聘河道保洁员 27 名，县乡村各级河长巡河 450 余次，动员人力 120 余人次，出动大型机械 28 台班，清理各类垃圾 700 余立方米，清理河道 15.05 千米，投入资金 7.78 万元，推进农业面源污染整治，严格执行畜禽禁区和限养区制度，保护布尔哈通河及支流的水资源。开展各项文化活动 10 余次，参与人员 800 余人次，投入文化建设资金 120 余万元，农村文化大院、农家书屋、移动式舞台等实现行政村全覆盖。进一步建立健全村屯环境卫生整治长效管理机制，落实村屯环境综合整治目标。落实安全生产和信访责任制，完善应急管理体系，强化社会治安综合治理。两险参保率连续几年超过 98%。

【人民生活】 积极推进"互联网 +"现代农业，拓宽农产品营销渠道、增强市场竞争力，促进农业增效、农民增收。农民专业合作社发展到 45 家，专业农场和家庭农场发展到 30 家，土地规模经营面积达到 640 公顷。加快推广有机水稻种植技术，2019 年耕种 80 公顷有机水稻，建立有机水稻种植示范村 1 个。

【项目建设】 引进北京九鼎良种养殖有限公司，注册成立安图县义和园生态农业有限公司，开展综合生猪养殖项目。厂房选址建于石门镇镜城村西南侧，项目预计总投资 4.5 亿元，建设面积 8.4 公顷。已完成征地及场地平整，预计投产后年出栏生猪 10 万头；日产沼气 4 万立方米，提纯天然气 2 万立方米，年产生物肥 1.18 万吨，沼液肥 50.37 万吨，沼渣肥 3.43 万吨。五虎山旅游景区配套设施建设项目，该项目预算总投资 1289 万

石门酱文化旅游节　　　文广旅局　提供

元，争取中央预算内资金959万元，项目于6月动工建设，已拨付资金328万元，预计2020年9月完工。现已与吉林旺达通经贸有限公司达成合作，进行景区后续开发和管理。引进吉林上好集团，开发石门镇酱文化产业园项目，争取东西部配套资金380万元，用于园区的维修和酱生产厂房的装修改造。该项目已于10月完工，并开始试生产及产品推介，计划推出酱系列产品16种，可年产手工酱15万千克、酱菜20万千克。

（刘虹莹）

新合乡

【概　况】 新合乡位于北纬42°44′—43°01′，东经128°16′—128°48′。地处安图县中部，东与明月镇接壤，南与永庆乡、和龙市卧龙镇相连，西与万宝镇毗邻，北与敦化市大石头镇、马号乡交界。人民政府驻十骑村。总面积876.87平方千米。其中陆地806.87平方千米，占92%；水域70平方千米，占8%。全乡森林覆盖88.6%，林地面积77719公顷，天然草场6678.2公顷。境内自然资源丰富，野生树种有红松、红皮云杉、长白落叶松、水曲柳、紫椴等30多种；野生药用植物有人参、灵芝、黄芪、天麻、党参、元术等；野生食用植物有薇菜、蕨菜、猴子腿、广东菜等；野生菌类主要有元蘑、榛蘑、木耳、松茸等；野生动物有野猪、黑熊、狍子等。境内河道属松花江水系，有大小河流8条，其主要河流有古洞河、日照河。境内已探明地下矿藏有钼、金、铁、铜、大理石、泥炭等。全乡辖18个行政村，其中朝鲜族村1个。总人口6614人，其中汉族6110人、朝鲜族245人、满族186人、蒙古族21人、其他民族52人。农业户1777户，有农业人口5157人。人口出生率5.89‰，死亡率4.02‰。乡驻地距县城的明月镇47千米，距驰名中外的长白山主峰131千米，203省道横穿全境。有8个村坐落在公路两侧，是长白山旅游的必经之路。境内有北沟岭、大桥村等5个适合旅游开发的综合服务景点。2019年，全乡农村经济总收入1.58亿元，比2018年增长8.8%；农民人均纯收入1.53万元，比2018年增长9.5%。

新合乡寒葱沟村红色旅游产业项目

新合乡　提供

【农村产业化建设】 全乡有农村劳动力2620人，其中男劳动力1490人。全乡拥有农业机械总动力1.01万千瓦，大中型拖拉机508台。有塘坝8座。全乡农村用电量271.3万千瓦。“合作社＋农户”产业体系日趋成熟，经济效益逐步提高。全年新增家庭农场3个。大豆、玉米播种面积达到2097公顷，小杂粮254公顷，瓜果46.7公顷。

【乡村建设】 全年累计投入资金446.5万元，实施基础设施项目5个。其中投资101万元，建设完成小荒沟、大桥和十骑3个村太阳能路灯210盏；投资191.6万元，建设完成大荒沟和十骑2个村边沟4978延长米；投资153.9万元，实施十骑村堤防及清障工程。抓好镇区乱摆乱放、乱搭乱建和农村环境卫生整治工作，对全乡18个村进行绿化美化工程，及时清理垃圾杂物，使村屯环境得到提升。

【社会事业】 完善农村卫生体系，推进新型农村合作医疗，全年参保4342人；发放轮作补贴、农业支持保护补贴、大豆玉米生产者补贴和退耕还林补贴627.91万元；建立健全农村、城镇低保工作制度，累计发放低保资金211.68万元；开展册外地有偿使用款收缴工作，共收取使用款58.99万元；做好政府民生实事项目代表两票制工作，实施完成民生实事项目5个，5人联名建议项目1个；推进人口与计划生育工作，全乡政策生育率、人口出生率和自然增长率等各项指标全部完成；开展扫黑除恶专项斗争工作，召开专题会议13次，走访群众6000余人次，设置宣传展板174个，悬挂宣传横幅147条，发放扫黑除恶宣传单7200余份；落实安全生产责任制，安全生产形势稳定；认真做好来信来访的日常工作，共接待上访群众43次，调处、解决矛盾纠纷42件。做好重大会议期间的维稳工作，实现国家和省、州、县重点时间段非访人员零人次。

【脱贫攻坚】 全年脱贫146户241人，新合、吉房子2个村贫困村出列，实现全乡脱贫退出。“两不愁、三保障”全部完成。投资328.1万元，实施安全饮水项目18个，实现水质检测全部达标；实施C级危房维修改造40户、卫生厕所改造270户，所有贫困户住房经检验均达到安全住房要求；“雨露计划”一户不落，发放补助金额2.55万元。激发内生动力。推行庭院经济，已发放自主脱贫资金26.89万元，涉及贫困户396户。继续实施因户设岗，共设置岗位272个，涉及贫困人口200人，发放岗位工资11.07万元。贫困帮扶全面发力。持续开展大走访活动，全乡16个帮扶单位共走访入户6200余人次，解决难事284件，化解矛盾62件，帮扶单位直接投入资金28.5万元，物资折款143.22万元，资助贫困学生21人。

【生态治理】 抓重点领域污染防治，打击非法侵占林地种参行为，共清收还林129块48.64公顷。继续推进全乡环境综合整治工作，按照“两整”“三清”标准，共出动环境整治人员8800余人次，出动整治车辆1000余台次，清扫通村公路、村内巷道107.4千米，清理河道、沟渠6.84万延长米，割除路边杂草92.7千米，拆除破旧房屋33个，修整坏旧围栏1.27万延长米，栽种花草树木2.1万余株。创新开展实施“一会两榜三促”和“小小保洁员监督员”活动，共奖励农户1200余户，出动小小保洁员150余名，开展日常保洁监督600余次。同时，发挥妇联执委作用，成立巾帼脱贫突击攻坚队18个，发动妇联执委、妇女代表等490余人次，帮助150余户无劳动能力农户进行庭院卫生清扫。禁止秸秆焚烧，秸秆禁烧与综合利用工作扎实开展。2019年春、秋两季秸秆禁烧工作，以“不着一处火、不冒一处烟”为抓手，层层压实责任，实现全乡卫星监测零火点的目标。坚持“绿水青山就是金山银山”的理念不动摇，持续深化“河长制”，选聘河道保洁员30名，定期对河道进行巡查维护，全年累计巡河1290余次。

（张浩天）

万宝镇

【概　况】 万宝镇位于安图县西南部，长白山旅游公路沿线69千米处。全镇总面积757.83平方千米，耕地面积2300公顷。下辖1个社区、17个行政村，其中朝鲜族村4个。全镇总户数3328户，总人口9639人。其中贫困户804户、贫困人口1571人。2019年，实现3个贫困村（太平、东安、前进）退出和372户641名贫困人口脱贫。

【基层党建】 强化农村基层党组织领导核心地位，围绕抓党建促脱坚攻坚工作重点，加强农村基层党组织规范化建设。加强村级后备人才选拔培养，17个村储备后备人才119名。依托乡镇优秀青年农民学校，每年对村干部、入党积极分子等进行培训，举办党建培训班4次，培训141人。严格遵守党员发展程序，注重拓宽选育视野，2019年新发展党员22人，入党积极分子入库104人。推进村级组织活动场所规范化建设，实施“亮净美”专项行动和“光耀亮化”工程，“听党话、跟党走”标识全覆盖；实施“党员亮身份”行动，制作“共产党员户”挂牌423个，党员公开承诺400余条，联系农户800余户。落实村“两委”干部和村务监督委员会成员联审工作机制，排查出有前科劣迹村干部5人，补齐配强村干部5人。做好2019年度软弱涣散村党组织整顿提升工作，年初确定的江北村、共荣村、东安村3个软弱涣散村党组织如期实现转化升级。实施“双培养、双增强”工程，确定创业带富对象43名，党员干部培养对象60名。探索建立镇区中心村党委，覆盖共荣村、兴农村2个党支部，党员70人。依托发展壮大集体经济扶持资金和册外地有偿使用，实现村集体经济持续稳定增长，年收入超过5万元的村达到100%。

万宝镇开展“不忘初心·牢记使命”主题教育活动
万宝镇政府　提供

【主题教育】 把“不忘初心、牢记使命”主题教育作为2019年党建工作的龙头任务来抓，着力把学习教育、调查研究、检视问题、整改落实贯穿主题教育全过程。突出抓学习，提高认识。组织镇领导班子成员集中学习和自学交替进行，认真读原著、学原文、悟原理，开展党委理论中心组学习2次，集中研讨3次。开展革命传统教育、形势政策教育、先进典型教育、警示教育等7场次。突出抓问题，推动整改。镇领导班子成员围绕脱贫攻坚、农村人居环境整治、安全饮水等群众关心的问题，深入包保村屯调研走访，与近200名党员群众交谈，征求大家对热点问题的意见和建议，协调解决了镇区冬季取暖锅炉改造、江北新屯水质提升、古城村老旧房屋门窗改造等涉及群众切身利益的重点问题12个。

【党风廉政】 把严明政治纪律和政治规矩、严肃政治生活、落实政治责任作为监督执纪的重点内容，组织开展警示教育3次、集中学习2次、座谈会1次。落实中央八项规定精神，严肃查处违反规定问题，践行监督执纪“四种形态”，全年函询了结8件，初核了结3件。持续保持高压态势，对“顶风”违纪干部和腐败分子从严查处。全年立案4件，4名党员干部受到党纪处分。严格执行“三重一大”以及主要领导“五个不直接分管”等制度，强化对权力运行的监督制约。坚持“一案双查”，严肃追究责任，以实施问责倒逼基层党组织强化主体责任意识。2019年，对全镇40名村干部进行了提醒谈话。

【扫黑除恶】 将扫黑除恶纳入“平安建设”和从严治党、惩治腐败的重要内容，将扫黑除恶与依法治理、综合治理、系统治理相结合，扩大宣传，摸排线索。2019年以来，全镇发放扫黑除恶宣传漫画2000余份，进村入户进行线索摸排356次、走访群众2800余人次，出动宣传车辆7台次。

【美丽乡村】 集中开展村屯生活垃圾治理。根据“三清一改一建”5个方面24项任务，详细制定了全镇及各村人居环境整治台账清单，实行“一周一调度，一月一评比”农村生活垃圾清理机制，组织全镇17个村开展以村内街道、房前屋后、村屯周边、河道滩边为重点的各类垃圾清理活动20余次，共计发动人员2500余人次，参与部门30余个，投入大型机械100余台次，累计垃圾清运20余吨、河道清理20余条，河沟30余处，边沟2万余米，清理柴草垛150余个，清理村内道路120.6千米，投入资金30万余元，整治村屯17个，达到全覆盖。实施绿化美化亮化工程，完成全镇17个村绿化工、9个村亮化工程，新建、维修围栏78700延长米，惠及矿山、马趟岭、前进、江北、古城、太平、万宝7个村屯。开展“美丽庭院、干净人家”等卫生评比活动。引导和发动村民投工投劳拆除农村危旧房屋、治理私搭乱建、主动参与村屯环境卫生保洁，做好庭院杂物清理整治和庭院绿化美化建设。发挥各村“爱心超市”作用，为评选合格的农户发放“爱心券”，到本村“爱心超市”兑换生产生活用品，以奖代补，以奖促治。2019年，全镇有960余农户被评为“美丽庭院、干净人家”。

【社会事业】 落实新农合政策，累计补偿医药费377万元，惠及8387人次。加大贫困群体救助力度，发放救灾救助款物16.32万元，救济灾民418户。新审批农村低保户18户27人。发放农村贫困残疾人产业扶持项目补贴资金14.5万元，惠及113人。重视计生统计平台建设，确保计生家庭奖励政策落到实处，农村奖扶121人，发放补贴18万元，生育率100%。加快红旗民俗旅游开发项目建设，推动全域旅游加快发展。启动解决“无籍房”问题工作，重点解决万宝水灾楼80余户居民无法办理房产证的问题。支持文化体育事业发展，开展全镇文艺会演、广场舞大赛、“健康生活、悦动吉林”乒乓球和排球比赛等活动。构建新时代民族关系，多形式开展民族团结进步宣传活动。强化宗教活动的安全管理，加大对非法宗教活动打击力度。推行河长制，对古洞河、万宝河等域内8条重点河流实行分级分段管理，选聘河道保洁员28人，组织镇级河长巡河150余次，村级河长巡河360余次。落实中央环保督察整改工作要求，禁止秸秆焚烧。深化保护和发展森林资源目标责任制管理，完成植树造林、造林补植165.69公顷。重视食品药品安全，强化农资市场和食品药品安全检查。及时对使用餐厨垃圾（泔水）饲喂生猪进行清理整顿，加大“非洲猪瘟”疫情防范工作力度。加强社会维稳工作，维护社会和谐稳定。严格安全生产监管，组织开展交通安全检查和消防安全隐患排查行动，对中小学校、幼儿园、社会福利院等“两小一老”人员密集场所和非煤矿山、建筑施工企业等开展系列隐患排查、专项整治行动。

万宝镇新兴村手工编织加工厂项目
县直机关党工委　提供

【脱贫攻坚】 重点推进了农村基础设施项目建设。投资826.4万元，实施基础设施项目16个，新改扩建农村硬化路1.2千米，改建通村桥梁1座，改扩建排水设施10千米，安装亮化设施786套。落实各项扶贫政策。选聘76名贫困户担任生态护林员和河道保洁员，年人均增收8000元以上；“一张网”兜底保障全面实施，惠及贫困人口771名；新农合减免政策全面开展，惠及贫困人口1571名，减免新农合参保资金17余万元；教育扶贫政策全面落实，完善了贫困学生台账，对符合“九免十补一奖一贷”的163名贫困学生全部纳入，与17个村签订“雨露计划”责任书，发放“雨露计划”补助3.35万元，域外贫困学生补助资金2万元；小额授信评级工作如期完成，惠及贫困户804户，已有55名贫困群众贷款，贷款金额达237.5万元；推广“爱心超市”“因户设岗”等系列脱贫举措。另外，还开展了“基础工作大整改”“人居环境大提升”“包保帮扶大走访”等基础性工作。组织广大干部经常深入脱贫攻坚第一线，开展与贫困村、贫困户结对帮扶活动。

【获得荣誉】万宝镇被授予“全州文明乡镇”“全县连续40年无重大森林火灾模范单位”“安图县关心下一代工作先进集体”“2018年度卫生健康工作先进集体”等荣誉称号；万宝镇文化站被评为“吉林省一级乡镇综合文化站”；万宝镇红旗村被授予“2016—2018年度全省文明村”荣誉称号；万宝镇古洞河被授予“吉林最美生态河流”荣誉称号。

（刘思超）

永庆乡

【概　况】永庆乡位于安图县西南部，地处北纬42°37′—42°51′，东经128°06′—128°35′。东邻和龙市卧龙乡，南接松江镇，西邻两江镇，北靠万宝镇、新合乡。南北长30千米，东西宽60.5千米，面积459.85平方千米。全乡辖17个行政村，19个自然屯。总人口9785人，其中汉族8705人、朝鲜族899人、满族141人、回族15人、其他民族25人。农业户1798户，农业人口6045人。全乡有劳动力4069人，其中男性2213人、女性1856人。人口出生率6.4‰，死亡率7.59‰，人口自然增长率-5.01‰。乡域气候温良湿润，年平均气温3.4℃，有效积温2200℃—2400℃，无霜期100—125天，年平均降水量520—540毫米，6—9月降水较为集中。全乡在册耕地3360公顷，其中旱田3350公顷，水田10公顷。乡境林业资源丰富，森林面积3.82万公顷，占行政区域的83.1%，活立木蓄量为60.5万平方米，草原面积为1150公顷，有各类植物2300余种，其中药用植物240多种，野生动物有梅花鹿、林蛙、狍子、野猪等。矿产主要有煤、金、铁、大理石、独具石、浮石等。2020年，全乡农村经济总收入达到1.3亿元，同比增长8%；农民人均纯收入1.56万元，同比增长9%。

【农　业】“合作社＋农户”产业体系日趋成熟，经济效益逐步提高。全年新增家庭农场6个。全乡种植高效经济作物355公顷，其中种植蓝靛果5.4公顷、黑果4.46公顷、地栽木耳80万袋、大田人参50公顷。引导农户发展以黄牛、生猪为主的畜禽产业，2019年，全乡牛存栏4000余头。成立电商服务中心，加速互联网与乡村商业综合平台日趋融合。

【乡村建设】创新开展实施“六字工作法”。以“率、带、教、帮、管、评”为原则，要求各村分包划片建立环境卫生管理机制，各村村干部、党员以身作则，率先行动，积极动员宣传，扶残帮弱，并相应建立评比、奖惩机制，实现庭院卫生整治常态化。累计帮助无劳动能力的农户51户、空房户109户；开展全乡游走评比活动2次，评选先进村9个。继续推进全乡环境综合整治。按照“两整”“三清”标准，共出动环境整治人员5000余人次，出动整治车辆1274余台次，清理通村公路、村内巷道106.414千米，清理河道、沟渠43.5千米，拆除破旧房屋53个，修整和新建围栏57180延长米，栽种花草树木4.1万余株。投入资金260.7万元，在乡驻地两侧人行道铺设玄武岩方砖9437平方米，分划停车位100余个。动员巾帼力量，共建美丽家园。动员广大妇女群众力量，依托妇联创建美丽庭院、干净人家相关要求，推动庭院卫生整治，共创建美丽庭院60户，干净人家110户。

【脱贫攻坚】贯彻落实习近平总书记“六个精准”要求，将“精准”贯穿工作始终，推进数据补录和年底动态调整工作。督导检查问题整改。对照中央脱贫攻坚专项巡视、国家脱贫攻坚成效考核及国家脱贫攻坚巡查反馈问题涉及乡镇的57个问题，逐条逐项进行分工，明确主体责任，加强问题整改责任制，建立整改台账，实现整改任务清零见底。项目建设。继续加强产业化项目的运营监管。2019年产业化项目共实现收益59.69万元，分配14.7万元，贫困户人均分红增收约

540元。制定产业扶贫规划，设立产业指导员52人，定期对贫困户产业发展进行走访指导。自主脱贫。全年争取东西部协作援助资金21.19万元，用于奖励自主脱贫。新增村内环境保洁员、政策宣传员等公益岗位8个，发放贫困人口岗位工资22.12万元。贫困帮扶。全乡26名贫困学生实现了义务教育阶段费用减免，贫困学生25人次享受"雨露计划"补助资金3.75万元；贫困群众医保、养老保险参保率100%；完成384户贫困户小额信贷评级授信工作，发放贷款62万元；申请东西部协助资金8万元，用于购买残疾人日常生活用品及康复器材；投入资金37.56万元，用于农村安全饮水巩固提升工程；举办各类培训班10期。创新帮扶。创新实行乡党政领导驻村工作责任制，全员下沉，吃住在村，确保每周至少3个工作日全部驻村工作。全乡各级干部共走访入户1939人次，解决难事64件，化解矛盾23件；帮扶单位直接投入财物222.98万元，其中物资折款69.75万元。全年实现减贫99户163人，贫困发生率降为零，通过贫困县摘帽州级初验。

【基础设施建设】 争取资金537.56万元，实施基础设施项目10个，其中排水边沟项目4个、农桥项目4个、道路项目2个。排水边沟项目。投入资金71.44万元，新建春光村道路排水2892米；投入资金33.26万元，新建高城村道路排水1556米；投入资金14.53万元，新建富沟村道路排水525米；投入资金8.41万元，新建清山村U形槽245米。农桥项目。投入资金48.21万元，新建高登村6米长农桥1座；投入资金83.91万元，新建春光村盖板涵、桥6座；投入资金83.91万元，新建富沟村10米长农桥1座；投入资金71.6万元，新建腰团村10米长农桥1座。道路项目。投入资金18.4万元，新建金盛村巷道水泥路268米；投入资金64万元，新建腰团村水泥路856米。2019年已开工进场9个项目，剩余1个项目近期开工。玄武岩项目。投入资金260万元，实施镇区主路两侧路面玄武岩铺装。残疾人日间照料站项目。永庆乡已完成扶贫部门项目请示，计划实施金盛村、高登村、江湾村、柳树村4个贫困村残疾人日间照料站项目，共申请资金8万元。

【社会事业】 完善农村卫生体系，推进城乡居民医疗保险。全年参保3689人，其中享受待遇1348人；发放轮作补贴149万元、农业支持保护补贴375万元、大豆玉米生产者补贴413万元和退耕还林补贴25.29万元；建立健全农村、城乡低保工作制度。累计发放低保资金141.6万元；做好政府民生实事项目两票制推进工作，实施民生实事工程项目5个。小学、初中入学率100%，小学升学率100%，初中升学率98%；计划生育政策生育率99%。中心学校是九年一贯制学校，小学在校生468人，初中在校生294人，有教职工92人，小学适龄儿童入学率100%，巩固率100%，毕业率100%，升学率95%，体育达标率100%。全乡有中心幼儿园1所，个体幼儿园2所，在园儿童人数105人，幼儿教师12人。全乡有中心卫生院1所，有卫生工作人员17人，村卫生所15所，村医15人。强化安全生产工作，开展系列排查隐患、专项整治活动。落实防火防汛工作，实行领导干部24小时开机，乡政府24小时值班制度，同时成立应急工作领导小组，下发应急预案，全年举办大型防汛演练7场，防震、防火演练2场。

【农机交通】 全乡拥有大中型农用拖拉机1467台，各类运营汽车118辆，其中载客汽车和出租车52辆，载货汽车77辆。

【商 业】 全乡商业（餐饮、服务业）网点930个，从业人员203人，实现社会商品零售总额3371万元。

【劳务输出】 出国劳务人员267人，进城从事第三产业和打工流动的人员达4009人，年创收3549万元。

【旅游业】 东清自驾车营地和休闲山庄。年接待游客10.6万人次，旅游等相关产业实现经济总收入1420万元。

【党建工作】 夯实党建主体责任。全年召开党委会议20次、研究党建工作28次、研究解决实际问题28个。扎实推进主题教育。聚焦“守初心、担使命、找差距、抓落实”总要求，把学习教育、调查研究、检视问题、整改落实贯穿始终。共撰写调研报告12篇、征求意见建议19个、查摆问题56个，已全部整改完成。加强基层党组织建设。推进村级组织活动场所规范化建设，实施“亮净美”专项行动，“听党话、跟党走”标识全覆盖；做好2019年度软弱涣散村党组织整顿提升工作，软弱涣散村党组织如期实现转化升级；实施“双培养、双增强”工程，探索建立永庆乡“柳清江”中心村党委；依托发展壮大集体经济扶持资金和册外地有偿使用，实现村集体经济持续稳定增长；加强村级后备人才选拔培养，17个村储备后备人才119名；新发展党员23人，入党积极分子入库108人。深化党风廉政建设。坚持把查办案件作为党风廉政建设和反腐败工作的重中之重，制定出台《永庆乡扶贫领域腐败和作风问题专项治理工作方案》。组织相关工作人员继续深入村屯开展摸排，收集扶贫领域和涉黑涉恶问题线索。共摸排村主要负责人28人，发现问题线索2件，已上报县纪委并已完成初核。2019年，乡纪委共立案4件，谈话函询1件，初核了结1件，已全部办结。给予4名党员相应的党纪处分，共收缴违纪款人民币6891.53元。抓好党建促脱贫。全年研究落实工作任务27项。持续推进“双五”“三亮一比一评”“支部连支部共建促脱贫”等主题活动。做实做好“第一书记”代言活动，增加贫困户收入，壮大村集体经济。

【社会稳定】 聚焦脱贫攻坚、生态环保等重点领域，建立乡、村、民三级案件线索排查体系，完成农村领域涉黑涉恶风险评估台账。17个行政村实现辅警全覆盖。成立普法讲师团，开展送法律到村活动22次。推进社会矛盾化解，提供法律服务123次，调处17件，调处率98%。加班值守，维护新中国成立70周年大庆期间的安全保障。落实安全生产责任制，依法整治非煤矿山、建筑消防、食品药品等重点领域的安全问题，实现安全生产零事故，食品药品案件零发生，全年无重大森林火灾事故。

【精神文明建设】 重视理论学习教育。2019年，乡党委召开3次专题议党会议，开展党委理论中心组学习3次，各支部组织党员开展集中学习200余次，开展讨论70余次，领导干部带头讲党课23次，支部书记讲党课34次，培训各基层党支部书记3次。加大宣传力度。全年在州县各类媒体和刊物发布信息60余条，被省级以上媒体单位采用7条。开展群众性精神文明建设。开展“不忘初心、牢记使命”主题教育，倡导做优秀党员，宣扬互助、诚信、孝老之风，以“魅力乡村”、安图好人等评选活动为载体，积极挖掘、培树出永庆乡爱岗敬业、诚信友善、见义勇为、孝老爱亲、助人为乐等模范代表，在主要沿线村屯进行张榜公示。发展文化事业。建立富强文化广场，提升村民业余文化生活。开展各类群众性文化活动。2019年举办全民阅读活动、广场舞比赛、万人长跑、脱贫攻坚知识竞赛、“不忘初心、牢记使命”演讲比赛等文化活动14次。

（任雯弘）

松江镇

【概　况】 松江镇位于长白山腹地，安图县南部。距县城110千米，长白山87千米。面积1396.44平方千米，耕地面积8873公顷，林地116017公顷，草原1261公顷，水域面积2118公顷。松江镇下辖41个行政村、1个社区。户籍人口10529户30010（29995）人，常驻27514人。其中农业人口21881人，占人口总数的73%；社区人口8129人，占人口总数的27%。全镇在册耕地6362公顷。全境林地面21878.96公顷。松江林地面积5677.36公顷，非林地面积4842.22公顷，覆盖率32.2%；三道林地面积1337.72公顷，非林地面积1319.49公顷，覆盖率28.2%；小沙河林地面积4690.08公顷，非林地面积4012.09公顷，覆盖率24.8%。

【脱贫攻坚】“三类人群”减贫措施实施情况。2019年度动态调整工作后，共有9户18人未脱贫退出，严格落实“一人一策”攻坚举措，实行县级领导、包保单位主要领导、乡镇领导、村班子负责人五级包保责任制。落实未脱贫人口补助资金项目，在征求本人同意的情况下，其中2户实施了山羊的养殖繁育项目，剩余7户均委托给村内大户经营，用于发展生产。针对2户养殖户，安排2名畜牧动检站科员为产业指导员，定期对养殖情况给予技术指导，预计每年每户可获得收益近1000元。“两不愁、三保障”及各项指标完成情况。安全饮水方面。按照《安图县农村饮水安全工程运行管理办法》（安政发〔2019〕46号）文件要求，配备集中供水管护员，专门负责农村供水工程的日常管理工作，全镇41个行政村均能满足安全饮水。教育保障方面。全镇现有建档立卡贫困学生152人，其中学龄前儿童6人，幼儿园4人，小学生52人（送学1人），初中学生35人，高中16人，中职15人，大专6人，大学16人，研究生2人。2019年享受“雨露计划”学生25人，发放补助5.85万元。医疗保障方面。松江镇2019年有村医34人，村卫生室37所（板石村、东风村、永丰村、松江屯村为镇中村，与镇卫生院合用）。累计完成1129户贫困群众慢病证办理工作，为124名群众提供大病救助，实现1893名贫困户医疗保险全覆盖，并享受医疗支出减免政策。住房保障方面。2019年，危房改造34户，其中C级6户（贫困户6户）、D级28户（贫困户21户）。产业项目情况。松花村冷棚建设项目，总投资69.1万元，11月27日完成竣工验收，大棚已对外发包，乙方已支付10万元保底收益款。生态农业园建设项目，总投资1000万元，为东西部对口帮扶资金，11月27日完成竣工验收。

光伏发电项目（松江镇场地）
县直机关党工委　提供

松江镇黄泥村黑猪养殖产业项目
县直机关党工委　提供

【基础设施建设】全年争取扶贫资金5923.3万元，实施基础设施项目46个，惠及32个行政村、贫困户912户1652人。其中交通项目33个、水利设施1个、其他项目12个，包括新建道路27744米，边沟74946米，堤防151米，桥梁1座，路灯1390盏，年末实现行政村边沟、路灯“全覆盖”。

【乡村建设】为做好春灌工作，对南道、北道、松花、小沙河、兴隆4个村的水渠、临时拦河坝及排涵进行清淤维修，共投入8个台班3万元，清渠6000余米，涵管更换1处，渠道抛石护坡20米。河长制工作。松江镇补录的22名保洁员，开展了河道清“四乱”活动，清理河道垃圾上半年动用7钩机，70多台车辆，出动368多人次，外运垃圾300多吨。河道管理。查处违法采砂10多起，协助水利局多次对镇内的砂场进行了联合检查。松江镇成立“十大战区突击队”并组织各战区内行政村开展环境卫生大会战。镇领导班子成员任突击队队长，带领包村干部住村，组织村干部及驻村干部带领村内党员、因户设岗村民等共同开展环境卫生整治工作。重点对村内主干道、河道以及农户房前屋后和废弃农膜、杂草、纸屑、塑料袋及其他废弃物进行清理。全年栽种各种绿化树54706棵，绿化长度124720延长米，栽种花卉90400延长米，新建围墙2000延长米，新建围栏126150延长米，拆除废旧房屋248座，拆除仓房、棚架、禽畜棚舍等105座。开展创建“美丽庭院、干净人家”活动。截至10月，评选“美丽庭院、干净人家”建档户314户，其中美丽庭院90户、干净人家210户，各村表彰美丽庭院、干净人家典型共123户。利用1个月的时间对各村美丽庭院、干净人家创建情况进行了检查评比，选出了5户美丽庭院创建标兵和20户干净人家创建标兵户。

【社会事业】 重点对全镇农村低保专项整治，通过家庭收入信息核查、村民主评议、张榜公示等方式，对全镇1601人户原低保户进行清理。截至2019年末，共清退227户328人，渐退652户974人。全镇特困人群供养已纳入动态化管理，共有132名分散特困供养对象，人均基本生活标准480元/月。救助金1000元以下（含1000元）的，共受理急难型救助4例，支出型救助11例，共计支付救助金12000元。困境儿童申请慈善救助13例，有5名孤儿送到省孤儿学校就学，春节前对100名重点优抚对象、城乡低保户、城乡特困人群中的特困家庭进行了慰问，对6名在本镇流浪乞讨人员实施救助。办理残疾人重度补贴85名，困难补贴190名。对部分农村建档立卡的贫困重度残疾人，实施了残疾人无障碍改造，惠及18户，每户4000元，合计惠农补贴资金72000元。全镇共享受85—89岁敬老金人员162人，90—99岁54人，百岁老人3人，敬老金发放327700元，已全部打入符合群众的银行卡中。全年农村合作医疗参加人数20959人，贫困户全部参保。就业和社保工作。采集12581人的年度劳动力资源信息，完善更新金保工程数据。劳动力转移总数2669人，其中省内1434人、省外855人、境外380人。办理制度医保保险卡87人。办理城乡居民养老保险人总数14400余人，其中享受待遇人员4457人，新参保300余人，完成续保率90%以上。动员贫困劳动力9人13人次赴浙江奉化和珲春九台务工，组织贫困户和致富带头人培训38人次。积极开展春风行动送岗下乡就业扶贫宣传活动，组织招聘会2次，送岗下乡6次，累计发放宣传资料900多份。

【农　业】 全年办理拖拉机年检1268台，培训农机驾驶员98人，发放农机补贴126台（套），深松地950公顷；推广新农机具，主要是免耕机，共66台。3月，对秸秆禁烧、离田工作进行统一安排部署，镇政府对秸秆禁烧、离田工作负总责，各村承担秸秆禁烧、工作直接责任。10月，利用两个大集日进行全镇的秸秆禁烧、离田宣传。出动宣传人员100多人，发放“致农民朋友的一封信”秸秆禁烧宣传单5000多份，悬挂宣传标语条幅100多条。全年玉米播种面积10180公顷，大约产生玉米秸秆量7.5万吨，大豆种植面积4504公顷。产生8370吨的秸秆。机械还田3000吨，被各自农户拉回家做引柴用了的大约5000吨。水稻播种面积204公顷。产生秸秆量1570吨，农户自家基本用于喂牛。

【林　业】 还林情况。全年林地清收还林工作任务是107公顷，苗木成活率85%以上，造林地块184.15公顷，其中营造乔木林142.52公顷，其他经济林41.63公顷。参地整改已基本结束，全面完成起参、造林整改地块366块156.85公顷，现地起参、需重新造林60块18.48公顷。

采伐情况。采伐面积31.2312公顷（高铁占地采伐27.3412公顷），抚育面积0.18公顷。生态护林员管护情况。严格执行《安图县建档立卡生态护林员管理办法》，组织完成了75名生态护林员资格审核、体检、上报工作，建立个人档案。组织生态护林员召开工作例会，组织护林员参加护林防火、清山清套和专项行动，不定时抽检护林员在岗情况并做好登记，合同到期将和村委会一起对护林员工作情况进行综合考核。村屯绿化情况。完成了8个村屯的绿化设计和上报工作，配合林业局完成村屯和公路绿化验收，向上级部门申请绿化资金15万元。森林防火工作。组织召开森林防火会议，进行全镇防火工作部署。值班人员坚守工作岗位，遵守值班制度。车辆、设备保证运行畅通，保持随时待命状态。在公路沿线、村屯道口共张贴森林防火公告50张，建立宣传旗阵4个，总长度1500米，挂旗300面。行政执法。共查处12起私开林地林政案件，行政处罚12人，收缴罚金4.6139万元，已上缴财政；移交林业公安2起刑事案件，涉案人2人。野生动物损害农作物赔偿方面。野猪损害玉米案件调查工作，历经26天，涉及21个村、270户农户，核实面积45公顷。发放2017年野猪损害玉米赔偿金额9.36万元。病虫害防治工作。完成落叶松毛虫调查面积2593公顷，发现分布面积1898公顷，发生面积520公顷，协调经营户和林业局对集中林地进行喷药处理，建立调查档案并上报检疫科。专项行动开展情况。松江镇历史违法违规地块446块地，2019年整改基本结束；站加大罚款追缴力度，行政案件完结35起，追缴罚款66.88万元，已全部上缴林业局。10月先后组织了“铲除违规间作高棵作物专项行动”“打击毁林种参专项行动”，组织人力铲除违规高科作物140公顷，拆除参棚6.42公顷。11月开展“今冬明春打击破坏森林资源专项行动”，悬挂条幅41面，张贴有偿举报公告书40张，散发宣传挂历2000张。

【党建工作】 学习教育。持续推动“两学一做”常态化制度化，开展“不忘初心、牢记使命”主题教育，全年开展学习交流820余次。依托“新时代文明实践站”教育主阵地作用，领导干部带头讲党课、支部书记讲党课、第一书记讲党课、驻村工作队队长讲党课，全年累计讲党课1100余次。同时固定每月10日为主题党日。基层组织建设。深入实施“双培养、双增强”工程，将农村党员干部培养成致富带头人52名，将农村优秀致富人才培养成党员干部46名（2019年从致富能手中发展党员28名）。集中整顿软弱涣散村党组织，完成5个软弱涣散村党组织整顿提升工作。贯彻执行州委《关于进一步加强村级党组织建设的意见》和县委《新时期安图县加强村级党组织建设“五聚焦五确保”27条工作措施》，选派6名返乡创业人员到村任职村党支部副书记或村主任助理，公开招聘4名村务岗人员到村任职。选优配强“两委”班子，调整撤换村党支部书记12人。清理受过刑事处罚村“两委”干部4名，已全部选优配齐。完善村级后备干部队伍建设，按照正职一职二备、副职一职一备要求，全镇共有村级后备干部293名。党员管理。实施农村在家党员“一亮一诺一述一评”四个一工作法暨亮身份、作承诺、月述职、年评议。严把发展党员“入口关”，全年发展党员52名，完成2018年党员转正和2019年发展党员部门联审及谈话工作，确保每村至少2名积极分子。驻村帮扶管理。严格落实《松江镇第一书记考核办法》《驻村工作制度》《第一书记请销假管理制度》等规定，强化第一书记和驻村工作队管理，开展好第一书记代言活动。发布《脱贫攻坚每日快讯》178期，用好“1带8”系列文件，组织召开“月例会”和“季度报告会议”，召开驻村干部会议25次。深入开展“三亮一比一评”“支部连支部共建促脱贫”等主题活动，组织开展“三个一感恩

基层组织建设　　　　县直机关党工委　提供

教育”“周末爱心课堂”等扶志活动。村集体经济发展。根据每个村实际情况，发展适合本村的产业项目。集体经济收入超过5万元以上的村27个，超过10万以上的村14个。同时，利用好50万元的发展壮大村级集体经济专项扶持资金，将松花村、新建村和沙金沟村打造成松江镇特色示范村。宣传工作。研究制订《党委理论学习中心组2019年度学习计划》和《机关干部学习计划》，将党的十九大精神、习近平总书记重要讲话精神以及意识形态相关文件精神纳入理论中心组学习、机关干部学习重要内容，组织党委理论学习中心组学习20次、机关干部学习15次。对外宣传报道。紧紧围绕脱贫攻坚、基层党建、环境整治等当前重点工作开展宣传报道，2019年以来累计上报图文信息130余条，分别在中央、省、州、县各级媒体刊登发表。加强镇村两级文明实践活动阵地建设。利用镇级新时代文明实践所开展政策宣讲、文化活动等系列活动20余次，组织各行政村依托村级新时代文明实践站开展系列活动500余次。

【社会稳定】 平安建设。开展“平安松江”活动。派出4名公安协警加强校园周边从重点路段的巡逻执勤，保障学校正常教学秩序。铁路护路工作。成立了由司法、公安和铁路护路办为成员单位的铁路护路小组，与铁路沿线成员单位、各中小学校、各村屯一把手、包村干部签订了责任状。到铁路沿线的村屯察看、走村串户，特别对三道白河村、三道村、松岭村的养牛、养羊大户进行走访、宣传教育。利用万人大集日等有利条件开展宣传铁路法律法规活动，发放各种宣传单2000余份。诉求中心工作。成立了镇民事民议工作站，建立了评理、说事、谏言‘三位一体’模式。通过组织推荐、自荐、公示等程序，从各村、社区和涉农站所中挑选出有工作能力的支部书记、村民代表、站（所）长等50人担任民事调解员，承担矛盾纠纷调解和民事民议的工作职能。信访接待。矛盾纠纷排查化解情况登记共11例，群体访（隐患）事件中带头上访人员情况登记共5人。吉林省网上信访信息系统机构待办件8件。全年共接访人数达87人次。共办理答复8件。实行领导下来接访及各站办所到接待室进行答复和办理。扫黑除恶专项斗争工作。全年共召开各类扫黑除恶专项斗争会议5次。利用机关干部集中学习等，组织全镇干部职工进行扫黑除恶应知应会知识培训。并先后2次组织机关干部进行了扫黑除恶专项斗争知识测试。开展专项宣传2次，安装大型宣传展板2块，制作展板84个，悬挂扫宣传条幅标语82条，发放传单5500张，发送微信、短信72条，张贴公告、漫画105幅，开展各类宣传活动4次。开展拉网式、滚动式、回头式线索摸排3轮。针对基层党组织建设，制定了软弱涣散基层党组织整改方案，建立了软弱涣散基层党组织整改工作台账。对现任的村“三委”班子成员进行排查，防止不符合村干部条件的人进入村“三委”班子。共调整了2名村支部书记。2019年，松江镇共破获4起九类案件，其中，敲诈勒索2件，开设赌场1件，毁坏公共财物1件。防范打击非法集资工作。全年未发现非法集资相关线索及事件。利用万人大集日在群众集散地悬挂防范打击非法集资横幅5幅，发放宣传资料300张、折页200份、宣传袋100份。禁毒整治工作。全镇共张贴禁毒的宣传挂图41份，标语45条，发放宣传资料5000余份。借助松江镇中学为县级禁毒教育示范学校为平台，作2次禁毒知识讲座。

（贾秋云）

两江镇

【概　况】 两江镇面积506平方千米，耕地面积4804公顷。下辖2个社区、12个行政村、19个自然屯。2019年总人口1.46万人，其中汉族人口1.35万人、朝鲜族人口224人，农业人口1.02万人。出生率2.91‰，自然增长率-4.13‰，死亡率0.07‰。2019年，全镇工农业总产值3.8亿元，比2018年增长5.1%；农村经济总收入1.8亿元，比2018年增长8%；农民人均纯收入1.37万元，比2018年增长4.8%。

【农村产业化建设】 粮食作物播种面积为7325公顷。其中，玉米播种面积为2917公顷，大豆播种面积为2457公顷，薯类3.6公顷，高粱12公顷，苏子843公顷，红小豆213公顷，其他作物879.4公顷。养殖业产业化方面，猪存栏2350头、牛2200头、羊600只，蜜蜂4000群（箱），各类牧业小区5个。发展壮大各类专业合作组织，全镇发展专业合作社95个，专业农场16家，家庭农场84家。

【乡村建设】 重点关注群众出行、生活、环境整体提升等民生工程。投入基础设施资金410万元，在东江、西江、石人沟、大兴川等村屯实施基础设施项目6个，建设通村桥涵2座、排水边沟4676米、路灯439盏。投入安全饮水巩固提升工程资金700万元，实施大兴川、汉阳、石人沟、北大阴子等8个村屯的安全饮水巩固提升工程10处，铺设供水管网3.8万米，建设泵站等附属设施37座，镇内12个村屯生活用水水质、水量全面达标，惠及群众5000人。架设光缆15千米，建设移动通信基站1座，解决永红村通信问题。

【第三产业】 2019年，新增就业300人，劳务输出2651人。全镇有旅馆11家，饭店13家，商店19家，社会服务20家。商品农贸市场1个，主要经营副食、蔬菜、水果、日杂百货等。镇内设有邮政局、邮政储蓄银行、农商银行、有线电视管理站。镇内有水力发电站5家，沙场5个，粮油加工厂8个，采石场3个，采矿业2家。

【社会事业】 全镇重点高中升学率42%，初中入学率100%，小学入学率100%。镇内有两江镇中学、两江镇中心小学、大兴川学校、两江镇中心幼儿园、四岔子幼儿园，教职工167人。其中，初级职称71人、中级职称30人、高级职称26人、未晋职称40人。镇卫生院有医生6人、护士6人、病床24张、村级卫生所12个。

【人民生活】 2019年，镇村人均住房面积26平方米。全镇参加养老保险人员6346人，其中享受退休待遇2879人，续保率90%。参加新型农村合作医疗人员9569人。全年发放各项补贴1394.63万元。其中，农业支持保护补贴426.7万元，清收林地25万元，退耕还林13.48万元，玉米、大豆、稻谷生产者补贴756.75万元，野生动物损害补偿4.4万元，轮作补贴168.3万元。镇内有敬老院1所，有23位老人在院安度晚年。

【项目建设】 大兴川电站项目集中安置点、电力、通信、路桥等工程全部完成。西江电站项目发电厂房及线路架设等工程全部完工，顺利投入试运行。龙蒲高速（两江段）按计划完成主体工程90%。飞达石材项目完成表土剥离方案设计。按照《两江镇全域旅游规划》，建设完成永红村

雪山湖文化旅游节1　　两江镇政府　提供

雪山湖文化旅游节 2　　　　文广旅局　提供

游客服务中心、白河村卫生厕所等配套设施。对外推介六人沟摄影基地、永红峡谷公园等乡村旅游景点。

【获得荣誉】 1月，两江镇被县委、县政府评为2018年度绩效考核优胜奖。2月，两江镇被省精神文明建设指导委员会评为2016—2018年度全省文明村镇；两江镇被县驻村干部党委评为先进驻村干部党支部。3月，两江镇被县政府评为连续40年无重大森林火灾先进集体；两江镇卫生院被县政府评为2018年度卫生健康工作先进集体。6月，两江镇重大项目推进工作受到县委、县政府A3类通报表扬。8月，两江镇司法所被省司法厅、省人社厅评为全省司法行政系统先进集体；两江镇汉阳村被中共吉林省委乡村振兴领导办公室评为全省“百村引领千村示范”示范村。9月，两江镇被县委、县政府评为中国安图第二届矿泉水文化旅游节先进单位。11月，两江镇被延边州文明委评为全州文明乡镇；两江镇汉阳村被延边州文明委评为全州文明乡村；两江镇石人沟村被延边州司法局、州民政局评为州级民主法治示范村。

（王学刚）

二道白河镇

【概　况】 二道白河镇位于县域西南部，是进出长白山的门户，南邻朝鲜民主主义人民共和国，北邻松江镇，东邻和龙市，西邻抚松县，行政区域面积1986.95平方千米。森林覆盖率94%，是全县唯一的边境乡镇，边境线长36.7千米，距双目峰边境65千米，境内有全州唯一的对朝陆路口岸——双目峰口岸。镇域内有长白山管委会、白河林业局、公安边防武警等多家省州垂直单位。辖8个行政村（边境村2个、少数民族特色村寨1个），社区1个，在册农业人口2170户6285人，少数民族占总人口的5.7%。镇内水域为“三江之源”，水资源丰富，品质优良，素有“矿泉水之乡”的美誉。2014年二道白河镇被列入国家新型城镇化综合试点镇；2017年被认定为第二批全国特色小镇。

【农村产业化建设】 依托长白山资源优势和气候特色，发展食用菌、蓝莓、反季蔬菜等产业。依托长胜村食用菌基地，带动周边村屯大力发展食用菌种植产业，注册“讷殷部”商标，并利用安图县商标库已有的“安图木耳”地理标志商标，对长胜村的黑木耳体系特点进行重新认证，指定授权长胜村木耳使用长白山的地理标志商标。建设了“重走抗联路”“朝鲜族民俗”2条旅游路线及抗日游击根据地纪念馆和作战指挥处等红色景点，奶头山风景区获批为国家AA级景区，年接待游客近15万人次。

二道镇长胜村食用菌项目验收
县直机关党工委　提供

【乡村建设】 2019年重点实施基础设施项目28

个（全口径），总投资6141.32万元。宝马村边沟、铁北村路灯等27个项目已竣工，长白村自来水管线迁改工程稳步推进。环境整治持续加力。持续推进农村人居环境三年攻坚行动，继续实施“村收集、镇转运”农村垃圾常态化管理模式，初步形成了政府主导、企业服务、村级主抓、农户配合的多方合力常态化环境治理体系。深入开展环境综合整治行动，出动人员2000余人次，清理垃圾5000余立方米。试点建设长胜村整村污水整治项目，逐步走出一条再生资源利用与无害化处理的生态之路。严格落实“河长制”，深入开展河湖“清四乱”活动。积极开展“美丽庭院、干净人家”创建活动。深入开展农村危旧房屋拆除工作，年内拆除危旧房屋45户51栋。做好卫生厕所整改工作。积极推进秸秆离田及综合利用，全面禁止秸秆焚烧。

【第三产业】 依托长白山旅游发展优势，创建休闲农业、乡村旅游、体育休闲小镇等特色品牌，打造自然生态、民俗风情、红色基因等融合发展的长白山文化精品，加快推进全域旅游健康发展。加快实施“一环一带”建设。积极谋划包装双目峰口岸—二道白河镇道路供水供电等基础设施项目，打造引领环长白山区域旅游联动、长白山东坡旅游新线路建设的全域旅游发展的新增长极。推进红丰矿泉小镇建设，依托丰富的矿泉资源，继续走好矿泉水产业“四化”发展之路，加快基础设施建设，加速矿泉水产业效能释放，做好二道白河镇“水”文章。进一步加快旅游与工业的全面融合，增加旅游元素和配套功能，为游客提供包括生产参观、研学教育、产品制造体验、旅游购物等各种旅游服务。

【社会事业】 2019年，新型城乡养老保险完成参保2844人，新增80人。办理城镇职工医疗保险2151人，新增156人。新型农村合作医疗做到应保尽保。落实计划生育家庭奖扶、特扶及独生子女奖励政策，涉及资金10.06万元。发放高龄老人敬老金18.29万元。对全镇235户361人低保情况进行核查，新增低保户4户6人，办理残疾人补助157人次。开展双拥工作，发放光荣牌120个，办理退役士兵社会基本养老和基本医疗保险123人。发放农机补贴1.8万元，农业支持保护补贴64.03万元，农业保险投保207.2公顷。

【人民生活】 全镇农村经济总收入预计达到1.16亿元，同比增长15%；财政收入预计达到6769.12万元，同比增长8%；招商引资已完成8.6亿元，固定资产投资完成8.13亿元。各村基础设施完善，水、电、网、有线电视等公共基础服务均可送达村内。

【项目建设】 矿泉水产业。抓好矿泉水产业“四化”发展，推进红丰矿泉水小镇建设。园区投产企业有5家，总产能300万吨，年产量60万吨，产值9亿元，上缴税金近5500万元。安图红丰矿泉水小镇被列为吉林省第一批特色产业小镇，建设经验在全国进行推广。伊利集团年产100万吨矿泉水项目顺利落地，完成厂房办公楼基础建设；康乃尔集团年产150万吨矿泉水项目解决探矿权无法办理瓶颈；长涛矿泉水项目开始办理采矿权；星岛矿泉水项目推进输水管线林地审批；恒大包材厂完成厂房建设和设备安装。红丰大街改造工程完成500米沥青混凝土铺设、人行道铺设及路灯安装；园区污水管网二期全面完成，铺设污水管网6000延长米；园区排水项目完工，修建排水渠道700延长米；园区外环路、高速互通等项目稳步推进。全域旅游。长白山光明谷养生养老基地项目，累计完成投资7000余万元，完成绿色种养殖及旅游服务中心建设；安图县木易溪谷康养度假景区建设项目，计划投资1.2亿元，开工建设基础设施、道路景观；长白山冰雪部落一期冰雪体验区建设项目稳步推进。另外，长白山神庙遗址入选第八批全国重点文物保护单位。龙蒲高速和敦白高铁项目建设进展顺利。

（梁飞月）

九龙社区

【概　况】安图县九龙社区地处县城明月镇西南部，东起二桥批发市场，西至河西村，南至延安路，北至看守所，辖区总面积2.01平方千米，下辖龙安、路安、安龙、顺山北、河湾、湾北、延安、国税、河西等19个小区。辖区有县委、县政府、县人民武装部、县检察院、县税务局等64个驻区单位，177个民营企业及个体工商户。

九龙社区　　　　　　　　　　九龙社区　提供

【社区组织】主持召开综合议党会3次、专题议党会5次，工作部署会8次，召开下设支部书记会议4次，组织党务干部培训会2次，入户走访党员群众100次。重新修订党组织书记述职评议制度。严格党建工作经费、预留留存党费和服务群众专项经费的使用。推进"两学一做"学习教育常态化制度化。组织开展集中学习22次、专题讨论3次、主题党日活动12次。开展六项"初心+"活动，将主题教育的工作成效落实到加强社区治理、服务和改变民生的方面。组织党员开展"学雷锋"百名志愿者在行动、"感恩母亲节 礼赞新中国"、扶贫帮困等主题活动22次，组织在职党员参加"圆梦微心愿"活动1次，认领微心愿51个。按照《中国共产党党支部工作条例（试行）》和软弱涣散党组织排查工作的相关要求，对下设22个支部进行认真梳理，对部分支部进行调整。建立完善党员发展计划、流动党员管理制度和谈心谈话等制度。指导非公企业开展党建活动10次，2019年派驻非公企业联合党支部2个，重新认定辖区企业。严把发展党员质量关，认真做好培养、发展、纳新工作。2019年，培养3名预备党员。统筹驻区单位、非公组织党建服务资源，组建"党建联盟"，建立"1+N"工作体系。重新制定完善党建四项清单。2019年，召开1次"党建联席会"，与辖区23个驻区单位签订党建联盟协议书，全年开展健康义诊、法律讲座、爱心救助等共驻共建活动20次。继续实施四种"红色物业"管理模式及"菜单式"物业服务项目，坚持每季度召开一次"红色物业"联席会，注册成立"九珑物业公司"，通过社企合作、分工负责，形成社区、企业、业主三方共赢、三方满意的物业管理格局，实现社区党工委直接监督管理下的市场化运作模式。年初以来，解决居民关于房顶漏水、墙皮脱落、下水道堵塞、围栏倒塌等物业方面的诉求148件。开办智慧健康小屋，引进多功能健康体检一体机，利用"互联网+医疗"，打造数字化智慧健康体检中心。对辖区外出和返乡人员进行详细登记，建立健全各类信息台账。并对创业典型先进人物进行广泛宣传。全年登记返乡创业人员54人，创业典型18人，列入返乡创业"万人计划"15人，外出人员137人，上报返乡创业典型信息10条、工作信息22条。

【社区宣传】严格落实意识形态工作责任制，成立意识形态工作领导小组，将意识形态工作纳入全年工作要点，召开4次意识形态工作专题会议，2次网络意识形态安全会议，研究部署意识形态工作。全年组织集中学习22次，专题讨论3次。撰写调研报告3篇，班子成员撰写心得体会3篇。运用"新时代文明实践所"阵地，开展各类主题宣讲活动14次。开展"文明实践、微光暖心"等文明实践活动3次。通过制作宣传展板、条幅、宣传册、志愿服务和社区党员文化月演出等形式，对"新中国成立70周年""扫黑除恶""矿泉水文化节”和建县110周年进行宣传。配合各级媒体采访报道，并做好信息报送工作，2019年，上报各类信息87条，其中县级采用75条、州级采用4条、省级报道5条、国家级报道3条。组织志愿服务组织和辖区志愿者完成志愿服务系统网上注册1000余人。设立学雷锋志愿服务站和志愿服务岗，依托社区“久久爱心”志愿服务队，开展关爱空巢老人、关爱留守儿童、扶困助残、环境卫生清理等志愿服务活动20次，网上发布志愿服务项目4次。制作室内外宣传展板12块、室内文化墙6块，组织单位员工开展各类文体活动4次。壮大社区文体队伍，传承非物质文化遗产，编排象帽舞、牙拍舞、扇子舞、手鼓舞等，开展形式多样的文体活动10次。通过党员文化月、建县110周年等大型活动，向辖区党员群众发放宣传单2000份，制作“长白明珠、圣洁安图”永久性标志物4个，通过社区LED屏、宣传展板集中宣传安图县全域旅游工作。

【社区纪检】 召开党风廉政建设专题会议4次，开展警示教育活动15次，观看警示教育片2次。定期督促检查各科室工作开展情况，及时整改检查出的问题。严格执行双报告制度，定期公示报告内容。年初“一把手”与班子成员、班子成员与各中心负责人分别签订《2019年度落实党风廉政建设暨履行“一岗双责”、防范岗位廉政风险责任书》，把低保审核、特困户确定、征兵入伍等与群众利益密切相关、社会关注度高的事项作为重点，防范岗位廉政风险。开展领导干部利用名贵特产类特殊资源谋取私利问题排查工作和违反中央八项规定精神突出问题专项整治工作，成立领导小组并及时上报九龙社区开展工作的情况报告。根据《安图县关于开展集中整治形式主义、官僚主义问题工作方案》文件精神，组织开展专项整治工作，建立工作台账。全年召开禁止操办“升学宴”等提醒会4次，廉政谈心谈话8次。

【社区社会综治】 上报综治工作信息25条。召开扫黑除恶专题部署会议20次。制作室内外宣传展板64块，悬挂条幅29条，设置举报信箱15个，发放宣传单1万份，组织开展扫黑除恶知识讲座3次，定期利用扫黑除恶工作微信群、QQ群、电子显示屏等方式宣传扫黑除恶的相关知识。在居民区、高铁车站、宾馆饭店等醒目位置安放扫黑除恶监督举报信箱，公开举报电话。九龙社区将党员干部涉黑问题作为整治群众身边腐败问题的重点，开展自查排查工作，并举办普法讲座、制作宣传展板、发放宣传资料和入户宣传。开展普法讲座5次，发放宣传品300余份。开展消防隐患大排查大整改工作，结合全县开展的小区乱象专项整治工作，网格员入户排查、宣传动员，对存在安全隐患的限期整改。定期开展矛盾纠纷排查，调解各类纠纷10起。履行食品药品安全职责，配合有关部门开展排查工作。开展反邪教工作，发放宣传册200册、宣传单400份，悬挂宣传条幅6条、警示牌12块。组织2次大型环境卫生综合治理活动，对脏乱差小区进行集中整治。落实好河长制工作，召开3次河长制部署工作会议。组织开展清理生活垃圾28.6立方米；聘用2名河道保洁员，每日对河道进行巡查保洁，河长每月巡河4次。全年河长巡河41次，巡查员巡河44次，制作宣传展板10块、警示牌3块、宣传单2800份，组织工作人员参与河长制知识答题，召开河长制宣传居民座谈会2次；根据河长办下发关于“清四乱”的通知，制定“清四乱”实施方案，对辖区内的福兴河进行排查，经排查九龙社区河道内无“四乱”现象。

【社区统一战线】 制定《2019年九龙社区统战工作计划》，召开专题会议4次，加强党外干部、非公有制经济人士、新的社会阶层人士的思想教育工作，组织开展专题讲座、文艺演出、座谈会等活动10次。制定《九龙社区民族团结创建实施方案》和全年工作计划，开展“老少同乐庆中秋、情满社区迎国庆”“守初心感恩祖国、但使命共贺国庆”“感恩祖国母亲、快乐伴我成长”等各类民族团结教育活动7次。按照《延边朝鲜族自治州朝鲜语言文字工作条例》，组织工作人员集中排查、规范整治辖区牌匾和宣传标语。成立九龙社区宗教工作领导小组，并建立网格员队伍，明确分管领导和具体业务人员职责，与各小区委员签订《安图县抵御境外宗教渗透工作目标管理责任状》。督促检查辖区宗教场所，建立宗教场所和信教人员台账。2019年，辖区内有宗教场所3处，信教人员124人。

【社区档案管理】 将档案工作纳入社区重点工作中，明确分管领导和专职档案管理人员职责。组织专职档案管理员参加县档案局档案集中立卷培训。制定档案保管、利用和保密等8项工作制度，并按要求及时上墙。建立独立档案室，并配备“八防”设施设备。集中统一管理档案，按照文件类型和保管期限进行分类，建立电子档案目录。详细记录收发文、查阅、借阅和利用效果情况。及时上报《安图年鉴（2019）》承编单位统计表、年鉴初稿、2018年大事记、工作总结及承编单位简介等材料。

【社区民生】 受理临时救助申请4人，新纳入低保7户，取消低保40户；受理两项补贴困难人员19人，重度困难人员23人，两项补贴变更66人；发放残疾人重度护理补贴217人，残疾人困难生活补贴251人；对低保户进行动态核查116户；受理房屋补贴5户，登记新申请廉租房23户，发放2019年房屋补贴152户；建立困境儿童个案评估报告35人，其中孤儿1人、残疾儿童1人、事实无人抚养儿童2人、留守儿童5人、困境儿童26人；为辖区退役军人发放悬挂光荣牌645个，受理上报部分退役军人补缴社会保险33人。发放残疾人两节走访慰问金15人7500元；办理发放残疾人证95人；帮助申报审批残疾人早夜市就业工作3人；办理残疾人家庭无障碍改造申请3人；核查残疾人机动车燃油补贴申报10人，办理辅助器具发放21人。办理失业证54份；发放居民医疗保险卡58张；办理灵活就业补贴216份；收集辖区企业空岗信息并发放给群众100余份。办理一孩服务证25件，办理二孩服务证9件，独生子女证23件；发放城镇独生子女及朝鲜族二胎奖励75人；为失独家庭发放免费体检票31人；新增特别家庭6人，退出4人。选聘30名食品安全义务监督员和2名食品安全协管员。不定期对辖区内居民及机关工作人员和食品经营场所进行食品安全科普宣传活动，张贴宣传海报18份，悬挂条幅4条，发放各种宣传资料560份；小区委员入户宣传500余户；参加县有关食品安全工作会议3次，大型宣传活动2次。贯彻“最多跑一次”改革工作，针对窗口工作人员定期开展业务知识和文明礼仪培训，开设互学课堂。开展一窗受理、全程代办、上门服务、预约服务等。开通“5055818”（我帮你办）服务热线，成立“我帮你办”志愿服务队，为行动不便的高龄、残疾人提供上门服务。成立九龙社区政务公开领导小组，并明确1名分管领导和1名专职工作人员。按照“五公开”要求及时公开社区各项业务，2019年，通过社区政务公开栏主动公开政府信息60余条。配合政务数字局梳理上报九龙社区权责事项清单及办事程序等工作。2019年，“12345”热线电话网络受理平台工单2条，无超时工单。依托老年人日间照料中心，开展“妇女维权讲座”“感恩母亲节·礼赞新中国”“老少同乐庆中秋 情满社区迎国庆”等活动6次；统计上报辖区领取敬老金名单93人。其中，85—89周岁73人，90周岁以上20人；针对空巢、高龄、孤寡、残疾等特殊老人，开展居家养老上门服务13次；日间照料中心接待老人2293人次，免费为老人量血压1238人次。针对70岁以上无人照料老人做饭难的实际，开办康养老年餐厅，为辖区70岁以上孤寡、空巢、留守、失独老人提供就餐送餐服务，被评为全州首家“康养老年餐厅”。

2019年，有26人签订就餐协议。成立“红色助老联盟”，为老年人提供送餐服务、代购服务、家政服务、义诊服务等。向上争取资金20万元，开办安图县首家“智慧健康小屋”，购置健康体检一体机，方便60岁以上老人健康体检。

【九龙社区获得荣誉】 2019年，九龙社区荣获“2016—2018年度全省文明单位”“安全生产工作目标责任制考核先进单位”“侨胞之家在庆祝新中国成立70周年组织奖”“安图县第二届长白山矿泉水文化旅游节突出贡献奖”“关心下一代工作先进集体”和州级五星级“妇女之家”等荣誉称号。

（王　雪）

瓮声社区

【概　况】 2012年9月，安图县街道、社区改革，撤销了原瓮声街道社区居民委员会，于2012年10月8日正式成立瓮声社区。2019年，瓮声社区行政编制2人，本单位事业编制7人，外派行政编制1人，外派单位事业编制2人，员额管理1人，员额工勤1人，其他人员2人，本单位公益性岗位3人，外单位派公益性岗位10人、合同1人，小区委员19人。社区党工委下设14个党支部，下辖21个小区（平安小区、鑫田小区、东华小区、宏发一小区、宏发二小区、进学小区、安坪小区、东市小区、经贸小区、山泉小区、自然小区、鑫星小区、鲁鑫小区、经山小区、健康小区、保健小区、镇东小区、为民小区、山城一小区、山城二小区、经象小区），总户数6654户，总人口1.68万人。享受低保居民683户1058人，残疾家庭627人。驻区企事业单位243个，商业网点1103个，邮政、电信、金融、医院、中心市场等分布在辖区内。

【基础设施建设】 瓮声社区占地总面积1.73平方千米，东到朝鲜族屯，西到长图铁路线，南到兴华社区，北到安森局。位于县医院后侧，建筑面积1200平方米，一楼设立社会救助、拥军服务、人社、残联、计划生育、综治中心6个初审窗口，为居民实行“一站式”服务。一楼还设有公共服务中心、司法所等办公室；二楼办公区设有党工委书记办公室、副书记办公室、武装部、综合事务办公室（1）（2）、城市管理中心、民事民议办公室和办公大厅；三楼设有档案室、多功能活动室、书画室、电子图书阅览室等，活动场所免费为广大居民开放。

【社区文化】 开展文体工作。2019年，根据《安图县非法卫星地面接收设施专项治理工作实施方案》的要求，瓮声社区先后召开部署会议4次，出动排查12次，出动检查人员86人次，发出公告54份，摸底排查非法卫星设施反弹2处已上报。全面贯彻落实未成年人心理健康辅导和全国未成年人思想道德建设工作，瓮声社区成立未成年人心理健康辅导站和辅导小组并制定辅导方案。常态化文化活动。社区有老年活动队伍、交际舞蹈协会、乒乓球队、太极活动队，坚持开展“每日锻炼、每周阅读、每月比赛”的系列活动。社区文艺活动。2月参演“2019年安图县春节联欢晚会”；3月开展“文化惠民庆‘三八’妇女节会演”；4月开展“民族团结·军民一家文艺会演”；6月开展“瓮声社区关爱妇女儿童慰问活动”；7月开展“第十六届社区党员文化月瓮声社区专场文艺会演”；8月举办“安图县瓮声社区希望杯朝鲜族象棋联赛”；9月参加“安图县第二届矿泉水旅游文化节暨县庆110周年开幕庆典”等系列活动20余次。参与人数3000余人次。

【党　建】 强化学习意识。开展“两学一做”学习教育常态化制度化，从严从实抓好学习教育。建强新时代传习所、新时代e支部、“学习强国”等学习阵地，截至2019年末，集中学习新《支部工作条例》《习近平谈治国理政》等内容50余次，领导讲党课3次。扎实开展“不忘初心、牢记使命”主题教育，召开动员会、学习会、座谈会、对照党章党规找差距专题会、专题民主生活会等会议30余次，全面总结“9个1”和“3个活动”开展情况，持续推动主题教育深入开展。坚持党建引领，协调推进社区统战工作，召开党工委专题研究会2次、领导班子学习会2次。夯实基础，增强“堡垒”战斗力。加强基层党组织规范化建设。规范党员管理，严把发展党员质量关。对辖区112家非公企业和社会组织进行摸底排查并分类建立台账，同时，对存在有名无实、有组织无活动等情况的3个非公支部进行撤并；组建非公明珠派驻党支部；依托“非公党建战略协议”，注重非公组织党务工作者素质提升，不断扩大非公党建工作有效覆盖。落实意识形态工作。全年召开专题部署会3次，落实意识形态工作责任制，建立瓮声社区舆论引导员队伍，并组织开展各类警示教育活动2次，开展普法、安全等专题讲座8次；清卫工作召开调度会议4次，排查7次，出动排查人员130人次，发现2处反复情况，已上报待解决。开展社区统战工作，宗教方面落实“零报告”月调度制度。组织协管员对辖区内赴韩务工人员进行摸排，持续整治私设宗教聚会点，对辖区内2个宗教场所和21个小区进行全面排查，定期摸排严防非法宗教活动及境外宗教组织渗透。以民族团结宣传月等活动为契机，组织民族团结进步创建活动。做好党风廉政建设工作。坚持“三重一大”事项集体决策制度，层层签订“一岗双责”责任书，加强对重点岗位的监督检查。开展学党章、警示教育等7次、召开党风廉政建设研究部署会2次。通过“一把手”组织开展约谈，截至2019年末，一把手与班子成员约谈6次，班子成员与分管中层干部约谈10次。精神文明建设进一步提升。落实“每周一学、以讲促学”制度，依托新时代传习所开展学党章、警示教育、知识讲座、知识竞赛等13次，理论学习50余次。开展各类活动55次，覆盖人

活动合影　　　　瓮声社区　提供

数1876人。践行社会主义核心价值观，设立好人榜，宣传典型事迹。国庆期间组织人员悬挂条幅及国旗100个。开展爱心志愿者服务，截至2019年末，已登记注册的志愿者100余人，组织开展“助老爱幼”“环境卫生”等志愿者服务6次，向“农家书屋”捐赠各类书籍259本。干群关系更加密切。借助安图县“4+1”联系服务群众工作法中在职党员“双岗双责”服务平台，对在职党员和辖区群众确认、结对、建档，120名在职党员“双岗双责”按时报到，联系群众593户，完成“微心愿”认领45个。开展辖区单位共驻共建活动27次。组建干部队伍。在干部选拔任用工作中，坚持“一把手”亲自抓、分管领导具体抓的工作原则，采用导师帮带制度，客观、准确地衡量干部的思想政治素质和综合能力，把思想政治素质好、科学文化水平高、组织领导能力强的青年干部选任为中层，以人才队伍建设的突破带动社区干部数量和质量的提升。

【居民自治】 开展“邻里爱心手拉手”活动。通过互帮互助，促使居民参与社区建设。举办关爱老人送健康活动，为辖区90多位老年人开展糖尿病义诊服务。开展为辖区老人献爱心志愿服务活动，为老人义务理发，为老人义务清理卫生，为独居老人提供采购物品服务。春秋两季开展爱国卫生大清扫、和花绿化志愿服务活动10次，参与居民1800余人次。免费为居民发放鼠药2800多袋，组织居民开展大规模灭鼠灭蟑活动。在社区

居民中广泛开展法制、消防、防邪教、防盗窃等宣传教育活动。以服务民生为民办事为宗旨推动居民自治中心各项工作。疏通群众诉求渠道，居民自治中心21位小区委员共建微信群31个。翔实掌握居民相关信息。年内开展居民基本信息调查、综合治理安全信息调查、计划生育信息调查、经济普查、家庭医生注册5次集中大型走访登记工作。在入户登记居民信息的同时收缴卫生费，共上缴9万余元。在小区内增设宣传栏、墙、角等，进一步扩大惠民政策在小区的宣传面，发放各类宣传材料4000余份。开展居家养老服务。以居家为基础，以社区为依托，以专业化服务为依靠，为老年人提供多元化服务平台。据统计，辖区内的60岁以上老年人为3125人，其中60—69周岁的1585人，70—79周岁的905人，80周岁以上的635人。为83位85周岁老人发放高龄老人补贴9.66万元。为35位90岁以上老人申报并发放了高龄老人补贴8.46万元。已有328名困难老人已享受最低保障。组织辖区老年人开展各项丰富多彩活动，有党支部、交际舞、广场舞、乒乓球等10余支老年队伍，其中老年文化队伍每天早上5点至晚8点按时段在社区开展活动。开展老年人健康知识讲座4次，部分老年人不定期到社区读书、读报、学习电脑、下棋。

【行政服务】 修改并完善大厅（社区公共事务中心）各项规章制度。2019年，窗口主要是“最多跑一次”服务。推进决策、执行、管理、服务、结果“五公开”，发挥“互联网+政务”。继续开展错时、延时服务、下一站事项告知服务，实行全天不间断服务制。设立公开咨询电话、公开栏，并且及时公开常规性内容，征集群众意见信箱。年内接待办事群众2227人次，一次性办结2227件，居民电话咨询1000余次。做好社会救助工作。开展“救急难”工作，对辖区低保户进行走访、排查、审核、公示，搞好困难群体救助、评议工作，新增低保户10户。2019年，共取消86户低保户的保障，对辖区717户低保家庭进行“家庭经济状况查询授权书”的签字工作。对717户1106人进行，一次全面性的情况核实与调查。全年进行临时性救助53户。2019年，按照县民政和县残联要求，为辖区残疾人申报两项补贴，经过统计申报，截至2019年末，共有289人享受困难残疾人生活补贴，有253人享受重度残疾人护理补贴。窗口接待居民2000余人。退伍军人信息采集580多人次。提高计划生育人口管理、优质服务、建立利益导向机制等工作。2019年，总人口14173人（其中空挂人口2699人），育龄妇女3241人，已婚育龄妇女1810人，出生60人，死亡51人，怀孕23人。自然增长率4.04‰，出生率–0.77‰，政策生育率为100%。开展“婚育新风进万家”宣传教育活动，提高广大居民的婚育观念。开展避孕节育工作，拓宽居民领取避孕药具的渠道。在县医院摆放了免费发放药具自动机，为辖区内已婚育龄人群获取免费避孕药具提供可及、易得、便捷的服务。开展1次大型宣传活动，4次健康知识讲座。进一步增强新生儿出生缺陷预防工作，免费发放叶酸33人，共发放叶酸184瓶。符合城镇计生一次性奖励63人，发放资金12.6万元。根据年初的幸福家庭发展计划，开展慰问社区孤寡老人、关怀育龄妇女、关怀留守儿童活动。加强流动人口信息管理，走访流入人口197人，流出74人，在人口密集的地方成立了流动人口协会。做好就业与再就业工作。城镇居民养老保险咨询30人、医疗保险卡发放160人、办理失业证61人、灵活就业补贴184人、新增就业人员登记791人、小微企业招聘会1次、春风行动1次。做好残联工作。残疾人627人（其中视力残疾73人、听力残疾42人、言语残疾6人、肢体残疾420人、智力残疾39人、精神残疾47人、重度残疾314人、有低保的残疾336人）。在“全国残疾人基本服务状况和需求专项调查”

工作中，完成辖区749名残疾人状况调查，为40名贫困残疾人免费提供轮椅、手杖、座便椅、助行器、助听器、视力器具等辅助器具40多件。对升入大学的3名残疾学生和残疾家长给予资助，对10名残疾家庭进行慰问。4人申请了早夜市摊位。为残疾居民换特困证200多个，发放残疾证165个，为8名残疾居民发放了残疾人机动轮椅车燃油补贴，为89名残疾人发放残疾评定补贴。

【城市管理】 积极解决居民反映的问题。2019年，共接待居民反映问题26余件，已解决问题26件。帮助居民解决利民小区后楼多家房顶漏水，安坪小区马葫芦排污管道受堵影响居民生活环境。化粪池等维修事宜共4次；启动维修基金，维修下水管道，化粪池等事宜共召开居民协商会2次。成立业主委员会3个。落实"非洲猪瘟"防控工作。加大宣传和调研工作力度，围绕泔水使用、应急处理等问题，发放各类通知50余份，先后对21个小区生猪养殖情况进行摸底调研，对3户生猪养殖户进行了疫情防控教育工作。加大宣传食品药品安全工作力度，对辖区内231家餐饮店进行日常排查，辖区全年无食品安全问题发生。加大辖区内环境卫生的集中整治。为美化辖区内环境，保持良好的生活环境。对辖区21个小区和部分巷道环境集中整治。共清除各类垃圾2吨，拆除乱搭乱建6处。在顽固地段发放"爱护环境"文明告示31块。开展清卫工作，巩固清卫成果，防止死灰复燃。

【民事民议】 做好党政领导进社区活动。2019年17位县级领导先后到社区参加夜谈43次。接待群众41人次，反映诉求21件，解决19件，待解决2件。

【综合治理】 对辖区内1名戒毒人员进行定期家访、每月定期录检、参加公益劳动等方式进行帮教。对于6名矫正人员根据社区矫正实施办法通过每个月8小时的劳动、8小时的学习、每月一次思想汇报进行管理。对30名安置帮教人员（其中23名解除社区矫正人员、7名刑满释放人员）登记在册，为他们提供教育管理，就业信息等服务。严格落实开展"两清"活动，动员网格员以及治安巡逻员在全辖区内排查、清理"反宣品"40余份。联合县消防队组织居民、物业、网格员、生产经营业主开展培训、演练等系列活动2次；以节假日、两会等重要时期为契机，开展安全生产隐患大排查活动4次，生产经营单位618家，发现楼道里存放纸盒、电动车、电瓶车等易燃易爆物品等安全隐患60处。

（聂　鑫）

兴华社区

【概　况】 安图县兴华社区于2012年10月8日正式成立，辖区面积3.78平方千米，东至明月镇河东自然屯，向南延伸至石灰厂，西至一桥火车道，北至明月路的各区域。总户数7411户，总人口13982人。辖区内楼房146栋，河南拆迁区1处。绿洲实业发展有限公司、吉林敖东金海发药业股份有限公司（安图分公司）、吉林省吉能电力集团有限公司两江水力发电公司等知名企业坐落在辖区内。辖区内驻区单位23个（其中行政事业单位10个、小学1所）。

【党的建设】 开展集中学习、专题讨论18次。开展习近平新时代中国特色社会主义思想与党的十九大精神学习宣传活动22次。依托"新时代e支部""学习强国"等网络平台强化"智慧党建"建设，领导班子成员学习积分均达到5000分以上。加强党的政治建设工作。严肃党内政治生活，落实"三会一课"制度。创新开展"主题党日"30余次。开展"不忘初心、牢记使命"主题教育，党工委领导班子原原本本学，记录学习笔记20余篇，对照先进典型检视不足，查摆问题，立行立改。狠抓党风廉政建设工作。不断深化从

兴华社区主题活动　　　　兴华社区　提供

严治党“两个责任”落实，层层签订“一岗双责”责任书，强化警示教育，开展作风建设集中约谈工作1轮次，及时通报违纪违法案件，组织学习11次，提升行政服务水平。强化基层党组织规范化建设。整合支部党员，已全部符合相关要求，组织学习宣传《条例》12次，新发展党员4名，其中非公领域1名，组织党员结合庆祝新中国成立70周年开展专题讨论、系列活动6次。整合资源，夯实“党建大联盟”。与25个共建单位、18个社会组织和800余名志愿者建立常态化联系。开展“共建促发展，点亮千万家”等共建活动23次，受益群众2000余人。

【精神文明建设】 以“我们的节日”为主线，开展“粽叶飘香迎端午，牵手共建邻里情”节庆类文化活动9次。开展志愿服务，以“志愿活动进小区”活动为载体，开展法律、道德等主题宣讲活动6次，组织辖区志愿者参与“敬老孝亲百家宴 邻里守望促脱贫”“我为县庆添光彩”等大型志愿服务活动20余次。依托民政部“牵手计划”项目，发挥社区社工和志愿者团队作用，组织辖区居民开展关爱老年人、贫困人群、留守儿童等志愿服务活动16次，受益人群800余人。弘扬社会主义核心价值观。开展推选与学习各类“好人”“最美家庭”等表彰活动4次，开展扫黑除恶书画展、弘扬社会主义核心价值观文艺会演、演讲比赛等活动8场。6月，已完成全州精神文明建设工作先进单位申报工作。弘扬民族传统文化。坚持打造“民族团结杯”品牌，开展“民俗美食厨艺展”等团结进步活动5次，参与矿泉水文化旅游节民俗活动，并取得优异成绩。对辖区内朝鲜族作家协会等少数民族党支部，在场所和活动经费上给予帮助。上半年，被评为全州民族团结进步教育基地。开展党建品牌等红色文化活动。开展党建知识竞赛，党员趣味运动会等活动6次，在职党员认领“微心愿”82条，开展“边陲党旗红”党员文化月、矿泉水文化旅游节等系列活动。

【扶贫帮困】 落实民政、残联、红十字会、工会等部门的帮扶救助政策。围绕生育政策宣传、人口家庭服务体系建设等内容，改善服务，2019年办理准生证、独生子女证等各类证件72件，城镇奖扶、特别家庭登记148人；做好弱势群体帮扶工作，发放残疾人双项补贴5285人；做好民政救助工作，新办理低保8户，为46人申请临时救助，累计金额4.51万元，并为103名85周岁以上老人发放敬老金7.73万元；落实劳动保障政策，宣传城乡居民全民参保政策，2019年参保率90%以上，发放医保卡430人；办理灵活就业、求职登记、失业证等590余人次；入户核实返乡和外出务工人员；组织慰问帮扶，开展“寒冬暖民心”等帮扶活动12次。抓实老年人工作，完善相关档案资料，申请投入39万余元购买健身器材，组织老年人开展棋类比赛、健康义诊等活动20次。

【治安综合治理】 利用网络媒体、条幅等形式进行法制和反邪教宣传；组织矫正人员进行思想教育和公益性劳动4次，调解拖欠工资纠纷3起；邀请金融专家开展非法集资相关知识宣传活动2次。探索四级居民议事协商机制，为群众协调处理事处25件，及时解决关系群众切身利益的问题。

【安全生产巡防】 加强食品安全、防灾减灾、消防安全知识宣传和隐患排查工作，发放各类宣传品600份。同县安委会签订《责任状》，强化每月一轮的巡防制度，开展巡防9轮，排查出安全隐患36处，都已督促其立即整改；联合开展小区整治行动2次，拆除违建14处。开展大型应急防震、消防演练1次，发动社会组织参与社区应急志愿服务，组建应急志愿服务队，协助社区开展安全应急巡防宣传工作。

【扫黑除恶专项斗争】 落实扫黑除恶专项斗争工作任务，通过传达领会习近平总书记关于扫黑除恶专项斗争的重要讲话和指示批示精神，提高政治站位。社区专项斗争领导小组定期召开会议，加强组织领导和督导调研。以小区网格为单位，开展宣传排查，建立涉黑涉恶风险防控评估台账，对重点领域、行业、人群、场所实现摸排全覆盖。打造专项斗争主题宣传长廊，组织开展主题文艺会演，利用多种形式开展宣传活动。抓好上级反馈问题的整改落实和专项整治。2019年召开专题工作会议、培训会议等30余次，培训700余人次，悬持宣传品110块，投入经费20余万元。入户排查走访4轮，共计7900余户次21200余人次。

兴华社区扫黑险恶宣传活动　　兴华社区　提供

【基层居民自治】 持续巩固"五城联创"成果，开展物业法等法规的宣传培训活动10余次，发放宣传品2000余册；组织志愿者清扫无物业小区环境卫生、清理小广告，改善辖区居住环境。落实"河长制"，坚持每周一巡河，清理河道垃圾20余立方米；组织居民完成4个无物业小区的供暖管道和污水排放管道的改造工作，总集资金额约20余万元；完成朝鲜族长鼓舞的编排工作，参与各项文艺展演和宣传活动，助力"全域旅游"工作。做好武装工作。开展民兵政治教育、形势教育及爱国主义教育。2019年度辖区适龄青年兵役登记率100%。为辖区退役烈属、军属和退役军人等家庭全部悬挂光荣牌近800块。筛选出可能存在社保断缴情况的退役军人进行了政策宣传和续保缴存工作。

【参加县庆活动】 抓好庆祝大会表演人员支持，组织动员文艺表演人员160余名参与排练演出开幕式舞蹈；积极排练民俗舞蹈，敬献"长白明珠·圣洁安图"主题文艺演出；组织志愿者参与"我为县庆添光彩"主题活动、清洁环境活动等重点工作，完成了3万余枚风车的叠制工作，打造完成风车甬道、县庆主题景观造型墙及风车铁艺造型等。

【获得荣誉】 2月，安图县兴华社区在安图县委宣传部、安图县文化广电新闻出版局举办的"传承地域文化·弘扬时代精神"安图县第36届元宵节秧歌民俗舞表演赛中荣获"金奖"。3月，安图县兴华社区在安图县人民政府举办的2019年安图县"中国体育彩票"春季万人长跑活动中荣获"优秀组织奖"；安图县兴华社区在2018年度卫生健康工作中被安图县人民政府评为"先进集体"；安图县兴华社区在2018年度共青团工作中被共青安图县委员会评为"先进单位"；安图县兴华社区在延边州老龄工作委员会举办的全州妇女"三八"健身操舞表演赛中荣获"优秀奖"。4月，安图县兴华社区在安图县同心圆·总工会庆"五一""联通杯"排球友谊赛中荣获"精神文明奖"；安图县兴华社区在安图县同心圆·总工会庆"五一""联通杯"排球友谊赛中荣获“最佳组织奖”。5月，安图县兴华社区被中共吉林省委宣传部评为“吉林省优秀志愿服务组织”。7月，安图县兴华社区被延边州民族事务委员会评为“民族团结进步教育基地”。9月，安图县兴华社区在安图县民族宗教事务局举办的中国·安图首届朝鲜族民俗文化节传统民俗游戏（投壶）活动中荣获第一名；安图县兴华社区在安图县民族宗教事务局举办的中国·安图首届朝鲜族民俗文化节传统民俗游戏（顶瓮竞走）活动中荣获第二名；安图县兴华社区在安图县民族宗教事务局举办的中国·安图首届朝鲜族民俗文化节传统民俗游戏（掷柶）活动中荣获第三名；安图县兴华社区在中国·安图第二届长白山矿泉水文化旅游节活动中被中共安图县委 安图县人民政府评为集体部分“突出贡献奖”。10月，安图县兴华社区在安图县关系下一代工作中被中共安图县委员会安图县人民政府评为“先进集体”。12月，安图县兴华社区被延边州精神文明建设指导委员会评为“2017—2019年度全州精神文明建设先进集体”。

（杨海玉）

明安社区

【概　况】 明安社区成立于2012年10月，由原铁东社区、安北社区及安森局部分区域组建而成，最南端二龙山铁路立交桥，沿布尔哈通河至明安桥，向北至采石场，东至明月园小区。2018年初，按照国务院关于企业社会职能划转的有关要求，原安森局在明安辖区内3处职工住宅区2159户3044人转入明安社区。2019年，辖区有21个小区，居民8466户1.94万人。驻区机关企事业单位17个、个体工商户490户。各类惠民、利民志愿者642人。2019年，社区有工作人员52人。其中在编人员9人，公益性岗位18人（与本单位签订合同6人、外单位派驻工作人员12人），网格员有21人，其中有4人属于已退休仍坚持在工作岗位上。“两委”成员情况：社区居委会成员9人，其中社区主任1名（社区党委书记兼任），副主任1名（2019年5月，经组织安排，调入文广旅局），委员7人；社区党委成员7人，其中党委书记1人，副书记1人，委员5人。社区党工委下设15个基层党支部，其中除机关党支部外，退休党员党支部8个，流动党员党支部1个，社会组织党支部3个，派驻党支部2个。现有在册党员774人，退休党员468人，流动党员175人。社区建有议事厅、图书分馆、职工活动室及2个日间照料中心等场所。社区下设“一办四中心”：综合事务办公室、居民自治中心、行政服务中心、城市管理中心、民事民议中心，承载社区重要职责。

【创新服务载体】 社区党建依托省委“新时代e支部”和州委“金达莱故乡”“智慧明安”信息平台，切实使各层级党建宣传从单一走向多样，活动从封闭走向开放，资源从分散走向联合，管理从粗放走向精细。同时，依托新时代文明实践“一所一站一角”、社区图书馆、党员活动室等阵地，开展丰富多彩的活动。

【整合服务资源】 根据县深入开展志愿服务活动的实施意见，整合原有资源，由辖区在职党员、单位党员、支部退休党员和青年志愿者、巾帼志愿者、企业志愿者组成建立“七彩志愿服务队”，结合“百站”开展惠民服务百余次。2019年，明安社区积极申报2019年全国学雷锋志愿服务“四个100”先进典型活动，作为延边州唯一入选的社区。

【强化服务措施】 针对辖区内“园丁”“福聚苑”“经营局”等部分没有物业管理的小区，在引导居民组成业主委员会等自治组织的同时，组织社区工作人员、在职党员、志愿者、居民对小区卫生环境进行专项治理。通过召开业主大会，居民代表会议，逐户走访等形式，广泛征求居民意见，探索“自助式”物业服务管理模式加强小区治理，形成社区党建引领，联合物业企业，引导党员发挥模范作用的有力链接。以园丁小区为样板，实现垃圾日产日清，修缮楼道照明和小区路灯。

【打造文化特色】 2019年9月，社区工作人员赴长春参加“庆祝新中国成立70周年吉林省幸福社区电视文艺晚会”，明安社区成为延边州唯一入选的社区，并获“优秀节目奖”荣誉。明安社区站前广场舞队参加州级“我爱我的祖国”健身操比赛，取得最佳表演奖及优胜奖。成功在园丁小区内举办安图县“全域旅游幸福家园文化旅游节”暨明安社区花灯展活动，打造盈满中华民族传统文化的幸福小区，融合红色文化元素、民族团结元素、冰雪文化元素等多元素为一体的居民小区特色景观。争创丰富成果。2019年，荣获省级“优秀志愿服务社区标兵”“扫黄打非”进基层先进单位、退休人员管理中心“2018年度夕阳活动之星”荣誉；荣获全州文明单位、州级“2018年吸毒人员网格化服务管理工作先进单位”“侨胞之家”荣誉；荣获县级“武装部民兵整组工作先进单位”“三八红旗集体”“‘不忘墨香 传承文化’书香阅读活动创新奖”“2018年度卫生健康工作先进集体”等荣誉。社区工作人员韩雪玉、辖区居民金吉子获“延边好人”荣誉。

9月27日，明安社区工作人员参加“庆祝新中国成立70周年吉林省幸福社区电视文艺晚会”表演

明安社区　提供

2019年，明安社区承接县民政局“智慧养老”服务项目，项目资金13万元，逐渐实现除日间照料中心养老服务外，满足老年人居家养老服务的新要求、新期望。

【“不忘初心、牢记使命”主题教育】 在2019年开展的“不忘初心、牢记使命”主题教育工作落实中，明安社区坚持将“一切工作落到支部”，结合支部实际、突出工作特色，高标准、精细化，抓好“三突”——突出“学、实、做”，把准主题教育目标，践行“双重”——重温入党誓词，重问入党初心。严格落实“九个一”和三项活动，实施党员“分类教育”，创新“党支部联络员”工作法，选派在职优秀党员为每个支部的联络员，指导、服务支部开展丰富多彩的活动，带动退休党员交流研讨，走红色路线，观看主旋律电影，调动老党员学得进，坐得住；流动党员实行线上线下相结合的方式，利用“学习强国”“新时代e支部”及流动党员微信群线上平台，开展“网学”模式，鼓励党员“小组式”学习。

【推进幸福社区建设】 落实救助、帮扶等工作，动态核查低保状态，利用县级领导进社区、人大代表进社区等平台，推进基层群众民主自治，强化居民主体意识，开展居民会议，不断完善人民群众参与的制度化渠道。加强小区环境治理、解决困扰居民生活的矛盾，攻克老旧小区物业管理难点、打通安全生产等堵点，降低可能的矛盾点，促进文明和谐社区建设。在节假日、重大节日开展“党群一家”活动。

【发展壮大“两新组织”工作机构】 与辖区17家机关、企事业单位签订党建联盟协议，走访帮扶困难群众、退休老干部、退役军人、结对帮扶社区共建、开展环境整治、爱心义诊等惠民便民服务70余次。2019年，新增4家企业列入派驻党支部中，在主题教育期间，派驻党支部书记带头多次走进企业，与负责人谈心谈话，了解企业心声，将党的政策传达到位。

【落实全面从严治党主体责任】 落实“一把手”5个不直接分管制度，制定“党务、政务（居务）、财务公开”“三重一大”等责任机制；及时调整低保、劳动保障等公开栏的内容，设立举报电话、举报箱；加强党风党纪经常性教育，通过党史教育图片展、红色走廊、党风廉政墙等形式进行宣传。严格执行中央八项规定，认真梳理和查找党员干部“四风”方面在的突出问题，通过相互谈话的方式，对发现的问题及时提醒、纠正。

（任丽飞）

附　录

主要机构及负责人名录

中国共产党安图县委员会

书记：韩长发

副书记：马云骥（朝鲜族）　朴君峰（朝鲜族）

毛光生（挂职）

王国彦（挂职，蒙古族，

2019 年 3 月止）

常委：刘振忠（2019 年 12 月止）

朴龙云（朝鲜族）　白恒刚

崔文德（朝鲜族，2019 年 2 月止）

尹东杰（朝鲜族）　袁广金

裴海涛（2019 年 11 月起）　李　云（女）

金桂花（挂职，女，朝鲜族，

2019 年 2 月止）

张伟利（2019 年 11 月止）

余　磊（挂职）

金东源（朝鲜族，2019 年 2 月起）

县委办公室

主任：徐　海

保密委专职副主任：王海蛟

副主任：孟凡文（2019 年 2 月止）　顾百利

冯　维（2019 年 3 月起）

县绩效管理督导服务中心

主任：王延伟

副主任：王玮鹏（满族，2019 年 2 月止）

江　洋（2019 年 7 月止）

王怀颖（女，2019 年 3 月起）

董永恒（2019 年 7 月起）

县纪委（县监察委）

书记、监察委主任：

白恒刚（2019 年 12 月止）

李　云（女，2019 年 12 月起）

常务副书记、监察委副主任：刘汉任

副书记、监察委副主任：梁铁光（朝鲜族）

纪委常委、监察委委员：刘　刚

纪委常委、监察委委员：金香兰（女，朝鲜族）

纪委常委、办公室主任：刘　杰

纪委常委、第一纪检监察室主任：陈海霞（女）

第二纪检监察室主任：许崇明

监察委委员、第三纪检监察室主任：田文强

第四纪检监察室主任：吴　鹏

第五纪检监察室主任：

朴哲光（朝鲜族，2019 年 3 月止）

孙宏伟（2019 年 7 月起）

第六纪检监察室主任：

邱　什（满族，2019 年 3 月起）

第七纪检监察室主任：李光鹏（2019 年 3 月起）

机关党总支专职副书记：

姜运英（女，2019 年 3 月起）

监察委委员、案件监督管理室主任：史鹏程

信访室主任：潘月梅（女）

党风政风监督室主任：王　宇

组织部长：杨进丽（女）

宣传部长：孟庆波（2019 年 3 月起）

审理室主任：薛金山

县纪委县监委驻县农业农村局纪检监察组组长：孙凤泉（2019 年 7 月起）

县纪委县监委驻县教育局纪检监察组组长：冯宝清（女，2019 年 7 月起）

县纪委县监委驻县自然资源局纪检监察组组长：李宏安（2019 年 7 月起）

县纪委县监委驻县卫生健康局纪检监察组组长：武广伟（2019 年 7 月起）

县纪委县监委驻县市场监督管理局纪检监察组组长：王忠静（女，2019 年 7 月起）

县纪委县监委驻县交通运输局纪检监察组组长：孙世伟（2019 年 7 月起）

县纪委县监委驻县住房和城乡建设局纪检监察组组长：朱虎男（朝鲜族，2019 年 7 月起）

县纪委县监委驻县财政局纪检监察组组长：吕海昌（2019 年 3 月起）

县委巡察工作办公室、巡察组

主任：赵泉江

副主任：孙世伟（2019 年 7 月止）

王春海（2019 年 7 月起）

第一巡察组

组长：咸基范（朝鲜族）

副组长：王红妍（女）

第二巡察组

组长：常际良

副组长：王春海（2019 年 7 月止）

王　荣（2019 年 7 月起）

县人武部

部长：张亚忠

县委组织部

部长：张伟利（2019 年 11 月止）

裴海涛（2019 年 11 月起）

常务副部长：金　香（女，朝鲜族）

副部长：蒋　伟（2019 年 2 月止）

陈　宇（2019 年 7 月止）

江　洋（2019 年 7 月起）

高　锐（2019 年 3 月起）

县委组织员办公室

副主任：刘　虹

县委宣传部

部长：崔文德（朝鲜族，2019 年 2 月止）

金东源（朝鲜族，2019 年 2 月起）

常务副部长：王洪明（2019 年 7 月起）

副部长：唐晓伟（2019 年 7 月止）

闫兆堂（2019 年 7 月起）

县精神文明办公室

主任：张世军

县委政法委

书记：尹东杰（朝鲜族）

常务副书记：王　波

副书记：于洪涛

县委统战部

部长（县委常委）：李　云（女）

常务副部长：崔松鹤（朝鲜族，2019 年 2 月至 2019 年 11 月）

副部长：高宇飞

县直机关党工委

常务副书记：秦洪华

纪工委书记：陈广明（2019 年 11 月止）

县委机构编制委员会办公室

主任：李深忠

副主任：金哲勇（朝鲜族）　杨晓斌

县老干部服务中心

主任：马德良（2019 年 3 月止）

于志斌（2019 年 7 月起）

副主任：郑松日（朝鲜族）

县委县政府信访局

局长：于兆礼

副局长：马　莉（女）　胡柏德

县委党校

常务副校长：刘伟东

副校长：王怀颖（女，2019 年 3 月止）

唐嘉滟（女，2019 年 3 月起）

县人大常委会

主任：吴星臣（朝鲜族，2019 年 11 月止）

黄明镇（朝鲜族，2019 年 11 月起）

副主任：于英志

金哲虎（朝鲜族，2019 年 12 月止）

李长男（朝鲜族，2019 年 12 月止）

张学杰

金　香（女，朝鲜族，2019 年 12 月起）

县人大常委会办公室

主任：李传华

县人大常委会人事代表选举办公室

主任：王洪胜

县人大常委会财政经济委员会

主任委员：王成光

副主任：郑　文（女）

县人大常委会法制委员会

主任委员：崔来贵

副主任委员：周兆海

县人大常委会信访办公室

白成虎（朝鲜族）

县人大常委会教育科学文化卫生办公室

主任：金贤哲（朝鲜族）

县人大常委会农业农村办公室

主任：金贞娟（女，朝鲜族，2019 年 2 月止）

商丽霞（女，2019 年 2 月起）

县人大常委会民族侨务外事办公室

主任：祝秀明

县人民政府

县长：马云骥（朝鲜族，兼县委副书记）

副县长：

刘振忠（兼县委常委，2019 年 12 月止）

王国彦（挂职，蒙古族，兼县委副书记，2019 年 3 月止）

白恒刚（2019 年 12 月起）

朴龙云（朝鲜族，兼县委常委）　董振国

姜　辉（2019 年 3 月起）

孙元光　金虎哲（朝鲜族）

金桂花（挂职，女，朝鲜族，2019 年 2 月止）

刘树峰（挂职）　余　磊（挂职）

崔光勋（挂职，朝鲜族，2019 年 8 月止）

安图经济开发区党工委书记、管委会主任：

王燕彤

县政治协商委员会

主席：刘志良

副主席：黄明镇（朝鲜族，2019 年 11 月止）

王宇平　金明花（女，朝鲜族）

严明哲（朝鲜族，2019 年 12 月起）

县政协办公室

秘书长：周延彬（2019 年 2 月起）

主任：周延彬（2019 年 2 月止）

李学国（2019 年 2 月起）

副主任：张　猛（2019 年 3 月起）

县政协经济科技办公室

主任：金成学（朝鲜族）

县政协港澳台侨联络办公室

主任：张学敏（女）

县政协提案办公室

主任：金明花（女，朝鲜族，2019 年 2 月止）

郭选宇（2019 年 2 月起）

县政协文教法制办公室

主任：郑安利

县政协文史资料办公室

主任：安学斌

县人民法院

院长：金光锡（朝鲜族）

常务副院长：张海波（2019年11月起）

副院长：车寿锋（朝鲜族）

孔祥慧（2019年11月起）

政治处主任：赵金忠

执行局局长：孔祥慧（2019年11月止）

杨均良（2019年11月起）

专职审委会委员：卜广明

县人民检察院

检察长：付洪勇（2019年6月止）

裴　勇（2019年6月起）

常务副检察长：张立杰

副检察长：金德春（满族）　李容宇（朝鲜族）

政治处主任：刘敬忠（2019年5月止）

相　东（2019年5月起）

县政府办公室

主任：严明哲（朝鲜族，2019年3月止）

李钢朝（2019年3月起）

副主任：孙世民（2019年7月止）

崔光雄（2019年3月起）

金明男（女，朝鲜族，2019年2月止）

隋　宇　方汝彪　张庆龙

韩　永（朝鲜族）

县市场监督管理局

书记、局长：姜则辛

副局长：刘伟超（2019年3月起）

柳七俊（朝鲜族，2019年3月起）

张庆慧（2019年3月至2019年5月）

朴正鹿（朝鲜族，2019年3月至2019年5月）

县卫生健康局

书记、局长：商丽霞（女，2019年2月止）

宋德华（2019年2月起）

副局长：金官先（朝鲜族）

河源洙（朝鲜族，2019年3月起）

魏长江　马国华（回族）　张洪斌

县工业和信息化局

书记、局长：韩胜芳

副局长：么铅民（2019年2月止）　祝任涛

王玉忠（2019年3月起）

杨志成（2019年3月起）

县机关事务管理局

局长：鲍晓东（2019年2月止）

副局长：杨建军

崔光雄（朝鲜族，2019年3月止）

县发展和改革局

局长：王乃勋

副局长：王旭东（2019年5月止）

金光瑞（朝鲜族，2019年3月止）

赵景龙

黄汉洙（朝鲜族，2019年3月止）

史君龙（2019年3月起）

县扶贫开发办公室

书记、主任：姜品晨

副主任：马永丰　黄　伟　陈　晖（挂职）

县林业局

书记、局长：丁秀龙（2019年6月止）

副书记：金德昕（满族，2019年3月止）

纪检组长：李宏安（2019年7月止）

副局长：王建国（主持工作，2019年7月）

李存勇　孟祥鑫

金德昕（满族，2019年3月起）

县教育局

书记、局长：李升满

副书记：郑国龙（朝鲜族，2019年3月止）

副局长：孟庆伟（2019年5月止）　韩建友

郑国龙（朝鲜族，2019年3月起）

王海龙

专职督学：孙世友

县民族宗教事务局

书记、局长：

崔松鹤（朝鲜族，2019年2月止）
金明男（女，朝鲜族，2019年2月起）
副局长：孙洪波（2019年2月止）
文永杰（朝鲜族，2019年7月止）
卢秉龙（2019年3月起）
方明日（朝鲜族，2019年11月起）

县公安局

书记、局长、督察长：金虎哲朝（兼副县长）
政委：刘春波
副局长：金东浩（朝鲜族，2019年12月止）
李晓泉（2019年12月止）
沈相昴（朝鲜族）
崔绍文（朝鲜族，2019年12月起）
李　雄（朝鲜族，2019年12月起）
纪检组组长：朴洪波（朝鲜族）

县民政局

书记、局长：全龙河（朝鲜族）
副局长：赵晓刚
王松花（女，2019年5月止）
于晓林（满族）

县司法局

书记、局长：姚建森
副局长：李　光（朝鲜族，2019年5月止）
张志强
郑子玉（女，2019年3月起）
政治处主任：魏庆杰（女）
社区矫正办主任：
郑子玉（女，2019年3月止）

县财政局

书记、局长：
金东源（朝鲜族，2019年3月止）
严明哲（朝鲜族，2019年3月起）
副局长：赵东旭（朝鲜族） 顾百权 曹莹博

县人力资源和社会保障局

书记、局长：元哲龙（朝鲜族）
副书记：罗玉顺（女，朝鲜族，2019年3月止）
副局长：罗玉顺（女，朝鲜族，2019年3月起）
艾崇辉（满族） 祝宏刚 孙 坤

县医疗保障局

局长：鲍晓东（2019年2月起）
副局长：张金青（2019年3月起）

县住房和城乡建设局

书记、局长：张玉良（2019年3月止）
陈　宇（2019年7月起）
副书记：朴龙男（朝鲜族，2019年3月止）
纪检组组长：李世奇（2019年3月止）
副局长：朴龙男（朝鲜族，2019年3月起）
潘光梅（2019年3月起） 苑德伟
李永忠

县交通运输局

书记、局长：李蕴洋
副书记：赵仁俊（朝鲜族，2019年2月止）
副局长：吴永民（2019年3月止）
郑秀哲（朝鲜族）
臧明义（2019年7月起）

县农业农村局

书记、局长：金林虎（朝鲜族）
副书记：李建军（2019年3月止）
副局长：李建军（2019年3月起）
杨玉春（2019年5月止） 李在春

县水利局

书记、局长：孔繁鑫（2019年2月止）
李生阳（满族，2019年2月起）
副书记：吕景龙（2019年3月止）
副局长：郑泽刚（2019年3月止）
吕景龙（2019年3月起）
李相霖（朝鲜族）

县文化广播电视和旅游局

书记、局长：
杨松峰（2019年2月至2019年12月）
副局长：卢昌范（朝鲜族，2019年3月至2019年12月）

魏庆栋（2019 年 3 月起）
张　玲（女，2019 年 3 月起）
史林芳（2019 年 3 月起）

县审计局

局长：柯成杰
副局长：于文波（2019 年 5 月止）
金　勇（朝鲜族）

九龙社区党工委

书记：宋世玲（女）
副书记：王永日（女）

瓮声社区党工委

书记：金明虎（朝鲜族）
副书记：周　瑛（女）

兴华社区党工委

书记：许胜玉（女，朝鲜族）
副书记：黄训玲（女）

明安社区党工委

书记：鹿中胜
副书记：张慧慧（女，朝鲜族）

明月镇党委

书记：李正龙（朝鲜族）
副书记：管曾晖（满族）　蔡学宾　沈以耀
纪委书记：张志海

明月镇人大主席团

主席：曹建民

明月镇政府

镇长：管曾晖（满族）
副镇长：白　莲（女，朝鲜族）　方　波
李忠国（朝鲜族）

松江镇党委

书记：赵　勇
副书记：玄千哲（朝鲜族）
车学范（朝鲜族）　张丹华（女）
纪委书记：王文锋

松江镇人大主席团

主席：隋东升

松江镇政府

镇长：玄千哲
副镇长：王茂海（2019 年 5 月止）
林哲洙（朝鲜族，2019 年 11 月止）
娄　岩　张立民（2019 年 5 月起）
金　哲（朝鲜族，2019 年 11 月起）

二道白河镇党委

书记：公维坤
副书记：刘建臣　孙宏涛　李振刚
纪委书记：张　宁

二道白河镇人大主席团

主席：李佳忠

二道白河镇政府

镇长：刘建臣
副镇长：文春锋（朝鲜族，2019 年 3 月止）
张长晶（满族）　曹松根（朝鲜族）
朴哲光（朝鲜族，2019 年 3 月起）

石门镇党委

书记：金　日（朝鲜族）
副书记：庚成龙（朝鲜族）　董　明　郑钧文
纪委书记：崔照亮

石门镇人大主席团

主席：齐岳峰

石门镇政府

镇长：庚成龙（朝鲜族）
副镇长：辛　强（朝鲜族）　栾先福
南明君（朝鲜族）

万宝镇党委

书记：潘兆春
副书记：闫久龙（满族）　魏春吉　逄建忠
纪委书记：石立东

万宝镇人大主席团

主席：郝庭峰

万宝镇政府

镇长：闫久龙（满族）
副镇长：金光天（朝鲜族）

逄玉伟（女，满族） 陈 宸

两江镇党委

书记：赵 毅

副书记：郑伟宝 王绪梅（女） 车中华

纪委书记：刘 刚

两江镇人大主席团

主席：李云起

两江镇政府

镇长：郑伟宝

副镇长：王玉华 陈 刚 吕哲庆

亮兵镇党委

书记：刘 强

副书记：孙金忠 秦 信（2019 年 12 月止）
汪顺文

纪委书记：朱虎男（朝鲜族，2019 年 7 月止）
安洪权（朝鲜族，2019 年 7 月起）

亮兵镇人大主席团

主席：李德莉（女）

亮兵镇政府

镇长：孙金忠

副镇长：金 勇（朝鲜族） 檀 伟 石超志

永庆乡党委

书记：王志杰（女，满族，2019 年 2 月止）
胡晓刚（2019 年 2 月起）

副书记：胡晓刚（2019 年 2 月止）
封安元（2019 年 2 月起）
崔著理 姜俊杰（朝鲜族）

纪委书记：侯海峰

永庆乡人大主席团

主席：封安元（2019 年 2 月止）
王玮鹏（满族，2019 年 2 月起）

永庆乡政府

乡长：胡晓刚（2019 年 2 月止）
封安元（2019 年 2 月起）

副乡长：邵春光 赵志刚 高 菲（女）

新合乡党委

书记：于佰峰

副书记：田 凯 徐业宝 柳明杰（朝鲜族）

纪委书记：崔英杰（朝鲜族）

新合乡人大主席团

主席：张秀花（女）

新合乡政府

乡长：田 凯

副乡长：韩 彬 袁清波 刘 鹏

（耿长浩 高铭翼）

先进集体 模范人物

国家有机产品认证示范创建区

安图县人民政府

国家认证许可监督管理委员会（县政府办）

全国民族团结进步模范集体

安图县松江镇松花村

国发〔2019〕20 号（安图县松江镇人民政府）

全国综合减灾示范社区

安图县九龙社区

应急管理部（安图县九龙社区）

2019 宣传推选学雷锋志愿服务“四个 100”先进典型——最美服务社区

安图县明安社区

中央宣传部中央文明办（安图县明安社区）

第三批中国少数民族特色村寨

安图县石门镇镜城村

国家民委（安图县石门镇人民政府）

保护森林和野生动植物资源先进集体

安图县林业局新合乡林业工作站

国家林业和草原局（安图县林业局）

乡村旅游发展示范典型

安图县二道白河镇

国家发改委、国家文化和旅游部
（安图县二道白河镇人民政府）

2019年进一步改善医疗服务行动计划全国医院擂台赛（县域类）东北赛区金奖

安图县人民医院《远程医疗连出效率、智慧医院惠及百姓》案例

国家卫生健康委员会医政医管局（安图县卫健局）

中国矿泉水之乡建设先进单位

安图县矿泉水局

中矿联水发〔2019〕5号（安图县矿泉水局）

2019年全国脱贫攻坚奖贡献奖

王平堂吉林省安图县明月镇龙泉村第一书记

国开发〔2019〕17号（安图县明月镇党委）

"全国民族团结进步模范个人"称号

金万春安图县民宗局

国发〔2019〕20号（安图县民宗局）

全国离退休干部先进个人

金万春安图县民宗局

中共中央组织部（安图县民宗局）

全国模范司法所长

滕开广安图县司法局

司法部（安图县司法局）

生态环境部监督工作表扬函

刘忠清安图县生态环境保护局

史俊海安图县生态环境保护局

生态环境部（安图县生态环境保护局）

休闲运动小镇

安图县二道白河镇

吉政办明电〔2019〕5号（安图县二道白河镇）

节约用水先进单位

安图县水利局水资源管理中心

吉政函〔2019〕4号（安图县水利局）

侨心永向党，奋进新时代吉林省"侨胞之家"庆祝新中国成立70周年系列活动"组织奖"

安图县九龙社区

省归国华侨联合会（安图县九龙社区）

吉林省宣传推选学雷锋志愿服务先进典型活动组委会"优秀志愿服务社区标兵"

安图县明安社区

省委宣传部（安图县明安社区）

"庆祝新中国成立70周年·吉林省幸福社区文艺晚会"优秀节目奖

安图县明安社区舞蹈《朝鲜族腰鼓》

省民政厅、吉林省广播电视台（安图县明安社区）

吉林省优秀志愿服务组织

安图县兴华社区

省委宣传部（安图县兴华社区）

奋进新时代——吉林省"侨胞之家"庆祝新中国成立70周年系列活动中荣获组织奖

安图县瓮声社区

省归国华侨联合会（安图县瓮声社区）

2019年度省级"一村一品"示范村镇

安图县石门镇镜城村

吉农产发〔2019〕23号（安图县石门镇人民政府）

"吉林省百村引领、千村示范示范村"

安图县石门镇北山村

省委实施乡村振兴战略工作领导小组（安图县石门镇人民政府）

第七批吉林省民主法治示范村

安图县永庆乡东青村

省司法厅、民政厅（安图县永庆乡人民政府）

吉林最美生态河流

安图县万宝镇古洞河

吉绿〔2019〕6号（安图县万宝镇人民政府）

全省司法行政系统先进集体

安图县两江镇司法所

省人社厅、省司法厅（安图县司法局）

首批吉林省少数民族特色村寨

安图县松江镇松花村

吉民族发〔2019〕16号（安图县松江镇人民政府）

最美生态村屯

安图县松江镇松花村

吉绿〔2019〕6号（安图县松江镇人民政府）

省教育系统先进单位

安图县教育局职教中心

省人社厅、省教育厅（安图县教育局）

吉林省第六届中小学生艺术展演活动艺术表演类三等奖

安图县第二实验小学校

省教育厅（安图县教育局）

吉林省第十六届“青青草杯”原创作品大赛中获得最佳组织奖

安图县朝鲜族学校

省教育厅（安图县教育局）

推荐关于省级防震减灾科普教育基地及科普示范学校认定

安图县朝鲜族学校

吉震发〔2019〕55号（安图县教育局）

2019年度吉林省县级地震机构防震减灾工作考核二等奖

安图县应急管局

吉震发〔2019〕62号（安图县应急管局）

“吉林省文艺晚会”活动优秀组织奖

安图县民政局

省民政厅（安图县民政局）

全省司法行政系统先进集体

安图县司法局

省人力资源和社会保障厅（安图县司法局）

最美生态公路

安图县交通局公路管理段

吉绿〔2019〕6号文件（安图县交通运输局）

吉林省创业孵化基地

安图县经济开发区

吉工信创业〔2019〕386号（安图县经济开发区）

全省开发区综合评选优秀奖

安图县经济开发区

省商务厅（安图县经济开发区）

2019年吉林林业网十佳信息报送单位

安图县林业局

吉林信〔2019〕665号（安图县林业局）

最美林场

安图县林业局东清林场

吉绿〔2019〕6号（安图县林业局）

“新时代残疾人文体活动示范点建设项目”

安图县残联

省残联（安图县残联）

吉林省文明服务示范窗口

安图县税务局第一税务所

省文明委（安图县税务局）

省政协好新闻奖

安图县政协《安图县政协“1+8”行动获群众认可》

省政协（安图县政协办公室）

统战工作创新成果奖

安图县统一战线工作部

省委统战部（安图县委统战部）

全省交通安全大整治成绩突出集体

安图森林公安局交警大队

吉政函〔2019〕73号（县政府办）

全省交通安全大整治成绩突出个人

贾延举　安图县公路管理段段长

贾　洪　安图县公安局交警大队松江中队民民警

吉政函〔2019〕73号（县政府办）

吉林省节约用水工作先进单位

安图县水政水资源管理中心

吉政函〔2019〕4号（县政府办）

吉林省节约用水工作先进个人

金光日　安图县水利局副局长

吉政函〔2019〕4号（县政府办）

第八届吉林省道德模范（敬业奉献）

侯志国　安图县松江镇

省精神文明建设指导委员会

（安图县松江镇人民政府）

州政府集体二等功

安图县公安局治安大队

延州政函〔2019〕141号（县政府办）

州政府个人二等功

牛立滨　安图县公安局网安大队大队长

张殿华　安图县公安局治安大队大队长

延州政函〔2019〕141号（县政府办）

“延边州农村人居环境整体提升示范乡（镇）”荣誉称号

安图县石门镇

延州办明电〔2019〕23号

（安图县石门镇人民政府）

延边州关心下一代工作先进集体

安图县新合乡

安图县永庆乡

州委、州政府（安图县新合乡人民政府）

（安图县永庆乡人民政府）

第六批延边州爱国主义教育基地

安图历史展览馆

延州委〔2019〕10号（安图县档案馆）

2017—2019年度全州文明单位

安图县人力资源和社会保障局

安图县消防救援大队

安图县文化馆

安图县残疾人联合会

安图县住房和城乡建设局

安图县交通运输管理所

安图县医保局

安图县明安社区

安图县兴华社区

中共安图县委宣传部

长白山森工集团安图林业有限公司

延州文明委字〔2019〕2号（县政府办）

2017—2019年度全州精神文明建设工作先进单位

国网安图县供电公司

安图县自然资源局

安图县政务服务和数字化建设管理局

安图县妇女联合会

共青团安图县委员会

安图县扶贫开发办公室

安图县发展和改革局

中共安图县委组织部

中共安图县委办公室

安图县人民政府办公室

中共安图县直属机关工作委员会

安图县教育局

安图县林业局

安图县财政局

安图县融媒体中心

安图县总工会

安图县中医医院

安图县第一幼儿园

安图县第二幼儿园

安图县群众诉求受理服务中心

安图林业有限公司天保大队

延州文明委字〔2019〕2号（县政府办）

2017—2019年度全州文明村镇

安图县新合乡

安图县永庆乡

安图县两江镇

安图县万宝镇

安图县明月镇

安图县亮兵镇

安图县新合乡寒葱沟村

安图县新合乡青沟子村

安图县松江镇桃园村

安图县明月镇福林村

安图县亮兵镇大西村

安图县石门镇北山村

安图县万宝镇永富村

安图县两江镇汉阳村

安图县永庆乡金盛村

安图县二道白河镇红丰村

安图县二道白河镇头道村

安图县二道白河镇奶头山村

延州文明委字〔2019〕2号（县政府办）

2017—2019年度全州文明校园

安图一中

安图三中

安图三小

延州文明委字〔2019〕2号（县政府办）

2017—2019年度全州文明服务示范窗口

安图县市场监督管理局行政审批办驻政务大厅窗口

安图县不动产登记中心驻政务大厅窗口

延州文明委字〔2019〕2号（县政府办）

2017—2019年度全州文明家庭

杨玉玲、隋进才家庭

夏秀莲、任家喜家庭

延州文明委字〔2019〕2号（县政府办）

2017—2019年度全州军（警）民共建精神文明先进单位

安图县青少年活动中心—安图县交警大队

安图三小—安图县公安局

安图县松江镇小沙河中心学校—安图县公安局松江镇派出所

安图县职教中心—安图县公安局九龙派出所

延州文明委字〔2019〕2号（县政府办）

2017—2019年度全州精神文明建设先进工作者

全美英　安图县妇联主席

张丹华　安图县松江镇党委副书记

王平堂　中央政研室办公室副巡视员、安图县明月镇龙泉村第一书记

陈　晖　安图县扶贫开发办公室副主任

孙世友　安图县政府教育总督学

隋　阔　中共安图县委宣传部志愿服务科科长

柳玉子　安图县人民医院党委副书记

安凤霞　安图县兴华社区综合事务办公室主任

杨桂霞　安图县教育局科员

延州文明委字〔2019〕2号（县政府办）

县（市）安全生产和消防工作目标责任制考核优秀等次

安图县人民政府

延州安字〔2020〕14号（县政府办）

州安全生产工作“先进单位”

安图县新合乡政府

安图县兴华社区

安图县公安局

安图县卫生健康局

延州安字〔2020〕14号（县政府办）

州消防安全工作“先进单位”

安图县委宣传部

安图县教育局

安图县民政局

延州安字〔2020〕14号（县政府办）

州安全生产工作“先进集体”

安图县机关事务服务中心

吉林海沟黄金矿业有限公司

中国石油吉林延边销售分公司安图经销处

长白森工集团安图林业有限公司

中铁七局集团有限公司

延州安字〔2020〕14号（县政府办）

州消防安全工作“先进集体”

安图县人民医院

安图县明月加油站

吉林省天鼎大酒店有限公司

安图县第二社会福利服务中心

延州安字〔2020〕14 号（县政府办）

州安全生产工作“先进工作者”

王克伟　安图县政府办
张师铜　安图县应急管理局
赵晓刚　安图县民政局
侯伟光　安图县水利局
刘春平　安图县公安局治安大队
于超波　安图县教育局
阚兴东　吉林海沟黄金矿业有限公司
井　辉　中铁七局集团有限公司

延州安字〔2020〕14 号（县政府办）

州消防安全工作“先进工作者”

方汝彪　安图县政府办
崔旭东　安图县应急管理局
武长河　安图县教育局
赵　勇　安图县松江镇政府
李秋月　安图县市场监督管理局
贾金红　安图县融媒体中心
李长群　安图县文化广播电视和旅游局

延州安字〔2020〕14 号（县政府办）

2019 年度全州电子商务工作先进个人

吴　昊　安图县商务局

延州电商组发〔2019〕3 号（县政府办）

2019 年吉林省劳动模范

李升满　安图县教育局
陈艳杰　吉林敖东集团金海发药业股份有限公司
赵雪长　白山统一企业（吉林）矿泉水有限公司

吉委〔2019〕316 号（总工会）

第六届“L TCL 希望工程烛光奖计划”优秀教师

张继华　女　安图县松江镇兴隆小学

中青基办〔2019〕133 号（团县委）

2019 年吉林省“最美中学生”“最美中职生”

杨　洋　安图县第一高级中学

吉团联字〔2019〕25 号（团县委）

2018 年度“吉林省优秀共青团员”

杨　洋　延边州安图一中 2 年 2 班学生

吉团发〔2019〕6 号（团县委）

2018—2019 年度吉林省“最美家庭”

朴京顺家庭

省委宣传部、省妇联（县妇联）

吉林省“巾帼建功”先进个人

申顺

省政府、省妇联（县妇联）

吉林省“美丽庭院　干净人家”

吴贞淑家庭
肖玉香家庭
尹玉梅家庭

省妇联（县妇联）

2019 年度延边州“延边好人 · 最美家庭”

刘晓娟家庭
刘微微家庭
金红花家庭

州委宣传部、州妇联（县妇联）